“十三五”国家重点图书

改革开放40年中国猪业发展与进步

猪营养与饲料科学

主编　穆淑琴
主审　孙世铎

中国农业大学出版社
· 北京 ·

内 容 简 介

本书详细综述了我国改革开放 40 周年以来广大科技人员在猪饲料检测技术、饲料配方技术、新营养理论、猪饲料能量、氨基酸、磷评定方法、体外仿生消化法、能量需要、氨基酸营养、维生素营养、矿物质营养、饲料添加剂、猪肠道健康调控和饲料加工调制方法等方面取得的研究进展及技术。本书内容基本反映了中国猪营养与饲料科学 40 年的研究成果和水平，既有对我国猪营养与饲料科学发展的历史回顾和介绍，也有对相关国际前沿研究的综述。本书适用于科研院所、大中专院校从事猪营养与饲料研究的师生阅读，也可为养猪生产、饲料生产等相关人员提供技术参考。

图书在版编目(CIP)数据

改革开放 40 年中国猪业发展与进步. 猪营养与饲料科学/印遇龙等主编;穆淑琴分册主编. —北京:中国农业大学出版社,2018.10

“十三五”国家重点图书

ISBN 978-7-5655-2107-2

Ⅰ.①改… Ⅱ.①印… ②穆… Ⅲ.①养猪业—产业发展—研究—中国 ②猪—家畜营养学—研究 ③猪—饲料—配制—研究 Ⅳ.①F326.33 ②S828.5

中国版本图书馆 CIP 数据核字(2018)第 228572 号

书　　名　改革开放 40 年中国猪业发展与进步
猪营养与饲料科学

作　　者　穆淑琴　主编

策划编辑　丛晓红　赵　中　　　**责任编辑**　田树君

封面设计　郑　川　黄海滔

出版发行　中国农业大学出版社

社　　址　北京市海淀区圆明园西路 2 号　　　**邮政编码**　100193

电　　话　发行部 010-62818525,8625　　　读者服务部 010-62732336
编辑部 010-62732617,2618　　　出　版　部 010-62733440

网　　址　http://www.cau.edu.cn/caup　　　**E-mail** cbsszs @ cau.edu.cn

经　　销　新华书店

印　　刷　涿州市星河印刷有限公司

版　　次　2018 年 10 月第 1 版　　2018 年 10 月第 1 次印刷

规　　格　787×1 092　16 开本　14.25 印张　350 千字

定　　价　388.00 元(全九册)

编审委员会

序

国庆之后，孙德林先生来到我的办公室，系统介绍了即将出版的《改革开放 40 年中国猪业发展与进步》一书并邀我做序，我为之一振。

这部系统记录中国改革开放 40 年养猪业巨大变化的恢宏著作，就像中国养猪人的“系谱”，描述了我国猪产业在遗传改良、营养与饲料科学、猪场设计与环境控制、疫病防控与生物安全和猪场管理等各方面的技术进步，述说着一代代养猪人的情怀。

1978 年全国生猪出栏 1.6 亿头，到 2017 年全国生猪出栏 6.89 亿头；猪肉消费从改革开放初期人均约 15 kg，到现在人均约 40 kg。由于养猪业的发展，我们彻底改变了中国人动物性蛋白质食品供应不足的局面，实现了猪肉自给自足，这是一个开天辟地的飞跃。这样的成果来之不易，感恩于党领导下的改革开放政策的引领，感恩于亿万养猪从业者脚踏实地、持之以恒的勤奋努力。

中国养猪业经历了从分散饲养发展成规模化与集约化生产的过程。改革开放初期，中国养猪还不能称之为产业，40 年来，我们学习借鉴国外先进工艺设计，从机械化养猪到工厂化养猪，再到现代化和智能化养猪，我们走了一条引进、消化、吸收与创新的道路。在猪种方面，我们也是从中国地方猪品种到培育新品种、引进国外高产高效猪种，再到实现中国地方猪品种与外来猪品种杂交，生产安全、优质猪肉的生产模式。在育种技术上，我们从常规体尺测定到动物数量遗传学在育种上的应用，再到现在高科技生物技术在养猪生产中应用，实现了育种手段上跨越式的发展。

该书(全 9 册)是养猪科学家与企业家联袂打造的成果，体现了合作共赢的理念，表达了养猪接力棒的传承。我们还不是养猪强国，目前任务还很艰巨，未来任重道远，需要我们继续努力创新，加快提高养猪生产力水平。新一代养猪从业者的胸襟、抱负、视野和理念决定着中国养猪业未来的发展，我们将拭目以待。

作为中国畜牧战线的一名科技工作者，拿到沉甸甸的书稿，我真是心潮澎湃。看到一个个熟悉的中青年科技工作者，看到飞速发展的中国养猪产业，我感到骄傲与自豪，在无比的喜悦中快乐地分享着。在此将该书推荐给广大养猪界的朋友们，以此感谢勤苦付出的编委团队。祝大家猪业新程，再立新功！

中国科学院院士
中国农业大学教授
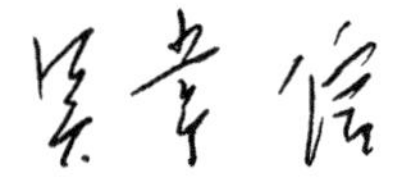
2018年10月于北京

前　言

改革开放 40 年来，我国养猪生产模式发生了质的飞跃，已从一家一户的小规模散养向规模化、集约化、标准化、智能化方向发展。近 40 年来，我国的生猪规模化养殖已成为生猪产业的主导力量，猪的营养与饲料科学研究及应用取得了突破性的进展，以提高猪的生产效率、猪肉安全质量、经济效益、低碳环保为目的饲料营养技术得到广泛应用。为总结 40 年来我国猪营养与饲料科学的技术进步，特进行了本书的编写。

本书详细综述了我国改革开放 40 年来广大科技人员在猪营养与饲料科学方面的技术进步（包括饲料检测技术和饲料配方技术）、理念进步（包括传统营养学、分子营养学、系统营养理论、抗病营养理论）、猪饲料营养价值评定方法进步（包括猪饲料氨基酸消化率评定、磷消化率评定、能量消化率评定、体外仿生消化法）、猪的能量需要研究进展（包括猪的维持能量需要、生长能量需要、繁殖能量需要、泌乳能量需要、体温调节能量需要）、猪的氨基酸营养研究进展（包括必需氨基酸、功能性氨基酸、低蛋白平衡氨基酸日粮）、维生素营养研究进展（包括维生素需要量、在猪抗应激与提高免疫力的应用和功能、在提高猪生长性能中的应用、对种猪繁殖力的影响、对猪肉品质的影响）、矿物质营养研究进展（包括常量矿物质营养和微量矿物质营养）、猪饲料添加剂（包括酶制剂、微生物、调味剂、植物提取物）、猪肠道健康调控研究进展（包括肠道物理屏障调控、肠道微生物区系调控、肠道黏膜免疫调控）、猪饲料加工调制方法（包括粉碎、混合、制粒、膨化、发酵）等方面取得的研究进展及技术进步。并梳理了 1978—2018 年猪营养与饲料科学的重大事件和主要技术进步。本书参考了大量国内外文献，基本反映了中国猪营养与饲料科学改革开放 40 年来的研究水平和取得的成果，既有对我国猪营养与饲料科学发展的历史回顾和介绍，也有对相关国际前沿研究的综述。本书适用于从事猪营养与饲料科学领域教学、科研、推广和生产单位的人员阅读。

本书是由国家生猪产业技术创新战略联盟、中国农机学会机械化养猪工程分会、广西扬翔股份有限公司和北京市生猪产业技术体系创新团队组织的《改革开放 40 年中国猪业发展与进步》一书之《猪营养与饲料科学》分册，该分册由天津市生猪产业技术体系创新团队为主编单位，陕西省生猪产业技术体系创新团队为主审单位，天津市生猪产业技术体系创新团队岗位专家、天津市畜牧兽医研究所穆淑琴研究员为主编，陕西省生猪产业技术体系创新团队首席专家、西北农林科技大学孙世铎教授担任主审。

印遇龙院士对本书稿进行了认真、仔细的审阅，提出了宝贵的修改意见和建议。特此致谢。

《猪营养与饲料科学》分册编写组

2018年7月

目　录

第1章
猪营养与饲料科学的技术进步

本章内容提要

充分了解饲料原料及成品饲料的营养组成、含量及消化利用率是配制营养均衡、高效猪饲料的基础。随着科学技术的进步，一些新技术、新方法、新仪器用于饲料检测分析、饲料配方制作中，使研究和技术人员能够更多、更准确地了解饲料营养价值，提高制作配方的速度，制作出满足猪的营养需要、价格合理的最优配方。本章综述了我国在猪饲料与营养科学方面的技术进步及取得的成果，内容包括饲料感官检测、常规化学分析、化学仪器检测技术、检测技术的未来发展方向，饲料配方常用的数学规划法、猪营养模型、建立猪模型所涉及的重要因素等。

1.1 饲料质量检测技术进步

饲料是十分复杂的混合物，通过物理、化学或生物学方法进行检测才能准确了解饲料的营养价值。但仅知道饲料的化学组成是不够的，还必须进一步通过试验确定饲料中各种营养素的利用效率。

在试验场进行饲养实验是检测饲料营养价值最准确的方法，但这种方法费用高、时间长，不符合实际。因此实验室测定就逐渐成为分析饲料价值的一种重要手段。目前在国际上通用的 Weede 系统分析法，是 100 多年前在德国 Weede 实验站工作的两位科学家发展起来的“饲料近似成分分析法”。

饲料质量检测包括饲料营养成分检测和安全品质检测。检测技术包括感官检测、化学检测、饲料显微镜检测、点滴试验和快速试验技术，必要时还需进行生物检测和仪器分析等。

1.1.1 感官检测

感官检测主要分味觉、视觉、触觉、齿觉等检测，是最原始而简单的重要检测方法，其他检测方法均离不开感官检测的配合，有时仪器检测不出的质量改变，凭感官也能检出，但感官检测是人凭经验得出的判断，带有主观性，也受某些内在、外界条件限制，因此需要与其他方法配合。

饲料显微镜检测是利用显微镜或显微镜与其他分析方法相结合对饲料原料及成品进行质量鉴定的方法，其主要目的是借外部特征（体视显微镜检测）或细胞特点（复式显微镜检测）对单独的或者混合的饲料原料和杂质进行鉴别和评价。外部特征主要包括形状、颜色、表面组织结构和饲料组分的密实度等。显微镜检测技术可用于鉴别饲料的结构、测定混合饲料的比例、掺假情况以及化学检验方法不能检测的方面。

饲料显微镜检测技术虽然操作简单、省时，但要求操作者有较丰富的显微镜检测经验。随着计算机、图像处理、近红外反射光谱、生物学等技术的迅速发展并与显微镜检测技术相结合，显微镜检测技术更趋完善。显微镜与其他设备和技术相配合，实现了由定性分析向定量分析的发展，并在饲料质量检测中发挥更大的作用。

1.1.2 饲料常规化学分析

饲料的常规成分分析体系或称饲料概略分析，把饲料分为6个组分进行分析测定，包括水分、粗灰分、粗蛋白质、粗脂肪、粗纤维、无氮浸出物。水分、粗灰分、粗蛋白质、粗脂肪、粗纤维的测定采用国标方法，无氮浸出物采用计算的方法。饲料的总能采用氧弹式热量计测定。

随着新技术、计算机技术的发展以及饲料工业的快速发展，新的快速、准确的检测方法也越来越多，如用杜马斯燃烧法快速定氮仪代替凯氏定氮仪。凯氏定氮法是测定饲料粗蛋白质的国家标准，但由于存在操作步骤繁复、耗时长、使用腐蚀性酸、难以把有机物定量转变成氨以及环境污染等问题，较难满足当前检测发展的需求。而杜马斯燃烧法是一种快速、精确、低成本、无污染、自动化高的定氮方法。测定粗脂肪、粗纤维的检测仪器也都采用批量自动化技术，使测定的效率更高。

1.1.3 化学仪器检测技术

1.1.3.1 色谱检测技术

色谱检测技术（chromatography）具有高性能、高灵敏度的特点，一般可分为气相色谱（GC）和液相色谱（LC）两大类，广泛应用于饲料中氨基酸、脂肪、维生素等营养物质和多种微量非营养性添加剂的分析检测。在饲料原料的鉴别、添加剂用量的控制方面，色谱技术提供多种检测方法，为饲料安全提供保障。

国家标准中规定的饲料中农药残留如有机磷（GB/T 18969—2003）、除虫菊酯类（GB/T

19372—2003)、氨基甲酸酯类(GB/T 19373—2003)等大多数农药残留的检测均采用气相色谱分析方法。液相色谱在饲料检测中的应用十分广泛,例如,饲料中维生素的反相高效液相色谱分析方法已经列为国家标准分析方法。高效液相色谱法与经典液相色谱法相比,具有速度快、分辨率高、灵敏度高、柱子可反复使用以及所需样品量少等优点。目前,在国家标准中测定饲料中维生素 A、维生素 D、维生素 E 均采用高效液相色谱法技术检测(GB/T 17817—2010、GB/T 17818—2010、GB/T 17812—2008)。

1.1.3.2 光谱检测技术

光谱分析以其检测速度快、灵敏度高、检测元素多、前处理简单或无损检测等特有的优势,在饲料检测中发挥着重要作用。主要包括近红外光谱检测技术(NIRS)、原子吸收光谱法(AAS)、原子荧光光谱法(AFS)、电感耦合等离子体光谱法(ICP)。

1. 近红外光谱检测技术

利用近红外光谱分析法(NIRS)对饲料进行检测,其核心技术是定标,即建立光谱与样品检测结果的回归关系,可以用于检测饲料中常规成分。NIRS 在饲料检测中,最初是用于饲草原料和谷物类原料中水分和蛋白质含量的检测,随后用于油料作物籽实的水分、蛋白质等的检测。最早由 Norris 应用 NIRS 测定了饲草原料中的粗蛋白质、水分和脂肪含量。Fontaine 等完成了对鱼和鱼粉中油脂和蛋白质含量的检测,该方法还用于饲料中氨基酸的测定,用近红外光谱法对花生饼中可消化赖氨酸、组氨酸、胱氨酸、苏氨酸等 9 种氨基酸含量进行测定,结果除赖氨酸外均取得满意的定标方程。任继平等研究表明,利用 NIRS 测定饲料原料氨基酸含量,具有快速、准确、成本低的特点。另外,应用 NIRS 检测饲料原料中粗灰分和矿物质元素的研究也取得了一定的进展。Cozzolino 等对紫花苜蓿和红三叶中的矿物质元素进行了 NIRS 测定,从对钙、磷、钾、镁的预测结果来看,对钙和钾的预测结果较好。在维生素和有毒成分的检测以及评价饲料品质等方面也有相应的报道。但 NIRS 技术在应用中也受到诸多因素的影响,如定标样品的选择、制备等,因此也在一定程度上限制了 NIRS 技术的推广。

2. 原子吸收光谱法

原子吸收光谱法(AAS)是基于气态的基态原子外层电子对紫外光以及可见光范畴的相对应原子共振辐射线的吸取强度与被检测元素含量的关系进行定量分析的一种方法,也是测定痕量和超痕量元素的有效方法。主要用于测定各种无机和有机样品中金属和非金属元素的含量。由于该方法的灵敏度高、抗干扰能力强、分析速度快、操作方便,适用于微量分析和痕量分析,在饲料中铅、镉、钠、铜、锌、铬、钼等微量元素的检测方面得到了广泛的应用。有些已经制定为国家或行业的标准方法,如动物饲料中铁、铜、锰、锌、镁的测定方法(GB/T 13885—2003)、饲料中钴的测定方法(GB/T 13884—2003)等已被广泛采用,该方法在重金属检测中也得到了广泛的应用。

3. 原子荧光光谱法

原子荧光光谱法(AFS)是通过测量待测元素的原子蒸气在特定频率辐射能激发下所产生的荧光发射强度,以此来测定待测元素含量的方法。20 世纪 70 年代后期,郭小伟成功研制原子荧光光度计,该仪器是为数不多的具有中国自主知识产权的科学仪器之一,发展 30 多年来技术日趋成熟完善,检测功能不断扩展。由于其价格相对便宜、检测速度快、检出限低、稳定性较好,在我国的分析实验中基本得到了普及,已经成为饲料中砷、汞测定的标准方法。此外,原子荧光光谱法也用于测定饲料、饲料添加剂以及原料中的硒、镉、汞、砷等微量元素。随着我国原子荧光仪器的技术水平的提高，饲料中的硒、镉、汞、砷等元素的检测灵敏度及准确度均得到提高，有些已经被制定或已列入国家标准制定计划中，如饲料中镉、硒、砷的原子荧光方法检测（GB/T 13081—2006、GB/T 13079—2006）。

4.电感耦合等离子体光谱法

电感耦合等离子体光谱法（ICP）是一种新的无机元素分析测定技术。因其具有线性范围宽、能够同时检测多种元素、灵敏度及精密度高等特点，已运用于生物、环境、药物、食品等领域。但是由于仪器价格昂贵，在分析检测实验室中未普及。

1.1.3.3 质谱技术

确证分析是针对一些未知分析目标，通过对质谱库比对等进行未知物的确定。确证法可以应用多种技术，如高效液相色谱方法、气相色谱方法、色谱-质谱联用技术等，尤其是色谱-质谱联用技术的应用，在检测微量危害物和残留物方面发挥了重要的作用。我国在对“瘦肉精”专项查处工作中，采用的检测技术方法是应用液相色谱-质谱联用技术对样品进行定性、定量分析，对饲料安全的监督具有保障作用。各种分析技术联用是现代分析发展的特点，联用技术既可进行分离，同时又可对目标物进行定性和定量，因此在确证分析中得到了广泛的应用。饲料分析中常见的联用技术有气相色谱-质谱联用技术（GC-MS）、液相色谱-质谱联用技术（LC-MS）、液相色谱-电感耦合等离子体光谱-质谱联用技术（LC-ICP-MS）等。对饲料中镇静剂的同步检测已经列为我国农业部标准：饲料中盐酸异丙嗪、盐酸氯丙嗪、地西泮、盐酸硫利达嗪和奋乃静的同步测定——高效液相色谱法和液相色谱-质谱联用法（NY/T 1458—2007）。关于对饲料中添加药物尤其是违禁药物的色谱-质谱联用技术的研究成果很多，并且研究发展很快。由于这些联用技术需要的大型仪器价格昂贵，使用成本高，并且需要特殊的场地和专门的人才，因此 限制了其在饲料检测中的广泛应用。

1.1.3.4 生物学检测技术

生物学检测技术是多种现代化检测方法的总称，其特点是检测时间短，检测过程方便快捷，检测方式不受地点限制，检测效果好，检测范围广以及检测成本较为低廉等。主要包括酶联免疫检测（ELISA）技术、聚合酶链式反应（PCR）检测技术、免疫胶体金（ICGT）技术、DNA检测技术以及微生物检测技术等，其中某些属于快速检测技术，所利用的核心技术多与生物学技术有关。有些化学方法无法解决的检测难点，使用生物学检测技术便可以得到理想的效果，所以近年来生物学检测技术备受关注。

1.酶联免疫吸附测定

酶联免疫吸附测定（ELISA）是以免疫学反应为基础，将抗原、抗体的特异性反应与酶对底物的高效催化作用相结合的一种敏感性高的试验技术。由于饲料组成成分复杂，且不同饲料其组成成分不同，再加上饲料产品本身具有数量大、流通快的特点，采用快速、简便、准确的检测手段对饲料进行检测尤为重要。由于 ELISA 具有灵敏度高、特异性好、便于操作、所需仪器简单等优点，被广泛应用于饲料安全检测中。

2.聚合酶链式反应检测技术

在动物源性成分的鉴定方法中，聚合酶链式反应（PCR）检测技术以其简便快速、灵敏度高、操作简单、节省费用及其对检测样品的要求低等特点逐渐成为质检部门检测的主要方法。

而实时荧光PCR技术与常规PCR相比具有很多优点，应用也越来越广泛。目前，已列入国家标准的有《饲料中牛羊源性成分的定性检测　定性聚合酶链式反应(PCR)法》(GB/T 20190—2006)和《动物源性饲料中哺乳动物源性成分定性检测方法　实时荧光PCR方法》(GB/T 21103—2007)。

3. 以检测DNA为基础的方法

以DNA为基础的检测技术主要有核酸探针杂交、DNA指纹分析、PCR-RELP分析、PCR特异扩增(常规PCR方法和real-time PCR方法)。主要原理都是对各种物种内特异的核酸序列进行提取、鉴定，从而判定饲料内有无该物种的成分。其中PCR特异扩增方法由于其简单、快速、特异性强的特点，成为目前应用最广泛的方法，特别是荧光PCR的应用使得检测的特异性和敏感性更高。我国也于2008年4月1日颁布实施应用PCR方法定性检测动物源性饲料中动物成分的标准，包括骆驼源性成分、犬源性成分、哺乳动物源性成分、猪源性成分、兔源性成分、鹿源性成分和马、驴源性成分的PCR定性检测，为进一步规范和监督动物源性饲料的安全使用提供了技术支持。

4. 微生物的检测

饲料中污染微生物的危害主要有以下4点：一是含有致病性微生物如沙门氏菌、志贺氏菌、致病性大肠杆菌等而使动物产生疾病；二是微生物的繁殖使某些营养成分如脂肪、蛋白质产生腐败作用；三是非致病性微生物寄生于饲料中，消耗饲料中的养分，使饲料营养价值下降；四是某些微生物会产生毒素如黄曲霉毒素、赭曲霉毒素、肉毒毒素、金黄色葡萄球菌肠毒素等，动物食用含有这些毒素的饲料后会产生危害。微生物的检测技术利用了包括微生物学、分子生物学、生物化学、生物物理、免疫学和血清学等领域的知识，其目的是建立可用于微生物计数、早期诊断、鉴定等方面的快速检测技术。除常规的平板培养外，已有商品化的基因探针试剂盒，如GENE-TRAK Systems DNA杂交筛选法(AOAC方法：987.10，990.13)。李斯特菌、沙门氏菌、弯曲杆菌等均有DNA探针的试剂盒。目前，已经有了全自动化的PCR检测试剂盒及仪器，如美国杜邦快立康公司的BAX病原菌检测系统，可用于检测沙门氏菌、大肠杆菌O157∶H7等致病菌。荧光酶免疫分析筛选方法是在EIA基础上加入荧光标记的酶底物，用荧光计检测荧光度值来判断结果。如沙门氏菌荧光酶免疫分析研究筛选方法是基于EIA测定沙门氏菌抗原。沙门氏菌多克隆免疫色度分析筛选方法已有许多试剂盒，由澳大利亚Bioenterrises Pty Ltd.和美国BioControl Systems Inc.研制的多克隆免疫试剂盒，都已获AOAC认可。但也会有一些PCR检测阳性的饲料中并不能分离出沙门氏菌，因此PCR方法目前还不能完全替代平板培养法。

1.1.4　饲料检测技术的未来发展方向

未来针对饲料工业快速发展的需要，尤其是高新技术产品及饲料、营养研究的最新进展需要开展相应的“快”“高”“难”检测技术的研究。在饲料样品预处理方面，现代分析样品制备技术的发展趋势就是使处理样品的过程要简单、处理速度快、使用装置小、引进的误差小、对欲测定组分的选择性和回收率要高。目前，国际上较多使用固相萃取(SPE)、微波提取技术、凝胶层析(GPC)、加速溶剂提取(ASE)、基体分散固相萃取(MSPD)、超临界萃取(SFE)、固相微萃取技术。而我国目前主要采用传统的溶剂萃取,液液分配,柱层析净化,前处理方法自动化程度低,提取净化的效率不高,速度慢,环境污染严重。新开发的前处理技术其目的和结果就是要实现快速、有效、简单和自动化地完成分析样品制备过程。在仪器设备方面,要求检测仪器自动化程度进一步提高,色谱分析柱通用性强,向更高灵敏度、更高选择性、更方便快捷的方向发展,不断推出新的方法来解决遇到的新的分析问题。此外,应进一步开展针对饲料中违禁药物、霉菌毒素等有毒有害物质的高通量筛选技术和快速检测技术的研究,开展对转基因饲料中外源基因的筛查与定性分析技术以及微生态制剂的质量检测技术和安全评价技术的研究等。

1.2 饲料配方技术进步

单一饲料原料难以满足动物多方面的营养需求,因此通常给动物提供配合饲料,即将多种饲料原料按一定比例混合均匀构成动物的饲粮或日粮。配合饲料中各种饲料原料或添加剂的相对混合比例或绝对含量就叫饲料配方。制定饲料配方时需要了解猪的营养需要、饲料原料的营养特性和加工特性,同时还要有丰富的实践经验。

制定饲料配方是生产配合饲料的第一步。一个好的饲料配方应当是满足猪的营养需要、处理好各种养分的互补、拮抗关系,最大限度地发挥添加效应及对畜产品质量要求的同时,还要尽可能地降低饲料成本,还应考虑加工工艺,如饲料原料之间混合的难易程度及产品的混合均匀度。

1.2.1 数学规划法

制定饲料配方是针对各种饲料原料在配合饲料中的用量或比例进行决策的过程。在最初制定配方所涉及的因素(饲料原料数量、营养指标数量)较少,通过人工计算方法(试差法、平行四边形法)即可完成这一决策过程,但难以保证该配方在所给定条件下的成本最低(最低成本配方),对是否使用某一原料难以取舍。当配方基础模型中所涉及的因素增多时,再用那些简单的算法便难以完成,人们便求助于作为现代应用数学的运筹学所提供的数学规划法。

通过数学规划技术不但可以确定现在条件下配方原料的组成比例,还可以进一步通过灵敏度分析对该配方在未来环境中是否需要调整、变更做出相应的预测,这是传统手工计算方法无法实现的功能。

饲料配方问题可以通过适当的线性或非线性决策模型定量地表述和分析,但目前最常用的还是线性决策模型。配方的线性决策模型可分为两类:一类是线性规划模型(LP模型),另一类是多目标规划模型(MCP模型)。后者是在前者基础上发展的,可使决策过程具有可控性。

LP法正式提出的时间与计算机的出现基本同步。饲料配方问题在LP研究领域属于典型的资源分配或物料混合问题。在20世纪60年代国际上就有专家将LP法应用到确定人类食谱及动物配合饲料的配方制定中。我国则起步和发展于20世纪80年代,胡迪先、安树森和张子仪(1981)开发出 LP 模型优化饲料配方软件;陈绪生、韩友文、张子仪(1982)曾推广袖珍电脑配方技术,1987《中国饲料数据库》建成后,在全国各种 LP 模型迅速普及,该方法对我国饲料工业的发展和进步具有积极的推动作用。我国动物营养学界于 20 世纪 90 年代初开始将 MCP 法应用于饲料配方制定中。许万根(1990)、林耀明等(1991)、熊本海与苗泽荣(1992)、许万根与苗泽荣(1992)曾在该方面做了大量工作,并编制了一些界面友好的商用软件,取得了较好的效果,该法较 LP 法具有更大的灵活性,配方无解率显著下降,并使得配方设计者的意愿更好地得到体现。

LP 和 MCP 饲料配方数学模型只局限于确定性的、仅考虑成本最低的线性模型,除此之外,还有非线性规划模型、模糊规划模型、以最大效益为优化目标的模型等。这些模型或因自身发展尚未完善、或与实际生产不适宜而未得到广泛普及和应用。所有配方问题的数学规划模型只是为饲料配方模型的求解决策提供了一种辅助数学工具,而真正决定一个配方是否营养合理、经济实用的因素则在于建立模型过程中所做出的各种决策。目前国内外学者已将与建模过程有关原料用量上下限、原料之间的配伍禁忌、原料选择等方面知识以"知识库"的形式组装到配方软件中以供配方制作使用。

1.2.2　猪营养模型

传统动物营养学研究的两大主要内容:一是对饲料原料的营养价值评定,获得标准的和(或)可比较的数据,按照一定的数据标准进行整理、标引、转换甚至计算后编排为数据表格,或者按现代信息管理模式建立网络数据库,通过传统的或者现代信息传递模式,向畜牧业、饲料加工业或者从事相关科学研究的人员、管理人员等提供数据;二是研究不同动物物种、处在不同的生长、生理阶段和(或)达到预期生产目标,并在考虑饲养环境和产品品质的基础上对各种营养成分精确的、动态的需要量或者需要量模型。

为此我国本领域的科学家一直锲而不舍地研究制定饲料营养价值评价体系、饲料成分表;研究猪的营养需要量及需要量的动态模型,服务于饲料加工业和养猪业,通过猪这一载体,科学合理利用各种可利用的饲料资源,提高饲料转化率,生产出更多的猪肉产品。

随着人们对饲料科学、动物机体代谢、转化机理研究的不断深入,并伴随仪器、检测技术的不断创新与突破,使得近几十年来,人们对饲料内在特性的研究与评定更加精细。例如,对饲料常规成分的分析从过去的 5 大项拓展到现在的 10 多项,增加了中性洗涤纤维(NDF),酸性洗涤纤维(ADF)、酸性洗涤木质素(ADL)、可溶性纤维(SF)、不溶性纤维(IF)、淀粉(ST)和游离糖(SU)等;对饲料中氨基酸含量的评价从过去的氨基酸的含量,发展到现在的氨基酸的生物学效价评定数据,如氨基酸表观消化率、氨基酸标准回肠消化率、氨基酸真消化率;饲料的能值评价从过去的总能、消化能、代谢能到现在的净能,甚至将猪生长阶段的净能与母猪的净能值分开;对饲料中脂肪酸的评价从过去的只简单评定亚油酸已经发展到评价其他 10 多种的十二碳(含十二碳)以上的多不和脂肪酸,还包括短链饱和脂肪酸,以满足动物不同阶段的营养需求。

猪的生长性能受很多因素的影响,包括猪的遗传特性、生理状况、日粮的化学组成和物理性状、饲养管理、气候环境、猪舍建筑及疾病流行情况等。研究这些因素对猪生产性能的影响,可获得大量有关这些因素是如何影响生产性能的信息，但是这些因素复杂的相互作用使生产者几乎不可能准确地了解饲养管理措施的变化对猪的营养需要、生长速度、体成分的影响后果。如果借助数学模型技术，就可以将数据信息建立各种数学模型整合在一起，预测猪场养殖效果和经济效益。

目前猪营养模型主要有4类。

1.2.2.1 猪的通用模型

如NRC(2012)模型可用于估测猪的营养需要量，有的模型着重描述营养、环境和遗传变量是如何影响生产性能的。

猪营养需要量是设计猪日粮的重要依据，是合理利用饲料资源、提高饲料报酬、实现科学饲养的基础。NRC推荐的猪营养需要量一直是业内认为最具权威的猪的饲养标准，它大约每隔10年将国际上最新的、权威性的猪营养饲养试验的研究成果、大量文献报道以及对猪生产实践的经验进行分析和总结，加上饲料营养价值评定方面的成果，根据生理阶段、性别、体重、生产用途、生产水平和环境等因素的不同，对已有的猪营养需要标准进行更新与完善。2012年版NRC猪营养需要是最新的即第11次的更新版本。它采用了数学积分模型估计能量、蛋白质、氨基酸以及生长猪的矿物质和维生素的需要量。而且还能根据基因型、生产条件和生产性能来预测猪的营养需要，通过计算机程序和软件可使用户建立特定体重及生产水平猪的营养需要量表。

1.2.2.2 猪能量和氨基酸利用率模型

Black等(1986)率先提出估测生长猪和后备猪能量和氨基酸利用率的数学模型。模型中提出饲料采食量或营养物质需要量是由所估测的营养物质利用率决定的。猪可利用能量和氨基酸需要量决定饲料采食量。用维持+生长+维持体温所需的代谢能来计算饲料采食量。用潜在的蛋白质沉积量的估测值来计算氨基酸的需要量。而潜在蛋白质沉积量计算采用以下公式。

$$沉积\ \mathrm{N(g/d)} = K \cdot W_t(\mathrm{N}_{\max} - \mathrm{N}_t)/\mathrm{N}_{\max}$$

式中，K是最大的蛋白质增重；

N_t是t时间猪的氮含量；

$\mathrm{N}_{\max}$是猪成年时最大的氮含量。

1.2.2.3 哺乳母猪代谢模型

Pettigrew等(1992)研发出一个用于整合哺乳母猪能量和氨基酸的动态的、机理性的、确定性模型，模型示意图如下。

输入 —流量 A_1→ [代谢库 A] —流量 A_2→ 输出

但目前有关母猪泌乳的生理、生化方面量化资料不足，如被吸收营养物质计算、泌乳期间体蛋白质变化的估测以及母猪乳成分的变化，需要进一步深入研究。

1.2.2.4 猪生产系统的计算机模拟模型

Pomar等(1991)提出的猪的模型描述了猪一生的生理和生产活动(图1-1)。

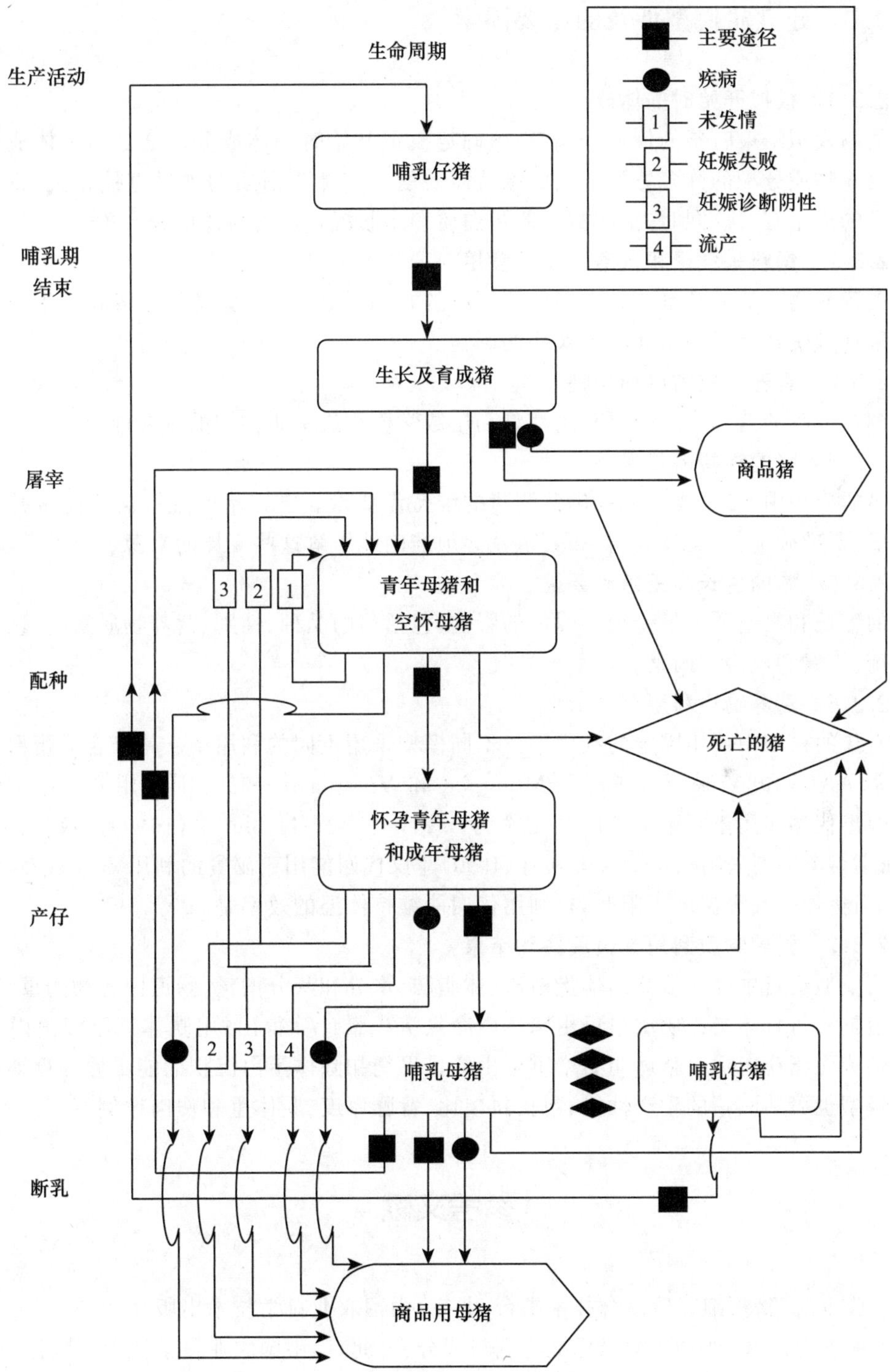

图 1-1　猪一生的生理生产活动

1.2.3　建立猪模型涉及的重要因素

1.2.3.1　模拟开始时的体成分

要估测模拟结束时猪的体成分，就必须确定模拟开始时的体成分。这是因为体成分影响猪体内营养物质分配的许多方面。猪的维持需要能量与体蛋白质的含量直接相关，特别是与内脏器官的重量有关。同时，猪的潜在的蛋白质和脂肪沉积量均与体成分有关。

1.2.3.2　饲料采食量和营养物质采食量

估测营养物质的采食量首先必须估测饲料的自由采食量、了解饲养方案和日粮成分。猪的饲料采食量受日粮、气候、环境和疾病的影响。

1.2.3.3　营养物质的可利用性

估测被吸收的营养物质的可利用性是利用数学模型进一步估测的重要前提。

1.2.3.4　猪的维持需要量

在猪的模型中，必须要求能准确估测猪的维持需要量。已知猪的维持需要能量并不是一个固定值，要准确地估测猪的生长和繁殖就必须准确地了解这些变异的来源。

1.2.3.5　猪的生长和繁殖需要量

猪的生长和繁殖需要量受很多因素的影响，包括猪的品种、性别、营养物质采食量、日粮营养素平衡、气候和疾病等因素。

1.2.3.6　营养物质利用率

现有猪的模型中使用固定的利用率。不同模型采用不同的利用率。用于合成蛋白质的能量利用率 ARC（1980）采用 0.54，而 Moughan 和 Verstegen（1988）则采用 0.53。Close 等（1985）提出代谢能用于胚胎生长的利用率为 0.21～0.72。Noblet 等（1990）建议使用 0.50，而 Black 等（1986）则采用 0.60。Noblet 等（1990）建议代谢能用于泌乳的利用率为 0.72（0.65～0.79）。当猪处于临界温度下限时，猪利用代谢能维持体温的效率是 100%。

1.2.3.7　营养物质利用性最后估测结果

在猪模型运行中要求估测出体蛋白质、体脂肪、水分和灰分增量、肠道内容物的重量、胚胎重量和活重。每日体蛋白质增量可由猪体内净氮沉积量计算得出；用胴体无脂瘦肉内蛋白质含量来估测无脂瘦肉重。猪体脂肪增重可由能量平衡扣除体蛋白沉积的能量后计算得出。一些猪的模型也可估测猪的生产性能，包括料肉比、背膘厚度、胴体重和瘦肉比例等。

参考文献

[1] 熊本海. 猪精细养殖综合技术平台. 北京：中国农业科学技术出版社，2005.

[2] 熊本海. 国内外畜禽饲养标准与饲料成分表. 北京：中国农业科学技术出版社，2010.

[3] 王金荣，苏兰利，赵银丽，等. 饲料安全快速检测技术研究进展. //呙于明主编. 动物营养研究进展 2016. 北京：中国农业大学出版社，2016.

第2章
猪营养与饲料科学的理论进步

本章内容提要

改革开放40年来，中国动物营养学由小到大，由弱到强，取得了举世瞩目的巨大成就。本章综述了我国在猪营养与饲料科学的发展历程和理论方面的研究进展及成果，内容包括猪的传统营养学、分子营养学的研究目的与意义、营养素对基因表达的调控、现代分子生物技术在动物分子营养学中的应用及应用前景、系统动物营养学的特点及研究进展、抗病营养理念与理论体系、猪抗病营养研究进展及抗病营养在实际中的应用。

2.1 猪的传统营养学

动物营养科学是支撑养殖业与饲料工业的重要学科，是上承种植业、草业，下接食品工业、医药卫生等学科领域的基础科学。

回顾我国现代动物营养学史，大体上是从20世纪20年代开始。先是淀粉价在中国问世，继而又引进美国TDN体系。苏联燕麦饲料单位以及美国"NRC"系列等都是倡导根据本国的生产实际提出的。

我国动物营养科学是从20世纪50年代后期到60年代"文化大革命"前，才逐步进入科学的殿堂。从拨乱反正到20世纪末期是我国饲料营养科学与养殖业、饲料工业生产密切结合，同步发展的盛世。70年代末期，北京红星鸡场、北京实验猪场及南苑配合饲料厂的问世，标志着国家领导人对现代化饲料工业与养殖业的重视。但当时个别领导仍然在批判"富养猪"，错误地认为：在饲料中添加维生素等是"资产阶级技术路线"。对此谬论，当时附和者有之，观望者有之，模棱两可者亦有之。1977年12月5日原农林部科教局委托原中国农业科学院养猪研究所在农业部万寿路招待所召开了“机械化饲料营养养猪、养鸡及饲料营养价值的评定会议”,全国知名动物营养学专家、教授参会,许振英教授在发言中称该会议为“梦寐以求的会议”。“万寿路会议”是一次解放思想的会议,也是为我国动物营养科学正名的翻身会。这次会议以实务的精神提出了以服务于规模化养殖业与引导千家万户走科学养殖并举的指导方针,并就如何开展饲料营养价值评定及制定畜禽饲养标准方面自发性地开展了全国大协作。1978年8月由许振英教授主持在黑龙江省红兴隆友谊农场召开、研讨、酝酿饲料营养价值评定与猪饲养标准之“民间”协作工作的“三江会议”;1980年10月全国畜禽营养研究会(中国畜牧兽医学会动物营养学分会前身)在武汉正式宣告成立,标志着中国动物营养学从此走上了整体发展的快车道。与此同时,受原农林部科教司委托,在许振英教授的组织指导下连续5年在原东北农学院举办了以全国高级教师为对象的饲料营养科学研讨班,并创办了《中国动物营养学报》,这不仅为提高和填补当时民族饲料工业科技力量中存在的师资质量与科技力量断层问题起到了推动作用,同时也为避免“六五”“七五”期间科技工作中的低水平重复,加强科技资源整合,创造了良好的开端。

自改革开放40年来,中国动物营养学由小到大,由弱到强,取得了举世瞩目的巨大成就。这些成就主要表现在以下3个方面:一是建立起举国一致的基础研究—应用基础研究—应用研究—开发推广研究的科技体制,开展了几乎覆盖所有畜禽动物的大量科学研究项目,取得了前所未有的标志性的科技成果,大大缩短了与发达国家的差距,在有些领域和有些方面达到了世界先进水平,使中国动物营养研究进入了世界先进国家的行列。二是多年来,中国动物营养研究所取得的历史性成就为中国现代饲料工业的诞生和发展以及养殖业产业化可持续发展,提供了强大的技术支撑,为国民经济发展和社会进步做出了重大贡献。三是培养出一支具有较高素质、结构较为合理、能团结合作进行多层次动物营养研究的人才队伍,有几个研究团队在国内外具有较突出的影响。

40年来,由于政策的调整、国家的投入和科学技术的普及,特别是动物营养学及饲料科学在养殖业及饲料工业中的广泛应用,不仅使我国民族饲料工业产品稳定地占领了国内市场,同时有些产品还销往东南亚各国。

2.2 分子营养学

20世纪50年代,DNA双螺旋模型和中心法则的提出,标志着生物学迈进了分子生物学时代。

1985年在美国西雅图举行的“海洋食物与健康”的国际学术会议上Simopoulos首次使用了“分子营养学”这个学术术语。从1988年开始,分子营养学研究进入了突飞猛进的发展时期。

将分子生物学应用于传统的动物营养学研究中,利用分子生物学技术改造或生产动物性营养物质;在基因水平上研究如何通过改善营养提高动物生产性能及肉用性能;在分子水平上研究营养素与基因表达、调控的关系,从根本上阐明营养素对机体的作用机制;利用基因工程技术开发饲料资源;动物分子营养学这个全新的学科应运而生。

关于动物分子营养学至今还没有一个公认的权威定义,但可以理解为动物分子营养学主要是研究动物营养素与基因之间的相互作用(包括营养素与营养素之间、营养素与基因之间、基因与基因之间的相互作用)及其对机体健康影响的规律和机制,并据此提出促进动物健康、预防和控制营养缺乏症及营养相关疾病措施的一门科学。动物分子营养学一方面研究营养素对基因表达的调控作用,以及对基因组结构和稳定性的影响,进而对动物健康产生的影响(营养基因组学);另一方面研究遗传因素对营养素消化、吸收、分布、代谢、排泄及生理功能的决定作用。

动物分子营养学的研究内容遍及营养科学的各个领域,包括以下几个方面内容:①营养素对基因表达的调控作用及调节机制,从而对营养素的生理功能有更全面、更深入的认识;②遗传变异或基因多态性对营养素消化、吸收、分布、代谢和排泄的影响;③营养素与基因相互作用导致营养缺乏病、营养相关疾病和先天性代谢缺陷的机制及膳食干预研究;④分子生物学技术在临床营养中的应用;⑤分子生物学技术在畜禽生产管理中的应用。

2.2.1　动物分子营养学的研究目的与意义

2.2.1.1　确定畜禽个体营养素需要量和供给量

应用含有某种畜禽全部的 cDNA 芯片来研究在营养素缺乏、适宜和过剩等状况下的基因表达图谱,将发现更多的、能用来评价营养状况的分子标记物,可使营养需要量建立在更科学的分子机制基础之上。未来有可能应用分子标记物来研究动物对营养需求的个体差异,通过基因组成及代谢型的鉴定,确定畜禽个体的营养需要量,使个体营养成为可能,即根据动物的遗传潜力进行个体饲养。

2.2.1.2　预防畜禽营养代谢病的发生

营养代谢病主要是由于营养物质(糖、脂肪、蛋白质、维生素等)代谢紊乱而引起的一类疾病,在该类疾病的发生发展过程中,涉及营养物质代谢的相关酶、辅酶等的蛋白质表达谱必定发生改变,因此研究该类疾病的基因差异表达情况,对阐明营养代谢病的发病机理、寻找特异性基因诊断方法具有重要意义。

2.2.1.3　进一步了解基因和营养素间的相互作用

日粮营养对动物生长代谢的影响,其根本机制必须通过分子水平的研究才能得到科学的分析和解释。特别是对营养素在动物体内的代谢动力学研究,只有在充分认识体内关键代谢酶基因表达调节和控制机制的基础上,才可能得到正确答案,有助于进一步了解基因和营养素间的交互作用。

2.2.2　营养素对基因表达的调控

2.2.2.1　营养素调控动物基因表达的机制

基因表达调控可发生在遗传信息过程的任何环节。基因表达调控包括转录前调控、转录水平调控、转录后水平调控、翻译水平调控和翻译后水平调控。营养素对基因表达的方式分为两种:①直接调控。通过与特异性蛋白质结合形成转录因子(反式作用元件)作用于其他转录因子(顺式作用元件),也可能直接结合于基因组中的顺式作用元件发挥调控作用。②间接作用。通过激素、细胞因子、生长因子、第二信使或细胞信号转导系统与特定的转录因子相互作用激活基因表达，如类固醇及类固醇样激素受体途径、cAMP 或 cGMP 蛋白酶途径、酪氨酸激酶系统、离子通道的修饰和(或)磷酸肌醇介导的途径。

2.2.2.2 日粮中营养素对基因表达的调控

1. 蛋白质对基因表达的调控

多种类型的蛋白质对基因的表达起调控作用，如神经肽、生长激素、促生长激素释放激素等。赖氨酸作为第一或第二限制性氨基酸常用于畜禽饲料中，提高赖氨酸的利用效率可以有效降低赖氨酸的需要量和饲料成本，饲料中添加充足的赖氨酸可以显著增加氨基酸氧化酶活性。

高分子质量的多聚谷氨酸可以使肝苹果酸酶、葡萄糖-6-磷酸脱氢酶(G-6-PD)的 mRNA 表达水平显著降低，从而使脂肪生成酶的活性降低，保护小鼠免受由高果糖饮食引起的三酰甘油症的危害。对于单胃动物如鸡、猪等，在饲料中添加饲用酶可以改善胃肠道微生物菌群，减少未消化的抗营养因子，有利于畜禽的健康。

2. 碳水化合物对基因表达的调控

日粮中碳水化合物的组成可以影响体内一些消化和代谢酶的基因表达。给梅花鹿饲喂粗纤维含量高的日粮比饲喂玉米秸秆型日粮其瘤胃更易出现新的普氏菌，这与纤维生物量的降解有关。G-6-PD 的含量和活性能够影响脂肪合成，高碳水化合物能促进 G-6-PD 基因的表达及影响 FAS 基因的表达。研究发现，大鼠禁食 24 h 后饲喂高碳水化合物与禁食 48 h 相比，前者肝脏中的 FAS mRNA 水平是后者的 100 倍。说明 FAS mRNA 的含量与 G-6-PD 水平有关，G-6-PD 可能是启动 FAS 等基因表达的直接诱导因子。

通过对猕猴长期进行能量限制的研究表明，能量限制可以降低Ⅱ型糖尿病、心血管疾病、癌症的发病率，同时可以避免与年龄相关的少肌症和神经退行性疾病的发生。

通过研究(1,3/1,6)-*β*-*D*-葡聚糖对新生小猪肺脏免疫系统发育的影响发现，(1,3/1,6)-*β*-*D* 葡聚糖不仅可以降低生长因子 β2 mRNA 的表达，同时还可降低肺脏淋巴结中 T 辅助淋巴细胞与细胞毒素 T 淋巴细胞的比例。

3. 脂肪对基因表达的调控

脂肪主要影响与脂肪代谢有关的酶的含量，如胰脂肪酶。胰脂肪酶受日粮脂肪的调节，它是日粮中三酰甘油的主要水解酶，在有脂肪酶胆汁盐存在条件下将三酰甘油水解为脂肪酸和单酸甘油酯，然后被逐渐吸收。不同水平的脂肪导致不同的反应。提高日粮中不饱和脂肪含量会导致胰脂肪酶的合成，其 mRNA 浓度和翻译相应增加，但脂肪种类对此过程的调节还存在争议。

近年来研究发现，膳食中的脂肪酸尤其是多不饱和脂肪酸(PUFA)不仅是生物膜的主要组成成分，还参与能量代谢与信号转导，与一些酶和蛋白质的表达有关。PUFA 是一种重要的基因表达调控因子，如对于编码脂肪合成酶基因和脂肪酸氧化酶基因的表达分别起抑制和诱导作用。此外，PUFA 对编码糖酵解酶、L2 丙酮酸激酶和白细胞介素等基因的表达也有抑制作用。长期饲喂高脂肪含量的饲料会导致小鼠内皮型一氧化氮合酶磷酸化作用显著降低和去乙酰化酶 1 基因的表达上调。对转基因小鼠模型饲喂 *n*-3 多不饱和脂肪酸可以通过调控人类表皮生长因子受体(HER2)信号通路来降低乳腺癌的发病率。对小鼠饲喂含有或者不含胆固醇的高脂饲料，结果含有胆固醇的高脂饲料会使血浆中总胆固醇和高密度脂蛋白含量明显上升，瘦素表达下降，从而导致动脉粥样硬化。

4. 维生素对基因表达的调控

维生素是动物体必需的营养物质，进入动物体后可通过多种途径对动物的基因表达进行调控，影响动物的代谢、免疫、生长发育。Luo 等研究了肉鸡饲料中添加维生素与肠道细菌的关系，饲料中缺乏维生素会增加肉鸡肠道致病菌数量，同时降低盲肠细菌的多样性。

维生素 E 在鱼的免疫系统中起着抗氧化作用，饲料中缺乏维生素 E 会导致超氧化物歧化酶（SOD）活性降低，同时还会降低 miR-223、miR-146a、miR-16 和 miR-122 的表达；相反，饲料中添加过多维生素 E 同样会降低 SOD 的活性，同时还会降低 8 种 miRNAs 的表达，从而影响细胞凋亡、分化、细胞周期和免疫功能等。

维生素 B_{12} 是 S-腺苷蛋氨酸（SAM）依赖性的细胞调控甲基化的主要决定因素，它的缺乏会导致神经退行性紊乱。通过减少 SIR1 表达产生更明显的热休克因子 1（HSF1）的乙酰化作用，使得受损细胞对维生素 B_{12} 的可用性诱导产生不可逆的内质网压力，然而增加维生素 B_{12} 会使细胞对内质网压力的刺激产生保护作用。

5. 矿物质对基因表达的调控

矿物质元素参与哺乳动物基因表达的调控，或通过第二信使发挥调控作用。

锌主要是在转录水平上通过基因调节蛋白对基因的特异性表达进行调控。锌缺乏会导致鼠平滑肌细胞基因表达下降，从而影响小分子质量体液因子的产生。

铜的缺乏会阻止 IL-2 基因的转录，从而减少在 T 淋巴细胞中 IL-2 的合成，铜能诱导神经肽 Y（NPY）、促进促性腺激素释放激素（GnRH）释放。

Arnal 等研究发现，在小鼠饲料中添加不同剂量的铜对血浆和脑中铜含量、抗氧化酶活性和蛋白酶系统均有影响，过量铜会导致生物标记氧化压力和抗氧化酶活性增加。

铁通过控制 mRNA 的稳定性，翻译调节转铁蛋白和铁蛋白的水平。Diaz-Castro 等研究了缺铁性贫血小鼠饲喂山羊或者奶牛的乳汁时肝脏中铁含量的变化，结果表明，红细胞数和体重都有所增加，同时增强了肝脏中 DMT1 基因的表达。

铬影响多种酶的表达，铬还能提高生长激素基因的表达。

微量元素硒的本质特征是抗氧化剂硒蛋白，如谷胱甘肽过氧化酶（GSH-Px）、硫氧化还原蛋白还原酶（TrxR）、硒蛋白 P（Sepp1）的一部分，硒摄入不足会导致包括肝性脑病在内的脑部疾病的发生。

2.2.3　现代分子生物学技术在动物分子营养学中的应用

2.2.3.1　转基因技术

转基因技术在动物分子营养学中的主要应用有：改善生产性状，提高生产性能；建立遗传性疾病、肿瘤和其他疾病的实验动物模型；增强抗病力。与提高家畜生产性能和改善畜产品质量一样，利用转基因技术提高动物的抗病性具有十分广阔的应用前景。

2.2.3.2　动物生物反应器

利用转基因动物生产某些具有生物活性的蛋白质，是当前转基因动物研究的热点。作为生物反应器的转基因动物，主要是利用其乳腺组织和血液组织进行基因的定位表达，特别是用乳腺组织生产具有生物活性的多肽药物和具有特殊营养意义的蛋白质。

缺乏或者过多摄入营养物质如氨基酸、碳水化合物、脂肪酸和维生素等会导致 miRNA 表达发生变化，miRNA 性能分析可以用于营养干扰试验中营养状态的评估，目前正在研究基于 miRNA 表达水平的操纵来作为治疗某种营养疾病的方法。

2.2.3.3 基因芯片

DNA 芯片或 cDNA 芯片又称为基因芯片或微阵列。由于 DNA 芯片技术具有快速准确、多样性、微型化和自动化等传统营养学研究方法无法比拟的优点，其在营养学研究中潜在的应用前景十分广阔。寻找营养相关新基因是 DNA 芯片技术最主要的应用之一；营养相关基因功能的研究，肿瘤、糖尿病等众多疾病与营养素密切相关；对于营养相关疾病的诊断，DNA 芯片可以快速地检测基因突变。

2.2.4 应用前景

动物分子营养学作为动物营养科学的组成部分，它不仅从分子水平上证实动物营养现象，更重要的是从分子水平上探索动物营养现象的内在机制。分子生物学与动物营养学的结合，在基因水平上解决许多营养学问题，是今后动物营养学的发展方向。

2.3 系统动物营养学理论

2.3.1 系统动物营养学的特点

2004 年 8 月学术著作《系统动物营养学导论》的问世，标志着我国学者在探索构建具有时代特征的动物营养学理论和技术体系的征途上迈出了历史性的一步，获得了开创性的、有重要学术价值的研究成果。

系统动物营养学这一具有时代特征的现代动物营养学理论和技术体系具有以下基本特征。

(1)动物营养系统是系统动物营养学的研究对象，把动物营养学的研究对象由“实物”为中心提高到系统为中心，是系统动物学最鲜明的特征。这一理论和技术体系把动物营养学的研究范围从机体黑箱层次和消化道层次深入机体—器官—组织—细胞—分子等多层次，进而扩展到机体—环境宏观层次。

(2)现代系统科学思维方式是系统动物营养学学科整体思维方式。这是两种动物营养理论和技术体系的根本性区别所在。与传统动物营养学相比，系统动物营养学的这种学科整体思维方式具有整体性、协调性和动态性三大特点，显示出它的时代性和巨大科学优势。

(3)实现营养调控是系统动物营养学理论和技术的根本目标，鲜明地体现出系统动物营养学控制科学的学科特征。

(4)系统集成型的研究技术和应用技术体系是系统动物营养学区别于传统的动物营养学理论和技术体系标志性的技术体系。组织营养工程是系统动物营养学将其理论用于养殖实践的技术桥梁。

(5)大量运用新技术和新方法是系统动物营养学研究技术和实用技术现代化水平达到空

前高度的重要标志。

系统动物营养学的提出是顺应国际动物营养学发展历史潮流的产物。坚定不移地继续推进系统动物营养学的发展对于最终实现构建具有时代特征的动物营养学的理论和技术体系战略目标和国际动物营养学的现代化进程将会产生深远影响。对于我国来说，推进系统动物营养学的发展有助于我们抓住历史机遇，实现几代人将我国动物营养学整体推向世界的百年梦想，也会为我国养殖业和饲料工业健康、可持续发展不断提供强大的技术支撑，为国民经济的更快更好发展做出更大贡献。

2.3.2　系统动物营养学进展

《系统动物营养学导论》出版以来，卢德勋等从系统动物营养学的研究和应用两个方面，继续推动系统动物营养学的发展。他指导的团队也取得了重要的研究进展，丰富和发展了 2004 年提出的系统动物营养学理论和技术体系。主要包括以下几个方面的进展。

2.3.2.1　微观营养学理论

动物营养学由传统的研究范围向机体微观层次深入发展是近年来国际动物营养学最引人瞩目的事件。特别是传统分子生物学向系统生物学的过渡，取得迅速的进展，令人信服地说明，即使在机体微观层次的研究，如果不从根本上转变学科的整体思维方式，就会步入死胡同，无法取得任何进展。从根本上转变学科的整体思维方式是任何学科的理论和技术体系与时俱进的前提条件。

微观营养学是以系统科学思维方式为指导，从细胞、亚细胞和分子水平研究内源和外源营养物质转运、代谢和调节规律及其机制；揭示动物机体内部与营养过程相关的各种细胞、组织和器官功能活动发生和调节的物质基础及其微观机制，从理论上将机体内部不同层次知识加以整合，并从技术层面上组织进行微观水平以营养调控为目标的营养工程的一个研究方向。

微观营养学的提出是动物营养理论体系现代化发展的一个重要里程碑。系统动物学的发展为微观营养学的提出开辟了理论创新的道路。微观营养学理论已成为系统动物营养学理论体系中一个重要组成部分。微观营养学具有以下基本特征。

(1)系统科学的思维方式。

(2)研究范围在细胞、亚细胞和分子水平。

(3)研究内容着重在机体微观层次上的营养物质转运、代谢、利用和调节的动态规律；营养基因组学、营养蛋白质组学和营养代谢组学以及与机体内部其他层次知识的集成和整合。

(4)研究思路强调从上而下和从下而上相结合，水平研究和垂直研究相结合；强调不同的层次间和同一层次内部的理论整合和技术集成。

(5)研究方法主要应用系统生物学的方法，特别是组学方法和生物信息学(模型化)方法以及动物营养学中间一些常规的并证明是行之有效的研究方法，如现代黑箱技术。

微观营养学的提出为微观水平上动物营养学的研究指明了正确方向。

2.3.2.2　饲料-营养学组学理论

饲料科学的发展和现代化进程一直是和动物营养学的发展和现代化进程休戚相关的。饲料科学和动物营养学相互促进，共同发展是饲料科学现代化进程的一个突出特征。饲料科学作为一门新兴的现代科学，由于受到传统动物营养学理论和技术体系历史局限性的影响，饲料科学也同样存在这样或那样历史局限性。在后现代化时代，它也同样面临着一个与时俱进，构建现代化科学理论和技术体系的历史任务。

由于历史限制，饲料科学理论和技术长期以来一直有一些理论和技术难题未能获得根本解决。众所周知，饲料的组成十分复杂，即使是饲料营养组成，现在依然有许多未知的东西远远落在我们的视野之外。由于深受分析思维学科整体思维方式的影响，对饲料的饲用效果往往用单个营养成分来解释，不承认饲料之间的组合效应；饲料营养价值评定也未突破单一指标体系的束缚。解决这些问题，首先需要从学科整体思维方式突破上入手，彻底改变研究思路，同时也需要有必要的现代技术手段保障。

系统生物学中各种组学理论为开展饲料科学和动物营养学理论和技术的研究提供了可贵的研究思路和研究方法。这些科学分支体现了系统生物学的整体观，也在一定程度上反映出了不同的"时""空"的动态性。它们对饲料科学和动物营养学理论和技术的研究树立正确研究思路十分重要，同时，在研究手段和方法上，这些组学方法和技术也为饲料科学和动物营养学理论和技术提供了现代方法平台。

饲料-营养组学(feed nutritomics)即是指在饲料科学和动物营养学中，利用系统生物学内的组学理论和技术，从饲料营养组成物和机体内源代谢产物整体水平上研究这些营养组成物和这些内源代谢产物内部和相互之间的组合效应产生和发展以及其对内因和外因变化的应答规律和相关技术的一个新的研究方向。

系统生物学中的代谢组学和相互作用组学为开展饲料-营养组学理论和技术的研究提供了可贵的研究思路。代谢组学具有以下优势：①基因和蛋白质表达的微小变化会在代谢物水平上得到放大；②代谢组学的研究不需进行全基因组测序或建立大量表达系列标签的数据库；③代谢物的种类远少于基因和蛋白质的数量；④生物体液的代谢物分析可反映机体系统的生理和病理状态。因为基因表达、蛋白质翻译和代谢物变化等分子事件的发生不是遵循一成不变的线性关系，还要受到诸多外界条件的影响。代谢物往往是反映机体整体功能的实时信号。在这方面代谢组学有强大的用武之地。

代谢组学的研究内容可以概括为：一是对机体内源性代谢物质的整体及其动态变化规律进行检测、量化和编制目录及绘制图谱；二是研究此变化规律和生物过程的有机联系。在研究手段和方法上，代谢组学也为饲料-营养组学和理论提供了方法平台。可以把以色谱为基础和以质谱为基础以及以核磁共振为基础的测试手段适当地加以集成使用，用于饲料-营养组学理论的研究中。

饲料-营养组学理论的研究有广阔的应用前景，可以用于以下研究领域：饲料新产品的研发，特别是中草药和植物提取物产品的研发；饲料饲用效果生物学机制的研究；饲料安全性和兽药毒性评价；现代动物营养检测技术的研发以及饲料微生物代谢组学的研究等。

2.3.2.3 动物多层次营养平衡理论

人类对营养平衡的认识是从饲料或食物层次开始的。随着各种营养学的发展人们对营养平衡的认识才真正走上了科学的道路。

传统营养平衡理论发展的历程中有以下重大历史事件：矿物质平衡、日粮能氮平衡、日粮碳水化合物平衡。到目前为止，在传统营养学中间尚未形成系统的营养平衡理论，至于深入机体内部认识营养素平衡只是刚刚开始。传统营养平衡理论有以下理论缺陷：①缺乏理论系统性；②缺乏明显的层次性和不同层次间的整合；③多为表观性指标的平衡；④忽略饲料和动物的相互影响；⑤在解决措施上提倡水桶效应和补齐原则。

2010 年在全国第三届系统动物学发展论坛上，卢德勋正式提出动物多层次营养平衡理论框架。这个理论框架的要点如下。

(1)这一理论定义为“在动物日粮和机体内部不同层次上营养物质平衡以及其变化、整合和调节的理论”。它是动物营养学在后现代化时代一项具有战略意义的研究任务。

(2)动物营养平衡理论包括以下几个层次，即日粮层次、消化道层次、肝脏层次、生产组织层次，其中日粮层次营养平衡是动物机体营养平衡的启动平衡，具有全局性影响。每一层次、每一系统内部都有复杂的平衡关系；各层次、各系统之间相互作用、相互影响。

(3)营养物质平衡有 3 种形式即：同一类营养物质内部平衡、不同类营养物质之间平衡和内源代谢物之间平衡。

(4)动物的营养平衡是一个动态平衡，机体自我调控机能参与平衡的调节。

(5)营养平衡是动物生存和生长的基础。对于不同的生理目标，要求一定的营养平衡值。

(6)日粮和机体内部的营养平衡值不是一个固定值，而是一个范围。

(7)机体内部营养平衡的调控主要通过以下几个途径：营养物质分配、酶的合成、基因表达和蛋白质表达以及平衡的调控。

多层次营养平衡理论的提出是对传统营养平衡理论的一次重大的理论创新。目前这一理论仍处于框架阶段，需要更多研究来加以充实和发展。今后要从以下 3 个方面发展这一理论：一是开展日粮—消化道—肝脏—生产组织不同层次内部营养平衡规律以及各层次间整合性的研究；二是研究动物机体内部不同层次营养平衡的调节机制；三是发展适应于多层次营养平衡理论的营养平衡指标体系和调控技术。

2.3.2.4　营养组学型饲料产品理论和技术

由于受到科学技术发展水平的限制和分析思维及还原论方法的长期影响，在饲料产品研究和使用中，长期以来仅仅把注意力放在饲料营养物质上，而忽视了对饲料内存在的营养活性物质(nutricines)的研究；同时对于饲料营养物质的研究以不承认组合效应的存在为前提；在研究思路上“分析”和“简化”一直成为饲料产品研究的主流方法，认为只要搞清楚每一个局部就可以认识整体，完全忽视单项因素之间联系和相互关系。这些传统理念和方法成为饲料科学现代化发展的重要障碍。针对这一问题，卢德勋首次提出营养活性物质组学(nutricinemics)的新概念；所谓“营养活性物质组学”是指研究天然存在的各种营养活性物质之间的相互作用与人工配合的各种营养活性物质间的优化组合以及它们的整体功能，而不是仅仅单单研究某一种活性物质的功能和技术的一个动物营养学和饲料科学的研究方向。“营养活性物质组学”理论的提出是研究思路、研究内容和研究领域的重大突破。它将营养活性物质的研发，特别是将植物提取物产品的研发由传统营养学时代推向系统动物营养学的时代。

营养活性物质组学理论的提出有助于全面改变饲料产品研究和利用的技术理念和研发模式。这种技术理念和研发模式称之为营养组学型饲料产品研发理论和技术。它在中草药添加剂、微生物发酵产品、新型酶制剂产品和植物提取物产品的研究和开发方面有广阔的应用前景

今后，在研究组学型饲料产品和应用技术时，主要从以下 3 个方面着手。

(1)对现有的成熟的组学型饲料产品的机制和应用技术进行深入研究。一些现在证明非常成功的饲料产品，多年来，由于受到技术水平和研究思路的限制，在机制方面研究缺乏突破性进展，可以利用营养活性物质组学的理论和方法从整体上研究其中的营养活性物质的整体，

绘制其特殊的营养活性物质图谱(profiling),并进一步研究其在动物体内与内源性代谢物的相互作用的生物学机制。

(2)研究与组学型饲料产品相配套的实用技术,倒如研究与使用组学产品时,其中活性成分与其他日粮成分的组合效应和发展系统集成型技术以及研究对组学型饲料产品饲用效果的评定技术,建立快速、准确的生物活性物质分析技术等。

(3)加强对新一代组学型饲料产品的研发和利用,其中包括植物提取物产品、微生物发酵产品和其他生物资源活性物质的研发和利用。

2.3.2.5 日粮营养诊断技术

卢德勋(2004)根据系统科学的基本原理和方法,在继承和吸收传统日粮配合技术的合理成分和总结国际上动物营养研究最新进展的基础上,提出一种崭新的动物营养技术模式,即优化饲养设计技术体系,其理论基础是动物营养工程技术。这一具有时代特征的营养技术体系的基本特征是系统集成和动态优化。它代表了现代日粮配合技术的发展方向。在过去的8年里,优化饲养设计技术体系研究和应用又有了许多新的发展。这里重点介绍日粮营养诊断技术。

长期以来,动物营养学家在动物日粮配合完毕后,只用一种方法来检查日粮是否达到营养要求,即把配好的日粮营养浓度与饲养标准进行比对,只要符合饲养标准就认为已经达到营养要求。这种日粮营养诊断技术虽然简单,但并不科学。这是因为从计算日粮—成品日粮—饲槽日粮,最后到动物真正采食进入其体内的食入日粮中间,涉及许多因素,例如饲料原料品质、加工、饲料间组合效应、饲喂技术以及动物和日粮之间互作等。仅仅用日粮营养浓度显然无法涵盖所有这些因素,从而无法全面、正确地说明日粮的营养品质状况如何。现代日粮营养诊断技术应包括多项诊断技术,其中主要有:日粮粒度、日粮营养浓度、日粮营养平衡度检测和日粮营养品质评定以及日粮生产性能预测等多项技术。只有采用多项技术进行综合检测,才能获得一个完整的科学的结论。下面简要地介绍日粮营养平衡度检测和日粮营养品质评定两项技术。

1. 日粮营养平衡度整体检测技术

日粮营养平衡是保证动物获得较好的日粮利用效率和理想的生产性能的重要技术指标。

2. 日粮营养品质评定技术

日粮营养品质的定义:由日粮营养组成和营养特性以及日粮和动物相互作用而形成的日粮综合饲用价值。影响日粮营养品质的因子有:①日粮营养物质来源、组成和营养特性;②日粮营养素平衡;③日粮原料之间的组合效应;④日粮营养物质、营养活性物质和反营养物质之间的组合效应。

2.4 猪抗病营养理论

猪的健康水平是影响养猪生产水平和效益的重要因素,在规模化养殖条件下健康的重要性尤为突出。近几年来,中国养猪业一直面临疫病的威胁和困扰,不但生产潜力不能充分发挥,而且因防病治病大量使用药物导致猪肉安全质量得不到保障,严重影响养猪业可持续发展。解决猪健康问题必须依靠综合措施。在继续加强和规范猪病防治的疫苗和药物管理的同时，寻求新思路、研究和应用新理论、新技术、新产品是十分重要和必要的，抗病营养理念和技术则属此范畴。

现代医学和生物学研究表明，营养是决定健康的关键因素。四川农业大学于 2005 年提出“抗病营养”(disease-resistant nutrition)的概念，这是一个研究动物营养与健康之间关系的新兴交叉领域。通过研究，揭示动物健康的营养调控规律与机制，建立营养抗病原理和技术，进而提高动物对应激和疾病的抵抗力，确保动物健康，减少疾病，降低用药、取消药物饲料添加剂，最终实现畜产品的安全高效生产。

2.4.1　抗病营养理念与理论体系

营养物质是一切生命活动的物质基础，既影响动物生产潜力和效率，也决定了动物健康状况。

关于营养与健康的关系研究已有很长的历史。早期的研究至少可追溯到 19 世纪中叶，研究内容集中在营养缺乏和过量中毒的危害方面，逐步认识到营养与健康的表观关系；从 20 世纪中后期开始，随着免疫学的发展，动物营养学开始探索营养与免疫的关系，并逐步拓展到应激-免疫-营养的互作方面。尽管有不少文章和著作发表，但该领域的研究仍然很不系统和深入。从广度上看，营养不仅可以通过调节免疫功能而影响健康，而且可以通过调节动物抗病基因的表达、调控肠道微生态环境、影响特异性疾病的发生发展过程、干预霉菌毒素和自由基对健康的危害等多种途径影响动物健康水平，但其定性定量作用规律尚未建立；从深度上看，营养可通过调节动物内分泌、生长相关因子、免疫相关因子的表达和肠道微生物菌群结构及代谢产物而影响动物健康，但其分子机制及其信号转导途径尚不清楚。同时，由于营养素在动物体内代谢具有交互作用，这不仅增加了研究的难度，也影响营养素在动物机体中抗病效应的发挥。因此，营养与健康问题仍然是一个科学难题，传统的营养与免疫的研究不能涵盖全部范畴。研究并揭示营养对动物健康的影响规律及其机制是动物科学的重大理论课题。开展这一课题的研究不仅有助于深入认识生命的本质，而且可为动物健康养殖和高效安全生产提供理论基础。

四川农业大学在深入分析和总结相关学科发展并结合自身多年研究与实践的基础上，于 2005 年提出“抗病营养”的概念，用此术语来统领营养与健康关系研究的方方面面，同时也显示营养对健康的特殊作用和营养学朝着保健和抗病方向分支发展的必然性和必要性。目前，抗病营养的理念逐渐得到广大学者和行业的认可，抗病营养理论和技术体系的雏形已经凸显。

抗病营养学是动物营养学与免疫学、生理学、病理学、分子和细胞生物学的交叉领域，主要研究内容包括以下几个方面。

2.4.1.1　营养与免疫

重点研究营养对免疫系统发育和免疫功能发挥的影响，建立提高动物一般免疫力的营养原理和技术。

2.4.1.2　营养与肠道健康

重点研究营养对肠道发育、功能和微生态环境的影响，建立确保肠道健康的营养原理和技术。

2.4.1.3　营养与抗病基因

重点研究营养与抗病基因表达的互作规律，探索抗病的表观遗传规律，建立抗病遗传的营养调控原理和技术。

2.4.1.4 营养与应激

重点研究各类应激对营养代谢和需要的影响,建立抗应激营养原理和技术。

2.4.1.5 营养与疾病

重点研究营养对疾病发生发展过程的影响及其机制,建立提高特异性疾病抵抗力的营养原理和技术。

2.4.1.6 营养与抗营养因子

重点研究抗营养因子对免疫应答和营养代谢的影响,建立缓解其危害的营养原理和技术。

开展并完成上述研究,需要营养学家、生化学家、生理学家、免疫学家、病理学家等多学科专家的共同参与,需要将传统营养学和医学手段与现代分子生物学技术、基因工程技术以及组学技术等先进技术与方法相结合,需要长期坚持和稳定投入,方能取得进展和突破。其难点当属建立科学合理的研究模型,包括建模方法、评价标识、模型可靠性、稳定性和适用性等。

2.4.2 猪抗病营养研究进展

四川农业大学近几年在猪抗病营养方面开展了系统研究,涉及内容包括营养与猪的免疫调控;营养与肠道微生态环境及健康的关系;猪抗病力差异的分子机制及抗病基因表达的营养调控;氧化应激及抗氧化营养;营养与病原微生物关系;霉菌毒素及其防霉抗霉营养措施。主要进展介绍如下。

2.4.2.1 抗病营养研究模型

成功构建抗病营养研究模型是开展深入研究的基础。探索了猪活体和细胞层次的免疫应激模型、氧化应激模型、病原微生物诱导的疾病模型、霉菌毒素攻击模型,构建了适合一定条件的研究模型。但由于每种模型均涉及由神经和内分泌系统参与的复杂的生理病理反应,要选择最佳应激源、确定适宜引入方式和剂量、筛选敏感监测标识、明确应激持续时间都十分困难,这方面有待于今后深入地研究。

2.4.2.2 营养与免疫

针对蛋白质、氨基酸、维生素、矿物元素等养分和植物提取物、微生态制剂、益生素等非营养性物质与仔猪和母猪一般免疫力的关系进行了较系统的研究,以淋巴细胞数量、T 细胞亚群组成、免疫球蛋白浓度、细胞因子浓度和基因表达量等为评价标识,提出了正常状况下保证猪最佳免疫力的养分需要量。

以仔猪为对象,研究了日粮蛋白质水平和氧化锌添加量对体液免疫、细胞免疫及肠道黏膜免疫的影响,弄清了锌与蛋白水平互作影响免疫功能的作用机制,确定了仔猪日粮适宜的氧化锌与粗蛋白质水平。

以生长猪为对象,探讨了部分氨基酸和维生素对机体免疫力的影响及机制。研究发现,日粮中添加色氨酸和苏氨酸可以促进免疫球蛋白的合成与分泌,提高猪的生长性能。

以妊娠母猪、哺乳母猪和断奶仔猪为对象,研究了营养水平、硒源和硒水平对母猪繁殖性能和仔猪生长性能及免疫功能的调节效应,确定了母猪和仔猪获得最佳免疫保护效应的硒源和硒水平及母猪获得最佳繁殖性能的营养水平。妊娠鼠模型研究发现,适度提高维生素 A、维生素 E、色氨酸和精氨酸的供给量可改善体液免疫功能,提高 Th2 型细胞因子的表达,改善

Thl/Th2 免疫平衡，从而给胚胎发育提供免疫保护，提高胚胎存活率。

此外，研究还发现，在母猪和仔猪饲料中添加寡糖、植物提取物和微生态制剂等也可提高母猪繁殖性能和仔猪免疫力。

2.4.2.3　营养与肠道健康

应用猪全基因组表达谱芯片技术研究了日粮及断奶应激对仔猪小肠发育的分子机制，从一定程度上揭示了哺乳仔猪肠道发育过程的分子基础，以及不同蛋白质源日粮对断奶仔猪肠道发育影响的分子差异。同时发现，初生后 3 日龄和断奶(21 日龄)后 3 d 是仔猪肠道发育的关键转折点，不同蛋白质源影响肠道发育。

宫内发育迟缓(IUGR)显著影响仔猪肠道发育和健康，导致肠道形态结构、肠细胞代谢能力、抗氧化能力、线粒体功能等均存在明显缺陷，改变营养模式可缓解 IUGR 的缺陷。与肠外营养比，采用全肠营养更有利于肠道健康，降低坏死性肠炎(NEC)发生率。初生仔猪饲喂初乳较配方乳更能促进仔猪消化道发育，增强消化酶的活性，阻止微生物黏附，降低 NEC 发生率。

营养来源不同对仔猪肠道健康的影响也不同。用 21 日龄断奶仔猪进行的系列研究发现，蛋白质、淀粉和脂肪来源不同，仔猪生产性能、肠道形态结构、消化酶活性、大肠菌群结构、微生物代谢产物均存在显著差异。酪蛋白优于大豆蛋白，玉米蛋白最差，添加氨基酸平衡氨基酸模式后不能完全消除这种差异；豌豆淀粉优于玉米或小麦淀粉，木薯淀粉最差；椰子油优于玉米油或鱼油，棕榈油最差。同时发现，就肠道健康而言，纯合日粮不如自然配合日粮。

合理使用低聚糖、益生素、酸化剂、酶制剂、丁酸钠、高剂量铜均可改善肠道微生态平衡，保障肠道健康，而长期或大量使用抗生素可破坏肠道微生态平衡。

饲料形态(颗粒或粉料)或状态(固体或液体)也影响仔猪肠道健康。

2.4.2.4　营养与抗病基因

对藏猪、梅山猪和 DLY 猪的比较研究发现，TLR、β-防御素、RIG-1、MAVS 等抗病基因的表达量具有显著的品种差异和组织特异性。藏猪的抗病基因的表达量显著高于梅山猪，后者又高于 DLY 猪。

以猪小肠细胞系 IPEC-J2 为研究对象，研究了维生素 A、维生素 D、维生素 E、微量元素锌、精氨酸和异亮氨酸对 β-防御素表达的调控效应。结果表明，所研究的营养物质都能够不同程度地诱导猪小肠上皮细胞 pBD 基因的表达和蛋白分泌。NF-κB 通路和 MEK-ERK 通路可能分别是维生素 A 影响 pBD-2 基因表达和影响 pBD-1、pBD-3 基因表达的信号通路之一。

用 DLY 仔猪或藏猪进行的活体试验发现，在正常和病原微生物攻毒两种状态下，日粮添加维生素 A、维生素 D 可提高组织中 pBD-1、pBD-3 基因、TLR、RIG-1 和 MAVS 基因的表达；添加精氨酸有缓减应激导致的采食量下降的效应，增加各组织的 pBD-1、pBD-2、pBD-3 表达量，显著下调因免疫应激导致的仔猪 TLR4 和 TLR5 及其下游信号分子 MyD88、p65、NF-κB mRNA 等的过度表达，降低炎症因子 IL-6、IFN-γ 和 TNF-α 等的产生，进而缓解免疫应激；NO 是介导 Arg 调节免疫应激状态下 TLR4 信号途径的关键信号分子。

2.4.2.5　营养与应激

1. 免疫应激

以仔猪为对象，以注射 LPS 为手段，建立了仔猪免疫应激模型。结果表明，免疫应激后短期内可导致仔猪处于高度免疫活化状态，采食量急剧下降，通过抑制 GLP-2 分泌而影响仔猪肠道形态学(绒毛高度/隐窝深度)和肠黏膜乳糖酶、蔗糖酶及碱性磷酸酶的活性;通过神经内分泌途径改变养分代谢方向,仔猪整体蛋白质代谢朝着分解代谢加强、合成代谢降低的方向进行;营养需要模型发生改变,应激初期日粮整体蛋白质需要量降低,理想氨基酸模式发生变化,苏氨酸和色氨酸与赖氨酸之比大大提高,应激后期的恢复期,蛋白质和赖氨酸需要量增加。对锌的研究发现,NRC 推荐的仔猪锌需要量足以满足正常条件下仔猪生长和适宜免疫力的需要,但在免疫应激条件下需要大大提高锌的添加量。

2. 氧化应激

饲喂氧化鱼油和腹腔注射 diquat 都可诱导仔猪产生氧化应激。表现为生产性能、养分利用率及组织抗氧化能力下降,血象改变,组织细胞过氧化损伤加剧,肠黏膜损伤,养分转运载体的表达量和养分的转运能力显著降低,机体免疫应答能力下降。

在氧化应激状况下,仔猪硒的代谢和需要量发生变化,0.2 mg/kg 的硒添加量不能满足机体抗氧化的需要。硒抗氧化应激的机制可能与影响 T3、T4 的分泌、调节细胞因子 IL-1β 和 IL-6 的生成以及 NF-κB 活性有关。同时,氧化应激导致仔猪体内色氨酸和精氨酸的代谢改变。氧化应激通过增强肝脏色氨酸 2,3-加双氧酶活性来提高断奶仔猪色氨酸分解代谢,通过提高肠道氨基酸转运载体(CAT-1)mRNA 表达、增加精氨酸内源合成关键酶(OAT)的活性、降低肝脏和肺的 iNOS 和 eNOS 的 mRNA 的表达来改变精氨酸的吸收和代谢。在应激条件下,提高精氨酸添加量可以通过调控精氨酸的代谢、维持精氨酸内源稳定性、增加精氨酸的有效性、调控内分泌、降低炎症因子的表达等综合途径缓解氧化应激;增加色氨酸添加量则通过影响 IGF-1 系统基因、促食欲相关基因及炎症相关基因表达,调控仔猪生长、食欲及炎症过程,发挥其抗应激作用。添加茶多酚和日粮纤维可有效降低氧化应激的危害。

2.4.2.6 营养与疾病

以仔猪为对象,以猪圆环病毒和轮状病毒等病源攻击为手段,研究揭示了部分维生素、氨基酸等养分与动物抗特异性疾病感染能力的关系。结果发现,PCV2 攻击导致仔猪淋巴组织发生病理损伤,细胞免疫减弱,免疫球蛋白和细胞因子水平下降;添加生物素可提高细胞免疫强度、免疫球蛋白及细胞因子水平,有利于修复 PCV2 损伤的淋巴组织;适宜剂量叶酸也可减轻淋巴组织病变,改变外周血淋巴细胞亚群结构,一定程度缓解 PCV2 导致的免疫抑制。轮状病毒攻击显著降低仔猪生产性能,导致肠绒毛结构和功能的损伤,改变猪回肠上皮和黏膜固有层淋巴细胞亚群比例和水平;日粮添加 25-(OH)-D_3 可改善肠道结构,增强轮状病毒特异性抗体表达量和高峰的持续时间,促进肠道黏膜 T 淋巴细胞的分化成熟,提高辅助 T 细胞介导的免疫反应、抑制细胞毒性 T 细胞参与的免疫应答等。

以感染猪伪狂犬病病毒的妊娠雌小鼠和雄小鼠为模型,深入研究了苏氨酸、色氨酸、维生素 A、维生素 E 提高免疫功能和繁殖性能的效应及机制,初步揭示了 PRV 感染动物的分子免疫机制及提高苏氨酸、色氨酸、维生素 A 和维生素 E 添加量的抗感染效果。进一步以生长猪为对象,探讨了苏氨酸和色氨酸对接种猪繁殖与呼吸综合征疫苗后生长性能和体液与细胞免疫参数的影响,确定了疫苗接种后生长育肥猪适宜的苏氨酸与色氨酸的需要量。

2.4.2.7 营养与抗营养因子

四川农业大学陈代文团队重点研究了霉菌毒素对健康的危害及防霉抗霉营养技术。在调查分析饲料霉菌毒素污染现状的基础上,以仔猪和生长育肥猪为对象,研究揭示了自然霉变日粮(以含镰刀菌毒素或黄曲霉毒素为主)在导致采食量下降、小肠黏膜结构损伤方面的毒性效应,发现自然霉变玉米导致仔猪肝脏和空肠黏膜氧化损伤,改变空肠形态结构和养分转运载体基因表达量,降低养分消化率和转运能力,改变肠道微生物平衡,进而抑制仔猪生长。仔猪采食量下降的原因是血清中与采食调节相关的激素水平发生了明显变化。

通过检测机体氧化还原状态发现,霉菌毒素的危害可能与毒素导致的机体氧化与抗氧化系统失衡有关。进一步的系列研究证实了这一推论。体内外试验揭示,硒和维生素 E 能够缓减霉菌毒素对大鼠和仔猪肠细胞的氧化损伤,降低霉菌毒素的危害;且硒是通过增强 Nrf2/ARE 途径的防御作用而发挥其降低毒素危害效应。

2.4.3 抗病营养的应用

抗病营养的应用技术包括:第一,应用抗病营养需要参数配制抗病饲料;第二,开发应用抗病饲料新产品,包括生物蛋白质饲料、生物能量饲料、生物饲料添加剂、功能性配合饲料等。

通过近几年的研究,初步探明了主要养分的抗病营养原理和功效,建立了 10 多种养分的抗病营养需要量,研制了 10 多种具有抗病功效的生物饲料及饲料添加剂,一些产品已在企业生产中使用。应用这些成果,规模猪场的发病率可以降低 20%～30%,生产性能和效益显著改善,药物使用量显著下降,显示抗病营养具有明显的功效和潜力。

抗病营养的研究与应用符合养猪业可持续发展的高效、安全、优质和环保要求,具有广阔的应用前景。由于此领域的研究时间短,很多问题还有待深入研究,理论与技术体系尚需进一步完善。继续开展抗病营养理论与技术体系及其机制研究对于深入认识健康的本质、确保猪的健康和猪肉安全具有重大的理论意义和实践价值。

参考文献

[1] 张子仪. 我国动物营养研究的内涵性革新与外延性拓展. //刘建新主编. 动物营养研究进展 2012. 北京:中国农业科学技术出版社,2012.

[2] 卢德勋. 论动物营养学发展战略研究和自主创新. //刘建新主编. 动物营养研究进展 2012. 北京:中国农业科学技术出版社,2012.

[3] 卢德勋. 系统动物营养学的进展和展望. 饲料工业,2013,1:2-8.

[4] 韩友文.《系统动物营养学导论》一书评介. 饲料博览,2006,5:36-38.

[5] 蒋宗勇,杨雪芬. 2011 年度中国猪营养研究进展. //刘建新主编. 动物营养研究进展 2012. 北京:中国农业科学技术出版社,2012.

[6] 李茜,李建国. 动物分子营养学的研究进展. 黑龙江畜牧兽医,2015,1:50-52.

[7] 陈代文,余冰,吴德,等. 猪抗病营养理论及研究进展. //刘建新主编. 动物营养研究进展 2012. 北京:中国农业科学技术出版社,2012.

第3章 猪饲料营养价值评定方法进步

本章内容提要

猪饲料营养价值是评定单胃动物饲料蛋白质营养价值的重要参数。饲料中氨基酸消化率的测定经历了粪表观消化率、表观回肠消化率（AID）、真回肠消化率（TID）等阶段，目前标准回肠消化率（SID）相对科学并且得到国际的认可。磷是动物体内含量仅次于钙的矿物质元素，参与体内多种生物化学反应以及生理机能的完成，准确评定猪磷的需要量以及饲料中磷的消化利用率是提高猪生产效率和缓解磷污染的重要途径。准确评定饲料的能量可利用率十分重要。

本章综述了猪氨基酸消化率的评定（包括评定标准、方法、影响氨基酸消化率评定的因素）、磷消化率的评定（包括评定标准、方法、影响磷消化率评定的因素）、能量消化率的评定（包括评定标准、方法、影响能量消化率评定的因素）、仿生消化法（包括仿生消化法的理论基础和技术手段、仿生消化装置和仿生消化液的研究进展）的研究进展和成果。

3.1 氨基酸消化率评定方法研究进展

3.1.1 氨基酸消化率的评定标准

准确评定日粮或饲料原料中氨基酸的消化率是估计猪氨基酸营养需要量和饲料原料营养价值的重要前提。由于大肠微生物对蛋白质的利用会显著影响动物氨基酸利用率的测定，因此普遍采用在回肠末端安装简单 T 形瘘管后收集回肠末端食糜测得的回肠消化率用于表示猪的氨基酸消化率。回肠末端食糜中的氨基酸主要来源于未被小肠消化吸收的日粮氨基酸、消化道分泌液(主要包含唾液、胆酸、胃液和胰液等)、黏蛋白、脱落的小肠上皮细胞和血清白蛋白等(Moughan 和 Rutherfurd,1990)。除了未被小肠消化吸收的日粮氨基酸外,其他来源的氨基酸统称为内源性氨基酸损失(EAL)。内源性氨基酸损失又包含基础性 EAL 和日粮特异性 EAL。基础性 EAL 主要是指动物摄入的干物质通过消化道和动物新陈代谢中不可避免损失的氨基酸损失最小值,该部分 EAL 主要受到干物质摄入量的影响,但不受日粮类型的影响。日粮特异性 EAL 是由日粮蛋白质水平、纤维类型和含量以及抗营养因子诱导的 EAL。在氨基酸消化率评定过程中,目前主要使用表观回肠消化率(AID)、真回肠消化率(TID)和标准回肠消化率(SID)用来表示猪的氨基酸利用率。不同消化率表示方式的差异主要在于氨基酸消化率计算过程中是否考虑总 EAL 的影响或仅考虑基础性 EAL 的影响。

3.1.1.1 氨基酸表观回肠消化率

氨基酸 AID 主要根据日粮氨基酸摄入量和回肠末端食糜中氨基酸的排泄量计算得出,计算公式如下。

$$AID=\frac{AI-AO}{AI}\times 100\%$$

式中,AID 为待测饲料的氨基酸表观回肠消化率,%;

AI 为待测饲料的氨基酸摄入量,g;

AO 为回肠末端氨基酸排出总量,g;

AL 为回肠末端内源性氨基酸损失量,g。

使用 AID 表示氨基酸消化率的过程中未考虑 EAL 的影响,从而导致同一饲料原料在不同粗蛋白质(CP)日粮中测得氨基酸的 AID 存在显著差异,且氨基酸 AID 的测定值受试验动物采食量影响较大。不同饲料原料所含抗营养因子种类和含量均存在显著差异,从而导致在开展消化试验过程中诱导的 EAL 量对氨基酸 AID 测定值的影响也有所不同。因此,使用不同饲料原料配制全价日粮后测定氨基酸 AID 的可加性较差(Stein 等,2005)。

3.1.1.2 氨基酸真回肠消化率

氨基酸 TID 主要是根据日粮氨基酸的摄入量、回肠末端食糜中氨基酸排泄量以及动物回肠 EAL 总量计算得出。氨基酸 TID 由以下公式计算。

$$TID=\frac{AI-(AO-TAL)}{AI}\times 100\%$$

式中,TID 为待测饲料的氨基酸真回肠消化率,%;

AI 为待测饲料的氨基酸摄入量,g;

AO 为回肠末端氨基酸排出总量,g;

TAL 为回肠末端总内源性氨基酸损失量,g。

日粮氨基酸 TID 计算值可靠的关键在于准确测定动物的 EAL 总量。由于 EAL 测定过程中会受到动物体重、干物质摄入量以及测定方法等多种因素的影响,因此在不同试验中测得结果差异较大,参考价值较低。目前关于生长猪日粮氨基酸 TID 评定的研究已越来越少。

3.1.1.3 氨基酸标准回肠消化率

氨基酸 SID 测定主要是根据日粮氨基酸的摄入量、回肠末端食糜中氨基酸排泄量以及动物基础性 EAL 量计算得出。氨基酸 SID 根据以下公式计算。

$$SID=\frac{AI-(AO-BAL)}{AI}\times 100\%$$

式中,SID 为待测饲料的氨基酸标准回肠消化率,%;

AI 为待测饲料的氨基酸摄入量,g;

AO 为回肠末端氨基酸排出总量,g;

BAL 为回肠末端基础性内源氨基酸损失量,g。

测定日粮或者饲料原料氨基酸 SID 的好处在于只需要考虑动物的基础性 EAL,而该部分的量在特定条件下是基本稳定的且测定方法标准统一(由无氮日粮法测定基础性 EAL)。测定氨基酸 SID 的过程中由于仅考虑了基础性 EAL,而饲料原料中某种特定成分诱导的特异性 EAL 增加会被当作日粮来源未被消化吸收的氨基酸。因此,不同饲料原料之间氨基酸 SID 的差异不仅来源于其自身氨基酸消化率的差异,也同样受到不同饲料原料所诱导的不同水平特异性 EAL 影响。计算氨基酸 SID 过程中由于考虑了特异性 EAL 的影响,因此使用不同饲料原料氨基酸 SID 测定值用于全价日粮配制时的可加性显著优于使用氨基酸 AID 测定值时的可加性(Stein 等,2005)。鉴于氨基酸 SID 的可靠性优于氨基酸 AID,而基础性 EAL 的测定过程比总 EAL 的测定更加简单方便且结果一致性较强。因此,目前已逐步使用氨基酸 SID 逐步替代氨基酸 AID 和 TID 用于生长猪日粮的配制(NRC,2012)。但需要注意的是,基础性 EAL 和氨基酸 SID 的测定同样会受到无氮日粮组成以及试验动物干物质摄入量的影响(Nyachoti 等,1997)。因此,为使不同试验测得氨基酸 SID 结果的可比性更强,尚需要标准化用于基础性 EAL 测定的无氮日粮组成并明确用于氨基酸 SID 测定过程中的采食量。

3.1.2 氨基酸消化率的评定方法

3.1.2.1 直接法

直接法测定饲料原料氨基酸消化率主要是通过在以玉米淀粉为主的日粮中添加一定水平待测饲料原料后测定总氨基酸消化率的方式计算得出。使用直接法测定饲料原料氨基酸消化率时,该原料必须为饲粮中氨基酸唯一来源。这种方法相对简单,因为只需要一个试验日粮便可测定待测饲料原料氨基酸的 AID,缺陷在于不适用于测定配合饲料中某种特定饲料原料氨基酸的消化率(Adeola,2001)。

3.1.2.2 差量法

差量法通过在基础日粮中添加一定比例的待测饲料原料等比例替换基础日粮或替换基础日粮中某种特定不含蛋白质的饲料原料后,再分别测定基础日粮和试验日粮总氨基酸消化率用于计算待测饲料原料中氨基酸的消化率,根据以下公式计算得出(Adeola 和 Kong,2014;Kong 和 Adeola,2014)。

$$D_{td}\times P_{td}=D_{bd}\times P_{bd}+D_{ti}\times P_{ti}$$

式中,D_{bd}是基础日粮氨基酸消化率,%;

D_{td}是试验日粮氨基酸消化率,%;

D_{ti}是待测原料氨基酸消化率，%；

P_{bd}是基础日粮占试验日粮的比例；

P_{ti}是待测原料占试验日粮的比例。且

$$P_{td}=1=P_{bd}+P_{ti}$$

使用差量法测定饲料原料氨基酸消化率的理论假设是待测原料中氨基酸消化率和基础日粮中总氨基酸消化率之间无互作效应，但实际情况下上述假设仅在添加特定比例待测饲料原料时成立。目前关于使用差量法测得饲料原料氨基酸消化率是AID还是TID的观点上尚存争议。若待测饲料原料替换基础日粮后对日粮特异性EAL无显著影响，那么测得氨基酸消化率应该是TID（刘正群等，2016）。但也有研究人员认为，使用待测饲料原料替换基础日粮后必然会引起日粮特异性EAL的改变，而计算待测饲料原料氨基酸消化率时未考虑上述影响，从而认为差量法测得氨基酸消化率应该是AID（Fan和Sauer，1995）。使用差量法测定饲料原料氨基酸消化率时考虑了基础性EAL这部分的影响，因此测得氨基酸消化率的值在理论上是应该大于AID的，但与氨基酸TID或SID的接近程度则受到基础日粮组成、待测饲料原料种类和水平等因素的影响。

3.1.2.3　线性回归法

线性回归法是一种用于测定饲料原料氨基酸TID的方法，通过在基础日粮中梯度添加待测饲料原料构成含有不同水平待测原料的试验日粮后，对可消化氨基酸含量和日粮氨基酸摄入量进行回归分析建立方程，方程的斜率和截距的负值分别代表氨基酸的TID和动物的EAL，计算公式如下（Fan和Sauer，2002）。

$$AO=BAL+AI\times AD$$

式中，AO为回肠末端氨基酸排出总量，g；

BAL为回肠末端基础内源性氨基酸损失量，g；

AI为待测饲料的氨基酸摄入量，g；

AD为氨基酸的回肠真消化率，%。

使用线性回归法测定饲料原料氨基酸TID的理论假设是待测饲料原料水平对原料所含氨基酸的消化率无显著影响，且动物的EAL不会随着待测饲料原料水平的提高而增加。但上述假设只有在饲料原料添加在特定范围内的情况下才会成立，当试验日粮所含待测饲料原料过高或过低时都会显著影响氨基酸TID的测定值（Fan和Sauer，1997）。使用线性回归法仅测定一种饲料原料氨基酸TID时就需要3～6组试验日粮，工作量较大。此外，由于不同试验测得相同饲料原料氨基酸TID值的差异较大，目前使用氨基酸TID测定原料消化率的研究已越来越少。

3.1.2.4　同位素示踪法

同位素示踪法是一种利用放射性元素^{15}N作为示踪剂对氨基酸进行标记后测定EAL计算氨基酸TID的方法，经过标记的氨基酸化学性质和生物学特性不会发生改变。动物饲喂含有^{15}N标记的氨基酸日粮后，通过测定回肠食糜中总氨基酸和带有标记的氨基酸含量能够区分日粮未消化氨基酸以及EAL，从而用于氨基酸TID的计算（Krawielitzki和Simon，1977）。使用该方法测定氨基酸TID时仅考虑了基础性EAL和部分日粮特异性EAL，且测定过程需

要精密的仪器和价格昂贵的标记物，因而无法广泛使用。

3.1.2.5 无氮日粮法

无氮日粮法是一种通过测定动物基础性EAL后，使用该值对氨基酸AID进行校正后计算氨基酸SID的方法。使用该方法测定氨基酸SID的理论假设为试验日粮组成对动物基础性EAL无显著影响或影响基本一致。但前期已有研究表明，长期摄入无氮日粮会影响动物的蛋白质代谢和消化酶分泌，从而导致饲喂无氮日粮测得基础性EAL的值低于动物采食试验日粮时实际的基础性EAL。此外，无氮日粮法测得内源性脯氨酸和甘氨酸排泄量较高、基础性EAL测定总值偏低、以及生理状况异常等均是营养学家关心的问题。虽然使用无氮日粮法测得基础性EAL计算氨基酸SID还存在种种不足，但不可否认的是，该方法的使用简单易行且不同试验结果之间的一致性较强便于进行比较。

3.1.2.6 酪蛋白日粮法

酪蛋白日粮法是一种通过测定生长猪回肠末端总EAL后计算氨基酸TID的方法。酪蛋白中的氨基酸具有极高的消化率，在消化过程中几乎完全能被动物体消化吸收且几乎不含抗营养因子。为缓解饲喂无氮日粮造成的动物体蛋白质代谢紊乱，可以通过在无氮日粮中添加蛋白质品质较高的酪蛋白满足动物体蛋白质需要后测定EAL，从而计算氨基酸的TID。使用酪蛋白日粮法测定EAL时未完全考虑试验日粮中所含抗营养因子引起的日粮特异性EAL，因此测定的氨基酸消化率应该是介于氨基酸SID和TID之间的一个值。

3.1.3 影响氨基酸消化率评定的因素

3.1.3.1 内源性氨基酸损失的测定

准确测定动物基础性EAL、日粮特异性EAL和总EAL是计算氨基酸SID和TID的重要前提条件。大量研究表明，准确评定日粮特异性EAL和总EAL难度非常大且很难实现。因此，目前动物营养研究已不再将测定生长猪日粮特异性EAL和总EAL作为主要研究任务，而是重点关注基础性EAL的测定，原因在于基础性EAL的测定标准比较容易统一且不同实验室在不同时间和环境条件下测得的结果一致性较强。无氮日粮法是测定生长猪基础性EAL的主流方法，近年来的研究主要围绕在指示剂类型以及无氮日粮组成等对基础性EAL评定的影响。Kong等(2014)研究表明，无氮日粮中玉米淀粉和葡萄糖的比例对基础性EAL的评定无显著影响。Liu等(2016)研究表明，生长猪基础性EAL的测定值不受日粮纤维素水平的影响。Favero等(2014)研究表明，以三氧化二铬作为无氮日粮中的指示剂测得生长猪基础性EAL显著低于以酸不溶灰分和二氧化钛作为指示剂测得基础性EAL。由此可见，虽然日粮因素对基础性EAL评定的影响较小，但行业内仍然需要建立一套标准的无氮日粮配方和评定程序用于生长猪基础性EAL的评定。

3.1.3.2 日粮粗蛋白质水平

日粮粗蛋白质水平是影响氨基酸消化率评定的最主要因素，原因在于日粮粗蛋白质水平可通过以下3种途径直接影响氨基酸的AID：①日粮蛋白质水平会显著影响生长猪EAL，当动物摄入蛋白质品质较差的日粮时上述效应尤为明显；②当日粮蛋白质水平从缺乏提高到满足需要量水平时，氨基酸AID随蛋白质水平升高显著增加，原因在于EAL占回肠食糜中未被消化日粮氨基酸的比例逐渐降低。当日粮蛋白质水平已经满足动物营养需要量时，EAL占回肠食糜中未被消化日粮氨基酸的比例已经很低，此时日粮蛋白质水平的提高对氨基酸 AID 则无显著影响；③动物消化道分泌的消化酶有限，当动物摄入蛋白质水平过高的日粮时会显著降低氨基酸 AID。Zhai 和 Adeola(2011)研究表明，通过在玉米淀粉型日粮中添加玉米和豆粕混合物将日粮粗蛋白质水平从 6.8%提高到 21.4%，生长猪大部分氨基酸 AID 显著增加，与此相反的是氨基酸 SID 显著降低。导致上述结果的主要原因在于氨基酸 AID 升高源于 EAL 占回肠食糜中未被消化日粮氨基酸的比例随蛋白质水平增加逐渐降低，当使用基础性 EAL 对氨基酸 AID 进行校正得到 SID 后消除了 EAL 对消化率评定的影响，从而发现氨基酸 SID 随蛋白质水平的提高显著降低。

3.1.3.3　采食量

采食量一方面可通过干物质摄入量介导的 EAL 调控氨基酸 AID，另一方面也可通过调控食糜在胃肠道的排空速度影响氨基酸 AID。Moter 和 Stein(2004)研究表明，生长猪采食以豆粕为主的玉米淀粉型日粮时，将采食量从生长猪 1 倍维持需要量增加到 3 倍维持需要量导致大部分氨基酸 AID 显著增加，而氨基酸 SID 显著降低。而 Liu 等(2016)研究表明，采食量对氨基酸 AID 的影响受试验日粮类型和蛋白质水平的影响。生长猪采食以玉米淀粉为主的低蛋白质日粮(8%粗蛋白质)时，将生长猪每日的采食量从体重的 3%提高到 5%后对大部分氨基酸的 AID 无显著影响；生长猪采食以玉米为主的常规日粮(16%粗蛋白质)时，将生长猪每日的采食量从体重的 3%提高到 5%后大部分氨基酸 AID 随采食量增加显著降低。由此可见，试验日粮的粗蛋白质水平以及试验设定采食量的范围都将是影响采食量调控氨基酸消化率的重要因素。

3.1.3.4　体重

随着动物体重的增长，消化道的发育程度、采食量水平以及食糜在消化道内的停留时间都会发生显著变化，从而影响氨基酸的消化率。Stein 等(2001)研究表明，妊娠母猪氨基酸 AID 显著高于生长猪和哺乳母猪氨基酸 AID。

3.1.3.5　抗营养因子

不同抗营养因子可通过不同的消化生理途径影响氨基酸的消化率，如豆粕中含有的胰蛋白酶抑制因子可通过抑制蛋白酶的活性降低氨基酸的消化利用率。小麦和大麦中含有高水平的非淀粉多糖，摄入过多后会增加肠道内食糜黏性从而影响消化酶与底物的接触，导致氨基酸消化率降低。蛋白质饲料原料在加热过程中，赖氨酸等必需氨基酸的氨基易与还原性糖的醛基发生美拉德反应产生棕褐色物质，产生美拉德反应的氨基酸很难被动物消化利用。

3.1.3.6　酶制剂

仔猪在生长发育早期消化道发育尚未完全成熟时，其自身分泌的消化液中所含蛋白酶可能无法达到满足氨基酸最大利用率的量。因此，通过添加胃蛋白酶、胰蛋白酶、木瓜酶等外源酶能够补充动物内源消化酶分泌的不足，从而提高氨基酸的消化利用率。Pan 等(2016)在玉米-豆粕型饲粮中添加复合蛋白酶后，显著提高了干物质、总能以及粗蛋白质 ATTD，同时显著提高了粗蛋白质、氮以及多数必需氨基酸的 AID。

3.2　磷消化率评定方法研究进展

磷作为动物体内含量仅次于钙的矿物质元素，参与体内多种生物化学反应以及生理机能的完成，如遗传信息的传递、参与辅酶和能量货币(三磷酸腺苷，ATP)的形成、酶的激活以及作为骨骼的重要组成部分等。植物性饲料原料中的磷主要以植酸磷的形式存在，猪的消化液中由于缺乏植酸酶导致对植酸磷的利用效率较低。虽然通过日粮添加外源性植酸酶可在很大程度上提高猪对植物性饲料原料中磷的利用效率，但依然无法满足猪最佳生长性能的需要量，因此生产上普遍通过添加磷酸氢钙和磷酸二氢钙等无机磷的方式提高日粮磷水平，但与此同时也增加了畜牧生产过程中的磷排放从而造成环境污染。因此，准确评定生长猪磷的需要量以及不同植物性饲料原料和无机磷中磷的消化利用率是改善生长性能和缓解污染的重要途径。从粪中排出的磷主要包含日粮中未被消化的磷以及唾液、胆汁、胰液和脱落的肠黏膜细胞中所含有的内源性磷损失(EPL)。内源磷总损失可以分为基础性 EPL 和日粮特异性 EPL。基础性 EPL 不受日粮组成的影响，而日粮特异性 EPL 受日粮组成的影响很大，所以要单独准确地测定日粮特异性 EPL 的难度较大。目前主要使用磷的 AID、ATTD、TID、TTTD 和 STTD 等用来评价猪对饲料中磷的利用效率。不同消化率表示方式的主要差异在于计算过程中是否考虑总 EPL 或基础性 EPL。

3.2.1 磷消化率的评定标准

3.2.1.1 磷的表观回肠消化率

磷的 AID 主要根据日粮磷摄入量和回肠末端食糜磷的排泄量计算得出，计算公式如下。

$$AID=\frac{PI-IPO}{PI}\times 100\%$$

式中，AID 为待测饲料的磷的表观回肠消化率，%；

PI 为待测饲料的磷的摄入量，g；

IPO 为回肠末端磷排出总量，g。

磷的 AID 未考虑回肠 EPL，因此同一种饲料原料在不同磷水平或类型日粮中所测得的 AID 受 EPL 影响较大，所以在配合饲料中不同原料磷的 AID 可加性较差。早期在大量生长猪上的研究表明，胃和小肠是磷消化吸收的主要部位，因为磷的 AID 和 ATTD 无显著差异。使用 AID 表示磷消化率的优点在于收集回肠食糜的过程中样本不容易受到尿液的污染，但缺点在于需要在猪回肠末端安装简单 T 形瘘管，增加工作量。但近期研究表明，生长猪后肠道存在磷的消化吸收且受饲粮磷来源的影响(Liu 等，2011)。由此可见，大肠在磷消化吸收和代谢过程中也发挥着重要的调控作用，近年来的研究已不再推荐 AID 用来评价磷的消化利用率。

3.2.1.2 磷的表观全肠道消化率

磷的 ATTD 主要根据日粮磷摄入量和粪中总的磷排泄量计算得出，计算公式如下。

$$ATTD=\frac{PI-FPO}{PI}\times 100\%$$

式中，ATTD 为待测饲料的磷的表观全肠道消化率，%；

PI 为待测饲料的磷的摄入量，g；

FPO 为粪中磷排出总量，g。

磷的 ATTD 未考虑全肠道 EPL，因此使用磷的 ATTD 配制日粮时的可加性较差。早期研究主要使用三氧化二铬或二氧化钛等指示剂测定磷的 ATTD，但近年来的研究主要使用全收粪法测定磷的 ATTD，原因在于全收粪法测定磷的 ATTD 时的准确性和重复性显著优于指示剂法。

3.2.1.3　磷的真回肠消化率

磷的 TID 主要根据日粮磷摄入量、回肠末端食糜磷排泄量以及动物回肠 EPL 总量计算得出，计算公式如下。

$$\mathrm{TID}=\frac{\mathrm{PI}-(\mathrm{IPO}-\mathrm{IPL})}{\mathrm{PI}}\times 100\%$$

式中，TID 为待测饲料的磷的真回肠消化率，%；

PI 为待测饲料的磷的摄入量，g；

IPO 为回肠末端磷排出总量，g；

IPL 为回肠总内源性磷损失量，g。

TID 排除了回肠总的 EPL 影响，因此使用不同饲料原料磷的 TID 在配合日粮中的可加性较强。一般在回肠末端安装简单 T 形瘘管，采用指示剂法测定 TID。但回肠总 EPL 测定值受试验条件影响较大，不同试验结果差异较大，参考价值较低。

3.2.1.4　磷的真全肠道消化率

磷的 TTTD 主要根据日粮磷摄入量、粪中磷排泄量和全肠道 EPL 计算得出，计算公式如下。

$$\mathrm{TTTD}=\frac{\mathrm{PI}-(\mathrm{FPO}-\mathrm{TPL})}{\mathrm{PI}}\times 100\%$$

式中，TTTD 为待测饲料的磷的真全肠道消化率，%；

PI 为待测饲料的磷的摄入量，g；

FPO 为粪中磷排出总量，g；

TPL 为全肠道总内源性磷损失，g。

测定全肠道总 EPL 是测定磷的 TTTD 值的关键，前期 Pettey 等(2006)提出全肠道 EPL 可通过线性回归法测定，Fan 等(2002)研究表明，豆粕型日粮中可使用线性回归法测得断奶仔猪总的 EPL 和 TTTD。但 EPL 的测定值差异较大且不同日粮类型和磷水平对测定值影响较大，因此不同试验的测定值的准确性尚有待考究。

3.2.1.5　磷的标准全肠道消化率

磷的 STTD 主要根据日粮磷摄入量、粪中磷排泄量和全肠道基础性 EPL 计算得出，计算公式如下。

$$\mathrm{STTD}=\frac{\mathrm{PI}-(\mathrm{FPO}-\mathrm{BPL})}{\mathrm{PI}}\times 100\%$$

式中，STTD 为待测饲料的磷的标准全肠道消化率，%；

PI 为待测饲料的磷的摄入量，g；

FPO 为粪中磷排出总量，g；

BPL 为全肠道基础内源性磷损失，g。

磷的 STTD 测定时只需要动物全肠道基础性 EPL，通过基础性 EPL 对磷的 ATTD 校正后得出。NRC(2012)表明,通过饲喂无磷日粮测得基础性EPL对ATTD校正后得到STTD后用于生长猪日粮的配制具有较好的可加性。不同方法测得的基础性EPL虽然有所差别,但对STTD无显著影响。因此当前主要使用磷的STTD表示生长猪饲料原料中磷的消化利用率。

3.2.2 磷消化率的评定方法

3.2.2.1 直接法

直接法测定饲料原料磷消化率主要是通过在玉米淀粉中添加待测原料后测定其总磷的消化率。使用直接法测定磷的消化率时,待测饲料原料必须为试验日粮中磷的唯一来源。这种方法相对简单,因为只需要测定一种饲料原料中磷的消化率,然而不适用于测定配合饲料中某种原料磷的消化率(Adeola,2001)。

3.2.2.2 差量法

差量法通过在基础日粮中添加一定比例的待测饲料原料等比例替换基础日粮或替换基础日粮中某种特定不含磷的饲料原料后,再分别测定基础日粮和试验日粮总磷消化率用于计算待测饲料原料中磷的消化率,根据以下公式计算得出(Kong和Adeola,2014)。

$$D_{td} \times P_{td} = D_{bd} \times P_{bd} + D_{ti} \times P_{ti}$$

式中,D_{bd}是基础日粮磷消化率,%;

D_{td}是试验日粮磷消化率,%;

D_{ti}是待测原料磷消化率,%;

P_{bd}是基础日粮占试验日粮的比例;

P_{ti}是待测原料占试验日粮的比例。且

$$P_{td} = 1 = P_{bd} + P_{ti}$$

使用差量法测定磷消化率的前提是待测原料中磷的消化率和基础日粮中总磷消化率之间无互作效应。由于不同饲料原料诱导的日粮特异性EPL存在显著差异,因此日粮特异性EPL对不同原料消化率评定的影响也有所不同。若待测饲料原料对日粮特异性EPL影响较大,那么测定值为AID或ATTD;若差异较小,那么测定值为TID或TTTD。

3.2.2.3 线性回归法

线性回归法主要用于测定饲料原料中磷的TID和TTTD,通过在基础日粮中添加不同水平的待测原料,对可消化磷含量和磷摄入量进行回归分析建立方程,方程的斜率和截距的负值分别代表磷的真消化率和动物的EPL,计算公式如下(Fan和Sauer,2002)。

$$\text{PO} = \text{EPL} + \text{PI} \times \text{PD}$$

式中,PO为食糜或粪中磷排泄量,g;

EPL为回肠或全肠道内源磷损失,g;

PI为日粮磷摄入量,g;

PD为磷的回肠或全肠道真消化率,%。

3.2.2.4 同位素示踪法

同位素示踪法是利用放射性元素^{32}P为示踪剂对磷标记后测定EPL计算TID或TTTD

的方法，与蛋白质示踪法相同，此法能够有效地区分日粮中未消化的磷及 EAL，然后校正 AID 和 ATTD 后计算出 TID 和 TTTD 的值。此法虽然是一种比较精确的方法，但试验耗费大量人力、财力且具有一定的危险性，因此无法广泛使用。

3.2.2.5　无磷日粮法

通过饲喂无磷日粮测得基础性 EPL 校正 AID 和 ATTD 后得出 SID 和 STTD。无磷日粮由于缺乏蛋白质和磷等养分，长期饲喂导致动物肠道功能异常，从而使得动物基础性 EPL 的测定值显著偏低。但该方法的优点在于不同实验室在不同时间段测定的结果一致性较强，有利于进行不同试验结果的比较，因此已成为当前猪营养研究中测定生长猪基础性 EPL 的主流方法，但关于试验预饲期的时间以及无磷日粮的组成对基础性 EPL 是否存在显著影响尚需要进一步的研究。

3.2.2.6　酪蛋白日粮

酪蛋白日粮法是一种通过测定生长猪回肠末端总 EPL 后计算磷的 TID 或 TTTD 的方法。酪蛋白中的磷具有极高的消化率，在消化过程中几乎完全能被动物体消化吸收且几乎不含抗营养因子。为缓解饲喂无氮日粮造成的动物体蛋白质代谢紊乱，可以通过在无磷日粮中添加蛋白质品质较高的酪蛋白满足动物体蛋白质和磷的需要后测定 EPL，从而计算磷的 TID 或 TTTD。

3.2.3　影响磷消化率评定的因素

3.2.3.1　EPL 的测定

准确测定动物基础性 EPL、特异性 EPL 是计算磷的 TID、STTD 和 TTTD 的重要前提条件。特异性 EPL 受日粮成分的影响很大，测定结果的准确性较低。因此目前研究重点关注对基础性 EPL 的测定。目前主要采用无磷日粮法测定动物基础性 EPL，不同试验结果之间的变异较小，测定值主要在 139～216 mg/DMI 波动。此外，使用线性回归法测得猪 EPL 时的结果一致性较差，原因在于日粮待测饲料原料水平以及基础日粮的组成显著影响 EPL 的测定。

3.2.3.2　日粮粗蛋白质水平

氨基酸和磷在蛋白质合成和生物化学反应中都起着至关重要的作用。虽然前期关于氨基酸和磷消化率的评定以及影响因素已有许多研究（Zhai 和 Adeola，2012；Kim 等，2104），但上述研究通常仅考虑氨基酸或磷的消化率，而未考虑彼此之间的互作效应。氨基酸和磷主要调节蛋白质合成和骨骼的发育并作为重要组成调控肌肉组织发育生长（Escobar 等，2006），因此日粮氨基酸和磷可能会对彼此的消化代谢产生影响。Xue 等（2016）研究表明，小肠转运磷的载体的基因表达量受日粮蛋白质水平显著影响。Xue 等（2017）设置 2 个蛋白质水平和 4 个可消化磷水平，采用 2×4 设计研究蛋白质水平对磷消化率的影响，结果表明蛋白质水平过低会限制小肠对磷的消化。由此可见，在测定饲料原料磷消化率时不仅需要考虑日粮磷水平，还需要考虑日粮粗蛋白质水平对磷消化率评定的影响。

3.2.3.5　日粮磷水平

前期研究表明，以植物性饲料原料为唯一磷来源时测定磷的 ATTD 时，待测饲料原料磷的 ATTD 随日粮磷水平的升高呈现先增加后减少的趋势，原因在于生长猪 EPL 占回肠食糜中未消化日粮磷的比例随日粮磷水平升高而降低，从而导致磷的ATTD随磷水平的升高而增加。在达到平台期之后，由于植酸磷摄入过多抑制了磷的消化吸收，从而导致磷的ATTD随磷水平升高而减少。通过使用无磷日粮测得基础性EPL校正磷的ATTD后得到STTD，近期研究表明磷的STTD随日粮磷水平增加而降低。

3.2.3.4 采食量

近期研究表明，通过饲喂无磷日粮和动物体重的3%、4%和5%三个不同水平的采食量测得生长猪回肠内源磷排泄量为657～689 mg/kg，且不受采食量影响（曹山川等，2016）；但全肠道内源磷排泄量随采食量增加从797 mg/kg提高到920 mg/kg。此外，采食量对磷消化率的影响受日粮磷水平的调控，当日粮中磷水平低于营养需要量时，磷的AID和SID随采食量增加而增加；而满足了营养需要量以后，ATTD和STTD随采食量增加而降低。

3.2.3.5 体重

随着动物体重的增长，消化道的发育程度、采食量水平以及食糜在消化道内的停留时间都会发生显著变化，从而影响磷的消化率。早期研究表明，体重为60～100 kg时的生长育肥猪磷的ATTD显著高于30 kg生长育肥猪测得磷的ATTD。

3.2.3.6 碳水化合物的组成

对生长育肥猪而言，不同纤维水平对肠道的刺激不同导致排空速度存在显著差异，由于磷等营养物质的消化吸收需要一定过程，过快的排空速度可能会导致消化率的降低。纤维可能会与日粮中的磷相结合从而导致消化率受到影响。此外，日粮纤维对营养物质消化率的影响与动物机体微生物组成存在一定的联系。近期研究表明，饲喂不同类型高纤维和低纤维日粮，猪对磷的消化率发生改变，并且饲喂高纤维日粮后肠道微生物也发生改变，因此推测纤维水平对磷消化的影响可能是微生物对磷的利用率提高导致肠道中动物体可利用磷减少造成的（Metzler和Mosenthin，2008）。

3.2.3.7 酶制剂

植物性饲料原料中磷大部分是以猪难以消化利用的植酸磷形式存在，为促进对植酸磷的消化吸收，通过日粮添加植酸酶已成为生产上降低日粮无机磷添加水平以及减少畜牧生产过程中磷排放的主要手段（Adedokun等，2004；Adeola等，1995）。近期研究表明，通过在玉米豆粕型和小麦豆粕型日粮中添加植酸酶均可显著提高生长猪磷的ATTD。

3.2.4 大肠在磷消化吸收中的作用

早期研究表明，生长猪的大肠既存在磷的消化吸收也存在磷的排泄，由于磷的吸收量和排泄量基本一致，所以认为大肠在磷的消化吸收过程中无显著作用。但近年来的研究认为，体重在30 kg以下的仔猪由于肠道尚未完全发育成熟，大肠中不存在磷的净吸收或净分泌，而是处于动态平衡状态。而对于体重在30～60 kg的生长育肥猪和60 kg以上的育肥猪，其大肠同时存在磷的净吸收或净分泌。但大肠在磷消化吸收中的作用受到日粮磷来源和水平、碳水化合物组成以及植酸酶添加的影响。Baumgärtel等（2008）在低磷玉米-豆粕基础饲粮中分别添加纤维素、玉米淀粉和高度甲基化的苹果果胶饲喂生长猪，结果表明在饲料中添加玉米淀粉，大肠存在磷的净吸收，而添加纤维素和果胶则存在磷的净分泌。Seynaeve等（2000）研究发现添加植酸酶提高了大肠磷的吸收，而对回肠末端磷的消化吸收没有影响。造成这一结果的可能原因是植酸酶的添加改变了磷在回肠末端的消化分配比例，使得更多的可利用磷在生长猪的大肠被吸收。Seynaeve 等(2000)的研究结果表明，日粮无机磷的主要消化吸收部位是在小肠，而植酸磷的消化吸收主要通过大肠微生物的作用完成消化吸收。此外，Liu 等(2017)用含豆粕或菜籽粕的半纯合日粮饲喂生长猪后指出，磷的 ATTD 和 AID 没有显著差异，而饲喂添加磷酸二钙的玉米-豆粕-玉米 DDGS 基础日粮，发现大肠存在磷的吸收，结果表明大肠对磷的吸收受饲料磷源的影响。

3.3　能量消化率评定方法研究进展

生产优质猪肉需要日粮成分的合理搭配。为了生产出优质猪肉，需对配合日粮中各个原料的营养物质和能量的生物可利用率进行准确评估。因此了解日粮营养成分中能被猪利用的能量多少以及如何利用日粮、食糜和粪等样品准确测定能量的利用率十分重要。食糜和粪中除了未消化的饲料中的能量以外，还有消化道微生物及其代谢产物、消化道分泌物和消化道黏膜脱落细胞等来源的能量。在食糜和粪中因总能量组成成分十分复杂以及难以区分内源性能量和日粮中未消化的能量，因此主要使用能量的 AID 和 ATTD 来评价猪回肠和全肠道对饲料中能量的利用效率。

3.3.1　能量消化率的评定标准

3.3.1.1　能量的表观回肠消化率

能量的 AID 主要根据日粮能量摄入量和回肠末端食糜能量的排泄量计算得出，计算公式如下。

$$AID=\frac{EI-IEO}{EI}\times 100\%$$

式中，AID 为待测饲料的能量的表观回肠消化率，%；

EI 为待测饲料的能量的摄入量，J；

IEO 为回肠末端能量排出总量，J。

由于日粮中淀粉、油脂和氨基酸的消化吸收主要发生在小肠中，所以能量 AID 的值受日粮淀粉和氨基酸消化率影响较大。前期 Stein 和 Shurson(2009)研究表明，制粒不会显著提高能量在小肠的消化率，可能是因为制粒对淀粉和氨基酸的 AID 无显著影响。

3.3.1.2　能量的表观全肠道消化率

能量的 ATTD 主要根据日粮能量摄入量和回肠末端食糜能量的排泄量计算得出，计算公式如下。

$$ATTD=\frac{EI-FEO}{EI}\times 100\%$$

式中，ATTD 为待测饲料的能量的表观全肠道消化率，%；

EI 为待测饲料的能量的摄入量，J；

FEO为粪中能量排出总量,J。

能量的ATTD主要是表现猪对饲粮原料整体的利用情况。但前期Stein等(2006)研究表明,膨化能够提高饲料能量的消化率,但同一试验中对能量的AID的提高大于ATTD的提高程度。主要的原因可能是ATTD的值受大肠微生物的影响很大。在小肠中未消化的粗纤维和碳水化合物进入大肠后被大肠中的大量微生物利用,发酵产生挥发性脂肪酸(VFA),而VFA能被大肠肠壁吸收并为其提供能量。

3.3.2 能量消化率的评定方法

3.3.2.1 套算法

套算法测定能量消化率时需先测定一个基础日粮的能量消化率,然后使用待测日粮或原料替代基础日粮中的一部分后测定待测日粮或原料的能量消化率。这种方法经常被用于测定单个饲料原料的能量消化率。使用套算法的前提是待测日粮和基础日粮之间无互作作用。

3.3.2.2 直接法

直接法可以用于测定饲料原料的消化率。主要方式是通过测定日粮中所含能量以及食糜和粪中排出的能量测定出机体消化的能量。结果直观地反映了能量的消化情况,但受日粮营养水平的影响较大。测定某个特定饲料原料的能量消化率时,由于该原料所含营养成分往往不能满足猪的营养需要量,因此测定的结果偏差很大。Bolarinwa 和 Adeola(2016)前期研究表明使用直接法和线性回归法测定混合日粮DE和ME无显著差异。

3.3.2.3 线性回归法

线性回归法测定日粮能量消化率时,通过在基础日粮中添加不同水平的待测原料,以待测日粮占基础日粮的比例和试验日粮消化率进行回归分析,然后外推到全部替代得出待测日粮的能量消化率。使用线性回归法的前提是自变量和因变量之间存在着线性关系。较高的日粮纤维水平会影响线性关系,导致结果偏差较大。

$$Dt = a \cdot Pt + b$$

式中,Dt 为基础日粮和待测原料按不同比例混合后的试验日粮消化率,%;

Pt 为待测原料所占的比例,%;

a 和 b 为常数。

3.3.3 影响能量消化率评定的因素

3.3.3.1 日粮能量水平

Forbes(1995)研究表明,随着日粮能量水平的提高,日消化能摄入量也会提高;周勤飞等(2010)研究表明,虽然能量水平从13.19 MJ/kg提高到14.9 MJ/kg时,猪采食量有所下降,但是日消化能摄入量最终是升高的。周勤飞等(2010)还发现随着日粮能量水平的提高,日粮中蛋白质、脂肪和粗纤维的消化率也提高。Htoo等(2008)研究表明,提高日粮能量水平会使粗蛋白质、有机物和干物质的表观消化率提高。

3.3.3.2 日粮能量来源

蛋白质经胃和小肠被降解为游离氨基酸和寡肽后经载体以主动转运方式在小肠上2/3处

被吸收,脂类进入肠道后被水解为甘油一酯、胆固醇和脂肪酸在十二指肠和空肠上段通过易化作用被吸收,碳水化合物被分解为单糖经载体主动转运在十二指肠吸收。脂类水解物的转运不耗能,与浓度有密切关系;蛋白质和碳水化合物的消化吸收为耗能型。

3.3.3.3　采食量

采食量的高低直接决定动物体直接摄入能量的多少。采食相同能量水平的日粮,采食量越高意味着摄入的可消化能量就提高,但平均日采食量越高不意味着能量的消化率越高,还与猪的生长情况、采食次数和生理状况等有关。

3.3.3.4　碳水化合物组成

日粮中的碳水化合物主要有粗纤维以及可溶性糖和淀粉等无氮浸出物。无氮浸出物主要为猪提供能量,未消耗完的能量一般以脂肪或者糖原的形式储存在体内。近年来对粗纤维的研究逐渐成为热点,前期研究表明日粮添加粗纤维对减少氨的排放、提高动物肠道健康以及动物福利等方面有积极作用(Aarnink 和 Verstegen,2007;Montagne 等,2003;Courboulay 等,2001)。Owusu-Asiedu 等(2006)通过在小麦豆粕中使用半乳甘露聚糖和纤维素替代 7%的小麦淀粉后发现,生长猪能量的消化率从 0.878 分别降低到 0.866 和 0.849,同时添加 7%的半乳甘露聚糖和纤维素后发现能量的消化率为 0.758。此外这 2 个试验对有机物的消化率并没有影响。

3.3.3.5　酶制剂

能量的消化率取决于日粮中营养物质的消化率,实际生产中通常会添加一些酶增加猪对营养物质的消化,提高营养物质的消化率。常见的酶有脂肪酶、蛋白酶、淀粉酶、纤维素酶等。仔猪酶分泌能力较弱,通常在仔猪日粮中添加一定的酶能够帮助其消化。张崇玉等(2010)研究发现仔猪日粮中添加复合酶能提高能量消化率。穆淑琴研究表明育肥猪日粮添加 0.1%复合酶能够降低料肉比并且提高平均日增重。

3.4　体外仿生消化法研究进展

体外仿生消化法作为一种评定饲料生物学效价的系统,其相较于体内消化试验,具有低成本、简便快速、重演性强等特点。因此,体外仿生消化评定法已被广泛应用于饲料营养的研究中。根据仿生消化的发展历程可分为静态模拟消化装置模型和动态模拟消化装置模型,其中静态模型以三角瓶密闭系统为基础,只能简单地模拟消化过程,而动态模型则模拟饲料在动物消化道中的消化过程。此外,根据仿生消化液的研究进展可分为简单消化法,多步水解消化法和仿生酶消化法。本节综述国内外猪仿生消化技术的最新研究进展,并对不同阶段的技术做简要总结。

3.4.1　仿生消化法的理论基础和技术手段

3.4.1.1　仿生消化的理论基础

研究饲料被动物消化吸收后通过循环系统进入组织再转化为畜产品的过程是评定饲料生物学效价的宗旨(陈亮等,2013)。而客观、准确评定饲料生物学效价是建立动物营养需求标准的前提,是提高饲料报酬、降低饲料成本、优化饲料配方的科学依据,同时也是响应国家节能减排、绿色养殖政策的重要举措。评定饲料生物学效价的方法有体内法和体外法。体内法不仅费时费力,且易受到外部条件的影响,最终造成试验结果的不一致。因此,自20世纪50年代以来,许多学者通过体内法或体外法对日粮养分在体内的代谢规律进行不断探索,并在此基础上提出了许多简便易行的评定方法,此外,对动物消化酶的变异规律和日粮养分的水解条件也进行了大量研究(张宏福等,2011)。

3.4.1.2 仿生消化的技术手段

Sheffner等(1956)首次利用胃蛋白酶对饲料进行体外消化试验,并以此评定饲料或食物中蛋白质的生物学效价。随后日本学者Furuya等(1979)建立了胃蛋白酶-猪小肠液法;Lowgren等(1989)建立了更为完善的胃蛋白酶-猪十二指肠液-回肠液-粪提取液法。虽然这些方法中所用消化酶的来源及种类与动物体内的消化酶相近,但不同批次的小肠液因制备工艺的复杂性而在组成上存在一定的差异,从而造成试验结果的重复性较低(王钰明等,2016)。为此,Boisen和Fernandez(1995)提出了用胃蛋白酶、胰液素、碳水化合物酶分别模拟猪的胃液、小肠液、大肠液的思路,并建立通过酶水解有机物估测猪饲料消化能的模拟消化操作方法(Boisen和Fernandez,1997;Noblet和Jaguelin-Peyraud,2007;Wilfart等,2008)。然而,因为饲料种类的不同,此法测定的饲粮消化率与体内消化法测定的结果会产生5%~25%的差异,且使用此法测得的饲料消化能(digestible energy, DE)值的精度低于中性洗涤纤维DE值的精度,因此,该法并不适用于所有饲料DE值的评定(Pujol和Torrallardona,2007)。

综上所述,前期仿生消化技术在理论上和技术上的可行性均存在许多难点。因此,我们在进行仿生消化试验时,首先,要明确仿生消化液的组成成分及其生理学依据。其次,要了解仿生消化液与体内消化液水解特性的差距。最后,要实现仿生消化液在组成上与体内消化液完全重复。只有完成以上3点,才能在生产中客观、准确地评定各种饲料的生物学效价。

3.4.2 仿生消化装置的研究进展

3.4.2.1 基于三角瓶密闭系统的模拟消化器

根据动物的消化特性,通常将体外仿生消化装置分为静态模拟装置和动态模拟装置。其中,由三角瓶、透析管、摇床等简单材料所组成的经典体外仿生消化装置称为静态模拟装置(或称为三角瓶法)(Boisen和Fernandez,1997;Regmi等,2008)。因此法不能完全模拟饲料在动物体内的物理消化和生物消化过程,且消化产物不能被及时转移,所以此法通常只能测定饲料的一些常规养分,如能量、蛋白质等(陈责和贾慧,2017)。此法的基本过程为:将装有10~50 mL消化液的三角瓶置于水浴摇床(38~39.5℃)上进行酶促反应,以模拟饲料在胃肠道中的蠕动过程,然后通过人工调节pH及添加消化液完成后续消化过程(王钰明等,2016)。

虽然三角瓶法具有简便易行,成本低等优点,但仍存在以下不足:①多数研究者在试验过程中比较粗糙,通常不会考虑水浴摇床的温控精度、混合强度等性能,且三角瓶内消化液pH变化的调控范围也尚未确定标准(Boisen和Eggum,1991);②小肠消化阶段pH为中性,试验时通过向中性缓冲液(通过氢氧化钠配制)中加入模拟小肠液以达到稀释小肠液的目的,此过程与食糜在小肠时消化介质为小肠液的过程不同;③在进行酶促反应时,部分饲料样品因摇床的摇晃粘在三角瓶壁上，使得饲料样品不能与消化液充分接触，造成样品消化不充分；④因三角瓶作为仿生消化器，装置中的消化产物不能够被及时转出（猪体内食糜等被消化后的产物可由小肠等吸收），随着反应的进行，消化产物的增多会抑制酶促反应的进行，从而降低饲料的消化率；⑤综合前期研究结果，三角瓶法中通常采用过滤的方法分离酶水解产物和消化残渣，然而，无论使用何种滤纸，在经过布氏漏斗抽滤后滤纸本身的质量都有一定程度的损失，且损失程度难以控制。因此，不可控制这对测试结果的影响（Perez-Vendreu 和 Torrallardona，2010）。

综上所述，三角瓶法存在操作无规范，仪器无标准，反应不充分，产物难分离等问题。因此，研究人员今后在使用三角瓶法测定饲料养分的生物学效价时，应致力于攻克以上技术问题。

3.4.2.2　动态模拟消化装置

静态仿生消化装置无法模拟饲料在动物体内的动态消化过程，如胃排空、肠道的蠕动、胃液 pH 的变化、酶及消化液分泌等，因此研究人员开发出了动态模拟消化装置。此装置由自制模拟消化器、消化液分泌系统、缓冲液 pH 自动调节系统等模块组成，能部分实现消化液的动态分泌，消化条件理化参数的周期变化，从而使消化过程更接近动物体内消化过程。从 20 世纪 80 年代到 21 世纪初，先后有不同国家的科学家设计并研制出了用于模拟饲料蛋白质在猪小肠内的消化吸收装置和用于模拟微量元素在猪胃肠道内消化吸收的动态连续透析系统（Gauthier 等，1982；Promchan 和 Shiowatana，2005）。这些装置在设计上有许多相似之处，即在水浴恒温的情况下，以透析袋模拟肠壁的吸收功能；由专门的搅拌器或通过回旋振荡模拟肠道的蠕动；按照试验设计通过蠕动泵向消化器中缓慢地输送缓冲液从而模拟动物体内毛细血管的理化环境，促进反应向正方向进行（王珏明等，2016）。

与静态模拟消化装置相比，动态模拟消化装置具有以下优势：消化产物对消化液环境的改变较小，从而提高饲料的消化率；消化产物与反应底物可通过透析袋自动分离，从而提高测定结果的精度。此装置在前期也存在着缺点，如自动化程度低、饲料样品与消化液混合不充分、试验结束后透析袋内未消化残渣难以转移等。但随着科学技术的不断发展，针对单胃动物的动态模拟消化系统不断趋于全自动化。1995 年荷兰 TNO 食品和营养研究所提出并研制出了猪胃-小肠消化仿生系统，该系统是可通过电脑自动控制模拟胃的排空、小肠的蠕动、消化液的分泌以及消化物的吸收的动态模拟装置。但因此系统的设计目的是用于研究药理代谢及肠道微生物的生长等方面，所以在设计过程中增加了消化道的长度从而易造成食糜堵塞及难以清空等问题，使测定的饲料养分消化率重复性不高，与体内测定值差异较大（Meunier 等，2008）。此后，我国台湾学者在加拿大学者 Gauthier 等（2008）设计的胃消化器的基础上，将该装置与美国 LabVIEW (ver. 6.1)软件进行结合，使得该装置基本能够自动运行，但仍不能消除此前的弊端。

在前人大量研究的基础上，张宏福研究团队发明了 SDS-Ⅰ 和 SDS-Ⅱ 仿生消化仪。此仿生消化仪上样后全程用电脑控制反应时间、温度、pH、胃肠道模拟消化液和缓冲液的注入、消化产物的实时动态分离等消化过程。该发明克服了传统的体外消化法产物不能实时分离的弊端，且全程电脑自动控制，克服了人工操作引起的系统误差，进而显著地提高了试验的精度和重演性。

3.4.3 仿生消化液的研究进展

3.4.3.1 简单酶消化法

19世纪50年代，Sheffner等(1956)为了得到饲料在体外消化试验中蛋白质的生物学效价，往饲料中添加了胃蛋白酶，并取得了成功。此法作为测定动物性蛋白质饲料消化率的经典方法，收录于AOAC早期版本(AOAO，1984)，并且我国根据等同采用原则也于1999年将其纳入饲料行业中的国家级推荐标准(GB/T 17811—1999，GB/T 17811—2008)(中国饲料工业协会等，1996)。因胃中的酶主要是胃蛋白酶，所以该法能够用于评定饲料的可消化性。此外，因该法操作方便、重复性好，且胃蛋白酶产品早已标准化，所以该法已被相关行业广泛接受。但是，此法只能片面地测定出特定条件下的一种饲料的蛋白质含量(张宏福等，2011)。

3.4.3.2 多步水解法

为了消除简单酶消化法的局限性，一些研究者尝试在胃蛋白酶的基础上添加其他生物酶及商品复合酶，如1979年日本学者Furuya等提出并建立了胃蛋白酶-猪小肠液法；1989年Lowgren等建立了胃蛋白酶-猪十二指肠液-回肠液-粪提取液法；1995年Boisen等提出通过使用胃蛋白酶、胰液素、碳水化合物酶分别模拟饲料在猪的胃、小肠、大肠中的消化过程。但所有试验结果都不理想，在Furuya等(1979)和Lowgren等(1989)的研究中得到的结果重复性较差；在Boisen等(1995)的研究中饲料有机物的体外消化率会因饲料种类的不同而产生较大的差异。

张子仪等(1995)总结前人经验并改进研究方法。饲喂不同品种的猪不同类型的日粮，系统地比较了不同瘘术部位采集的猪胃蛋白酶-小肠液酶、猪鲜胃蛋白酶-小肠液酶以及胃蛋白酶-小肠液酶冻干粉的酶活性效价的差异，并在胃蛋白酶-小肠液酶冻干粉的保质期内评定了胃蛋白酶-小肠液酶法的精度和重演性，分析了胃蛋白酶-小肠液酶法与全收粪法测定值之间的相关性。他提出了可以根据二者之间的相关性得到猪饲料消化能值回归公式的观点。此观点在以后的研究中得到了验证，并总结出了一套以胃蛋白酶和猪小肠液冻干粉水溶液处理的体外消化试验方案。此方案在20世纪90年代被纳入《饲料生物学效价评定技术规程》。但因该方案受诸多条件影响，因而难以被广大用户接受。在此后的研究中，不断有研究者提出新的多步水解法方案，如Bosien等(1995)，Bosien和Fernandez等(1997)和Regmi等(2008)先后报道了用胃蛋白酶-胰蛋白酶及Viscozyme等评定饲料营养物质的体外消化率的方案，并取得了理想的结果。

简单酶消化法与多步水解法的原则和条件几乎是一致的，且在实际生产中存在着许多类似的弊端。因此，在今后的研究中，应尽量消除弊端以提高仿生消化法的重演性及精度。

3.4.3.3 仿生酶消化法

在Regmi等(2008)建立胃蛋白酶-胰酶-Viscozyme法后，有研究者对该法的重演性进行了研究，在研究中肯定了该法测定的饲料养分代谢能及净能结果具有一定的重复性，但同时发现该法存在操作随意性，水解产物油脂分离重复性差等弊端。

因多数关于仿生消化的报道中都采用三角瓶法，其结果的可比性和重复性都有一定的局限性，因此从20世纪后期开始，研究者将消化过程中饲料样品的制备、透析膜的筛选、水解环境、消化液的分离、水解产物的分离、消化时长与反应温度等因素纳入研究当中，并在此过程中成功地开发出第一代至第三代“单胃动物仿生消化系统”。

参考文献

[1] Moughan P J, Rutherfurd S M. Endogenous flow of total lysine and other amino acids at the distal ileum of the protein-free or peptide-free rat: The chemical labeling of gelatin protein by transformation of lysine to homoarginine[J]. J Sci Food Agric, 1990, 52: 179-192.

[2] Stein H H, Pedersen C, Wirt A R, et al. Additivity of values for apparent and standardized ileal digestibility of amino acids in mixed diets fed to growing pigs[J]. Journal of Animal Science, 2005, 83:2387-2395.

[3] NRC. Nutrient requirements of swine[S]. 11th ed. Washington, D. C. : The National Academies Press, 2012.

[4] Nyachoti C M, McBride B W, Schulze H. Significance of endogenous gut nitrogen losses in the nutrition of growing pigs: A review[J]. Can J Anim Sci, 1997, 77: 149-163.

[5] Adeola O. Digestion and balance techniques in pigs. In: Lewis A J, Southern L,L, ed. Swine nutrition. 2nd ed. Washington, DC: CRC Press; 2001, 903-916.

[6] Adeola O, Kong C. Energy value of distillers dried grains with solubles and oilseed meals for pigs[J]. Journal of Animal Science, 2014, 92:164-170.

[7] Kong C, Adeola O. Evaluation of amino acid and energy utilization in feedstuff for swine and poultry diets[J]. Asian Australas Journal of Animal Science, 2014, 27:917-925.

[8] 刘正群,吕帅兵,解竞静,等. 饲粮磷水平对育肥猪磷的标准回肠及全肠道消化率评定的影响[J]. 动物营养学报,2016,28(5):1361-1368.

[9] Fan M Z, Sauer W C. Determination of apparent ileal amino acid digestibility in peas for pigs with the direct, difference and regression methods[J]. Livestock Production Science, 1995,44(1): 61-72.

[10] Fan M Z, Sauer W C. Determination of true ileal amino acid digestibility and the endogenous amino acid outputs associated with barley samples for growing-finishing pigs by the regression analysis technique[J]. Journal of Animal Science, 2002, 80: 1593-1605.

[11] Fan M Z, Sauer W C. Determination of true ileal amino acid digestibility in feedstuffs for pigs with the linear relationships between distal ileal outputs and dietary inputs of amino acids[J]. J Sci Food Agric, 1997, 73: 189-199.

[12] Krawielitzki K, Simon O. Use of isotopes for *in vivo* investigation of protein metabolism[J]. Arch. Tierernähr. , 1977, 27: 603.

[13] Kong C, Ragland D, Adeola O. Ileal endogenous amino acid flow response to nitrogen-free diets with differing ratios of corn starch to dextrose in pigs[J]. Asian Australas Journal of Animal Science, 2014, 27:1124-1130.

[14] Liu Z Q, Lv S B, Zhang S Y, et al. Effects of dietary cellulose levels on the esti-

mation of endogenous[J]. Animal Nutrition, 2016(2): 74-78.

[15] Favero A, Ragland D, Vieira S L, et al. Digestibility marker and ileal amino acid digestibility in phytase-supplemented soybean or canola meals for growing pigs[J]. Journal of Animal Science. 2014, 92: 5583-5592.

[16]Zhai H, Adeola O. Apparent and standardized ileal digestibilities of amino acids for pigs fed corn and soybean meal-based diets at varying crude protein levels[J]. Journal of Animal Science, 2011, 89:3626-3633.

[17] Moter V, Stein H H. Effect of feed intake on endogenous losses and amino acid and energy digestibility by growing pigs [J]. Journal of Animal Science, 2004, 82: 3518-3525.

[18] Liu J B, Liu Z Q, Chen L, et al. Effects of feed intake and dietary nutrient density on apparent ileal and total tract digestibility of nutrients and gross energy for growing pigs [J]. Journal of Animal Science, 2016,94: 4251-4258.

[19] Stein H H, Kim S W, Nielsen T T, et al. Standardized ileal protein and amino acid digestibility by growing pigs and sows[J]. Journal of Animal Science, 2001, 79: 2113-2122.

[20] Pan L, Zhao P F, Yang Z Y, et al. Effects of coated compound proteases on apparent total tract digestibility of nutrients and apparent ileal digestibility of amino acids for pigs[J]. Asian-Australas Journal of Animal Science, 2016, 29(12):1761-1767.

[21] Liu J B, Shen X Y, Zhai H X, et al. Dietary sources of phosphorus affect postileal phosphorus digestion in growing pigs[J]. Journal of Animal Science, 2017,95: 4490-4498.

[22] Pettey L A, Cromwell G L, Lindemann M D. Estimation of endogenous phosphorus loss in growing and finishing pigs fed semi-purified diets[J]. Journal of Animal Science, 2006, 84: 618-626.

[23] Zhai H, Adeola O. True total-tract digestibility of phosphorus in monocalcium phosphate for 15-kg pigs[J]. Journal of Animal Science, 2012, 90: 98-100.

[24] Kim B G, Liu Y, Stein H H. Energy concentration and phosphorus digestibility in yeast products produced from the ethanol industry, and in brewers' yeast, fish meal, and soybean meal fed to growing pigs[J]. Journal of Animal Science, 2014, 92: 5476-5484.

[25] Escobar J, Frank J W, Suryawan A, et al. Regulation of cardiac and skeletal muscle protein synthesis by individual branched-chain amino acids in neonatal pigs[J]. Am J Physiol Endocrinol Metab, 2006, 290: 612-621.

[26] Xue P, Ajuwon K M, Adeola O. Phosphorus and nitrogen utilization responses of broiler chickens to dietary crude protein and phosphorus levels[J]. Poult Sci, 2016, 95: 2615-2623.

[27] Xue P, Ragland D, Adeola O. Influence of dietary crude protein and phosphorus on ileal digestion of phosphorus and amino acids in growing pigs[J]. Journal of Animal Science, 2017, 95:1-9.

[28]曹山川,黄溢,刘静波,等. 饲粮磷水平和采食量对生长猪磷消化率评定的影响[J].

中国畜牧杂志,2016,52(11):30-34.

[29] Metzler B U, Mosenthin R. A review of interactions between dietary fiber and the gastrointestinal microbiota and their consequences on intestinal phosphorus metabolism in growing pigs[J]. Asian-Aust Journal of Animal Science, 2008, 21(4):603-615.

[30] Adedokun S A, Sands J S, Adeola O. Determining the equivalent phosphorus released by an *Escherichia coli*-derived phytase in broiler chicks[J]. Canadian Journal of Animal Science, 2004, 437-444.

[31] Adeola O, Lawrence B V, Sutton A L, et al. Phytase-induced changes in mineral utilization in zinc-supplemented diets for pigs[J]. Journal of Animal Science, 1995, 73:3384-3391.

[32] Baumgärtel T, Metzlerb B U, Mosenthinb R, et al. Precaecal and postileal metabolism of P, Ca and N in pigs as affected by different carbohydrate sources fed at low level of P intake[J]. Archives of Animal Nutrition, 2008, 169-181.

[33] Seynaeve M, Janssens G, Hesta M, et al. Effects of dietary Ca/P ratio, P level and microbial phytase supplementation on nutrient digestibilities in growing pigs: precaecal, post-ileal and total tract disappearances of OM, P and Ca[J]. J. Anim. Physiol. a. Anim. Nutr, 2000(83): 36-48.

[34] Stein H H, Shurson G C. The use and application of distillers dried grains with solubles in swine diets[J]. Journal of Animal Science, 2009, 87: 1292-1303.

[35] Stein H H, Gibson M L, Pedersen C, et al. Amino acid and energy digestibility in ten samples of distillers dried grain with solubles fed to growing pigs[J]. Journal of Animal Science, 2006, 84: 853-860.

[36] Bolarinwa O, Adeola O. Regression and direct methods do not give different estimates of digestible and metabolizable energy values of barley, sorghum, and wheat for pigs [J]. Journal of Animal Science, 2016, 94: 610-618.

[37] Forbes J M. Voluntary food intake and diet selection in farm animals[M]. London: CAB International, 1995.

[38] 周勤飞,王永才,王金勇,等. 能量水平对生长猪生产性能、养分消化率和血清生化指标的影响[J]. 中国畜牧杂志,2010,46(23):44-47.

[39] Htoo J K. Meng X, Patience J F, et al. Effects of coextrusion of flaxseed and field pea on the digestibility of energy, ether extract, fatty acids, protein, and amino acids in grower-finisher pigs[J]. Journal of Animal Science, 2008, 86: 2942-2951.

[40] Aarnink A J A, Verstegen M W A. Nutrition, key factor to reduce environmental load from pig production. Livest Sci, 2007, 109: 194-203.

[41] Montagne L, Pluske J R, Hampson D J, A review of interactions between dietary fibre and the intestinal mucosa, and their consequences on digestive health in young non-ruminant animals[J]. Anim Feed Sci Technol, 2003, 108: 95-117.

[42] Courboulay V, Dubois A, Meunier-Salaün M C. La distribution d'aliments riches en fibres affecte l'activité alimentaire des truies gestantes logées en groupe. In: 33es

Journées de la Recherche Porcine, Paris, 30 janvier- 1 février 2001. Paris: ITP, 307-312.

[43] Owusu-Asiedu A, Patience F, Laarreld B. et al. Effects of guar gum and cellulose on digesta passage rate, ileal microbial populations, energy and protein digestibility, and performance of grower pigs[J]. Journal of Animal Science, 2006, 84: 843-852.

[44] 张崇玉,姚宝强,杨在宾. 复合酶对猪日粮中蛋白质和能量消化率的影响[J]. 山东畜牧兽医,2010,(1):7-8.

[45] 陈亮,张宏福,赵峰. 体外透析法评定单胃动物饲料养分生物学效价[J]. 新饲料,2013,34(19):8-61.

[46] 张宏福,赵峰,张子仪. 仿生消化法评定猪饲料生物学效价的研究进展[J]. 饲料工业,2011(03):5-10.

[47] Sheffner A L, Eckfeldt G A, Spector H. The pepsin digest residue(PDR)animo acid index of net protein utilization[J]. Journal of Nutrition, 1956, 60: 105-120.

[48] Furuya S, Sakamoto K, Takahashi S. A new *in vitro* method for the estimation of digestibility using the intestinal fluid of the pigs[J]. British Journal of Nutrition, 1979,41(3): 511-520.

[49] Lowgren W, Graham H, Aman P. An *in vitro* method for studying digestion in the pig:Simulating digestion in the different compartments of the intestine[J]. British Journal of Nutrition, 1989, 61: 673-687.

[50] 王钰明,赵峰,张虎,等. 仿生消化法评定猪饲料营养价值的研究进展[J]. 动物营养学报,2016,28(5):1324-1331.

[51] Boisen S, Fernandez J A. Prediction of the apparent ileal digestibility of protein and animo acids in feedstuffs and feed mixtures for pigs by *in vitro* analyses[J]. Animal Feed Science and Technology, 1995, 51(1/2): 29-43.

[52] Boisen S, Fernandez J A. Prediction of the the total tract digestibility of protein and animo acids energy in feedstuffs and pig diets by *in vitro* analyses[J]. Animal Feed Science and Technology, 1997, 68(3/4): 277-286.

[53] Noblet J, Jaguelin-Peyraud Y. Prediction of digestibility of organic matter and energy in the growing pig from an *in vitro* method[J]. Animal Feed Science and Technology, 2007, 134(3/4): 211-222.

[54] Wilfart A, Jaguelin-Peyraud Y, Simmins H, et al. Kinetics of enzymatic digestion of feeds as estimated by a stepwise *in vitro* method[J]. Animal Feed Science and Technology, 2008, 141(1/2): 171-183.

[55] Pujol S, Torrallardona D. Evaluation of *in vitro* methods to estimate the *in vivo* nutrient digestibility of barley in pigs[J]. Livestock Science, 2007, 109(1/2/3): 196-188.

[56] Regmi P R, Sauer W C, Zijlstra R T. Prediction of *in vivo* apparent total tract energy digestibility of in grower pigs using an *in vitro* digestibility technology[J]. Journal of Animal Science, 2008, 86(10): 2619-2626.

[57] 陈责,贾慧. 体外消化模型的研究进展[J]. 农产品加工,2017,(05):61-64.

[58] Boisen S, Eggum B O. Critical evaluation of *in vitro* methods to estimating in sim-

ple stomach animals[J]. Nutrition Research Reviews, 1991, 4(1): 141-162.

[59] Perez-Vendrell A M, Torrallardona D. *In vitro* digestibility kinetics of diets containing different cereal sources[J]. Livestock Science, 2010, 134(1/2/3): 47-49.

[60] Gauthier S F, Vachon C, Jones J D, et al. Assessment of protein digestibility by *in vitro* enzymatic hydrolysis with simultaneous dialysis[J]. The Journal of Nutrition, 1982, 112(9): 1718-1725.

[61] Promchan J, Shiowatana J. A dynamic continuous-flow dialysis system with online electrotherm al atomic-absorption spectrometric and pH measurements for *in-vitro* determination of iron bioavaiability by simulated gastrointestinal digestion[J]. Analytical and Bioanalytical Chemistry, 2005, 382(6): 1360-1367.

[62] Meunier J P, Manzanilla E G, Anguita M, et al. Evaluation of dynamic *in vitro* model to simulate the porcine ileal digestion of diet differing in carbohydrate composition[J]. Journal of Animal Science, 2008, 86(5): 1156-1163.

[63] Chiang C C, Croom J, Chuang S T, et al. Development of a dynamic systen simulating pig gastric digestion[J]. Asian-Australasian Journal of Animal Science, 2008, 21(10): 1522-1528.

[64] AOAC. Officials methods of analysis[M]. Assoiciation of official Analytical chemists:Wshington, D. C., 1984.

[65] 中国饲料工业协会，中国农业科学院饲料研究所. 饲料生物学效价评定技术[M]. 北京:中国农业科技出版社,1996.

[66] 张子仪,等. 动物营养代谢研究[A]. 动物营养代谢农业部重点开放实验室 1990—1994 论文集[C]. 北京:北京农业大学出版社,1995.

第 4 章
猪的能量需要研究进展

本章内容提要

能量的研究最早可溯及法国化学家拉瓦锡(Lavaisier Antoine Laurent,1743—1794)创建的小型动物呼吸代谢热量测定装置,他否定了“燃素说”,命名氧元素为“oxygen”,阐明了燃烧作用的氧化学说,再一次证实了“质量守恒定律”。目前,动物营养学家们在猪的能量需要体系的测试手段、研究方法等方面取得了显著进展,已建立了简单、可以较准确预测猪能量需要量的数学模型。由于猪能量代谢生理过程的复杂性、饲粮结构和原料来源的多样性,猪消化能和代谢能需要量资料积累较多,而净能需要量的研究工作比较匮乏。本章的主要内容是综述自改革开放以来我国在猪能量需要量方面的最新研究进展和成果;重点用析因法解析猪维持、生长、妊娠、泌乳和体温调节过程的能量需要。

4.1 维持能量需要

4.1.1 维持和维持能量需要的定义

维持是生存过程中的一种基本状态,在这种状态下,营养物质仅用于机体重要生命过程,包括血流、呼吸、肌肉紧张、离子平衡、组织周转、采食、必要的活动、排泄废物和营养物质利用等(杨凤,2000;李德发,2003;Black 和 de Lange,1995)。维持能量需要是指动物在维持状态下对能量的需要,而其净沉积为 0(ARC,1981)。当饲喂维持能量需要水平时,猪的体重不是保持恒定不变的。在短时间内,猪可能通过消耗体脂肪来沉积体蛋白质,维持代谢过程中体成分之间的动态变化仍可使沉积保持不变而增加体重(Le Dividich 等,1980)。当长时间饲喂维持能量需要水平时,动物体脂肪也并不是一直用于蛋白质沉积(Lister 和 McCance,1967)。基础代谢是指正常的动物在适温环境、处于空腹、绝对安静及放松状态时,维持自身生存所必要的最低限度的能量代谢(杨凤,2000)。基础代谢是一种理想化的状态,在试验中很难实现,常用绝食代谢产热(fasting heat production,FHP)来代替基础代谢产热。

4.1.2　绝食产热

FHP 是指绝食动物绝食到一定时间,消化道吸收后的达到空腹条件时所测定的能量代谢产热,这部分产热不包括绝食状态时活动产热(Chwalibog,1991)。FHP 是维持能量需要中的最大组成部分。猪的绝食代谢水平一般比基础代谢略高。

4.1.2.1　绝食代谢产热测定方法

1. 直接测定法

绝食法测定猪的维持需要时,应扣除掉猪的活动产热。由于猪到达空腹状态所需要的绝食时间无统一标准,不同的绝食代谢时间导致猪绝食产热量变异较大(Close 和 Mount,1975)。猪体重为 20～45 kg 选用绝食时间为 24 h(de Lange 等,2006;Tess 等,1984;van Milgen 等,1998);体重为 45～90 kg 选用绝食时间为 30 h(Koong 等,1982;van Milgen 等,1998)。但 Hu 等(2012)的研究认为体重为 30～40 kg 和 40～90 kg 猪适宜绝食时间分别为 48 h 和 60 h。生长育肥猪绝食产热量的范围 0.686～0.979 MJ/kg $BW^{0.60}$(Koong 等,1982;Tess 等,1984;van Milgen 等,1998)。Brow-Brandl 等(2004)总结 1984—2002 年研究结果发现 FHP 增加了 18.1%,这主要是猪体成分差异造成的,猪瘦肉率越高,其 FHP 也越高。猪绝食前的饲喂水平影响猪绝食产热量。随着绝食前采食水平的增加,猪的绝食产热量也线性增加(Koong 等,1982;de Lange 等,2006;Labussuere 等,2011)。猪正常饲喂过程中,通过饲料中的有机物来供给猪的维持能量需要;而在绝食时,主要动用体内沉积的蛋白质和脂肪供给能量需要;因此体内沉积供能的转化效率高于正常饲喂饲粮供能(张桂凤,2014)。在绝食状态下,猪的生理机能不正常。因此,利用直接绝食法测定猪的维持需要是不恰当的(Baldwin,1995)。

2. 回归法

回归法避免了饥饿等不正常生理状态机体能量代谢的影响。当猪饲喂不同食入代谢能水平的饲粮,猪的产热量与不同食入代谢能水平之间存在线性关系,通过建立回归关系反推至不摄食状态下的产热量,即为绝食产热量(Noblet 等,1994)。回归法测定猪维持能量需要的前提是猪的代谢能用于生长与维持的转化效率是相等的。当猪饲喂不同采食水平时,回归法测定绝食产热量时适应期的长短显著影响绝食产热量(de Lange 等,2006)。同时,食入代谢能用于机体能量沉积的效率会受到饲粮组成、体脂肪和蛋白质沉积等因素影响。利用回归法测定猪的绝食产热量数据为 0.490～0.749 MJ/(kg $BW^{0.60}$ · d)(Nobelet 等,1994a,b;de Lange 等,2006),回归法测定猪维持需要比直接绝食法测值低约 38%(van Milgen 等,2001;Labussuere 等,2011)。

4.1.2.2　影响绝食代谢产热的因素

很多因素影响 FHP(Baldwin,1995;Birkett 和 de Lange,2001b)。如测定饲粮能量和营

养物质(蛋白质)摄入会影响 FHP。由于胃肠道或肝脏绝食产热均可占总 FHP 的 30%左右(Baldwin,1995),增加能量和蛋白质摄入会增加肠道和肝脏重量(Critser 等,1995),进而会增加 FHP(Koong 等,1982)。

1. 遗传因素

猪的基因型是影响猪维持能量需要的重要因素。Noblet 等(1994)通过分析 22~90 kg 不同品种与性别的猪种(杂交公猪、皮特兰公猪、大白公猪、大白母猪、大白阉猪、大白梅山阉猪、梅山阉猪),发现生长的代谢能需要变异范围为 27.2~51.04 MJ/d。van Milgen 等(1998)用 $BW^{0.60}$ 来表示大白猪、梅山猪和皮特兰猪的绝食产热量,梅山猪绝食产热量比其他两个品种的猪低 15%~34%;且随着体重的增加,差异变大。而当用肌肉、内脏和脂肪来表示绝食产热量时,这种差异减小。同时,绝食产热量与机体非脂肪组织密切相关,而与机体脂肪组织无关(Tess 等,1984)。中国梅山猪和皮特兰猪的维持代谢能值分别为 0.215 和 0.251 MJ ME/kg $BW^{0.60}$(Noblet 等,1991)。与肉脂型猪相比,瘦肉型猪体蛋白质含量高,蛋白质沉积潜力大,用于补偿周转的消耗量更多,维持代谢能需要更高(Dunkin,1990)。公猪的维持代谢能需要高于阉猪与母猪(110 和 100 kJ ME/kg $BW^{0.75}$),其原因在于公猪的活动量大,体蛋白质多,所以用于补偿周转的消耗量大。通过对不同品种猪体组成数据发现,内脏器官大小是影响猪维持能量需要的重要因素。动物代谢活动器官产热可占基础产热量的 30%(Baldwin 和 Bywater,1984)。动物饲粮营养水平和组成也是影响内脏器官大小的重要因素,因此动物采食水平也影响猪的维持能量需要(Koong 等,1982,1983;de Lange 等,2006)。

2. 饲养环境

猪的饲养环境也影响维持能量需要。利用比较屠宰法和回归法研究不同地区饲养的同一品种猪,得出其维持能量需要差异较大(Hinson,2009),温度、圈舍大小和地面材料等影响猪舍环境。环境温度为 23℃(处于适温区)时,猪的维持能量需要变异较小。而当环境温度低于适温区时,每降低 1℃,维持能量需要会增加 3%~4%,即 15.48~18.83 kJ(Noblet 等,1985;Close,1996)。除环境温度外,空气流速、空气与墙壁的温度、相对湿度、猪舍地板类型及饲养密度也影响猪的维持能量需要。除此之外,动物的性别、体重阶段、饲养管理等也会对猪的维持能量需要产生影响(Noblet 等,1999)。因此,测定维持能量需要不具有广义代表性(Boisen,2007)。中国猪饲养标准(NY/T 65—2004)中也缺乏猪的维持能量需要数据。

4.1.3 维持能量需要的表示层次

维持能量需要有 2 种表示层次,一种是维持代谢能需要(ME_m),即动物沉积为 0 时采食的代谢能水平。对于生长猪而言,维持代谢能需要一般占总能量需要的 1/3(Black 和 de Lange,1995;NRC,1998)。维持代谢能仅提供给猪 10%~15%的总氨基酸需要(Moughan,1995;NRC,1998)。另一种表示方法是维持净能需要,也就是维持动物基础代谢产热的需要。基础代谢是指健康动物在室温条件下,处于空腹、安静放松状态时,维持自身生存所必需的最低限度的能量代谢产热。在这种状态下,其生命活动主要包括:维持内脏最小蛋白质周转;维持肌肉蛋白质周转(不包括沉积蛋白质及其过程);必要的蛋白质合成,包括皮肤、毛发更新等;基本脂肪周转(不包括沉积脂肪及其过程);维持代谢池平衡;维持最小的呼吸、血流、肌肉紧张、免疫等功能;代谢池转运能量用于维持以上活动(Milligan 和 Summerts,1986;Black,1995)。而这些生命活动中，最主要的是维持内脏蛋白质周转和 Na^+/K^+ 泵的活动（Milligan 和 Summerts，1986；Yen，1997）。

4.1.3.1　维持代谢能需要

维持代谢能需要（ME_m）由绝食产热（fasting heat production，FHP）和热增耗（heat increment，HI）两部分构成。见表 4-1。

表 4-1　猪不同阶段的维持代谢能量需要

阶段	能量需要/MJ	文献
生长	$ME_m = 1.05 \times kg\ BW^{0.6}$	Noblet 等，1991
	energy（能量）＝23×Protein gain（蛋白质沉积）（kg）＋39.9×fat gain（脂肪沉积）（kg）	Noblet 等，1999
	energy content lean tissue gain（瘦肉沉积能量浓度）＝8.5～10.5 MJ/kg	Noblet 等，1999
	energy content adipose tissue gain（脂肪组织沉积能量浓度）＝31～33 MJ/kg	Noblet 等，1999
妊娠	$ME_m = 0.44$ MJ ME/kg $BW^{0.75}$	Noblet 和 Etienne，1987b
	energy uterus gain（子宫沉积能量）＝4.8×fetu BW gain（胎儿体增重）	Noblet 等，1985
	ME per 100 min standing（每 100 min 站立代谢能）（MJ）＝0.035 MJ ME×$BW^{0.75}$	Noblet 等，1993a
哺乳	$ME_m = 0.46$ MJ ME/kg $BW^{0.75}$	Noblet 和 Etienne，1987a
	energy in milk（奶能量需要）＝20.6×litter BW gain（窝体增重）（kg）－0.376×litter size（产仔数）	Noblet 和 Etienne，1989

1. 维持代谢能需要测定方法

测定猪维持需要的方法主要有绝食法、限饲法和回归法。绝食法和限饲法均假设猪处于零沉积状态（Chwalibog，1991），但是由于绝食时间以及绝食前饲喂水平的不统一，这种方法受到一定的限制。Verstegen 等（2001）推荐利用回归方法计算猪的维持能量需要量，即饲喂不同水平的代谢能，然后计算出每个采食代谢能水平下的能量沉积，从而以采食代谢能为横坐标，以沉积能量为纵坐标进行线性回归，其中得到的回归方程横截距即为维持代谢能，纵截距表示反推的能量维持需要量（van Milgen 和 Noblet，2003）。根据 Birkett 和 Lange（2001a）提出的模型，在已知食入代谢能用于合成蛋白质和脂肪效率的基础上，维持代谢能也可以用食入代谢能减去用于脂肪和蛋白质沉积的能量来表示。

2. 维持代谢能需要与代谢体重关系

由于维持能量需要与代谢体重呈比例关系，ME_m 常以代谢体重为基础的数学模型 BW^b 表示，但至今对于方程中的幂值 b 没有达成共识。Kleiber（1975）比较不同成年动物的绝食产热量发现，若按单位代谢体重（$BW^{0.75}$）为基础，各种成年动物的绝食产热量比较吻合。但是随着研究的进一步深入，发现 0.75 作为体重指数并不适合快速生长的动物（Thonney 等，1976；Baldwin 和 Bywater，1984），原因在于生长育肥猪在快速生长过程中，体成分和内脏器官指数不同（Noblet 和 Henry，1991）。对于生长猪来说，其指数为 0.6 时表示猪的维持需要更准确

(Brown 和 Mount,1982;Noblet 等,1999;van Milgen 等,1998),因此 NRC(2012)采用 $BW^{0.6}$ 来表示代谢体重。但是由于缺乏母猪的数据,所以母猪一般仍然采用 0.75 为指数。关于维持代谢能的评估,不同的数据库不尽相同。例如,若以 $BW^{0.75}$ 表示代谢体重,猪维持代谢能为92～160 kcal/kg $BW^{0.75}$;若以 $BW^{0.6}$ 表示代谢体重,相应的维持代谢能变为 186～250 kcal/kg $BW^{0.6}$(NRC,1998)。在 NRC(2012)中,生长猪、妊娠母猪和哺乳母猪的维持代谢能分别是197、100 和 110 kcal/kg $BW^{0.6}$。

4.1.3.2 维持净能需要

相对于维持代谢能,维持净能(NE_M)需要量更为复杂。一般认为,NE_m＝FHP＋用于体力活动的能量(van Milgen 等,2001)。目前评价猪维持净能需要的方法主要有转化系数计算法、绝食产热量表示法、回归法和预测方程法。

1. 转化系数法

以维持代谢能或消化能需要量乘以其转化为净能的系数来表示维持净能需要量,其中维持消化能和维持代谢能用于转化为维持净能的系数分别是 0.71 和 0.74(Noblet,2006)。

2. 绝食产热量表示法

绝食法测定原理是将试验猪处在适宜的外界环境条件下,外界饲料供给的能量恰能满足猪基本生理活动的需要,使猪外观表现为体重不增不减,而机体组织代谢表现为营养物质(体脂肪与蛋白质)沉积为 0 的状态,此状态下猪的能量需要量或所测产热量即为维持净能(Noblet 等,1999)。具体测定过程常将试验猪置于呼吸测热室中,禁食至少 24 h 后测定的产热量,采用直接绝食法测得的绝食产热量范围为 700～977 kJ/(kg $BW^{0.60}$ · d)(Koong 等,1982,1983;van Milgen 等,1998;de Lange 等,2006;Labussiere 等,2011)。影响绝食法测定绝食产热量准确性的因素主要有试验猪(品种、体重阶段和生理状态等)、最佳绝食时间、外界环境(温度、湿度等)、绝食前营养物质摄入量以及试验猪的活动状况(胡琴,2011)。在很低的食入代谢能水平下,猪仍能保持正氮沉积(Close 和 Mount,1978a;Close 等,1983),这使得在低采食水平下直接测定猪维持净能需要变得非常困难(de Lange 等,2006)。

3. 回归法

回归法测定维持净能的前提是假设产热量不受饲粮组成的影响,并且猪代谢能用于生长和维持的转化效率是一致的。回归法是饲喂猪不同代谢能水平的饲粮,根据猪产热量与不同食入代谢能水平之间存在线性关系,通过建立回归关系反推到不摄食状态下的产热量,即为绝食产热量(Noblet 等,1994)。

4. 预测方程法

通过预测方程可由绝食产热量预测维持净能,由于理论上维持净能等于绝食产热量和用于各种活动的能量之和,所以绝食产热量低估了维持净能。因此,van Milgen(2008)给出以下方程来预测猪维持净能需要量。

$$FHP[kJ/(kg\ BW^{0.6} \cdot d)] = 436 + 175 \times (NE\ intake,\ MJ/d)/(BW,\ kg)$$

$$NE_m(kJ/d) = (maintenance\ adjustment) \times (FHP \times 0.708 + 207) \times (BW^{0.6}, kg)$$

其中,207 是假设猪用于活动的能量 207 kJ/(kg $BW^{0.6}$ · d)。

4.2　生长能量需要

4.2.1　生长能量需要内涵和剖分

生长猪所需的能量是用于维持生命、组织器官的生长及机体脂肪沉积（lipid deposition，LD）和蛋白质沉积（protein deposition，PD）。当猪食入代谢能高于维持能量需要时，多余的能量会用于动物生长以及 LD 和 PD（Close 等，1973）；代谢能用于能量沉积也有优先原则，能量首先用于蛋白质的沉积需要，再满足脂肪的沉积需要（Seerley 和 Ewan，1983）。Kielanowski（1965）提出动物的食入代谢能 $ME=ME_m+PD/k_p+LD/k_f$。k_p 和 k_f 分别为用于代谢能用于蛋白质和脂肪沉积的效率。由于 k_p（0.6）比 k_f（0.8）小很多（Noblet 等，1999），因此，沉积 1 g 蛋白质需要 50 kJ 代谢能，而沉积 1 g 脂肪需要 40 kJ 代谢能。但这种方法也存在一定的质疑（Bernier 等，1987；Emmans，1995；Birkett 和 de Lange，2001b），由于蛋白质沉积和脂肪沉积存在较强的相关性，因此模型的参数很难估计。Van Milgen 和 Noblet（1999）提出了一种多元非线性模型来估测代谢能用于沉积蛋白质和沉积脂肪的能量，即 $PD=k_p\times X\times(ME-ME_m)$；$LD=k_f\times(1-X)\times(ME-ME_m)$。在此公式中，当提供食入能量高于维持能量需要的部分（$ME-ME_m$）剖分为蛋白质沉积比例（X）和脂肪沉积所占比例（$1-X$）。动物饲喂水平和体重均影响（$ME-ME_m$）值。两种模型均可以推断出，当饲喂水平降低时会增加 X 值，也就是说，饲喂水平降低时，动物 PD∶LD 值越大。NRC（1998）将生长能量需要剖分为维持需要（ME_m）、蛋白质沉积（ME_p）、脂肪沉积（ME_f）和温度变化（超过最适温度）的代谢能需要。以生产性能和最大无脂瘦肉沉积量为标准，长×荣生长育肥猪的能量需要量为 20～100 kg，消化能均为 13.06 MJ/kg（黄萍等，2005）。

4.2.2　生长维持能量需要

生长猪的 ME_m 以往多使用 $BW^{0.75}$ 为基础表示，如 0.443 MJ ME/kg $BW^{0.75}$（NRC，1998）、0.456 MJ ME/kg $BW^{0.75}$（ARC，1981）。仔猪（2～10 kg）的维持能量需要为 0.573 MJ ME/kg $BW^{0.75}$（杨立彬等，2000）。有很多研究表明 b 值可在 0.54～0.75 内变动（Tess，1981；NRC，2012）。对处于热中性区、生理活动较少的生长猪，ME_m 可为 1 MJ/（kg $BW^{0.60}$ · d）；对于常规猪舍、生理活动较多的生长猪 ME_m 可为 1.05 MJ/（kg $BW^{0.60}$ · d）（Noblet 等，1999）。

4.2.3　蛋白质沉积效率

生长猪体内蛋白质的沉积受基因型、性别、环境因素等因素的影响。不同品种生长育肥猪蛋白质的最大沉积量（maximum of protein deposition，PD_{max}）范围为 90～160 g/d（Carr 等，1977；Fuller 等，1995；Thompson 等，1996）；在一些现代化基因型选育的公猪中 PD_{max} 可以达到200 g/d(de Greef 等,1994;van Lunen 和 Cole,1998;Weatherrup 等,1998)。只有极度瘦肉型公猪在体重20～100 kg时,蛋白质与脂肪沉积的比例是不变的;而其他几种品种的猪随着体重的增加蛋白质沉积逐渐降低(van Milgen 和 Noblet,1999)。体重和代谢能水平影响蛋白质沉积。当蛋白质未达到最大沉积量时,食入代谢能的增加与蛋白质沉积呈线性关系(Just,1984;Whittemore,1986);当蛋白质沉积达到最大量时,多余的代谢能用于脂肪的沉积(Quiniou 等,1999;van Milgen 和 Noblet,2003)。Möhn 和 de Lange(1998)修正了这个观点,认为即使蛋白质未达到最大沉积量时,也会有少量脂肪沉积。原因是需要体脂来保证细胞膜的完整性(Berdainer,1995)。随着猪体重的增加,蛋白质沉积最大量是降低的。当猪体重较大时,在一定程度上降低猪的采食量只影响脂肪的沉积,而猪体重较小时均影响脂肪和蛋白质的沉积(张桂凤,2014)。

此外,饲粮中的粗蛋白质水平也会影响蛋白质沉积。当代谢能采食量一定时,动物采食蛋白质水平与蛋白质沉积呈线性关系。当蛋白质沉积达到最大量时,蛋白质沉积量趋于平衡状态。采食高能量的猪,蛋白质最大沉积也高。当回肠可消化赖氨酸采食量为11.1 g/d和13.2 g/d时,增加猪的代谢能采食水平,其最大蛋白质沉积分别为103 g/d和125 g/d(Möhn 等,2000)。因此,在配制饲粮时回肠可消化赖氨酸与能量比值至关重要(NRC,1998)。

4.2.4 脂肪沉积

脂肪沉积的来源有4条途径:一是饲粮中的淀粉降解为葡萄糖后生成乙酰辅酶A,乙酰辅酶从头合成脂肪酸;二是饲粮中的脂肪降解为脂肪酸,再合成脂肪;三是氨基酸生成乙酰辅酶A后合成脂肪;四是可消化碳水化合物在后肠道发酵产生短链脂肪酸,合成少量脂肪。不同来源脂肪酸对脂肪生成量和脂肪沉积的转化效率是不同的,脂肪酸沉积脂肪效率最高,葡萄糖转化成脂肪的效率低于脂肪酸。氨基酸转化成脂肪的效率最低。

4.2.5 体组织生长

猪的生长主要表现为蛋白质、脂肪、矿物质和水分的沉积,并伴随着蛋白质和脂肪沉积的代谢能需要。用于生长(维持以上部分)的能量利用效率(ME)是一个代谢能转化为蛋白质(k_p)和脂肪(k_f)沉积效率的函数。对于谷物-豆粕型饲粮,k_p和k_f值分别为60%和80%(Noblet 等,1999)。代谢能用于蛋白质沉积的效率为0.36～0.57(Tess 等,1984),用于脂肪沉积的效率为0.57～0.81(Tess 等,1984),或者每克蛋白质和脂肪沉积需要消耗的代谢能分别为44 kJ/g和52 kJ/g(Tess 等,1984;NRC,1998)。合成蛋白质底物的组成和蛋白质的沉积量及其速率都影响k_p值(Whittemore 等,2001);而沉积脂肪的组成、脂肪组织的周转、脂肪前体物质的组成决定k_f值(Birkett 和 de Lange,2001a;Whittemore 等,2001)。

体组织的生长是非常重要的,胴体瘦肉组织增加伴随着脂肪组织的降低。对体增重部分瘦肉和脂肪组织化学组成的测定及相关饲料能量成本的计算表明,脂肪增重的饲料成本是蛋白质增重的饲料成本的3.5倍。生长猪在其能量含量和组织生长所需能量方面存在较大差异,结果导致体增重代谢能需要直接取决于增重部分瘦肉与脂肪比率或脂类含量。在大多数实际养猪生产中,增重部分的蛋白质含量是相对恒定的,其值为16%～17%(Noblet 和 van

Milgen,2013;尹靖东,2015)。

4.3　繁殖的能量需要

妊娠母猪的营养状况不仅影响其生产性能,如产仔数、断奶到再发情时间间隔、利用年限,而且影响仔猪的生产性能,如初生重、成活率及断奶窝重等。妊娠期能量的摄入主要用于母体脂肪和蛋白质的沉积、胎儿和相应组织(胎盘、子宫、泌乳相应组织)的生长(NRC,2012)。

4.3.1　妊娠期能量浓度

母猪妊娠期分为前期、中期和后期 3 个饲养阶段(Boyd 等,2000;左建军和贺建华,2002)。妊娠前 2/3 阶段子宫组织能量需要量较低,而妊娠后 1/3 阶段能量需要量不断增加,此时增加能量的摄入对胎儿生长及母体增重都有正面影响,但妊娠期能量摄入过量反而会对泌乳期的性能造成负面影响(Noblet 和 van Milgen,2013;尹靖东,2015)。妊娠期采食量增加会造成母猪在泌乳期能量采食量减少和失重加大(Williams 等,1985)。妊娠期最大胎儿生长和母体增重所需要的代谢能采食量(MEI)为 27.196 MJ/d,但需根据产仔数、平均初生重、泌乳阶段及母猪胎次进行校正(NRC,2012)。

4.3.1.1　妊娠前期

妊娠前期是胚胎细胞减数分裂、分化和早期生长发育阶段,前期所需要营养主要是用来维持母猪基础代谢和胚胎早期生长需要。配种后 3 周正是胚胎附植于子宫角的关键时期,母猪内分泌处于调整阶段,采食高能量饲料将导致肾上腺激素分泌增加而孕酮分泌减少;孕酮控制子宫特殊蛋白质的分泌,孕酮减少对子宫特殊蛋白质的分泌产生副作用,从而影响胚胎的成活率。Cassar 等(1994)研究表明在妊娠前期适量增加采食量可降低胚胎成活率,适量增加采食量可使血浆孕酮水平降低,从而降低了胚胎成活数。但妊娠前期母猪高的代谢能摄入量(29.4 MJ/d)会提高胚胎的死亡率(Dyck 和 Strain,1983)。因此,妊娠早期母猪适宜代谢能摄入量为 17.6～22.8 MJ/d 有益于胚胎的成活(Kongsted,2005)。

4.3.1.2　妊娠中期

妊娠中期的营养目标是维持母猪适度增重及营养物质的储备。妊娠中期是胎儿肌纤维形成、母体适度生长及乳腺发育的关键时期。妊娠中期的营养水平对初生仔猪肌肉纤维的生长及出生后的生长发育很重要。肌肉纤维含量提高可改善对葡萄糖的利用率,并通过提高胰岛素样生长因子的浓度促进胎儿的生长发育(Bassett 等,1990)。肌肉纤维数量也是决定仔猪出生后生长速度和饲料转化率的重要因子。在妊娠中期,提高饲喂水平(2～2.5 kg/d)可改善初生仔猪的生长性能。在妊娠中期将采食量提高 1 倍,胎儿肌肉纤维总数提高 5.1%,次级肌肉纤维数提高 8.76%,仔猪出生后的日增重提高 10%,饲料转化率提高 7.98%(Dwyer 等,1994)。

4.3.1.3　妊娠后期

妊娠后期母猪的营养需要随着胎儿的进一步发育而相应增加。如果妊娠后期能量摄入量不足,母猪就会丧失大量脂肪储备,会影响下一周期的繁殖性能。为了防止妊娠后期体脂肪的损失，能量摄入量应不低于30.5 MJ/d(Andersen等，1999)。

4.3.2 妊娠母猪能量需要

确定妊娠母猪营养需要的方法为析因法，妊娠母猪能量需要包括维持需要、子宫生长需要和母体增重需要等方面(NRC，1998)。

4.3.2.1 能量需要剖分

繁殖母猪 ME_m 建议用 $BW^{0.75}$ 为基础表示，泌乳母猪的 ME_m 值推荐为 0.46 MJ/kg $BW^{0.75}$。而对妊娠母猪的 ME_m 推荐数学模型尚未达成共识，Dourmad等(2008)推荐 ME_m 值为 0.397 MJ/kg $BW^{0.75}$，NRC(2012)建议妊娠母猪的 ME_m 值为 0.418 MJ/kg $BW^{0.75}$，Noblet和Van Milgen(2013)建议妊娠母猪的 ME_m 值为 0.440 MJ/kg $BW^{0.75}$。目前没有数据显示阉公猪、小母猪和公猪的FHP或 ME_m 有差异(NRC，1998；Noblet等，1999)，然而不同瘦肉生长率的群体之间却存在FHP和 ME_m 的差异(Noblet等，1999)。因此如果基于瘦肉增重(潜力)来估计维持能量需要，由于小母猪和公猪有更多的蛋白质沉积，可能会武断地认为它们比阉公猪的维持需要高。

妊娠期的母体蛋白质、脂肪沉积和脂肪增重决定了母猪的体增重，其中每部分每个组成所需要的ME都可以通过ME用于体增重和胎儿生长的效率进行测定。同时，母体也可以动用自身蛋白质和脂肪用以支持胎儿及其相关组织发育(Noblet等，1990；Dourmad等，2008)。胎儿生长相关的组织包括胎儿、胎盘、羊水和子宫4个部分(Noblet等，1985)，但通常估测胎儿生长效率时只考虑其与孕体(胎儿+胎盘+羊水)的关系(NRC，2012)。基于对孕体的剖析，计算出的胚胎生长效率值大约为0.5(Close等，1985；Noblet和Etienne，1987b)；但如果子宫维持能量消耗没有划归到母猪的维持需要，则效率的估测值会降低至0.030(Dourmad等，1999)。

4.3.2.2 基本常数

母猪妊娠期为115 d；妊娠产物在妊娠期间的增重为2.28 kg/仔猪(仔猪日增重为19.8 g/头)；妊娠期间每头胎儿及其附属物的蛋白质增重为245 g；妊娠产物的日氮沉积量为0.34 g/仔猪；母猪体重为配种体重与1/2的妊娠增重之和(母体增重和妊娠产物增重之和)；代谢体重为 $BW^{0.75}$；躯体无脂瘦肉中的蛋白质含量为23%；脂肪组织中脂肪含量为90%；1 kg代谢体重每天需要的维持代谢能为106 kcal；合成1 g躯体蛋白质需要10.6 kcal的代谢能，合成1 g的脂肪需要12.5 kcal的代谢能；1 g妊娠产物增重需代谢能35.8 kcal；消化能转化为代谢能的效率为0.96(NRC，1998)。

4.3.2.3 能量需要估测模型

妊娠母猪每日能量需要量包括常规维持、蛋白质和脂肪沉积及调节体温需要。组织沉积包括母体组织和妊娠产物组织沉积(NRC，1998)。妊娠期母体自身增重=妊娠总增重(kg)-(2.28×预期产仔数)；母体脂肪组织增重=(母体增重×0.638)-9.08；母体瘦肉组织增重=母体增重-母体脂肪组织增重；妊娠产物增重=预期产仔数×19.8(g/d)×115 d。在估测母猪每天蛋白质合成所需代谢能时，NRC用母体氮存留和妊娠产物中氮存留之和来确定它：母体日氮存留(g/d)=母体瘦肉组织日增重(g/d)×0.23×0.16；妊娠产物中日氮存留=预期产仔数×0.34(g/d)。日蛋白质合成所需代谢能=(总氮存留/0.16)×10.5(kcal/g)；母体脂肪合成所需代谢能＝母体脂肪日增重×10.5(kcal/g)；妊娠产物日需代谢能＝预期产仔数×35.8(kcal/g)；日维持所需消化能(kcal/d)＝106×$BW^{0.75}$；当环境温度较低时，母猪还需额外的能量以调节体温。NRC 将 24 h 平均温度 20℃作为理想温度条件。对于平均妊娠体重 200 kg 左右的妊娠母猪，从 20℃开始，温度每下降 1℃，需要额外提供 240 kcalME/d(250 kcal DE/d)，当环境温度高于 20℃时无须校正，日体温调节所需代谢能(kcal)＝106×$BW^{0.75}$；通过这些公式可计算出母猪每天维持和各种生产的能量需要量，求和即得母猪每天总的能量需要(NRC,1998)。

我国肉脂型猪饲养标准指出，妊娠母猪日增重以 300～500 g 为宜。研究表明内江猪，初产母猪第一个繁殖周期净增重以 20 kg 为宜，2～4 胎第一个繁殖周期净增重以 16～18 kg 为宜。体重 90 kg 以下，妊娠前期和后期代谢能需要量分别为 17.57 和 23.43 MJ/d；体重 90～120 kg，妊娠前期和后期代谢能需要量分别为 19.92 和 25.77 MJ/d；体重 120～150 kg，妊娠前期和后期代谢能需要量分别为 22.36 和 28.12 MJ/d；体重 150 kg 以上，妊娠前期和后期代谢能需要量分别为 23.43 和 29.29 MJ/d(杨凤,2000)。

4.3.3　种公猪能量需要

能量对种公猪至关重要。后备公猪能量供给不足会导致睾丸及附属性器官发育不良，推迟性成熟；但过高的能量水平会降低后备公猪的性活动。能量不足也可导致成年公猪性器官机能降低和性欲减退；增加能量会使成年公猪性机能恢复正常；但能量过高会使公猪体况偏肥，性机能降低，发病率增加。

NRC(1998)规定，配种公猪代谢能为 27.32 MJ/d。我国肉脂型猪饲养标准指出：体重 90 kg 以下，种公猪消化能为 12.57 MJ/d；体重 90～150 kg，种公猪消化能为 23.85 MJ/d；体重 150 kg 以上，种公猪消化能为 28.87 MJ/d(杨凤,2000)。

4.4　泌乳能量需要

4.4.1　泌乳母猪能量需要剖分

泌乳母猪能量需要包括维持能量需要与产奶能量需要，产奶量是影响泌乳母猪能量需要的主要因素。产奶量取决于母猪的遗传潜力、窝仔猪数和泌乳天数。产奶的遗传潜力主要通过仔猪的生长速度来体现，这也是最先测定泌乳母猪产奶能量需要的方法。与产奶量相关的能量需要可以通过仔猪生长速度和窝产仔数来估计(Noble 和 Etienne,1987a；NRC,1998)。

泌乳母猪 ME 转化为泌乳的效率为 0.67～0.72(NRC,1998；Dourmad 等,2008)。NRC(2012)推荐为 0.70。泌乳母猪日粮的 ME 很少能满足泌乳的能量需要，母猪体组织因此被分解用于产奶的能量需要，体组织能量转化为产奶的效率范围为 0.84～0.89(de Lange 等,1980；Noblet 和 Etienne,1987a；NRC,1998)。

4.4.2 泌乳母猪的能量营养和采食量

泌乳母猪的营养需要与其泌乳密切相关，哺乳母猪每天需要的能量的75%用于泌乳，因此要尽可能提高其能量的摄入量。当饲料营养摄入不能满足其泌乳需要时，就会动用体内的脂肪来满足产奶需要，从而导致母猪掉膘和体重下降，过度掉膘不但影响哺乳仔猪的增重速度，还会严重影响母猪下一胎次的生产性能，断奶至再发情的间隔时间延长、受胎率降低、产仔数和仔猪初生重下降(Cole，1990)。因此，饲喂泌乳母猪高能量营养浓度日粮至关重要。

泌乳母猪自由采食非常重要。限制采食量对年轻泌乳母猪的代谢、繁殖以及动用相应组织的影响要比老年母猪更大(Boyd等，2000)。饲喂高能日粮(通过降低日粮纤维和增加日粮脂肪含量)可增加泌乳母猪能量摄入量。当能量摄入量经常不足以支持产奶需要时，导致母猪需要动用储存的体脂肪和蛋白质去支持泌乳，因此期望泌乳母猪能有最大的采食量。泌乳母猪能量不足直接导致泌乳量下降，母体营养储备过分耗用，这种情况对高产母猪的影响更为严重。低采食量导致泌乳期及下一胎次妊娠早期黄体激素水平下降(Kirkwood和Thacker，1990)。因此，保持泌乳期较高采食量和能量的摄入量对于发挥母猪繁殖潜能至关重要。

4.4.3 泌乳母猪能量营养对繁殖性能的影响

4.4.3.1 乳腺发育及衰退率

泌乳期总能和蛋白质摄入与乳腺的湿重、干重、蛋白含量、每个被吮吸的乳腺管的DNA数量成二次曲线关系。当母猪泌乳期每天平均消耗70.64 MJ ME和55 g赖氨酸时，被吮吸乳腺管重量和乳腺组织蛋白、总DNA数量在泌乳第27.5天最大(Kim等，1999)。日粮营养摄入影响初产母猪未被吮吸的乳腺的衰退，高能量浓度时未吮吸乳腺管的干重损失大于低能量浓度(Kim等，2001)。

4.4.3.2 母体增重

泌乳期日粮能量提高能刺激胃肠道发育，以适应泌乳量较大时的采食需要(Pelletier等，1986)。高日粮代谢能水平显著提高母猪泌乳期采食量和降低泌乳期失重(唐春艳等，2005)。当能氮比恒定，将母猪日粮消化能水平从12.72 MJ/kg提高到14.06 MJ/kg，能显著提高泌乳期每天蛋白质和能量的摄入量，降低泌乳期体重和背膘损失(宋伟红等，2003)。

4.4.3.3 仔猪增重

泌乳母猪能量需要的75%用于泌乳(Noblet等，1990)。日粮能量对产奶的作用随着泌乳期的增长而越明显(Revell等，1998)。提高母猪日粮能量水平可增加母猪产活仔数、初生窝重和断奶窝重；降低仔猪哺乳期发病率，提高仔猪生长性能(钱利纯等，2001)。

4.4.3.4 对母猪下一胎繁殖性能影响

泌乳期黄体生成素和胰岛素分泌的减少将延长断奶发情间隔。对泌乳母猪限制营养摄入将抑制黄体生成素的分泌(Tokach等，1992)，而进行葡萄糖灌注却无法立即增加泌乳期低能饲养母猪的黄体生成素的分泌(Tokach等，1992)。提高初产母猪泌乳期能量水平有提高下一胎排卵率的趋势，且不影响胚胎成活率(van den Brand等，2000)。泌乳期能量摄入对整个泌乳后期及断奶发情间隔期的黄体生成素分泌及胰岛素、葡萄糖水平都有影响。泌乳期连续3

周都处于高能水平(68.97 MJ/d)为宜(Koketsu 等，1996)。

4.4.4 泌乳母猪能量需要

4.4.4.1 泌乳母猪维持能量需要

NRC(1998)推荐的维持需要是在适宜温度下母猪的维持代谢能为 443.5 kJ/kg $BW^{0.75}$；其变异范围为 400～440 kJ/kg $BW^{0.75}$(Noblet 和 Etienne,1987;Noblet 等,1989)。泌乳母猪的维持能量需要比妊娠母猪维持能量高 5%～10%,每生产 1 kg 奶需要代谢能为 7 950 MJ,体脂肪转化为乳脂肪的效率为 80%～85%,母猪在泌乳期间失重主要是体脂肪的动用,每千克脂肪所含的能量为 39.4 MJ,则每千克失重可提高 46.4 MJ 代谢能(Noblet 等,1989;冯定远等,1997)。

维持需要的变异主要来自产热,包括采食产热、饲料的热效应和与物理活动相关产热。未孕成年母猪 24℃下活动水平为零时,FHP 为 260 kJ/kg $BW^{0.75}$(Noblet 等,1993)。用于维持需要的饲料的热效应大约为 75 kJ/kg $BW^{0.75}$,即 ME 用于维持的利用率为 77%。与物理活动相关的消耗大约为 70 kJ/kg $BW^{0.75}$ 的能量(Noblet 等,1997)。生长猪站立时每分钟耗能为 0.25～0.30 kJ/kg $BW^{0.75}$,即每日站立时间发生 100 min 差异将导致 110 g 饲料的差异(Young 等,2004)。初产、经产母猪维持需要的差异就可能与各连续胎次的物理活动变异相关(Noblet 等,1997)。

环境温度影响妊娠母猪的维持需要(Noblet 等,1990)。母猪的临界温度下限为 20～23℃(Noblet 等,1989),产热量将随温度的降低而增加。群养母猪为每摄氏度 8～10 kJ/kg $BW^{0.75}$,单笼饲养母猪为每摄氏度 15～18 kJ/kg $BW^{0.75}$,即温度每下降 1℃,产热量将增加约 4%的维持代谢能需要(Noblet 等,1989)。

4.4.4.2 泌乳母猪增重能量需要

泌乳期营养不足以维持产乳时,体脂肪或体蛋白质将被动用供能(杨灿等,2007)。NRC(1998)推荐体组织所提供的产奶净能(kJ)=(蛋白质日增重×5.6+脂肪日增重×9.4)×0.88;其中 5.6 为 1 g 蛋白质所含净能,9.4 为 1 g 脂肪所含净能,0.88 是体组织净能转化为产奶净能的效率。蛋白质日增重(g)=1.47+0.094 2×母猪平均日增重;脂肪日增重(g)=(母猪平均日增重−蛋白质日增重/0.23)×0.9。

4.4.4.3 泌乳母猪泌乳能量需要

泌乳能量需要的估算值为 8.32 MJ DE/kg。而母猪泌乳量根据仔猪体增重来估算,4 g 母乳产生 1 g 仔猪体增重,总泌乳量(g/d)=仔猪体增重(g/d)×每窝仔猪数×4(杨灿等,2007)。

4.5 体温调节能量需要

4.5.1 猪体温调节机理

由于动物体内代谢活动会产生热量,恒温动物通过一系列的体温调节机制(包括生理调节和行为调节)来调节产热率和环境之间的热交换率,将机体深部的温度维持在一个狭窄的范围内,并以相同的速率散发掉多余的热量(Bruce 和 Clark,1979;Ingram 和 Mount,1975;Noblet 等,2001b)。猪不能通过出汗来散发多余的热量(Ingram,1974),并且被毛和绝热层相对较少,因此猪比其他恒温动物对环境温度更敏感(Mount,1975)。当环境温度发生变化时,外周组织的温度可能发生很大的变化,从而引起体温的波动,而深部组织的温度可以在一个较宽的环境温度范围内维持稳定。但环境温度的变化超过机体内部温度调节的极点,动物就会丧失恒温的能力。温度每增加10℃,化学反应速率通常就会增1倍(Ingram 和 Mount,1975;沈同,2000)。

动物对冷环境的反应通常是增加基础代谢来增加产热,通过颤抖和其他机理来调节(Black,1986);如果代谢已经达到最大,散发的热量仍然大于产生的热量,则机体深部温度便以较快的速度下降,若时间过长,动物就会由于体温过低而死亡(郭春华,2005;Ingram 和 Mount,1975)。相反,如果动物在热环境下,散热低于产热,则机体深部温度升高,进一步由于体内化学反应速率的增加,产生更多的热量,如果这种状况持续一定时间,动物可能会由于体热过高而死亡(Ingram 和 Mount,1975)。可见,高于或低于临界温度,都将调动猪的体温调节机制,进而影响猪的能量代谢。

4.5.2 环境温度对生长猪产热的影响

总产热包括禁食产热、体增热和运动产热。影响产热的主要因素是环境温度、采食量和机体活动。在中温区内,日粮能量用于维持和生产过程包括最小的正常生理活动的热损耗,包括产生新组织或肌肉和脂肪组织、胚胎组织、乳等合成中的热损耗(Noblet 等,1987)。在临界温度以下,猪必须提高代谢产热速度以维持体温恒定(NRC,1981);而在临界温度以上,所有的产热都成为一种负担,必须将其排除掉,通过增加散热蒸发和减少产热来适应环境,使体温维持在一个狭窄的范围内(Verstegen,1973)。由于猪的汗腺功能退化,在高温下通过水分蒸发来散发热量的能力十分有限,而主要是通过减少采食量和与之有关的体增热来适应高温环境(Nienaber 和 Hahn,1983;Ouiniou 等,2000)。在低温条件下,猪通过增加采食量和体增热来增加产热,以维持体温的稳定(Ouiniou 等,2000)。

4.5.2.1 低温对生长猪产热的影响

当环境温度低于临界温度时,随着环境温度的下降,猪产热量线性增加。当环境温度低于舒适温度时,断奶仔猪20℃比28℃增加产热11～12.5 kJ/(d·$kg^{0.75}$)(Le Dividich,1980)。舒适温度每下降1℃,生长猪的维持体温的能量消耗增加15.48～18.83 kJ/(d·$kg^{0.75}$)(Noblet 等,1985)。在临界温度以下,要达到与中温区相同的生长速度,所需额外增加的代谢能就等于额外体温调节产热除以在该温度下代谢能用于增重的效率。

4.5.2.2 高温对生长猪产热的影响

猪在高温下需要额外增加能量来散发机体的产热,机体活动增加(如呼吸加快、血液循环加快等),结果使总产热增加(Quiniou 等,2000b;Le Bellego 等,2002)。Quiniou 等(2000b)报道在相同饲喂水平下,24～65 kg 生长猪在30℃[1.362 MJ/(d·$kg^{0.60}$)]产热量高于23℃[1.305 MJ/(d·$kg^{0.60}$)]。温度为20～25℃时,产热量最少;30℃环境下产热增加,在高温下要消耗额外的能量来散发多余的热量(Close 和 Mount,1978a)。由于温度和采食量存在双重影响，高温下导致采食量的减少和禁食产热的减少(Collin 等，2001a；Koong 等，1982)，长期高温会使内脏器官的重量减轻(Le Bellego 等，2002)，禁食产热和体增热减少也会导致总产热减少。由于研究试验期的长短、试验猪体重大小、试验温度和范围以及饲喂水平的不同，导致高温对生长猪产热的影响不一致(Close 等，1978a；Le Bellego 等，2002)。

4.5.3　环境温度对猪能量利用的影响

环境温度影响摄入代谢能用于维持、体温调节以及能量沉积或生长之间的能量分配。低温时由于维持能量需要增加，导致用于生长的能量减少(Close 等，1978c)，能量用于生长的效率也发生改变。在相同采食量的情况下，环境温度降低将导致能量的总效率降低。在低温下动物可以通过增加采食量而获得相似的效率(Close 等，1980)，在低温下需要更多的能量用于维持体温(Fuller 等，1972)。

高温对能量利用影响的报道不尽相同。在自由采食的条件下，高温(33℃)使能量利用率降低；但在相同能量摄入下，33℃比 23℃的能量沉积增加，即高温提高能量利用率(Collin 等，2001c)。Le Bellego 等(2002)的研究发现，在相同摄入的情况下，高温 30℃下的能量沉积也比中温 23℃低 0.4 MJ/d，相当于能量摄入量 25.7 MJ/d 的 1.5%，说明高温下的产热比中温多，即热应激导致能量利用率降低。Close 和 Mount(1978a，c)的研究结果与此相同，在20～25℃时的热损失最小，能量利用率最高。

4.5.4　体温调节能量需要量

4.5.4.1　生长育肥猪

体重(Meisinger，2010)和 MEI(Whittemore 等，2001)会影响 LCT 和 UCT。采食量从维持增加到 3 倍维持时，60 kg 以上生长猪的 LCT 降低 6～10℃(Holmes 和 Close，1977)。猪在生长阶段，温度在 LCT 以下时，每降低 1℃，25～60 kg 生长猪需要增加采食饲料 25 g/d (0.335 MJ ME/d)；而 60～100 kg 育肥猪则需要增加采食饲料 39 g/d(0.523 MJ ME/d) (Verstegen 等，1982)。当环境温度从 19℃左右上升至 31℃时，动物平均 MEI 会降低 10%～30%(Le Bellego 等，2002；Renaudeau 等，2007)。此外，环境温度对采食量的影响与体重存在交互作用(Quiniou 等，2000b)。

4.5.4.2　妊娠母猪

单栏饲养妊娠母猪的 LCT 为 20～23℃(Noblet 等，1989)，而群养母猪的 LCT 可能比单栏饲养的低 6℃(Verstegen 和 Curtis，1988)。当温度低于 LCT 时，增加 MEI 有利于促进维持体温，且额外增加的 ME 为 2.5～4.3 kcal/($kg^{0.75}$ · ℃)(Noblet 等，1997)。由于妊娠母猪一般都采取限制饲喂，所以通常无须考虑环境温度高于 UCT 时对 ME_m或 MEI 的影响。

4.5.4.3　泌乳母猪

泌乳母猪的 UCT 为 18～22℃(Black 等，1993)。通常情况下，由于产房多采取保温措施，因此泌乳母猪不存在温度低于 LCT 时的采食应激问题。当环境温度高于 UCT 时，泌乳母猪代谢能的摄入量会因热应激而降低，而且 MEI 的降低程度会随着环境温度的升高幅度发生变化。Quiniou 和 Noblet(1999)研究表明，MEI 的降低量取决于环境温度，18～25℃时，泌乳母猪每天的MEI为0.33 Mcal ME/℃；25～27℃时，每天为0.76 Mcal ME/℃。

4.5.4.4 生理活动能量需要

生理活动也影响产热，所消耗的能量无法精确估测。通过研究猪在跑步机上的产热发现，运动的猪产热比对照组猪高20%（Petley和Bayley，1998）。生长猪步行每千米需额外消耗0.007 MJ ME/kg BW^{ab}（Close和Poorman，1993）。母猪每站立100 min增加的产热为0.027 MJ/kg $BW^{0.75}$，每消耗1 kg饲料需消耗0.100～0.146 MJ的代谢能（Noblet等，1993）。

综上所述，经过近两个多世纪对能量的科研实践，迄今消化能和代谢能测定值仍然是“净能体系”赖以成立的关键性决策依据。但是经过实践，许多学者从不同角度对净能体系提出了质疑，如Wiseman和Cole（1985）认为净能值太敏感不适合实际应用。美国NRC的专家们认为净能的测定太困难、不精确，且受影响的因素更多（NRC，1998）。Emmans（1999）总结指出：能量用于维持和脂肪沉积、蛋白质沉积的效率是不一样的，因此不能用“净能”来简单描述。Whittemore（1993）认为净能指标并不比消化能和代谢能指标为优化饲料配方或预测生产成绩提供更精确的信息。因此，当前对能量需要量研究的一个共识仍然是像Fuller（1997）指出的那样：“一个体系越是追求生产过程中的实际情况，则其测定值更易受动物的影响，变异就更大，因此也相应更不精确”（张宏福等，2010；陈亮和张宏福，2012）。

参考文献

[1] 陈亮，张宏福. 猪饲料能量消化率全消化道体外仿生评定法评述[M]. 北京：中国农业科学技术出版社，2012：263-269.

[2] 郭春华. 环境温度对生长育肥猪蛋白质和能量代谢及利用影响模式研究[D]. 雅安：四川农业大学，2005.

[3] 冯定远. 高产母猪的营养与饲养[J]. 国外畜牧学：猪与禽，1997(3)：10-13.

[4] 胡琴. 生长育肥猪玉米和豆柏净能值测定[D]. 北京：中国农业大学，2011.

[5] 黄萍，杨飞云，周晓容，等. 长×荣生长育肥猪能量需要量研究[J]. 饲料工业，2005(13)：11-14.

[6] 李德发. 猪的营养(2版)[M]. 北京：中国农业科学技术出版社，2003.

[7] 钱利纯，邹晓庭，许梓荣，等. 饲粮能量水平对母猪繁殖性能的影响[J]. 浙江农业学报，2001，13(01)：33-35.

[8] 沈同，王镜岩. 生物化学(2版)[M]. 北京：高等教育出版社，2000.

[9] 宋伟红，赵玉山，黄大鹏. 不同能量水平日粮对双肌臀泌乳母猪生产性能的影响[J]. 黑龙江八一农垦大学学报，2003，(2)：73-75.

[10] 杨灿，贺建华，黄兴国，等. 现代泌乳母猪的能量营养研究新进展[J]. 饲料工业，2007，28(15)：25-27.

[11] 杨立彬，李德发，龚利敏. 中国仔猪及生长育肥猪能量需要的研究[J]. 中国饲料，2000(17)：15-18.

[12] 杨凤. 动物营养学(2版)[M]. 北京：中国农业出版社，2000.

[13] 尹靖东. 猪的可持续需要[M]. 北京：中国农业出版社，2015.

[14] 张桂凤. 生长猪豆粕净能推测方程的构建[D]. 北京:中国农业大学,2014.

[15] 张宏福，赵峰，张子仪. 仿生消化法评定猪饲料生物学效价的研究进展[C]. //饲料营养研究进展(2010)[A]. 北京：中国农业科学技术出版社，2010：36-43.

[16] 左建军,贺建华. 妊娠母猪的营养需要[J]. 广东畜牧兽医学报，2002，27(1)：12-17.

[17] Andersen I L，Bøe K E，Kristiansen A L. The influence of different feeding arrangements and food type on competition at feeding in pregnant sows[J]. Applied Animal Behaviour Science，1999，65(2)：91-104.

[18] ARC. The Nutrient Requirements of Pigs：Technical Review[J]. Slough，UK：Commonwealth Agricultural Bureaux，1981.

[19] Baldwin R L. Modeling Ruminant Digestion and Metabolism[M]. New York：Chapman & Hall，1995.

[20] Baldwin R L，Bywater A C. Nutritional energetics of animals[J]. Annual Review of Nutrition，1984，4(1)：101-114.

[21] Bassett N S，Breier B H，Moore L，et al. Disappearance of labelled IGF-2 from plasma of the ovine fetus in late gestation[J]. Journal of Developmental Physiology，1990，13(5)：295-301.

[22] Berdainer C D. 1995. Advanced Nutrition：Macronutrients[M]. Boca Raton，USA：CRC Press Inc.，pp 91.

[23] Bernier J F，Calvert C C，Famula T R，et al. Energetic efficiency of protein and fat deposition in mice with a major gene for rapid postweaning gain[J]. The Journal of Nutrition，1987，117(3)：539-548.

[24] Birkett S，de Lange K. Calibration of a nutrient flow model of energy utilization by growing pigs[J]. British Journal of Nutrition，2001a，86(06)：675-689.

[25] Birkett S，de Lange K. Limitations of conventional models and a conceptual framework for a nutrient flow representative of energy utilization by animals[J]. British Journal of Nutrition，2001b，86:647-659.

[26] Black J L. Modelling energy metabolism in the pig - critical evaluation of a simple reference model. In：Moughan P J，Verstegen M W A，Visser-Reynevel M I ed. Modelling growth in the pig. Wageningen，The Netherlands：Wageningen Press，1995，pp 87-102.

[27] Black J L，Campbell R G，Williams I H，et al. Simulation of energy and amino acid utilisation in the pig[J]. Research and Development in Agricultare,1986,(3):121-145.

[28] Black J L，de Lange C F M. Introduction to principles of nutrient partitioning for growth. In；Moughan P J，Verstegen M W A，Visser-Reyneveld M I，ed. Modelling growth in the pig. Wageningen，The Netherlands：Wageningen Press，1995，pp 33-37.

[29] Black J L，Mullan B P，Lorschy M L，et al. Lactation in the sow during heat stress[J]. Livestock Production Science，1993，35(1)：153-170.

[30] Boisen S. New concept for practical feed evaluation systems[M]. Tjele，Denmark：Faculty of Agricultural Sciences，University of Aarhus Press，2007,pp 69.

[31] Boyd R D, Touchette K J, Castro G C, et al. Recent advances in amino acid and energy nutrition of prolific sows[J]. Asian-Australasian Journal of Animal Science, 2000, 13 (11): 1638-1652.

[32] Brown D, Mount L E. The metabolic body size of the growing pig[J]. Livestock Production Science, 1982, 9(3): 389-398.

[33] Brown-Brandl T M, Nienaber J A, Xin H, et al. A literature review of swine heat production[J]. Transactions of the ASAE, 2004, 47(1): 259.

[34] Bruoe J M, Clark J J. Models of heat Production and critical temperature of growing pigs[J]. Animal Production. 1979, 28(3):353-369.

[35] Carr J R, Boorman K N, Cole D J A. Nitrogen retention in the pig[J]. British Journal of Nutrition, 1977, 37(2): 143-155.

[36] Cassar G, Chapeau C, King G J. Effects of increased dietary energy after mating on developmental uniformity and survival of porcine conceptuses[J]. Journal of Animal Science, 1994, 72(5): 1320-1324.

[37] Chwalibog A. Energetics of Animal Production: Rsearch in Copenhagen, Review and Suggestions[J]. Acta Agriculturæ Scandinavica, 1991, 41(2): 147-160.

[38] Close W H, Berschauer F, Heavens R P. The influence of protein: energy value of the ration and level of feed intake on the energy and nitrogen metabolism of the growing pig: 1. Energy metabolism[J]. British Journal of Nutrition, 1983, 49(2): 255-269.

[39] Close W H, Mount L E. The effects of plane of nutrition and environmental temperature on the energy metabolism of the growing pig: 1. Heat loss and critical temperature [J]. British Journal of Nutrition, 1978, 40(3): 413-421.

[40] Close W H, Mount L E, Brown D. The effects of plane of nutrition and environmental temperature on the energy metabolism of the growing pig: 2. Growth rate, including protein and fat deposition[J]. British Journal of Nutrition, 1978, 40(3): 423-431.

[41] Close W H. The effects of plane of nutrition and environmental temperature on the energy metabolism of the growing pig: 3. The efficiency of energy utilization for maintenance and growth[J]. British Journal of Nutrition, 1978, 40(3): 433-438.

[42] Close W H, Noblet J, Heavens R P. Studies on the energy metabolism of the pregnant sowi 2. The partition and utilization of metabolizable energy intake in pregnant and non-pregnant animals[J]. British Journal of Nutrition, 1985, 53(02): 267-279.

[43] Close W H, Poorman P K. Outdoor pigs-their nutrient requirement, appetite and environmental responses[A]. In: Garnsworthy P C, Cole D J A, ed. Recent Advances in Animal Nutrition[C]. Nottingham, UK: Nottingham University Press, 1993: 175-196.

[44] Close W H, Mount L E. The rate of heat loss during fasting in the growing pig [J]. British Journal of Nutrition, 1975, 34(2): 279-290.

[45] Close W H. The significance of the environment for energy utilization in the pig [J]. Proceedings of the Nutrition Society, 1980, 39(2): 169-175.

[46] Close W H. Modelling the growing pig: Predicting nutrient needs and responses

[A]. In: Lyons T P, Jacques K A, ed. Biotechnology in the feed industry. The living gut: Bridging the gap between nutrition and performance. Proceedings of Alltech's 12th Annual Symposium[C]. Nottingham, UK: Nottingham University Press, 1996: 289-297.

[47] Close W H, Verstegen M W, Mount L E. The energy costs of maintenance and production in the growing pig[J]. The Proceedings of the Nutrition Society, 1973, 32(2): 72A.

[48] Cole D J A. Nutritional strategies to optimize reproduction in pigs[J]. Journal of Reproduction and Fertility, 1990(Suppl 40): 67-82.

[49] Collin A, van Milgen J, Dubois S, et al. Effect of high temperature on feeding behaviour and heat production in group-housed young pigs[J]. British Journal of Nutrition, 2001, 86(1): 63-70.

[50] Critser D J, Miller P S, Lewis A J. The effects of dietary protein concentration on compensatory growth in barrows and gilts[J]. Journal of Animal Science, 1995, 73(11): 3376-3383.

[51] de Greef K H, Verstegen M W A, Kemp B, et al. The effect of body weight and energy intake on the composition of deposited tissue in pigs[A]. Animal Production, 1994, 58:263.

[52] de Lange P G B, van Kempen G J M, Klaver J, et al. Effect of condition of sows on energy balances during 7 days before and 7 days after parturition[J]. Journal of Animal Science,1980, 50(5): 886-891.

[53] de Lange K, van Milgen J, Noblet J, et al. Previous feeding level influences plateau heat production following a 24 h fast in growing pigs[J]. British Journal of Nutrition, 2006, 95(6): 1082-1087.

[54] Dourmad J Y, Etienne M, Valancogne A, et al. INRAPorc: A model and decision support tool for the nutrition of sows[J]. Animal Feed Science and Technology, 2008, 143: 372-386.

[55] Dourmad J Y, Noblet J, P'ere M C, et al. Mating, pregnancy and pre-natal growth[A]. In: Kyriazakis I, ed. A quantitative biology of the pig[C]. Wallingford, UK: CAB International, 1999:129-153.

[56] Dunkin A C. Responses to energy intake in the growing pig[J]. Pig News and Information, 1990, 11(2): 159-162.

[57] Dwyer C M, Stickland N C, Fletcher J M. The influence of maternal nutrition on muscle fiber number development in the porcine fetus and on subsequent postnatal growth [J]. Journal of Animal Science, 1994, 72(4): 911-917.

[58] Dyck G W, Strain J H. Postmating feeding level effects on conception rate and embryonic survival in gilts[J]. Canadian Veterinary Journal La Revue Veterinaire Canadienne, 1983, 63(3):579-585.

[59] Emmans G C. Models of the relationship between animal performance and dietary energy[A]. In: Moughan P J, Verstegen W A, Visser-Reyneveld M L, ed. Modelling

growth in the pig[C]. Wageningen, The Netherlands: Wageningen Press, 1995, 47-58.

[60] Emmans G C. Energy flows[A]. In: Kyriazakis I, ed. A quantitative biology of the pig[C]. Wallingford, UK: CAB International, 1999: 363-379.

[61] Fuller M F. Principles in energy evaluation[A]. In: Jørgensen H, Fernandez J A, ed. Energy and protein evaluation for pigs in the nordic countries[C]. Foulum, Denmark: Proceedings of NJF-seminar No. 274, 1997: 4-8.

[62] Fuller M F, Boyne A W. The effects of environmental temperature on the growth and metabolism of pigs given different amounts of food: 2. Energy metabolism[J]. British Journal of Nutrition, 1972, 28(3): 373-384.

[63] Fuller M F, Franklin M F, McWilliam R, et al. The responses of growing pigs, of different sex and genotype, to dietary energy and protein[J]. Journal of Animal Science, 1995, 60(2): 291-298.

[64] Hinson R B. Net energy content of soybean meal and glycerol for growing and finishing pigs[D]. USA: University of Missouri-Columbia, 2009.

[65] Holmes C W, Close W H. The influence of climatic variables on energy metabolism and associated aspects of productivity in pigs[A]. In: Haresign W, Swan H, Lewis D, ed. Nutrition and the climatic environment[C]. Oxford, UK: Butterworths, 1977: 51-74.

[66] Hu Q, Wang F L, Piao X S, et al. Effects of fasting duration and body weight on fasting heat production in growing pigs[J]. Journal of Animal and Veterinary Advances, 2012, 11(13): 2333-2341.

[67] Ingram D L. Heat loss and its control in pigs. In: Monteith JL, Mount L E, ed. Heat loss from animals and man: Assessment and control. Proceedings of the Twentieth Easter School in Agricultural Science, University of Nottingham, 1974, 233.

[68] Ingram D L, Mount L E. Heat exchange between animal and environment. In: Man and animals in hot environments[M]. New York:Springer, 1975: 5-23.

[69] Just A. Nutritional manipulation and interpretation of body compositional differences in growing swine[J]. Journal of Animal Science, 1984, 58: 740-752.

[70] Kielanowski J. Estimates of the energy cost of protein deposition in growing animals[C]//Proceedings of the 3rd Symposium on Energy Metabolism. London: Academic Press,1965: 13-20.

[71] Kim S W, Osaka I, Hurley W L, et al. Mammary gland growth as influenced by litter size in lactating sows: Impact on lysine requirement[J]. Journal of Animal Science, 1999, 77(12): 3316-3321.

[72] Kim S W, Easter R A, Hurley W L. The regression of unsuckled mammary glands during lactation in sows: The influence of lactation stage, dietary nutrients, and litter size[J]. Journal of Animal Science, 2001, 79(10): 2659-2668.

[73] Kirkwood R N,Thacker P A. Failure of an induced ovulation during lactation to improve sow or litter performance[J]. Canadian Journal of Animal Science, 1990, 70: 135-138.

[74] Kleiber M. The fire of life. In: Robert E, ed. An introduction to animal energetics. 2ed[M]. London, New York: Krieger Publishing Co. , 1975, 411-435.

[75] Koketsu Y, Dial G D, Pettigrew J E, et al. Influence of imposed feed intake patterns during lactation on reproductive performance and on circulating levels of glucose, insulin, and luteinizing hormone in primiparous sows[J]. Journal of Animal Science, 1996, 74(5): 1036-1046.

[76] Kongsted A G. A review of the effect of energy intake on pregnancy rate and litter size-discussed in relation to group-housed non-lactating sows[J]. Livestock Production Science, 2005, 97(1): 13-26.

[77] Koong L J, Nienaber J A, Pekas J C, et al. Effects of plane of nutrition on organ size and fasting heat production in pigs[J]. Journal of Nutrition, 1982, 112(8): 1638-1642.

[78] Koong L J, Nienaber J A, Mersmann H J. Effects of plane of nutrition on organ size and fasting heat production in genetically obese and lean pigs[J]. The Journal of Nutrition, 1983, 113(8): 1626-1631.

[79] Labussière E, van Milgen J, de Lange C F M, et al. Maintenance energy requirements of growing pigs and calves are influenced by feeding level[J]. The Journal of Nutrition, 2011, 141(10): 1855-1861.

[80] Le Bellego L, van Milgen J, Noblet J. Effect of high temperature and low protein diets on performance of growing-çinishing pigs[J]. Journal of Animal Science, 2002, 80: 691-701.

[81] Le Dividich J, Vermorel M, Noblet J, et al. Effects of environmental temperature on heat production, energy retention, protein and fat gain in early weaned piglets[J]. British Journal of Nutrition, 1980, 44(3): 313-323.

[82] Lister D, McCance R. Severe undernutrition in growing and adult animals[J]. British Journal of Nutrition, 1967, 21:787-799.

[83] Meisinger D J. National swine nutrition guide[M]. Des Moines, IA: US Pork Center of Excellence, 2010.

[84] Milligan L, and Summers M. The biological basis of maintenance and its relevance to assessing responses to nutrients. Proc. Nutr. Soc. , 1986, 45:185-193.

[85] Möhn S, de Lange C F M. The effect of body weight on the upper limit to protein deposition in a defined population of growing gilts[J]. Journal of Animal Science, 1998, 76(1): 124-133.

[86] Möhn S, Gillis A M, Moughan P J, et al. Influence of dietary lysine and energy intakes on body protein deposition and lysine utilization in the growing pig[J]. Journal of Animal Science, 2000, 78(6): 1510-1519.

[87] Moughan P J. Modelling protein metabolism in the pig-critical evaluation of a simple reference model[J]. Publication-European Association for Animal Production, 1995, 78: 103-103.

[88] Mount L E. The assessment of thermal environment in relation to pig production

[J]. Livestock Production Science, 1975, 2(4): 381-392.

[89] Nienaber J A, Hahn G L R, Yen J T. Thermal environment effects on growing-finishing swine: Part I—Growth, feed intake and heat production[J]. Transactions of the ASAE, 1987, 30(6): 1772-1775.

[90] Noblet J, Close W H, Heavens R P, et al. Studies on the energy metabolism of the pregnant sow. Uterus and mammary tissue development[J]. British Journal of Nutrition, 1985, 53: 251-265.

[91] Noblet J, Etienne M. Metabolic utilization of energy and maintenance requirements in lactating sows[J]. Journal of Animal Science, 1987a, 64: 774-781.

[92] Noblet J, Etienne M. Metabolic utilization of energy and maintenance requirements in pregnant sows[J]. Livestock Production Science, 1987b, 16: 243-257.

[93] Noblet J, Dourmad J Y, Le Dividich J, et al. Effect of ambient temperature and addition of straw or alfalfa in the diet on energy metabolism in pregnant sows[J]. Livestock Production Science, 1989, 21: 309-324.

[94] Noblet J, Dourmad J Y, Etienne M. Energy utilization in pregnant and lactating sows: Modelling of energy requirements[J]. Journal of Animal Science, 1990, 68: 562-572.

[95] Noblet J, Karege C, Dubois S. Influence of growth potential on energy requirements for maintenance in growing pigs. In: Eds. Wenk C, Boessinger M, Energy metabolism of farm animals. 1991.

[96] Noblet J, Shi X S. Comparative digestibility of energy and nutrients in growing pigs fed *ad libitum* and adult sows fed at maintenance[J]. Livestock Production Science, 1993, 34: 137-152.

[97] Noblet J, Shi X S, Dubois S. Energy cost of standing activity in sows[J]. Livestock Production Science, 1993, 34: 127-136.

[98] Noblet J, Fortune H, Shi X S, Dubois S. Prediction of net energy value of feeds for growing pigs[J]. Journal of Animal Science, 1994, 72: 344-354.

[99] Noblet J, Dourmad J Y, Etienne M, et al. Energy metabolism in pregnant sows and newborn pigs[J]. Journal of Animal Science, 1997, 75: 2708-2714.

[100] Noblet J, Karege C, Dubois S, et al. Metabolic utilization of energy and maintenance requirements in growing pigs: Effect of sex and genotype[J]. Journal of Animal Science, 1999, 77: 1208-1216.

[101] Noblet J, van Milgen J. Energy value of pig feeds: Effect of pig body weight and energy evaluation system[J]. Journal of Animal Science, 2004, 82(E. Suppl.): E229-E238.

[102] Noblet, J. Recent advances in energy evaluation of feeds for pigs. In: Garnsworthy P C, Wiseman J Eds. , Recent advances in animal nutrition 2005. Nottingham: Nottingham University Press, 2006, pp. 1-26.

[103] Noblet, J. Recent developments in net energy research for swine[J]. Adv. Pork Prod. , 2007, 18:149-156.

[104] Noblet J, van Milgen J. Energy and Energy Metabolism in Swine[A]. In Chiba L

I, ed. Sustainable swine nutrition[C]. New Delhi, India: Wiley-Blackwell, 2013:903-916.

[105] EAAP Publication, Zurich, Switzerland- pp 107-110.

[106] Noblet J, Karege C, Dubois S, et al. Metabolic utilization of energy and maintenance requirements in growing pigs: Effects of sex and genotype[J]. Journal of Animal Science, 1999, 77(5): 1208-1216.

[107] Noblet J, Etinne M. Metabolic utilization of energy and maintenance requirements in lactating sows[J]. Journal of Animal Science, 1987a, 64: 774-781.

[108] Noblet J, Etienne M. Metabolic utilization of energy and maintenance requirements in pregnant sows[J]. Livestock Science, 1987b, 16(3): 243-257.

[109] Noblet J, Etienne M. Estimation of sow milk nutrient output[J]. Journal of Animal Science, 1989, 67(12): 3352-3359.

[110] Noblet J, Henry Y. Energy evaluation systems for pig diets. In: Batterham E S, ed. Manipulating pig production IE. Attwood, Australia: Australasian Pig Science Association, 1991, 83.

[111] NRC. Nutrient requirements of swine. 10th ed [M]. Washington, D C: The National Academies Press, 1998.

[112] NRC. Nutrient requirements of swine. 11th ed [M]. Washington, D C: The National Academies Press, 2012.

[113] Pelletier G, de Passillé A M B, Cardou M B, et al. Influence of pregnancy, lactation, litter size and diet energy density on the pancreas of sows[J]. The Journal of Nutrition, 1986, 116(8): 1480-1488.

[114] Petley M P, Bayley H S. Exercise and postexercise energy expenditure in growing pigs[J]. Canadian Journal of Physiology and Pharmacology, 1988, 66(6): 721-730.

[115] Quiniou N, Noblet J. In fluence of high ambient temperatures on performance of multiparous lactating sows[J]. Journal of Animal Science, 1999, 77: 2124-2134.

[116] Quiniou N, Dubois S. Noblet J, Voluntary feed intake and feeding behavior of group-housed growing pigs are affected by ambient temperature and body weight[J]. Livestock Production Science, 2000a, 63: 245-253.

[117] Quiniou N, Dourmad J Y, Noblet J. Effect of energy intake on the performance of different types of pig from 45 to 100 kg body weight. 1. Protein and lipid deposition[J]. Animal Science, 1996, 63(2): 277-288.

[118] Renaudeau D, Huc E, Noblet J. Acclimation to high ambient temperature in Large White and Caribbean Creole growing pigs[J]. Journal of Animal Science, 2007, 85: 779-790.

[119] Revell D K, Williams I H, Mullan B P, et al. Body composition at farrowing and nutrition during lactation affect the performance of primiparous sows: II. Milk composition, milk yield, and pig growth[J]. Journal of Animal Science, 1998, 76(7): 1738-1743.

[120] Seerley RW, Ewan RC. An overview of energy utilization in swine nutrition[J]. Journal of Animal Science, 1983, 57(Suppl. 2):300-314.

[121] Tess M W. Simulated effects if genetic change upon life-cycle production efficiency in swine and the effects of body composition upon energy utilization in the growing pigs [D]. Lincoln: University of Nebraska, 1981.

[122] Tess M W, Dickerson G E, Nienaber J A, et al. Energy costs of protein and fat deposition in pigs fed ad libitum[J]. Journal of Animal Science, 1984, 58(1): 111-122.

[123] Thompson J M, Sun F, Kuczek T. The effect of genotype and sex on the patterns of protein accretion in pigs [J]. Anim. Sci, 1996, 63:265-276.

[124] Thompson J M, Sun F, Kuczek T, et al. The effect of genotype and sex on the patterns of protein accretion in pigs[J]. Animal Science, 1996, 63(2): 265-276.

[125] Tokach M D, Pettigrew J E, Dial G D, et al. Influence of glucose infusions on luteinizing hormone secretion in the energy-restricted, primiparous, lactating sow[J]. Journal of Animal Science, 1992, 70(7): 2202-2206.

[126] van den Brand H, Dieleman S J, Soede N M, et al. Dietary energy source at two feeding levels during lactation of primiparous sows: I. Effects on glucose, insulin, and luteinizing hormone and on follicle development, weaning-to-estrus interval, and ovulation rate [J]. Journal of Animal Science, 2000, 78(2): 396-404.

[127] van Lunen T A, Cole D J A. Growth and body composition of highly selected boars and gilts[J]. Animal Science, 1998, 67(1): 107-116.

[128] van Milgen J, Bernier J F, Le Cozler Y, et al. Major determinants of fasting heat production and energetic cost of activity in growing pigs of different body weight and breed/castration combination[J]. British Journal of Nutrition, 1998, 79: 509-517.

[129] van Milgen J, Noblet J. Energy partitioning in growing pigs: The use of a multivariate model as an alternative for the factorial analysis[J]. Journal of Animal Science, 1999, 77(8): 2154-2162.

[130] van Milgen J, Noblet J. Partitioning of energy intake to heat, protein, and fat in growing pigs[J]. Journal of Animal Science, 2003, 81(14_suppl_2): E86-E93.

[131] van Milgen J, Noblet J, Dubois S. Energetic efficiency of starch, protein, and lipid utilization in growing pigs[J]. Journal of Nutrition, 2001, 131: 1309-1318.

[132] van Milgen J, Valancogne A, Dubois S, et al. InraPorc: a model and decision support tool for the nutrition of growing pigs[J]. Animal Feed Science and Technology, 2008, 143(1-4): 387-405.

[133] Verstegen M W A, Close W H, Start I B, et al. The effects of environmental temperature and plane of nutrition on heat loss, energy retention and deposition of protein and fat in groups of growing pigs[J]. British Journal of Nutrition, 1973, 30(1): 21-35.

[134] Verstegen M W A, van der Hel W. The effects of temperature and type of floor on metabolic rate and effective critical temperature in groups of growing pigs[J]. Animal Science, 1974, 18(1): 1-11.

[135] Verstegen M W A. Developments towards net energy systems in feeds and animals[C]// In: Proceedings of Western Nutrition Conference. Canada: Saskatoon, 2001,

170-184.

[136] Verstegen M W A，Brandsma H A，Mateman G. Feed requirement of growing pigs at low environmental temperatures[J]. Journal of Animal Science，1982，55(1)：88-94.

[137] Verstegen M W A，Curtis S E. Energetics of sows and gilts in gestation crates in the cold[J]. Journal of Animal Science，1988，66(11)：2865-2875.

[138] Weatherup R N，Beattie V E，Moss B W，et al. The effect of increasing slaughter weight on the production performance and meat quality of finishing pigs[J]. Animal Science，1998，67(3)：591-600.

[139] Whittemore C T. Causes of variation in the body composition of growing pigs[J]. Proceedings of the Nutrition Society，1986，45(1)：111-117.

[140] Whittemore C T，Green D M，Knap P W. Technique review of the energy and protein requirement of growing pigs：Energy[J]. Animal Science，2001，73：199-215.

[141] Williams I H，Close W H，Cole J A. Strategies for sow nutrition：Predicting the response of pregnant animals to protein and energy intake[A]. In：Haresign W，Cole D J A，ed. Recent advance in animal nutrition[M]. London：Butterworth-Heinemann，1985：133-147.

[142] Wiseman J，Cole D J A. Energy evaluation of cereals for pig diets[A]. In：Cole D J A，Haresign W，ed. Recent development in pig nutrition[M]. London：Butterworths，1985：246-262.

[143] Wittemore C T. The science and practice of pig production[M]. Essex，UK：Longman Scientific and Technical，1993：661.

[144] Whittemore C T，Fawcett R H. Theoretical aspect of a flexible model to simulate protein and lipid growth in pigs[J]. Animal Production，1976，22(1)：87-96.

[145] Yen J T. Oxygen consumption and energy flux of porcine splanchnic tissues[A]. In：Laplace JP，Fe'vrier C，Barbeau A，ed. Digestive physiology in pigs[C]. Proceedings of the 7th International Symposium on Digestive Physiology in Pigs. Saint Malo，France：EAAP Publication，1997，260-269.

[146] Young M G，Tokach M D，Aherne F X，et al. Comparison of three methods of feeding sows in gestation and the subsequent effects on lactation performance 1[J]. Journal of Animal Science，2004，82(10)：3058-3070.

第 5 章
猪的氨基酸营养研究进展

本章内容提要

氨基酸营养是猪营养学的重要组成部分，也是猪营养研究的热点之一。改革开放以来，猪饲料氨基酸营养研究飞速发展，不同生理阶段猪氨基酸需要量研究大量涌现，工业化生产的单体氨基酸在饲料工业中广泛应用。近年来，功能性氨基酸在猪繁殖性能、肠道健康、免疫机能方面的作用研究不断深入，低蛋白质平衡氨基酸日粮领域研究持续发展，进一步推动人们深刻地从理论上认识动物的代谢需求，产生大量的科研成果，为氨基酸的合理利用提供理论依据。

本章主要总结改革开放 40 年来猪氨基酸营养研究领域的研究成果，分别从必需氨基酸的需要量、功能性氨基酸的研究、低蛋白质平衡氨基酸日粮应用等 3 个章节加以概述。

5.1 氨基酸的结构和分类

动物产品的主要用途是为人类提供优质的动物源蛋白质。氨基酸是蛋白质构成的基本单元，每个氨基酸都是由氨基（$—NH_2$）、羧基（—COOH）以及不同的侧链构成，蛋白质是由许多氨基酸通过氨基与羧基脱水缩合而形成的以肽键相连的高分子含氮化合物。赖氨酸、蛋氨酸、苏氨酸、色氨酸、苯丙氨酸、组氨酸、缬氨酸、异亮氨酸、亮氨酸是必需氨基酸，因为猪不能通过自身的代谢合成。

丝氨酸、甘氨酸、精氨酸、丙氨酸、脯氨酸、谷氨酸、谷氨酰胺、天冬氨酸、天冬酰胺可以在动物体内合成，被称为非必需氨基酸。尽管猪可以自己合成这些氨基酸，但并不意味着自身的合成能力能够满足自身的需要。精氨酸通常被认为是非必需氨基酸，但小猪的合成能力不足。酪氨酸和半胱氨酸也通常被认定为是半必需氨基酸。除了合成蛋白质的 20 种氨基酸，特殊的氨基酸也与新陈代谢有关(如鸟氨酸、瓜氨酸参与鸟氨酸循环,半胱氨酸参与蛋氨酸循环)或者来源于其他物质的衍生(如羟基脯氨酸或 1,3-甲基组氨酸)。然而,日粮供给的蛋白质必须能提供足够的氮源,满足非必需或半必需氨基酸的合成代谢。

5.2　必需氨基酸需要量

5.2.1　仔猪必需氨基酸需要量

从出生到 20 kg 的仔猪,其消化功能和体温调节功能均未发育健全,此阶段的仔猪氨基酸营养需要量不同于其他生理阶段的猪。因此,仔猪的氨基酸需要一直是动物营养学中的研究热点。改革开放以来,随着猪品种的改良、断奶日龄的提前、集约化程度的提高以及健康福利养殖理念的推广,仔猪营养学也得到长足的发展,仔猪氨基酸的需要量也处于动态变化中。通常,赖氨酸、蛋氨酸、苏氨酸、色氨酸、异亮氨酸是仔猪生长发育的限制性氨基酸。其中赖氨酸作为猪常用玉米-豆粕型饲粮的第一限制性氨基酸,同时也是构建理想蛋白质模式(ideal protein profiles,IPP)的参比氨基酸,一直是动物营养研究的热点。其需要量的确定至关重要,目前国内外研究已深入可消化水平。以可消化赖氨酸(DLys 和 IPP)为基础评价饲料蛋白质质量的方法,克服了以化学评分、必需氨基酸指数及生物学效价评价蛋白质质量时缺乏可加性的缺点,不但可以提高蛋白质的利用率,也能够减少畜禽氮排泄的污染。对提高动物生长速度、降低料重比、减轻环境污染、缓解蛋白质饲料资源短缺具有十分重要的意义。

林映才等(2001)研究结果表明,满足 3.8～8 kg 超早期断奶仔猪生长的总赖氨酸需要量为 1.45%,以回-直肠吻合术猪测定基础日粮各种饲料的赖氨酸的回肠消化率,计算出表观可消化和真可消化赖氨酸需要量分别为 1.30%和 1.38%。

林映才等(2001)研究结果显示,3.6(3.8)～9 kg 超早期断奶仔猪蛋氨酸、苏氨酸、色氨酸需求参数分别为日粮的 0.44%(Met+Cys 为 0.79%)、0.985%和 0.28%;以回-直吻合术猪测定基础日粮各种饲料的氨基酸的回肠消化率,计算表观可消化和真可消化蛋氨酸需求参数分别为 0.405%和 0.41%;表观可消化和真可消化苏氨酸需求参数分别为 0.83%和 0.89%;表观可消化和真可消化色氨酸需求参数分别为 0.23%和 0.25%。日粮适宜赖氨酸∶蛋氨酸∶蛋氨酸+胱氨酸∶苏氨酸∶色氨酸的比例为 100∶30∶54.5∶68∶19,而适宜的真可消化赖氨酸∶蛋氨酸∶苏氨酸∶色氨酸的比例为 100∶30∶65∶18。

黄坤等(2000)报道,4～21 日龄新生仔猪日粮赖氨酸适宜水平为 1.57%,即赖氨酸含量为 73.1 g/kg CP 或 0.85 g/MJ DE;仔猪每日赖氨酸需要量为 2.43 g/d。林映才和蒋宗勇(1995)研究 8～19 kg 断奶仔猪赖氨酸需求参数为日粮的 1.15%,按 AEC(1989)有关饲料赖氨酸可消化率数据,折算其相应真可消化和表观可消化赖氨酸分别为 1.032%和 0.967%。11～25 kg 体重仔猪真可消化赖氨酸的需要量为氨基酸总量的 1.33%。含硫氨基酸与赖氨酸的配比为 59%～60%比较合理。仔猪真可消化异亮氨基酸最佳比例,在玉米-豆粕日粮中需要 46%,在玉米-血球粉日粮中需要 65.7%。

付畅国等(2006)研究结果表明,以日增重为标准,6～10 kg 断奶仔猪日粮中最适宜的蛋氨酸水平为0.42%，相应的粗蛋白质、胱氨酸、赖氨酸、苏氨酸、色氨酸水平分别为17.4%、0.26%、1.40%、0.95%、0.23%。

5.2.2 生长育肥猪必需氨基酸需要量

林映才和蒋宗勇(1996)研究表明，在生长期(36.75～60 kg)，当日粮中赖氨酸水平为0.754%时，试验猪的平均日增重和饲料转化率达到最佳。在育肥期(60～90 kg)，当日粮中赖氨酸水平为0.548%时，就可满足试验猪增重的需要，但赖氨酸水平提高到0.625%，饲料转化率仍有改善，但与0.548%组没有显著差异。

张克英等(2001)研究不同基因型生长育肥猪可消化赖氨酸、蛋氨酸+胱氨酸、苏氨酸、色氨酸平衡模式。结果表明，按单位代谢体重的氮沉积与可消化氨基酸摄入量计算，大长猪氨基酸平衡比例为：赖氨酸100、蛋氨酸+胱氨酸49、苏氨酸72、色氨酸19；生长期雅南猪为：赖氨酸100、蛋氨酸+胱氨酸78、苏氨酸76、色氨酸21。结果显示，日粮可消化氨基酸平衡模式因猪的基因型不同而异，与外种猪比较，雅南猪需要较高比例的蛋氨酸+胱氨酸、苏氨酸和色氨酸。

冯定远等(2005)利用实测无脂瘦肉生长速度对杜大长生长育肥猪的赖氨酸进行了预测，结果显示，20～35 kg生长猪日粮中总赖氨酸需要量为0.94%，DLys需要量为0.83%，每日需DLys 11.7 g；35～60 kg育肥猪日粮中总赖氨酸需要量为0.83%，DLys需要量为0.72%，每日需DLys 14.3 g；60～100 kg育肥猪日粮中总赖氨酸需要量为0.71%，DLys需要量为0.61%，每日需DLys 14.5 g。

张宇喆等(2007)研究显示，20～40 kg生长猪的真可消化赖氨酸(TLys)需求量为0.95%，相应的蛋白质水平为16.5%。

杨峰等(2008)研究显示，40～70 kg猪DLys最佳需要量为0.78%，相应的粗蛋白质为16.0%，消化能为14.21 MJ/kg。70～100 kg育肥猪DLys最佳需要量为0.61%，相应的粗蛋白质为15.1%，消化能为13.60 MJ/kg。

5.2.3 繁殖母猪必需氨基酸需要量

氨基酸不仅用于体蛋白质合成，满足母体与胎儿发育需要，对乳腺及泌乳性能也具有重要的调节作用。充足的泌乳量可以提高仔猪的哺乳期成活率和断奶重，减少母猪体损失，可以缩短发情间隔、提高发情率，对提高母猪年产断奶仔猪数具有重要意义。各个阶段母猪的生理特点和生产目的不同，氨基酸需要亦有差异。李德发院士在国家生猪产业技术体系工作总结中报道，日粮蛋白质水平为12.95%时，为保证母猪妊娠期增重、背膘厚度变化、初生仔猪窝重达到最佳水平，推荐初产母猪日粮赖氨酸水平为0.74%，经产母猪日粮适宜赖氨酸水平为0.65%，日粮适宜苏氨酸与赖氨酸比为0.749 3。初产母猪妊娠期日粮可消化苏氨酸与赖氨酸比为0.79时，仔猪初生窝重最大；哺乳期日粮可消化苏氨酸与赖氨酸比为0.63时，仔猪平均个体重最高。妊娠期日粮标准回肠可消化色氨酸水平为0.15%、哺乳期日粮标准回肠可消化色氨酸水平为0.25%时，母猪哺乳期体重损失最低。

5.3　功能性氨基酸研究进展

功能性氨基酸是指除了合成蛋白质外还具有其他特殊功能的氨基酸，其不仅对动物的正常生长和维持是必需的，而且对多种生物活性物质的合成也是必需的，具体包括精氨酸、谷氨酰胺、支链氨基酸、色氨酸、甘氨酸和脯氨酸等。在大多数哺乳动物体内，精氨酸、谷氨酰胺、瓜氨酸和脯氨酸之间可通过复杂的器官内代谢作用相互转化，因此又被称为精氨酸家族氨基酸。下面主要从功能性氨基酸与繁殖母猪和新生仔猪生长、免疫功能的关系等方面，阐明其在营养和生理过程中的特殊作用，以期推进功能性氨基酸在养猪生产中的大规模应用。

5.3.1　功能性氨基酸与母猪繁殖性能

妊娠期母猪营养是胎儿存活和发育的最重要影响因素，近年来国内大量的研究资料报道了在妊娠母猪日粮中添加功能性氨基酸，包括精氨酸、鸟氨酸和谷氨酰胺等。

高开国和蒋宗勇(2011)研究显示，在妊娠 22～114 d 的母猪日粮中添加 1% *L*-精氨酸盐酸盐可提高产活仔数，每窝出生重提高了 1.7 kg。杨平等(2011)在妊娠期第 30～91 天给感染蓝耳病的母猪饲喂添加 1%精氨酸或 0.1% *N*-氨甲酰谷氨酸 NCG 的日粮，显著提高其窝产活仔数和窝产活仔重，及母猪血清 IgG、IgM 和 PRRSV 抗体水平，降低血清尿素氮水平。蒋宗勇(2011)长期跟踪研究了精氨酸对母猪繁殖性能的调控作用，在妊娠母猪日粮中添加 1%精氨酸，胎产仔数增加 1.1 头，提高了 11.28%，胎产活仔数增加 1.1 头，提高了 12.64%，且提高了初生窝重和胎盘重。

NCG 作为精氨酸内源合成激活剂，可以激活氨甲酰磷酸合成酶-1(CPS-1)。CPS -1 是肠细胞精氨酸合成中的限速酶。日粮中添加 NCG 能够提高母体血液循环和子宫液中的精氨酸家族的浓度，可改善早期胚胎发育和着床，降低胚胎损失率和胎儿死亡率。研究表明，精氨酸或 NCG 可能通过调节脐静脉和胎盘血管的生成发育和功能，通过母体提供更多的养分给胎儿，保证胎儿的存活、生长和发育，可能涉及提高血管内皮生长因子(VEGF)、胎盘生长因子 1(PLGF1)和内皮型一氧化氮合酶(eNOS)在胎盘表面血管上的基因表达量。刘星达等(2011)报道，在妊娠后期母猪日粮中添加 0.08% NCG 显著提高母猪繁殖性能。

江雪梅(2011)选用 3～4 胎母猪，由配种至分娩全程分别饲喂对照日粮(含 1.7% *L*-丙氨酸)、0.1% NCG 和 1% *L*-精氨酸盐酸盐日粮。结果表明，1% *L*-精氨酸组窝产活仔数比对照组提高了 1.15 头，仔猪初生窝重提高了 1.88 kg，0.1% NCG 组窝产活仔数提高了 0.55 头，仔猪初生窝重提高了 1.39 kg，初生个体重提高了 70 g。妊娠母畜日粮中添加脯氨酸可提高胎盘精氨酸的浓度，而精氨酸可以改善胎盘血流量。

色氨酸能维持哺乳动物体内细胞活化和促进增殖，同时它也是动物体内唯一通过非共价键和血清白蛋白结合的氨基酸，广泛参与蛋白质与核酸的合成。添加色氨酸可提高母猪繁殖能力。王勇(2010)研究表明，日粮中添加适量的缬氨酸能够降低母猪失重、增加仔猪窝增重和断奶窝重。

5.3.2 功能性氨基酸与母猪泌乳性能和后代猪生长发育

近年来，国内学者在精氨酸、谷氨酰胺、缬氨酸等功能性氨基酸调控母猪泌乳性能和后代猪生长性能方面开展了大量研究。

陈代文(2011)研究表明，在泌乳母猪日粮中添加0.82%～1.64%精氨酸显著提高哺乳仔猪肠道完整性、抗氧化能力和生长性能；体外细胞培养试验也表明精氨酸显著促进乳腺上皮细胞增殖。妊娠期和泌乳期在母猪日粮中全程添加1.0%精氨酸显著提高了后代上市肉猪背最长肌面积、肌纤维密度、肌节长度和成肌调节因子(MyoD1)基因的mRNA表达水平，表明在母猪日粮中添加精氨酸可通过母源传递促进后代生长肥育阶段生长，特别是肌肉生长。

秦江帆等(2008)等在乳母猪日粮中添加1%谷氨酰胺，发现其可通过提高母猪泌乳量和乳汁质量，改善仔猪生长性能，提高仔猪小肠形态的完整性、小肠黏膜抗氧化能力及免疫机能。

刘俊峰等(2011)给初产环江香猪母猪日粮添加0.83% *L*-精氨酸，显著提高了胎儿个体重、胎盘重和黄体数量、羊水和尿囊液精氨酸浓度、血浆和尿囊液中NO含量和胎盘中TNOS、iNOS活性。

陈代文(2013)还发现了妊娠后期至泌乳期日粮中添加缬氨酸可提高母猪采食量和乳汁中乳脂、乳蛋白、非脂固形物的含量；显著提高了仔猪出生后第7天、第14天和第21天的体重，且随着缬氨酸水平的升高仔猪断奶重不断增加；泌乳母猪日粮中缬氨酸∶赖氨酸＝1.2∶1时经济效益最佳。蒋宗勇(2011)于产前3 d至断奶前将母猪日粮缬氨酸和赖氨酸比由0.74(对照组)提高至0.87和1.00，发现分别显著提高了试验期母猪日采食量和断奶后7 d的发情率，提高了仔猪哺乳期日增重和成活率。汪以真(2013)报道，与1%缬氨酸添加组相比，泌乳母猪日粮添加1.2%缬氨酸显著降低了母猪体重损失，提高泌乳量和乳汁中乳脂肪、乳蛋白、乳能、总固形物、干物质和非乳汁固体含量，提高哺乳期(28 d)仔猪平均日增重。

陈熠等(2009)报道，在母猪日粮中添加缬氨酸可促进泌乳，改善母猪机体的新陈代谢和免疫机能，提高乳源性生长因子的浓度，从而促进仔猪生长。

5.3.3 功能性氨基酸与仔猪肠道健康

在基础日粮中添加1.0%的谷氨酰胺能提高保育猪的生长性能，特别是在76～93日龄阶段，相比其他组可以极显著增加平均日增重，降低料重比；在基础日粮中添加谷氨酰胺能有效改善并提高杜×长×大保育猪小肠形态学发育程度，维持猪肠道屏障功能及其完整性，且添加1.5%的谷氨酰胺能显著提高十二指肠的绒毛长度及绒毛宽度，降低空肠隐窝深度。

日粮添加谷氨酰胺可缓解仔猪49日龄时小肠乳糖酶活性的降低；可显著增加35日龄和49日龄仔猪十二指肠黏膜和组织中亮氨酰氨基肽酶的活性；35日龄时试验组仔猪空肠亮氨酰氨基肽酶的活性也明显增加。

断奶仔猪日粮添加NCG能促进断奶猪肠道NAGS mRNA和蛋白的表达，激活CPS-I的活性，提高脯氨酸合成酶的活性，从而增加肠道精氨酸和瓜氨酸的合成，改善新生仔猪精氨酸营养供给。日粮中添加NCG后，显著提高断奶仔猪血浆精氨酸浓度和血浆生长激素水平，增加仔猪骨骼肌的蛋白质合成，其空肠绒毛高度也显著增大，增强了肠道对营养物质的消化吸收，从而提高了仔猪的生长性能。

N-乙酰半胱氨酸(NAC)是 *L*-半胱氨酸与还原型谷胱甘肽(GSH)的前体物质，NAC 的生理功能和应用效果在很大程度上与维持细胞内的 GSH 水平有关。日粮中添加 NAC 可以缓解脂多糖应激引起的肠黏膜损伤、乙酸刺激引起的结肠炎及改善小肠吸收功能，这些与 NAC 促进表皮生长因子的生成、抗黏膜细胞凋亡和促进紧密连接蛋白表达有关。

彭健等(2000)在仔猪日粮中加 1%谷氨酰胺或 1%谷氨酸，可防止断奶后 1 周内空肠绒毛萎缩，减少断奶后 2 周内的空肠固有膜内未成熟细胞数，显著改善断奶后 1 周内小肠吸收功能。

5.3.4　功能性氨基酸与免疫功能

5.3.4.1　谷氨酰胺

谷氨酰胺可从多个方面影响免疫功能，第一，谷氨酰胺对 T 细胞丝裂原和蛋白激酶/激活的猪淋巴细胞增殖是必需的。体外培养的巨噬细胞大量表达诱导型 NO 合成酶也需要足够的细胞外谷氨酰胺。在培养液中补充谷氨酰胺可显著阻止淋巴细胞的凋亡、刺激细胞生长、促进抗体产生。第二，谷氨酰胺影响体外培养的淋巴因子激活的 NK 细胞的溶解能力。第三，谷氨酰胺对 NK 细胞的活化是必需的。第四，谷氨酰胺还可调节细胞因子的产生。

动物试验表明，在基础日粮中添加 1.0%的谷氨酰胺可以显著增加仔猪扁桃体指数，提高其他免疫器官指数，提升仔猪的免疫机能。在日粮中添加谷氨酰胺也可改变断奶仔猪肠道中细胞因子基因的表达水平。

5.3.4.2　精氨酸、瓜氨酸和鸟氨酸

精氨酸可促进胰岛素、生长激素、泌乳素和胰岛素样生长因子的分泌。这些激素参与了精氨酸对免疫功能的调节作用。研究表明，日粮中添加 1%精氨酸可显著增加单核细胞数和百分比、淋巴细胞百分比和增殖活性及血清 IgG 和 IL-22 水平，显著降低中性粒细胞数和百分比及血清 TNF-2α 水平；显著增加脾脏 IL-22 和 IFN2-γ 表达水平，降低 TNF2-α 表达水平。结果提示精氨酸可通过调节育肥猪的细胞和体液免疫水平，从而增强机体免疫功能。日粮补充精氨酸能增强妊娠母猪和新生仔猪的免疫状态，从而减少病原感染引起的发病率和死亡率。

5.3.4.3　含硫氨基酸和半胱氨酸

蛋氨酸和半胱氨酸是蛋白质合成需要的 2 种含硫氨基酸，其中半胱氨酸是谷胱甘肽(GSH)和 H_2S 的前体物。GSH 的合成受日粮中含硫氨基酸摄入的影响，所以充足的日粮含硫氨基酸摄入对免疫系统蛋白质合成是很重要的。程传锋等(2012)研究结果表明，0.30%蛋氨酸处理组的脾脏指数显著高于对照组，0.42%和 0.48%蛋氨酸处理组的脾脏指数极显著低于对照组；0.30%蛋氨酸处理组血清中 IL-2 的浓度极显著高于对照组，0.42%和 0.48%蛋氨酸处理组血清中 IL-2 的浓度极显著低于对照组；0.30%蛋氨酸处理组 IL-2 mRNA 的表达量极显著高于对照组。日粮中添加适量半胱氨酸对免疫系统是有益的，但是添加剂量过高对动物的生长和免疫反应是有害的，因为此时高毒性物质如高半胱氨酸和硫酸盐产生过多。半胱氨酸在血液中很容易被氧化成胱氨酸，而高浓度的胱氨酸是有毒的。因此，常通过静脉输注或饮用 NAC 来补充半胱氨酸，以增加细胞中内源 GSH 的合成。张伟等(2011)研究结果表明，日粮中添加 0.05% NAC 能有效缓解 LPS 刺激对仔猪肠黏膜抗氧化能力的负影响。

5.3.4.4 色氨酸

色氨酸通过四氢生物蝶呤依赖的色氨酸羟化酶途径分解产生5-羟色胺、N-乙酰血清素、褪黑素和维生素L。5-羟色胺、褪黑素和N-乙酰血清素可通过抑制超氧化物和肿瘤坏死因子α(TNF-α)产生及清除自由基而增强机体免疫功能。邱时秀(2009)研究发现,日粮添加色氨酸(0.20%、0.35%、0.50%和0.55%)可降低感染伪狂犬病毒孕鼠的死亡率和流产率,提高胚胎存活率和活产仔数。

5.3.4.5 脯氨酸

在新生哺乳动物体内,脯氨酸是合成精氨酸的重要底物。所以,在日粮中就必须提供足够的脯氨酸以满足其代谢需要,在猪的小肠中脯氨酸氧化酶活性较高。吡咯啉-5-羧酸(P5C)可在P5C还原酶催化下被还原成脯氨酸。脯氨酸-P5C循环功能可调节细胞的氧化还原状态和淋巴细胞增殖活性,这可为脯氨酸阻止淋巴细胞凋亡,刺激细胞生长,促进抗体产生等作用提供一种细胞学机制。脯氨酸占胶原蛋白中氨基酸的1/3,所以对免疫细胞参与的创伤愈合和外伤愈合具有关键作用。另外,脯氨酸氧化酶对免疫功能具有重要作用。肠道脯氨酸氧化酶不足引起的脯氨酸分解代谢缺乏可降低肠道免疫功能。可以推测,在胎猪和新生猪发育的关键时期,猪胎盘和仔猪肠道中高活性的脯氨酸氧化酶对保护这些器官免受感染起着关键作用(张丽丽,2010)。

5.3.4.6 天冬氨酸和谷氨酸

天冬氨酸和谷氨酸在粒细胞和巨噬细胞中起着多种作用。作为合成嘌呤和嘧啶核苷酸的底物,天冬氨酸对免疫细胞增殖很重要。而且,天冬氨酸还参与巨噬细胞中精氨酸-NO循环。这有助于维持适当的细胞内精氨酸浓度,以利于免疫应激条件下大量生成NO。天冬氨酸还可通过合成天冬酰胺调节免疫功能。另外,谷氨酸可调节iNOS在大脑等组织中的表达,从而间接调节动物的免疫活性。谷氨酸是合成γ-氨基丁酸(GABA)的底物,GABA存在于淋巴细胞和巨噬细胞中,免疫细胞可表达GABA受体,GABA受体可介导GABA对细胞周期进展和T细胞增殖的抑制效应。最近的研究结果表明,日粮中添加Glu有效缓解了LPS对仔猪肠道免疫屏障功能的损伤(任效瑞等,2014)。天冬氨酸缓解了LPS对肠黏膜免疫屏障的损伤,其机制可能与其通过抑制肠道应激信号通路的激活密切相关(刘称,2014)。

5.3.4.7 支链氨基酸

亮氨酸是mTOR信号通路的激活剂,而mTOR信号通路可调节细胞中蛋白质的合成和降解,支链氨基酸摄入不足可导致免疫抑制。黄强等(2017)报道,日粮添加0.35% *L*-亮氨酸后,宫内发育迟缓(IUGR)仔猪血清溶菌酶活力、C3和C4水平显著升高,回肠中GC数量及十二指肠和空肠中IEL数量显著增加,回肠中IL-10含量显著升高,并且IL-2和IL-10 mRNA表达量显著升高,说明*L*-亮氨酸可以有效缓解IUGR引起的肠道黏膜损伤,改善仔猪肠道的免疫功能。王勇(2010)报道,日粮中添加适量缬氨酸提高了母猪在哺乳第14天和第21天血液中淋巴细胞和白细胞个数以及第7天血液中淋巴细胞个数($P<0.05$),同时也提高了哺乳第14天血清中IgG和C3水平($P<0.05$)以及第21天母猪血清中C3和C4含量。

5.3.4.8 苏氨酸

苏氨酸是肠道黏蛋白和血浆γ球蛋白的一种主要成分。在培养液中补充苏氨酸,可通过蛋白质合成和细胞信号机制阻止淋巴细胞的细胞凋亡、刺激细胞生长和促进抗体产生。日粮补充苏氨酸可增加猪血清中IgG的水平,增加大肠杆菌攻毒的新生仔猪抗体产生、血清中IgG

的水平、空肠黏膜中 IgG 和 IgA 的浓度，而降低空肠黏膜中 IL-6 的浓度，说明日粮苏氨酸对猪免疫功能具有调节作用。

日粮中添加苏氨酸和色氨酸可上调 TLR3、TLR7、TLR8 mRNA 相对表达量，激活 TLR3、TLR7、TLR8 信号通路，进而提高血清免疫球蛋白含量，促进炎症细胞因子产生，最终强化 PRRS 弱毒苗获得性免疫(王军等，2013)。

5.4　低蛋白质平衡氨基酸日粮应用进展

5.4.1　低蛋白质日粮概念及理论基础

5.4.1.1　低蛋白质日粮概念

据国家饲料工程技术研究中心资料描述，低蛋白质日粮是指将日粮蛋白质水平按 NRC 推荐标准降低 2%～4%，通过添加工业合成氨基酸，降低蛋白质原料用量来满足动物对氨基酸需求(即保持氨基酸的平衡)的日粮。

低蛋白质日粮与传统日粮的配方设计主要区别为：传统日粮以粗蛋白质为基础，除赖氨酸外，很少使用其他晶体氨基酸。而低蛋白质日粮以可消化氨基酸为基础，大量使用赖氨酸、蛋氨酸、苏氨酸、色氨酸等晶体氨基酸，遵循“理想氨基酸平衡”概念。其实质内容是当日粮中各种必需氨基酸的含量和比例与动物必需氨基酸相吻合时，氨基酸才能被动物机体有效地利用，任何一种氨基酸缺乏或过剩都会降低日粮中其他氨基酸的利用率和能量转换率。因此，氨基酸平衡则是其核心理论基础。

过去，由于工业生产的氨基酸品种有限，人们只能通过蛋白质保障氨基酸的需求，导致传统日粮中多种氨基酸过量、饲料粗蛋白质水平偏高，造成资源的浪费和环境的严重污染。随着越来越多的工业氨基酸的商品化和价格的逐渐降低，通过使用工业氨基酸、降低蛋白质原料的用量来满足动物的氨基酸需求、减少饲料中的粗蛋白质含量成为一种可能。目前，低蛋白质日粮研究的成果及影响已经超越了最初拟定的目标。这些研究推动人们更深刻地从理论上认识动物的代谢需求，在动物营养科学的发展历程上留下了划时代的印迹(伍树松和杨强，2009)。

5.4.1.2　低蛋白质氨基酸平衡日粮理论基础研究

中国工程院院士、中国科学院亚热带农业生态研究所研究员印遇龙带领的科研团队，以完善低蛋白质氨基酸平衡日粮理论为出发点，深入探究肌肉组织中含氮物的周转与利用机制及其伴随的能量代谢规律，为在养猪业中科学地推广应用低蛋白质日粮精准饲养技术提供理论依据。研究发现，猪在不同生长阶段饲喂低蛋白质日粮(比 NRC 推荐标准降低 3%)并补充赖氨酸、蛋氨酸、苏氨酸和色氨酸 4 种限制性氨基酸，其生产性能不受影响，而当蛋白质水平降低 6%时，低蛋白质日粮则通过调节肌肉组织游离氨基酸库，下调 mTORC1 蛋白质合成通路并上调 UPS 蛋白质降解通路，显著抑制猪的生产性能以及肌肉生长。随后的研究中，该团队进一步考察低蛋白质氨基酸平衡日粮对不同阶段猪的能量分配和脂质代谢的调节，结果发现伴随着肌肉组织蛋白质代谢的变化，肌细胞能量状态也随之改变，并且通过调控机体 AMPKα/SIRT1/PGC-1α 信号通路，影响线粒体生物合成的功能(图 5-1)。因此，在 NRC 标准推荐值的基础上,降低3%的低蛋白质日粮可提高育肥猪的肌内脂肪含量,有利于猪肉品质的改善(Yao等,2008)。

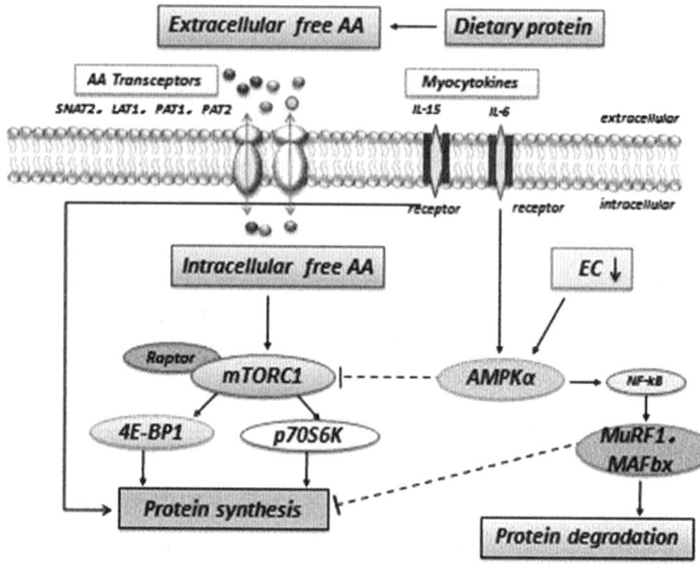

图 5-1 低蛋白质日粮调节肌肉组织蛋白质代谢的潜在信号通路图

来源:http://www.cas.cn/syky/201703/t20170323_4594472.shtml

5.4.2 低蛋白质氨基酸平衡日粮的应用效果

5.4.2.1 维持猪生产性能

以理想蛋白质氨基酸模式为标准衡量实际中使用的日粮发现,如果玉米-豆粕为基础配制日粮以满足NRC(1998)猪对营养的需要量,则日粮中各必需氨基酸存在不同程度的过量。实践中,猪日粮的主要限制性氨基酸一般是固定的,即赖氨酸、胱氨酸+蛋氨酸、苏氨酸和色氨酸。在饲料中添加合成氨基酸降低蛋白质水平,可以提高蛋白质及其他养分的利用率,降低饲料成本,减少氮过量排泄对环境的影响,同时能缓解仔猪的断奶应激。

研究发现,添加合成氨基酸,日粮蛋白质水平降低2%~3%,不影响猪的生产性能;但仅补充赖氨酸,日粮蛋白质水平降低2.5%,会影响猪的生长;当日粮蛋白质水平降低3%或以上时,对猪生产性能的影响则报道不一。

董国忠等(1995)研究表明,将28日龄断奶仔猪(平均体重为5.5 kg)日粮的粗蛋白质由20%降低到18%并添加氨基酸后,显著提高了仔猪的平均日增重和平均日采食量。

乔建国(2004)对60 kg左右的育肥猪使用粗蛋白质含量为14%和12%的日粮,低蛋白质日粮中补加赖氨酸,亦得出低蛋白质日粮对猪的日增重、日采食量、饲料转化率没有产生不利影响。

周厚富(2004)与李吕木和季学枫(1998)研究表明,氨基酸平衡日粮蛋白质含量降低1%~2%对瘦肉型猪的生长速度、饲料转化率、瘦肉率和肉品质无不良影响,而且能获得显著的经济效益。

詹凯等(2002)报道日粮蛋白质降低 2%～4%对猪的生长速度无影响，而且还有提高饲料转化率的趋势。伍树松等(2009)报道日粮蛋白质降低 4%对生长猪和育肥猪生长性能的影响，结果表明，生长猪试验组日增重比对照组增加了 46 g，提高幅度为 6.82%；料肉比比对照组低 10.96%；增重成本节约 0.89 元/kg 体重。育肥猪试验 1 组日增重较高，比对照组增加 23 g，提高幅度为 3.09%。试验组瘦肉率与对照组相比没有显著差异。

鲁宁等(2011)指出，日粮粗蛋白质水平降低 4%后，生长猪的氮排放量显著降低，氮沉积率和生物学价值随着日粮赖氨酸水平的升高呈线性上升；日粮粗蛋白质和赖氨酸水平对生长猪的生长性能并无显著影响。综合考虑日粮标准可消化赖氨酸水平对生长猪氮平衡和生长性能这两方面的影响。当日粮粗蛋白质水平较《猪饲养标准》(2004)的推荐标准降低 4%时，15～40 kg 生长猪最适日粮标准回肠可消化赖氨酸水平为 0.93%～1.03%。

杨强等(2008)研究了日粮粗蛋白质水平降低 4%后，不同能量水平对育肥猪生长性能和胴体性状的影响，结果显示，随着能量水平的降低，日增重显著上升，肉料比表现出上升的趋势，采食量没有受到能量水平降低的影响，无脂瘦肉率显著提高，而脂肪率显著下降。综合考虑能量水平对育肥猪生长性能和胴体性状两方面的影响，日粮蛋白质水平较 NRC(1998)推荐的标准降低 4%，消化能水平降低到 13.26 MJ/kg 较为合适。而有报道指出，补充合成氨基酸的低蛋白质日粮对猪生长性能和胴体脂肪含量表现出负面影响，使胴体脂肪增加而影响胴体品质。Noblet 等(1987)研究低蛋白质(从 17.8%降为 15.3%)日粮对猪的生长和能量沉积的影响时发现，摄食低蛋白质日粮组的猪能量沉积多 5.1%～11.2%。Bellego 等(2001)也做了类似研究，试验结果显示，降低 1%的粗蛋白质水平，采食量为 1 kg/d 的猪每天可多摄入 105 kJ 的净能用于生长，这相当于变相提高了日粮的能量水平。这就涉及低蛋白质饲粮中的能量问题，是否应该在降低饲粮蛋白质水平的同时降低能量水平，还有所争论，这也是低蛋白质日粮遇到并亟待解决的问题。

5.4.2.2　促进仔猪肠道健康

断奶仔猪由于消化与免疫系统尚未发育完全，日粮形态由母乳到固体饲料的转变将会影响其对营养物质的消化吸收。未消化吸收的营养物质在肠道内作为细菌的发酵底物而引起病原菌增殖，产生大量的毒性物质，从而导致腹泻，损害肠道健康。此外，豆粕是断奶仔猪日粮中常用的蛋白质原料，其所含的大豆球蛋白(glycinin)和 β-伴大豆球蛋白(β-conglycinin)是引起超敏反应的主要抗原。仔猪断奶前后饲喂含大豆蛋白的日粮会激发特异的暂时性小肠过敏反应，造成仔猪小肠绒毛受损，进而导致消化吸收障碍、生长受阻和腹泻的发生。因此，仔猪断奶后饲喂高蛋白质日粮易引起肠道功能紊乱，进而导致腹泻。减少有害微生物发酵与抗原蛋白对肠道的损伤是提高机体免疫力、促进肠道健康的重要手段。降低豆粕用量能够直接减少日粮中大豆抗原蛋白的含量，在理论上有利于断奶仔猪肠道的健康和生长性能的发挥。

已有研究表明饲喂低蛋白质日粮有利于降低仔猪腹泻。仔猪饲喂低蛋白质日粮可减少对豆粕的摄入，减轻大豆抗原蛋白对肠道的免疫损伤，同时减少胃肠道内用于细菌增殖的底物数量，有利于减轻仔猪腹泻。但也有学者发现高蛋白质与低蛋白质日粮组的仔猪腹泻情况没有显著差异。产生不同结果的可能原因是试验所处的饲养环境不同，试验所处的环境清洁可能有利于肠道健康，使腹泻率降低。此外，降低日粮蛋白质水平会导致氨基酸供给不平衡，影响生长性能。然而，当日粮蛋白质水平降低程度在一定范围内且同时满足仔猪氨基酸需要时对仔猪生长性能没有显著影响。因此，降低日粮蛋白质水平的同时满足氨基酸需要是减少断奶仔猪腹泻并维护其生长性能与肠道健康的一种重要途径。

日粮组成影响仔猪消化酶的分泌，郝瑞荣和高俊杰(2008)发现日粮蛋白质水平从24%降至20%时对仔猪胃、十二指肠和空肠内容物酶的活性无显著影响，而当降至18%时仔猪胃蛋白酶、十二指肠胰蛋白酶及空肠糜蛋白酶的活性显著下降。邓敦(2007)对生长猪的研究也发现，日粮蛋白质水平降低4.6%(由18.2%降至13.6%)显著降低胰蛋白酶与十二指肠蛋白酶活性。其可能的原因是日粮蛋白质水平降低幅度太大，氨基酸供给不足，已不能满足动物的营养需要，从而影响消化酶活性。然而，Yue等(2008)研究发现当平衡满足所有必需氨基酸的日粮蛋白质水平从23.1%降至18.9%时对仔猪空肠乳糖酶、蔗糖酶和麦芽糖酶活性没有显著影响，而进一步降至17.2%时，乳糖酶、蔗糖酶和麦芽糖酶活性显著下降。

5.4.2.3 减少蛋白质资源依赖性

在中国，猪配合饲料以玉米、豆粕型日粮为主，饲料中提供蛋白质的原料以豆粕为首要，而其他杂粕和蛋白质原料使用量相对较少。豆粕的来源是大豆压榨油后的副产物，中国70%～80%的大豆来自北美和南美，价格常常不受自己控制。鱼粉价格的高低主要受养殖业，特别是水产养殖业的发展程度、国际市场鱼粉产量及价格和鱼粉进口数量的影响。随着国内水产养殖业的迅猛发展，鱼粉资源供不应求的矛盾更加突出，价格也将受影响。如果利用低蛋白质日粮，饲料中豆粕和鱼粉的用量可大幅降低，缓解豆粕、鱼粉原料供货紧张的不利影响，从而能够真正降低饲料成本。

5.4.2.4 从源头降低氮排放

从生态效益考虑，补充合成氨基酸，可降低猪日粮蛋白质水平，提高猪的生产性能，改善饲料转化率，减少营养物质特别是氮的排出，缓解养猪业排污对环境的压力。蛋白质每降低1%，总氮(粪氮和尿氮)排出量降低约8%，排尿量减少11%，同时还可降低粪尿中氮含量，减少猪舍中氨气浓度及释放速度；Kay和Lee(1997)的研究表明，补充合成氨基酸的低蛋白质日粮可使尿中氮的浓度降低17%，排尿量降低28%，两项总计可降低尿中总氮41%；此外还可降低猪舍中氨的浓度及释放速度。黄健和邓红(2017)指出低蛋白质氨基酸平衡日粮的减排作用主要是通过氮摄取和排出减少，而且主要是通过减少尿量和尿氮的方式实现的。随着中国对环境污染与保护越来越重视，各地政府加强对猪场的污染管理也是前所未有，并且这种趋势不会放松反而会越来越严格。对于想长远发展的养殖场来说，排污量的减少和处理都是必须要考虑并采取措施的。低蛋白质日粮可以明显降低猪的粪便量和氮的排放量，减轻环保压力。

5.4.3 现阶段影响低蛋白质氨基酸平衡日粮应用的因素

有学者指出，以添加合成氨基酸形式降低饲粮蛋白质水平是有一定限度的，日粮完整蛋白质的某些特殊生理作用是合成氨基酸无法替代的。蛋白质的营养作用并非仅仅提供氨基酸，动物需要一定量的完整蛋白质才能达到最佳的生长效率。尹慧红(2008)指出，低蛋白质日粮的小肽水平比传统高蛋白质日粮低，限制了机体蛋白质的沉积速度。另外，低蛋白质日粮下氨基酸平衡模型有待优化，正常日粮蛋白质的氨基酸模型不能简单应用到低蛋白质日粮中。张桂杰等(2015)和谢春元等(2012)分别在生长猪与育肥猪上研究了低蛋白质日粮下标准回肠可消化含硫氨基酸、苏氨酸、色氨酸与赖氨酸的适宜比例，得出的结果均高于NRC(2012)的推荐水平。除此之外，有学者认为在低蛋白质日粮中还可能存在电解质的不平衡。然而，目前对这些假设或可能影响因素的研究鲜有报道,因此低蛋白质日粮在仔猪上应用与推广前还需要做进一步的研究。

低蛋白质日粮在中国早已不是一个新鲜名词,但受到各个方面因素的阻碍,低蛋白质日粮在商业饲料企业和养殖场并未得到真正的广泛应用。国内很多猪场养殖环境条件比较有挑战性,管理水平有待提高。圈舍环境不稳定,如昼夜温差大、温度湿度过高过低、空气质量差等,再加上动物健康程度差,导致动物不能充分采食、消化和吸收营养物质,低蛋白质日粮会出现影响动物生长的情况,这也是在中国推行低蛋白质日粮所遇到的最大问题。养殖者普遍简单认为高蛋白质产品就是对动物有利、高蛋白质是就是好产品,这种观念影响着低蛋白质日粮在中国的接受和应用。但是由于低蛋白质日粮有它独特的优势和前景,加上中国政府越来越重视环境保护,低蛋白质日粮的广泛应用必然是大势所趋。

参考文献

[1] 柏美娟，孔祥峰，印遇龙，等. 日粮添加精氨酸对育肥猪免疫功能的调节作用[J]. 扬州大学学报(农业与生命科学版)，2009，30(3):45-49.

[2] 陈代文. 国家生猪产业技术体系 2011 年工作总结报告[R]//杭州:国家生猪产业技术研发中心,2011.

[3] 陈代文. 国家生猪产业技术体系 2013 年工作总结报告[R]//长沙:国家生猪产业技术研发中心,2013.

[4] 陈芳，黄爱民，龚永锋. 低蛋白日粮对仔猪生长性能和腹泻频率的影响[J]. 江西畜牧兽医杂志，2014(1):23-25.

[5] 陈熠，彭艺，贺建华，等. 添加缬氨酸对泌乳母猪血清和乳中生化免疫指标及激素水平的影响[J]. 中国饲料，2009(17):15-20.

[6] 程传锋，孙会，秦贵信，等. 蛋氨酸对仔猪脾脏指数及脾脏 IL-2 mRNA 表达量的影响[J]. 饲料工业，2012，33(21):26-29.

[7] 邓敦. 低蛋白日粮补充必需氨基酸对猪营养生理效应的研究[D]. 长沙:中国科学院亚热带农业生态研究所，2007.

[8] 董国忠，周安国，杨凤，等. 低蛋白质氨基酸平衡饲粮对早期断奶仔猪腹泻和生产性能的影响[J]. 中国畜牧杂志，1995，31(4)：11-13.

[9] 冯定远，刘玉兰，张守全. 杜大长生长育肥猪赖氨酸需要量的研究[J]. 养猪大视野，2005(3):43-44.

[10] 高开国，蒋宗勇. 母猪妊娠期日粮中添加精氨酸对其繁殖性能的影响[C]//第六次全国饲料营养学术研讨会论文集,2010.

[11] 郝瑞荣，高俊杰. 饲粮蛋白质水平对断奶仔猪消化酶活性的影响[J]. 养猪，2008(6):5-7.

[12] 侯永清，王蕾，易丹. N-乙酰半胱氨酸对猪肠道功能的保护作用[J]. 动物营养学报，2014，26(10):3064-3070.

[13] 黄健，邓红. 低蛋白日粮对生长猪养分消化和氮排放的影响[J]. 畜禽业，2017，28

(10):15-16.

[14] 黄坤，蒋宗勇，林映才，等. 新生仔猪赖氨酸的需要量研究[J]. 动物营养学报，2010，22(2):272-277.

[15] 黄强，徐稳，何进田，等. 日粮补充 *L*-亮氨酸对超早期断奶宫内发育迟缓仔猪肠道免疫功能的影响[J]. 食品科学，2017，38(17):184-189.

[16] 江雪梅. 饲粮添加 *L*-精氨酸或 N-氨甲酰谷氨酸对母猪繁殖性能及血液参数的影响[D]. 雅安:四川农业大学，2011.

[17] 蒋宗勇. 国家生猪产业技术体系 2011 年工作总结报告[R]//杭州:国家生猪产业技术研发中心，2011.

[18] 孔祥峰，印遇龙，伍国耀. 猪功能性氨基酸营养研究进展[J]. 动物营养学报，2009，21(1):1-7.

[19] 李吕木，季学枫. 低蛋白日粮对断奶仔猪和生长猪生长性能的影响[J]. 饲料研究，1998(9):12-14.

[20] 李德发. 国家生猪产业技术体系 2011 年工作总结报告[R] // 杭州:国家生猪产业技术研发中心，2011.

[21] 李德发. 国家生猪产业技术体系 2013 年工作总结报告[R]//长沙:国家生猪产业技术研发中心，2013.

[22] 李德发. 国家生猪产业技术体系 2012 年工作总结报告[R]//重庆:国家生猪产业技术研发中心，2012.

[23] 刘称. 天冬氨酸/天冬酰胺对脂多糖刺激仔猪肠黏膜免疫屏障损伤的调控作用[D]. 武汉:武汉轻工大学，2014.

[24] 刘俊锋，吴琛，孔祥峰，等. 精氨酸对妊娠环江香猪胎儿生长发育的影响[J]. 中国农业科学，2011，44(5):1040-1045.

[25] 刘巧婷，何若钢，刘谨，等. 谷氨酰胺对保育猪生长性能、免疫器官及其小肠形态学发育程度影响的研究[J]. 饲料工业，2014，35(15):35-40.

[26] 刘星达，吴信，印遇龙，等. 母猪日粮中添加 *L*-Arg 或 NCG 对胎儿脐静脉 miRNAs、VEGF 和 eNOS 表达的影响[C]// 中国畜牧兽医学会 2011 学术年会，2011.

[27] 刘星达，吴信，印遇龙，等. 妊娠后期日粮中添加不同水平 N-氨甲酰谷氨酸对母猪繁殖性能的影响[J]. 畜牧兽医学报，2011，42(11):1550-1555.

[28] 林映才，蒋宗勇，肖静英，等. 3.8～8 kg 断奶仔猪可消化赖氨酸需要量的研究[J]. 动物营养学报，2001，13(1):14-18.

[29] 林映才，蒋宗勇，余德谦，等. 超早期断奶仔猪可消化蛋氨酸、苏氨酸、色氨酸需求参数研究[J]. 动物营养学报，2001，13(3):30-39.

[30] 林映才，蒋宗勇. 断奶仔猪赖氨酸需求参数的研究[J]. 养猪，1995(4):2-4.

[31] 林映才，蒋宗勇. 生长-育肥猪可消化赖氨酸需要量的研究[J]. 中国饲料，1996(6):19-21.

[32] 鲁宁，易学武，谯仕彦. 低蛋白日粮下赖氨酸水平对生长猪氮平衡和生长性能的影响[J]. 中国畜牧杂志，2011，47(5):34-38.

[33] 彭健，刘涛，程学慧，等. 谷氨酰胺和谷氨酸对断奶仔猪肠黏膜形态、结构和吸收功

能影响的研究[C]//中国畜牧兽医学会动物营养学分会学术研讨会,2000.

[34] 乔建国. 使用赖氨酸强化低蛋白日粮对育肥猪生产性能和胴体组成的影响[J]. 福建畜牧兽医，2004，26(3):20-21.

[35] 邱时秀. 日粮色氨酸水平对感染伪狂犬病毒妊娠雌鼠繁殖性能和免疫功能的影响[D]. 雅安:四川农业大学，2009.

[36] 秦江帆，蒋宗勇，林映才，等. 泌乳母猪日粮添加谷氨酰胺对哺乳仔猪血液生化指标和小肠形态的影响[C]//中国畜牧兽医学会动物营养学分会第十次学术研讨会论文集,2008.

[37] 饶静静，方荣祥. 低蛋白日粮对仔猪生长性能和防治仔猪腹泻的效果试验[J]. 福建畜牧兽医，2011，33(2):20-21.

[38] 任效瑞，朱惠玲，刘玉兰，等. 谷氨酸对脂多糖刺激仔猪肠道免疫屏障损伤的调控作用[C]//中国饲料营养学术研讨会，2014.

[39] 阮征，印遇龙，伍国耀. 色氨酸对哺乳动物母-胎界面的免疫调节作用及其机制[J]. 动物营养学报，2014，26(10):2986-2991.

[40] 王军，赵迎飞，方正锋，等. 饲粮中添加苏氨酸和色氨酸对接种猪繁殖与呼吸综合征弱毒苗生长猪免疫反应的影响[J]. 动物营养学报，2013，5(6):1189-1198.

[41] 谭新，蒋小丰，方热军，等. 不同粗蛋白和粗纤维水平对育肥猪生产性能及氮排泄的影响[J]. 饲料工业，2008，29(17):30-34.

[42] 王勇. 缬氨酸对高产哺乳母猪生产性能、免疫机能及氮利用率的影响研究[D]. 杭州:浙江大学，2010.

[43] 汪以真. 国家生猪产业技术体系 2013 年工作总结报告[R]//长沙:国家生猪产业技术研发中心,2013.

[44] 伍树松，杨强. 近期猪低蛋白日粮研究进展[J]. 饲料工业，2009，30(17):11-12.

[45] 伍树松，易学武，杨强，等. 低蛋白日粮对生长猪及育肥猪的影响[J]. 饲料广角，2009(8):17-20.

[46] 谢春元，张世海，谯仕彦. 低蛋白日粮饲喂条件下育肥猪标准回肠可消化苏氨酸与赖氨酸最佳比值的测定[C]//中国畜牧兽医学会动物营养学分会第十一次全国动物营养学术研讨会论文集，2012.

[47] 杨峰，燕富永，张宇喆，等. 可消化赖氨酸水平对生长育肥猪生长性能和血清生化指标的影响[J]. 华中农业大学学报，2008，27(2):258-262.

[48] 杨平，吴德，车炼强，等. 饲粮添加 *L*-精氨酸或 N-氨甲酰谷氨酸对感染 PRRSV 妊娠母猪繁殖性能及免疫功能的影响[J]. 动物营养学报，2011，23(8):68-68.

[49] 杨强，张石蕊，贺喜，等. 低蛋白质日粮不同能量水平对育肥猪生长性能和胴体性状的影响[J]. 动物营养学报，2008，20(4):371-376.

[50] 尹慧红. 低蛋白日粮不同净能水平及色氨酸水平对猪生长影响的研究[D]. 长沙:湖南农业大学，2008.

[51] 岳隆耀，王春平，谯仕彦. 日粮中添加 N-氨甲酰谷氨酸(NCG)对断奶仔猪生长的影响[J]. 饲料与畜牧，2010(1):15-17.

[52] 张桂杰，曾祥芳，谯仕彦. 低氮排放日粮下标准回肠可消化色氨酸、苏氨酸及含硫

氨基酸与赖氨酸适宜比例对生长猪生长性能、氮平衡和肠道健康的影响[C]//中国畜牧兽医学会动物营养分会中国猪营养学术研讨会,2015.

[53] 张克英,陈代文,王建明. 不同基因型生长育肥猪可消化赖、蛋+胱、苏、色氨酸平衡模式研究[J]. 动物营养学报,2001,13(1):31-35.

[54] 张军民,高振川. 日粮添加谷氨酰胺对早期断奶仔猪小肠酶的影响[J]. 动物营养学报,2001,13(4):18-23.

[55] 张丽丽. 脯氨酸在猪研究方面的回顾与展望[J]. 饲料广角,2010(7):34-35.

[56] 张伟,杨震国,侯永清,等. N-乙酰半胱氨酸对脂多糖刺激仔猪空肠黏膜抗氧化能力的影响[J]. 动物营养学报,2011,23(5):842-847.

[57] 詹凯,程广龙,胡达林,等. 低蛋白日粮对生长猪舍 NH_3 和 H_2S 质量浓度及猪生产性能的影响[J]. 安徽农业科学,2002,30(4):475-476.

[58] 周厚富. 不同蛋白水平日粮对瘦肉型猪的饲养效果研究[J]. 安徽农业科学,2004,32(3):537-538.

[59] Grimble R F. The effects of sulfur amino acid intake on immune function in humans. [J]. Journal of Nutrition, 2006, 136(6 Suppl): 1660S-1665S.

[60] Le B L, Van M J, Dubois S, et al. Energy utilization of low-protein diets in growing pigs. [J]. Journal of Animal Science, 2001, 79(5):1259.

[61] Noblet J, Henry Y, Dubois S. Effect of protein and lysine levels in the diet on body gain composition and energy utilization in growing pigs. [J]. Journal of Animal Science, 1987, 65(3):717-726.

[62] Pinchasov Y, Mendonca C X, Jensen L S. Broiler chick response to low protein diets supplemented with synthetic amino acids[J]. Poultry Science, 1990, 69(11):1950.

[63] Sjensen L. Are peptides needed for optimum animal nutrition? [J]. 1992.

[64] Dröge W, Breitkreutz R Glutathione and immune function[C]. Proceedings of the Nutrition Society, 2000,59(4):595-600.

[65] Wang J J, Chen LX, Li P, et al. Gene expression is altered in piglet small intestine by weaning and dietary glutamine supplementation[J]. The Journal of Nutrition, 2008,138(6):1025-1032.

[66] Yao K, Yin Y L, Chu W, et al. Dietary arginine supplementation increases mTOR signaling activity in skeletal muscle of neonatal pigs [J]. Journal of Nutrition, 2008, 138(5):867-872.

[67] Yue L Y, Qiao S Y. Effects of low-protein diets supplemented with crystalline amino acids performance and intestinal development in piglets over the first 2 weeks after weaning[J]. Livestock Science, 2008, 115(2-3):144-152.

第6章
猪的维生素营养研究进展

本章内容提要

1980—2000年，我国猪饲料中维生素添加剂价格高，添加水平多参考美国NRC标准、猪育种公司、维生素生产商的推荐量。2000年以后，维生素营养研究深入，维生素供应充足价格合理，对猪饲料产品进行细分，满足猪不同生理阶段的营养需要。如对种猪，强调维生素A、维生素E、维生素D_3及生物素的添加，注重繁殖性能的提高。在规模化养殖场，维生素K_3、维生素B_{12}、烟酰胺、生物素用量显著高于一般养殖场，目的是提高猪的抗应激和免疫能力，改善猪肉品质。本章综述各种维生素的特性、功能、稳定性和最新的检测方法，猪不同生理阶段维生素的需要量，维生素在猪抗应激、提高免疫力中的功能和应用，维生素在提高断奶仔猪、保育仔猪、生长育肥猪生长性能中的应用，对种猪繁殖力的影响，对猪肉品质的影响等方面的研究进展。

6.1 猪维生素需要量研究进展

6.1.1 维生素的分类与特性

根据维生素的溶解性质分为脂溶性维生素和水溶性维生素两大类。脂溶性维生素有维生素A、维生素D、维生素E、维生素K等，水溶性维生素有维生素B族和维生素C等。另外，有一类营养物质有类似于维生素的功能，但是不属于维生素的范畴，称为类维生素。

6.1.1.1 脂溶性维生素

维生素A又名视黄醇，通常以视黄醇酯或视黄醛的形式存在，在动物日粮中作为重要的添加物质。维生素A不直接来自于植物，然而，它的前体物质类胡萝卜素来自植物，可以通过动物肠道内的特定的酶转化为维生素A，维生素A的另一种重要来源是鱼类的肝脏。维生素A是无色、脂溶性、长链、有5个双键的不饱和醇，由交替双键形式的异戊二烯单元组成。因为维生素A有双键，因此有多个同分异构体，有多种生物活性，其中，生物活性最强的是维生素A的顺式结构，这些分子结构可被湿度、温度、光照和催化剂改变，因此，最好的储存环境是干燥、避光。维生素A商品形式：1 g=50万IU，1 mg饲料β-胡萝卜素≈267 IU维生素A。维生素A的稳定性妨碍维生素A的吸收效率。动物产品中的维生素A和类胡萝卜素通过胃蛋白酶和小肠中的蛋白水解酶的作用释放出来(Olson，1991；Jersen等，1999)。在十二指肠中，胆汁将含类胡萝卜素和视黄醇的脂肪分解成更小的脂肪颗粒，以便于胰腺酶、视黄酯水解酶和胆固醇水解酶消化。维生素A和其前体类胡萝卜素主要在空肠前端的黏膜被吸收，其中维生素A在肠道中的吸收率达到80%～90%，然而类胡萝卜素的吸收率只有50%～60%(Olson，1991)。其中，90%的维生素A以低密度脂蛋白的形式通过淋巴系统以淋巴作为载体转运到肝脏，然后储存在肝细胞中。其他的维生素A储存在肾脏、肺脏和血液中。日粮中添加100、12 000 μg/kg的视黄醇，从肠道内转运后的吸收率分别是58%、14%。维生素A的吸收效率随着浓度的升高而降低，日粮中的抗氧化剂(如维生素E)、蛋白质的缺乏也会影响维生素A的吸收。在动物的生长过程中，维生素A不足时可引起黏膜萎缩、变性，导致猪机体内分泌腺萎缩，结构受损，内分泌机能发生紊乱，激素分泌不足，性激素分泌减少或完全停止，对生殖系统上皮的影响最为严重，性周期发生障碍，无节律性，紊乱。产后发情延迟和性欲减退或乏情。当维生素A缺乏时，3β-羟类固醇转化为3-酮类固醇的酶(3β-羟脱氢酶)活性降低，肾上腺、性腺功能减弱，胎盘类固醇合成减少，导致妊娠母猪发生流产、死产，产出弱仔猪或畸形仔猪。公猪表现睾丸缩小，功能退化，精液品质降低，造成繁殖障碍。缺乏维生素A会导致生长停滞甚至死亡。维生素A是构成视觉细胞内感光物质的成分，因此缺乏维生素A会导致夜盲症，另外，维生素A对维持上皮细胞的正常发育也有重要的作用。缺乏维生素A会导致猪的步态不稳、颤抖、痉挛、食欲不振、腹泻等症状，缺乏维生素A导致的视力受损在猪中不是很普遍。种猪缺乏维生素A繁殖性能降低。在骨骼发育和免疫中，维生素A也发挥很重要的作用。过量添加维生素A会影响其他脂溶性维生素的代谢和吸收。在年幼和生长期的动物中维生素A尤其重要，因此，在日粮中添加适当剂量的维生素A有助于动物生产，提高生产效益。

维生素D由于在充足的阳光下可以合成，因此也称为阳光维生素。自然界中，维生素D最主要的2种来源有植物中的维生素D_2(麦角钙化醇)和动物中的维生素D_3(胆钙化醇)。所有的甾醇类物质都有维生素D的活性，只是在第17个碳的侧链不同。纯的维生素D是无色晶体，不溶于水，溶于醇和其他有机试剂，不易溶于植物油。储存在棕色瓶内的玉米油里，可以在长达30个月里依旧保持活性。维生素D的消化吸收过程和其他脂溶性维生素一样，和脂肪一起通过小肠中的胆汁盐来吸收。在血液中，不论是来自日粮或皮肤中合成的维生素D，都通过在肝脏中合成的维生素D结合蛋白转运到肝脏中，主要储存在血液和肝脏中，其他的储存在肺脏、肾脏或其他器官。维生素D主要通过粪便排泄，少量通过尿液排出体外。在动物的生长中，维生素D主要通过提高血浆中钙和磷的水平，促进骨骼的生长，在肠道中通过促进钙和磷的转运,可以提高肾小管中钙的重吸收。缺乏维生素 D 会导致骨骼发育不良、骨质疏松等症状。在猪的生长中,缺乏维生素 D 会导致生长缓慢、行动僵硬。由于猪在舍内饲养,很少见到阳光,因此,可以在日粮中补充一定的钙和磷。维生素 D 的主要生理功能为调节钙、磷的代谢,维生素 D 不足,可使新陈代谢发生障碍,血液和组织内蓄积氧化不完全的中间代谢产物,发生酸中毒。总钙和钙离子及无机磷含量减少,碱性磷酸酶活性增强,骨骼化学组成和物理性质发生改变。血液钙和磷生成障碍,导致母猪繁殖能力降低,卵巢萎缩,子宫发育迟缓,出现无排卵性周期、空怀、受精率下降,即使受精,也出现合子发育早期死亡。怀孕期间维生素 D 不足,可使怀孕期延长。

维生素 E 主要存在植物油中。自然界存在 8 种形式的维生素 E,商品维生素 E 为 α-乙酸生育酚。Jensen 等(1999)发现乙酸盐的维生素 E 比琥珀酸的维生素 E 更好吸收。生育酚有极高的耐热性,但是极易氧化。维生素 E 是一种天然抗氧化剂,可以保护饲料中的其他物质不被氧化。维生素 E 的代谢主要和脂肪的消化有关,吸收的主要部位是小肠的中部,维生素 E 主要以醇类形式被吸收,酯类形式在肠壁被水解,以游离醇的形式进入肠道的乳糜微粒,被淋巴细胞转运参与循环。维生素 E 储存在全身各处,主要储存在脂肪组织、肝脏和肌肉中。维生素 E 在繁殖、肌肉、神经、血液循环和免疫系统中发挥重要的作用,还可以与硒(Se)一起通过谷胱甘肽过氧化物酶发挥抗氧化作用,也可以抵抗血小板的凝集,调节 DNA 的合成等。维生素 E 的缺乏多与硒的缺乏有关,称为维生素 E-硒缺乏症,会导致肌肉坏死、肝损伤、猪突然死亡。在饲料中添加适量的维生素 E 可以有效避免仔猪的突然死亡。维生素 E 的功能主要表现在生物抗氧化、维持生物膜结构完整、增强机体免疫力、调节生物活性物质的合成与代谢、防止和缓解动物应激反应。维生素 E 是影响母猪繁殖性能的主要维生素之一。生产中将维生素 E 称为抗不育维生素、抗应激维生素、抗氧化维生素、免疫增进型维生素、肉质改良型维生素等。

维生素 K 具有促凝血的作用,因此,有凝血维生素之称。维生素 K 可以分为 2 种,维生素 K_1 在绿色植物中和动物肝脏中含量丰富,维生素 K_2 可由肠道内的微生物合成。维生素 K 和脂肪一起,在胆汁的作用下,在消化道内被吸收。维生素 K 在乳糜微粒的作用下,转运到肝脏中,并且储存在肝脏中。维生素 K 主要通过尿液的形式排出体外,部分通过粪便的形式排出。根据不同的维生素添加形式,维生素 K 的吸收效率为 10%～70%。维生素 K 主要的功能是促进血液凝固,作为一种辅酶,激活非活性蛋白前体发挥生物学功能,可以保护胃黏膜的损伤。猪缺乏维生素 K,会导致出血症。

6.1.1.2　水溶性维生素

动物体内不能合成维生素 C,需要通过饲料中补充维生素 C 满足需要。维生素 C 的吸收方式和碳水化合物的吸收方式类似,都在肠道内吸收。Kallner 等(1977)报道,食物中的维生素 C 的可吸收率是有限的,但也可以达到 80%～90%。维生素 C 在一系列的酶的作用下,转化成脱氢维生素 C,转运到血浆中。维生素 C 通过尿液、汗液和粪便排出体外。维生素 C 可以促进胶原蛋白的合成,可以作为抗氧化剂参与免疫防御系统。猪缺乏维生素 C 会导致虚弱、疲惫、呼吸困难、骨骼疼痛、身体多个部位出血。

维生素 B_1,也称为硫胺素,主要以磷酸化(硫胺素焦磷酸)的形式存在,在体内不能大量储存。谷物类饲料中含有丰富的维生素 B_1,但饲料中有维生素 B_1 的拮抗物,所以会导致维生素 B_1 的缺乏。饲料中的维生素 B_1 很容易被吸收,只是硫胺素被吸收的前提是胃中分泌足够多的胃酸。游离的硫胺素极易被肠道吸收，主要是空肠。由肝门静脉通过血浆蛋白载体和硫胺素结合蛋白载体运输硫胺素至肝脏中。在肝脏、肌肉和肾脏中储存。大部分通过尿液和粪便排出体外，少量以汗液的形式排出。硫胺素的生物学功能主要是作为辅酶或者硫胺素焦磷酸，对神经功能、胰岛素的合成也有一定的影响。猪缺乏硫胺素主要表现为食欲不振、体重降低、呕吐、心跳减慢、体温降低和心脏衰竭导致的突然死亡。

维生素 B_2，又名核黄素，在体内以黄素单核苷酸（FMN）和黄素腺嘌呤二核苷酸（FAD）形式存在，作为一些代谢反应酶的辅酶。以 FMN 和 FAD 形式存在的核黄素在胃肠道的上游通过磷酸酶水解成游离形式被吸收。通过白蛋白和球蛋白转运核黄素至血浆中。肝脏是核黄素最主要的储存部位。猪缺乏核黄素会引起厌食、生长缓慢、炎症、白内障、晶状体混浊、繁殖力降低等症状。

烟酸，也称为维生素 B_3，以烟酰胺的形式存在，在自然界中广泛存在。烟酸可以通过色氨酸来合成。烟酸及烟酰胺在药理和生理浓度下，以扩散的形式被吸收。饲料中的烟酸以辅酶的形式存在，在消化过程中被水解，进一步被胃肠道吸收。肝脏中存在大量的烟酰胺。烟酸的主要功能是作为烟酰胺腺嘌呤二核苷酸（NAD）、烟酰胺腺嘌呤二核苷酸磷酸（NADP）的辅酶，包含 NAD 和 NADP 的酶参与糖类、脂类、蛋白质的代谢。由于玉米中含有大量的烟酸，当猪的体重大于 27 kg 时，很少有缺乏烟酸的情况。缺乏烟酸会引起皮肤和器官的代谢失调。

泛酸，又名维生素 B_5，因在生物体内分布广泛而得名，在饲料中以结合或者游离形式存在，主要结合在辅酶 A 和载酰基的蛋白（ACP）中。泛酸必须从结合形式转换成游离形式才能被吸收。在肾脏和肝脏中泛酸含量高，但是在体内不能大量储存。泛酸主要以结合在辅酶 A 和载酰基的蛋白（ACP）中参与三大物质的代谢过程，如参与柠檬酸循环等。Cunha（1977）的研究表明，有的饲料可以满足泛酸需要量，有的饲料达不到需要量。缺乏泛酸导致猪的食欲不振、生长缓慢、饲料转化率低、血性腹泻、皮肤出现皮屑、眼角有褐色分泌物等。

猪饲料中含有丰富的维生素 B_6。维生素 B_6 通过被动运输的方式在空肠和回肠中被吸收。维生素 B_6 被吸收之后，通过转化成磷酸吡哆醛（PLP）的形式出现在肝脏中，储存在全身各个组织。维生素 B_6 和其他几种 B 族维生素类似，都对三大物质的代谢起到重要的作用。猪缺乏维生素 B_6 会导致食欲不振、生长缓慢，影响免疫反应。

生物素，又称维生素 H、维生素 B_7、辅酶 R（coenzyme R）等，广泛存在于饲料中，肠道微生物可以合成，所以在早先被认为在猪饲料中不需要添加生物素。所有器官都含有生物素，肝脏和肾脏中的含量最高。生物素作为碳水化合物、蛋白质和脂肪三大物质代谢过程中的必需辅酶，实现这三种物质之间的互相转化，在维持血糖水平中起着重要的作用，也作为羧基载体。Cunha 等（1946）在给猪饲喂酞磺胺噻唑或生鸡蛋清时发现了生物素缺乏现象。猪缺乏生物素导致生长缓慢、饲料利用率低、毛稀少、皮炎、腿痉挛、蹄的底部和顶部出现横向裂缝等。

叶酸，又名维生素 B_9，因在绿叶中含量十分丰富而得名。饲料中的叶酸被水解后，在肠道中被吸收。肝脏中的叶酸被转化成为 N^5-甲基四氢叶酸和 N^{10}-甲基叶酸，被周围的组织吸收。叶酸在体内以多聚谷氨酸的形式存在。叶酸是一碳基团的供体和受体，通过一碳基团的转移而参与嘌呤、嘧啶、胆碱的合成和某些氨基酸的代谢，而这些物质均是细胞分裂所必需的，因此，在细胞分裂较为活跃的组织中叶酸含量较高。叶酸在 DNA 和 RNA 合成过程中起重要作用，妊娠早期需要更多叶酸以维持胚胎细胞的快速分化。母猪妊娠早期血清中叶酸浓度下降，说明此阶段母猪代谢需要较多的叶酸。叶酸可能通过提高妊娠前 1/3 阶段胚胎成活率而改善母猪的繁殖性能。人类和试验动物妊娠早期叶酸不足，直接通过限制胚胎细胞增殖或通过减少高半胱氨酸转化为蛋氨酸而影响胚胎发育。

维生素 B_{12} 由微生物合成，植物类饲料中未发现维生素 B_{12}。其在肠道内需要结合特定的维生素载体复合物来运输，被肠道吸收后，转运到血液，主要储存在肝脏中。维生素 B_{12} 的作用主要是作为辅酶形式参与代谢，和叶酸、甲硫氨酸等的代谢相关。猪缺乏维生素 B_{12} 导致食欲不良、采食量不稳定、生长速度下、造血机能受阻、皮炎、被毛粗糙、呕吐、腹泻及轻微的贫血等。

6.1.1.3　类维生素

胆碱被认为是机体必需的，也被归为 B 族维生素，在肝脏中合成。在维持和构建细胞结构、肝脏的脂肪代谢、形成乙酰胆碱过程中，胆碱都是必需物质。猪缺乏胆碱，会引起后腿变形、步调不协调、肝脏脂肪浸润、肾小球闭塞等。

肉毒碱虽然不是维生素，但是一部分用来合成赖氨酸的前体物质用于合成肉毒碱。肉毒碱在正常细胞代谢中是很重要的辅助因子。饲料中添加肉毒碱可以提高猪的饲料利用率。

肌醇是一种没有辅酶功能的水溶性生长因子，可以在体内合成或者来自饲料中。肠道通过主动运输吸收游离肌醇。其功能是作为磷脂酰肌醇影响细胞膜的结构和功能，作为花生四烯酸的来源。

泛醌也称为辅酶 Q，是所有真核细胞正常代谢电子传递链中所必需的物质。辅酶 Q 可以作为一种抗氧化剂、调节细胞内 $NAD^+/NADH$ 的平衡、氧化磷酸化解偶联。

硫辛酸在动物细胞的线粒体内合成，作为氧化还原酶的辅酶、细胞内的抗氧化剂。

乳清酸也称为维生素 B_{13}，后来发现其不具有维生素的活性，但也是很重要的代谢物。添加乳清酸，可以促进尿嘧啶的合成，产生一些有益的生物活性物质。

6.1.1.4　维生素的稳定性

维生素不稳定，在研磨、制粒和储存过程中易被破坏。湿度、热、光、氧化物、还原剂和重金属均对维生素的质量有影响。

饲料的脂肪组成、饲料加工、饲料的贮存等都对特定的维生素有影响。

饲料混合机在不断搅拌的过程中，桨叶、机体和饲料以及饲料颗粒之间发生强烈的摩擦，不断冲蚀保护维生素的包被，使维生素晶体周围的保护层破裂，并把它破碎成较小粒度，裸露的晶体和微量元素充分接触，很容易发生氧化还原反应，使维生素失活。膨化制粒过程中的高温、高湿和高压对维生素的破坏很大。

6.1.1.5　维生素的检测方法

维生素的检测方法主要为高效液相色谱法、荧光法和雷氏盐重量法。

维生素 A：GB/T 17817—1999 饲料中维生素 A 的测定　高效液相色谱法。

维生素 D：GB/T 17818—1999 饲料中维生素 D_3 的测定　高效液相色谱法。

维生素 E：GB/T 17812—1999 饲料中维生素 E 的测定　高效液相色谱法。

维生素 K：GB/T 18872—2002 饲料中维生素 K_3 的测定　高效液相色谱法。

维生素 C(抗坏血酸)：GB/T 17816—1999 饲料中总抗坏血酸的测定　邻苯二胺荧光法。

维生素 B_1(硫胺素)：GB/T 14700—2002 饲料中维生素 B_1 的测定。

维生素 B_2(核黄素)：GB/T 14701—2002 饲料中维生素 B_2 的测定。

烟酸(维生素 B_3、PP)、叶酸(维生素 B_9)：GB/T 17813—1999 复合预混料中烟酸、叶酸的

测定　高效液相色谱法。

胆碱(维生素 B_4):雷氏盐重量法、高效液相色谱法。

泛酸(维生素 B_5):高效液相色谱法。

维生素 B_6:GB/T 14702—2002 饲料中维生素 B_6 的测定　高效液相色谱法。

生物素(维生素 B_7、维生素 H):高效液相色谱法。

维生素 B_{12}(钴胺素):GB/T 17819—1999 维生素预混料中维生素 B_{12} 的测定　高效液相色谱法。

6.1.2　维生素的需要量

6.1.2.1　维生素需要量的定义

猪的维生素需要量是动态的,随着猪品种、营养状况、猪舍条件、饲养管理方式等以及消费者需求的变化而不断变化。现代猪种具有很高的生长率和蛋白质沉积率，应用最佳水平的 B 族维生素(即维生素 B_2、维生素 B_6、维生素 B_{12}、烟酸、泛酸和叶酸)能提高猪的生长性能,降低死亡率,改善胴体品质。在实际生产中,有转群、热冷环境、注射疫苗、病菌侵入、饲料中的维生素拮抗物、霉菌毒素等各种应激因素,以及饲料不合理加工和饲料储存过程中对维生素的破坏,维生素需要量的推荐值随着对维生素功能的新认识不断加深而有所不同。

缺乏量或临界摄入量是指饲料维生素添加量低于 NRC 发布的推荐值时的维生素摄入量,使猪极有可能发生临床缺乏症以及因维生素摄入量不足而发生的各种紊乱。猪维生素缺乏有 5 个阶段:①机体内储备量耗竭;②细胞代谢受损,此阶段猪在临床上并没有任何异常状态;③临床缺乏症;④病理组织解剖上出现异常病变;⑤继发其他疾病或引起死亡。

次佳摄入量是指符合或略微超过 NRC 标准需要量。可在良好饲养条件下预防临床缺乏症的发生,如有应激或疾病时可能发生亚临床缺乏症,不足以使猪表现出最佳的健康和生产性能。

最佳摄入量能够补偿危害健康和生产性能的不良因子造成的影响,从而使猪能够表现其生产性能的遗传潜力。临床维生素缺乏症极为少见,这主要是因为猪饲料中都添加了足量的维生素。随着对猪生产性能的要求越来越高,包括提高免疫力、抗应激能力、改善肉品质,为确保猪发挥最佳生产性能,饲料企业大量使用维生素,提高饲料技术含量和使用效率。

维生素推荐量的适用准则:①基于猪饲养标准提供的基础推荐量;②获得最大生产性能或最佳表现时的添加量;③根据维生素的来源和效价,更加经济有效地使用维生素。

美国 NRC、英国 ARC 猪饲料标准,已被很多国家和地区采用和借鉴。我国 1987 年正式颁布第 1 版猪饲养标准《NY/T 65—1987　瘦肉型猪饲养标准》(中华人民共和国农业部,1987),2004 年继续颁布了中华人民共和国农业行业标准《NY/T 65—2004　猪饲养标准》(中华人民共和国农业部,2004)。由于我国动物营养科研工作者的贡献,对主要的营养指标,如能量、粗蛋白质、氨基酸、微量元素等进行了大量试验研究,总结出适宜的推荐值;一些尚未进行试验的营养指标则参考其他国家的标准。

6.1.2.2　中国猪饲养标准变化对比

表 6-1 显示,针对生长育肥猪,2004 年标准比 1987 年标准额外增加了吡哆醇和胆碱的需要量,调低了维生素 K 需要量。

表 6-1　瘦肉型生长育肥猪每千克日粮中养分含量

项目	1987 年					2004 年				
	体重阶段/kg					体重阶段/kg				
	1～5	5～10	10～20	20～60	60～90	3～8	8～20	20～35	35～60	60～90
维生素 A/IU	2 400	2 300	1 700	1 250	1 250	2 200	1 800	1 500	1 400	1 300
维生素 D/IU	240	230	200	190	120	220	200	170	160	150
维生素 E/IU	12	11	11	10	10	16	11	11	11	11
维生素 K/mg	2.20	2.20	2.20	2.00	2.00	0.50	0.50	0.50	0.50	0.50
硫胺素/mg	1.5	1.30	1.10	1.00	1.00	1.50	1.00	1.00	1.00	1.00
核黄素/mg	3.3	3.10	2.90	2.50	2.10	4.00	3.50	2.50	2.00	2.00
烟酸/mg	24	23	18	13	9	20.00	15.00	10.00	8.50	7.50
泛酸/mg	15.00	13.40	10.80	10.00	10.00	12.00	10.00	8.00	7.50	7.00
吡哆醇/mg	—	—	—	—	—	2.00	1.50	1.00	1.00	1.00
生物素/mg	0.15	0.11	0.10	0.09	0.09	0.08	0.05	0.05	0.05	0.05
叶酸/mg	0.65	0.68	0.59	0.57	0.57	0.30	0.30	0.30	0.30	0.30
维生素 B_{12}/μg	24	23	15	10	10	20.00	17.50	11.00	8.00	6.00
胆碱/g	—	—	—	—	—	0.60	0.50	0.35	0.30	0.30

注：引自中华人民共和国农业部(1987,2004)。

表 6-2 显示，针对怀孕母猪，2004 年标准比 1987 年标准额外增加了吡哆醇和胆碱的需要量，维生素 K 需要量调高了 5 倍，生物素和叶酸需要量均调高了 2.4 倍。

表 6-2　瘦肉型妊娠母猪每千克日粮中养分含量

项目	1987 年		2004 年					
	体重阶段/kg		体重阶段/kg					
	90～150	90～150	120～150	150～180	＞180	120～150	150～180	＞180
	妊娠前期	妊娠后期	妊娠前期			妊娠后期		
维生素 A/IU	3 200	3 300	3 620					
维生素 D/IU	160	160	180					
维生素 E/IU	8	8	40					
维生素 K/mg	1.7	1.7	0.5					
维生素 B_1/mg	0.8	0.8	0.9					
维生素 B_2/mg	2.5	2.5	3.4					
烟酸/mg	8	8	9.05					
泛酸/mg	9.7	9.8	11					
吡哆醇/mg	—	—	0.9					
生物素/mg	0.08	0.08	0.19					

续表 6-2

项目	1987 年		2004 年					
	体重阶段/kg		体重阶段/kg					
	90～150	90～150	120～150	150～180	>180	120～150	150～180	>180
	妊娠前期	妊娠后期	妊娠前期			妊娠后期		
叶酸/mg	0.5	0.5	1.2					
维生素 B_{12}/μg	12	13	14.00					
胆碱/g	—	—	1.15					

注:引自中华人民共和国农业部(1987,2004)。

表 6-3 显示,针对哺乳母猪和种公猪,2004 年标准与 1987 年标准相比维生素 A 需要量略调高,额外增加了吡哆醇和胆碱的需要量,调低了维生素 K 需要量,生物素需要量调高了 2.3 倍,叶酸需要量调高了 2.7 倍。种公猪的维生素 B_2 则调高了 3.89 倍。

表 6-3 哺乳母猪、种公猪每千克日粮中养分含量

项目	哺乳母猪		种公猪	
	1987 年	2004 年	1987 年	2004 年
	体重/kg	体重/kg	体重/kg	体重/kg
	120～180	140～180　90～150	90～150	
维生素 A/IU	1 700	2 050	3 500	4 000
维生素 D/IU	180	205	180	220
维生素 E/IU	8	45	9	45
维生素 K/mg	1.7	0.5	1.8	0.5
维生素 B_1/mg	0.9	1	2.6	1
维生素 B_2/mg	2.6	3.85	0.9	3.5
烟酸/mg	9	12	9	12
泛酸/mg	12	10.25	12	10
吡哆醇/mg	0	1	0	1
生物素/mg	0.09	0.21	0.09	0.2
叶酸/mg	0.5	1.35	0.5	1.3
维生素 B_{12}/μg	13	15	13	15
胆碱/g	0	1	0	1.25

注:引自中华人民共和国农业部(1987,2004)。

6.1.2.3 维生素使用量增加的原因

首先,我国养殖规模扩大,饲料工业快速发展,工业化饲料比例提高,原料使用复杂,部分维生素已经不能满足猪的需要。非常规饲料原料的使用,原料的替代和变化也需要调整相应维生素水平,如用小麦替代玉米,则生物素、烟酰胺、维生素 B_1 用量需要调整,尤其是谷物加工副产品(如含油高的 DDGS、全脂米糠)的使用也需要调整维生素的添加量。

其次，随着养殖规模扩大，集约化水平提升，规模化发展迅速，对猪生产性能的要求越来越高，包括提高猪的免疫能力、抗应激能力、改善猪肉品质，从而确保猪发挥最佳生产性能。在这样的要求下，维生素在饲料中的用量逐步提高。规模化饲养比农户散养条件下维生素需要量大，甚至翻倍增长。

再次，随着育种技术的发展，现代母猪成熟体重变大（3 胎后可达 250 kg）、窝产仔数增加（12～14 只/窝）、泌乳量增多，NRC 1998 版哺乳母猪的营养需求是基于 200 kg 体重、窝产仔数 10 头计算，NRC 2012 版是按照 250 kg 体重、窝产仔数 12 头计算，但母猪的繁殖障碍问题增加，对环境也更加敏感，特别是热应激。

最后，大部分维生素在过去 40 年中需要量标准基本没变化，因为维持需要量基本是固定的，肌肉、组织的组成成分也是固定的。然而，特定代谢过程所需的维生素量确实增加，因为在集约化高密度的生产条件下和育种进展带来的高效的饲料转化率的条件下，为实现高生产性能，机体免疫反应强度增加。

为跟上动物遗传育种改进的步伐，维生素添加水平需要提高，应当借鉴相关育种公司及专业的多维预混料企业推荐值（表 6-4）。

表 6-4　不同育种公司对母猪维生素需要的推荐量

维生素种类	NRC 2012	PIC	Topigs	Close 和 Cole
维生素 A/(IU/kg)	2 000	8 000～10 000	10 000～15 000	8 000～10 000
维生素 D/(IU/kg)	800	1 770	1 800～2 000	750～1 200
维生素 E/(IU/kg)	44	66.7	30～40	50～75
维生素 K/(mg/kg)	0.5	4.44	0.5	1～2
维生素 B_1/(mg/kg)	1	2.22	1	1～2
维生素 B_2/(mg/kg)	3.75	10	3.75	3～5
维生素 B_{12}/(mg/kg)	0.015	0.037	0.03	0.02
维生素 B_5/(mg/kg)	12	33	15	12
生物素/(mg/kg)	0.2	0.22	0.15	0.3
叶酸/(mg/kg)	1.3	1.3	3	3

注：引自 NRC(2012)，PIC 和 Toppig 育种公司推荐量。

母猪维生素需要量的变化主要集中在提高 B 族维生素水平，如生物素，目的是改善肢蹄健康和种猪发育。维生素 E、生物素和叶酸，各育种公司的推荐量均超过 NRC 推荐量。由于窝产仔数很高，丹麦母猪在哺乳阶段对维生素 E 有特殊的需要，在饲养丹麦母猪时，哺乳阶段需要强化维生素 E。

育种公司的推荐值与 NRC 2012 版相比部分维生素添加量增加，如维生素 A 增加 4～7 倍，维生素 D 增加 2 倍，维生素 E 增加 1～2 倍，维生素 K 增加 6～9 倍，叶酸增加 2～3 倍。随着猪的基因型、瘦肉组织生长、采食量、繁殖性能以及生产环境（疾病、饲料成分、猪舍建筑）的变化，实际生产中普遍采用高于 NRC 推荐量的添加水平，取得了较好的结果（表 6-5）。为改善断奶仔猪的免疫性疾病，达到较好的效果，B 族维生素实际添加量是 NRC 1998 版的 3～16 倍。NRC(1998)母猪的叶酸推荐量 1.3 mg/kg，为了获得最佳繁殖性能，妊娠早期和其他阶段母猪日粮中分别添加 15 mg/kg 和 10 mg/kg 叶酸。NRC 1998 版猪营养需要中将母猪的维生素 E 需要量增至 44 IU/kg。目前普遍认为 NRC 标准偏低，难以满足实际生产中母猪的维生素需要量。

表 6-5 不同时期、不同商业公司的生长猪(30～70 kg)维生素推荐添加量

维生素	2000 年	2012 年	1987 年	2011 年	2016 年
	巴斯夫	泰高	罗氏	帝斯曼	帝斯曼
维生素 A/IU	10 000	7 500	8 000	7 000	7 000～10 000
维生素 D_3/IU	1 500	3 000	1 000	1 500	1 500～2 000
维生素 E/mg	60	50	20	60	60～100
维生素 K_3/mg	2	2	2	2	2～4
维生素 B_1/mg	2	1	1	2	2～3
维生素 B_2/mg	4	5	3	7	7～10
维生素 B_6/mg	3	4	2	2.5	2.5～4.5
维生素 B_{12}/μg	20	30	20	30	30～50
烟酸/mg	20	20	15	20	20～40
泛酸钙/mg	10	10	8	25	25～45
叶酸/mg	1	5	0.6	1	1～1.5
生物素/μg	100	150	30	150	150～300

资料来源：博亚和讯，帝斯曼公司维生素添加准则 2016 版等。

种公猪缺乏维生素 A，性欲降低，精液质量下降，繁殖性能下降，呼吸道、消化道、生殖道和泌尿道等上皮组织出现角质化。维生素 D 缺乏时，公猪易发生软骨症，NRC 2012 版推荐量为每千克日粮中 200～400 IU(表 6-6)。缺乏胆碱，会影响锰、生物素、维生素 B_2，叶酸、尼克酸的吸收。胆碱可以减少脂肪沉积，提高饲料利用率。缺乏生物素时，皮肤脱毛、干性皲裂、蹄壳裂开、不能爬跨采精、性欲丧失。添加 0.2～0.5 g/t 生物素，15～20 d 后公猪性功能及精液质量有明显的提高。

表 6-6 种公猪配种期日粮和每日维生素(日粮 90%干物质)需要量对比

指标	NRC(2012)		NRC(1998)	
	每千克日粮含量或百分含量/%	需要量	每千克日粮含量或百分含量/%	需要量
维生素 A/IU	4 000	9 500	4 000	8 000
维生素 D_3/IU	200	475	200	400
维生素 E/IU	44	104.5	44	88
维生素 K/mg	0.5	1.19	0.5	1
生物素/mg	0.2	0.48	0.2	0.4
胆碱/g	1.25	2.97	1.25	2.5

续表 6-6

指标	NRC(2012)		NRC(1998)	
	每千克日粮含量或百分含量/%	需要量	每千克日粮含量或百分含量/%	需要量
叶酸/mg	1.3	3.09	1.3	2.6
烟酸/mg	10	23.75	10	20
泛酸/mg	12	28.5	12	24
核黄素/mg	3.75	8.91	3.75	7.5
硫胺素/mg	1	2.38	1	2
维生素 B_6/mg	1	2.38	1	2
维生素 B_{12}/μg	15	35.63	15	30
亚油酸	0.10%	2.38%	0.10%	2 g

注：引自 NRC(1998)，NRC(2012)。

NRC(1998，2012)对生长育肥猪的维生素需要量的变化见表 6-7。

表 6-7　NRC(1998，2012)对生长育肥猪的维生素需要量的变化

指标	NRC(2012)							NRC(1998)					
	体重范围/kg							体重范围/kg					
	5～7	7～11	11～25	25～50	50～75	75～100	100～135	3～5	5～10	10～20	20～50	50～80	80～120
维生素 A/(IU/kg)	2 200	2 200	1 750	1 300	1 300	1 300	1 300	2 200	2 200	1 750	1 300	1 300	1 300
维生素 D/(IU/kg)	220	220	200	150	150	150	150	220	220	200	150	150	150
维生素 E/(IU/kg)	16	16	11	11	11	11	11	16	16	11	11	11	11
维生素 K/(mg/kg)	0.5	0.5	0.5	0.5	0.5	0.5	0.5	0.5	0.5	0.5	0.5	0.5	0.5
生物素/(mg/kg)	0.08	0.05	0.05	0.05	0.05	0.05	0.05	0.08	0.05	0.05	0.05	0.05	0.05
胆碱/(g/kg)	0.6	0.5	0.4	0.3	0.3	0.3	0.3	0.6	0.5	0.4	0.3	0.3	0.3
叶酸/(mg/kg)	0.3	0.3	0.3	0.3	0.3	0.3	0.3	0.3	0.3	0.3	0.3	0.3	0.3
烟酸/(mg/kg)	30	30	30	30	30	30	30	20	15	12.5	10	7	7
泛酸/(mg/kg)	12	10	9	8	7	7	7	12	10	9	8	7	7
核黄素/(mg/kg)	4	3.5	3	2.5	2	2	2	4	3.5	3	2.5	2	2
硫胺素/(mg/kg)	1.5	1	1	1	1	1	1	1.5	1	1	1	1	1
维生素 B_6/(mg/kg)	7	7	3	1	1	1	1	2	1.5	1.5	1	1	1
维生素 B_{12}/(μg/kg)	20	17.5	15	10	5	5	5	20	17.5	15	10	5	5
亚油酸/%	0.1	0.1	0.1	0.1	0.1	0.1	0.1	0.1	0.1	0.1	0.1	0.1	0.1

注：引自 NRC(1998)，NRC(2012)。

6.2 维生素在猪抗应激和提高免疫力中的功能和应用

6.2.1 猪应激原因和分类

应激指动物机体受到应激原的刺激所表现的与刺激种类无关的全身防御反应与适应。生产过程中可引起猪应激的因素主要有以下几种：①遗传因素，如隐性氟烷基因纯合体猪易发生应激综合征；②饲养管理因素，如饮水、称重、打耳号、断奶、去势、转群、驱赶、捕捉、咬斗、拥挤等；③环境因素，如高温、低温、强辐射、贼风、尘埃、湿气、噪声、有毒气体、低气压等；④生物学因素或病原性因素，毒素、病原微生物感染等生物学刺激易引起疾病（如腹泻）甚至死亡；⑤饲料因素，如抗营养因子、高蛋白质日粮或高脂肪日粮；⑥生理和心理因素等，如仔猪与母猪分离、断奶仔猪更换饲料等。

在猪生产阶段，母猪和断奶仔猪应激最为普遍。母猪的主要应激为产仔应激，即分娩应激，可能伴随出现的有热应激、哺乳应激，并导致产后疾病。其中哺乳应激可能引起仔猪的饥饿应激及渴应激。母猪的分娩应激可能引起一系列症状，如产程长、骨骼代谢异常、肢蹄软弱、采食量低、泌乳量低、奶水质量差等，与仔猪健康生长相关。

对于断奶仔猪，其最强烈的应激为断奶应激，即刚断奶的仔猪，自身机能不完善，受换料、换栏、环境、心理、长途或短途运输等诸多因素的影响，引起免疫力下降、生长停滞甚至腹泻、水肿、内毒素休克等症状。与此应激一并产生的应激主要有营养应激、心理应激、环境应激和免疫应激等。其中对断奶应激影响最大的是营养应激和免疫应激。

保育猪的主要应激是营养应激，同断奶仔猪的营养应激不同，主要发生原因是仔猪生理功能不完善或部分营养成分过高，如豆粕用量过高、抗营养因子、慢性消耗性疾病等。

公猪应激包括热应激、转圈应激、采精应激、应激综合征等。

6.2.2 应激与免疫的关系

应激不仅能引起各种症状，而且能引发免疫抑制作用。应激的机理是当猪受到应激原刺激后，神经系统下丘脑兴奋，分泌促肾上腺皮质释放激素，该激素通过垂体门脉系统进入垂体前叶，使其分泌肾上腺皮质激素（ACTH）增多，ACTH通过血液循环到达肾上腺，促使糖皮质激素的释放，从而应对应激原的刺激。而大脑对免疫系统产生的影响和对免疫功能进行的调控是通过激素途径如脑下垂体-肾上腺皮质系统和交感神经为主的途径使免疫器官、组织和细胞功能受到抑制。但是，应激并不总是引起免疫力的下降，有时提高环境温度可以提高猪对某些病原菌和一些肿瘤细胞的抵抗力（Kelley，1980）。

由于肠道是机体最大的免疫系统，肠道的应激与免疫研究较多。热应激能增加肠道通透性、氧化应激及免疫应答。主要应激源能改变肠道屏障通透性，改变肠道中促炎因子的基因及蛋白质水平表达。

6.2.3 维生素在猪抗应激和提高免疫力中的功能

6.2.3.1 维生素与猪抗应激

对于育肥猪，维生素 E 可缓解运输应激引起的空肠绒毛高度损伤，显著提高运输应激 5 h 后 45 min 时的肌肉 pH(Zou 等，2016)。对于有热应激的育肥猪，在基础日粮中添加 500 mg/kg 的维生素 C 或 200 IU/kg 的维生素 E 可以增加采食量，缓解热应激带来的不良影响(王胜林和方智，2004)。

给断奶 100 日龄以上的热应激公猪饲料中添加 Se＋维生素 E，当浓度达到 0.5 g＋192 g/t 时，可显著降低血清 MDA 含量、显著升高血清 SOD 和 GSH-Px 活性，证明 Se 和维生素 E 共同作用可缓解公猪热应激时的自由基损伤，提高猪抗热应激的能力(赵洪进和郭定宗，2005)。

对 28 日龄的断奶仔猪，在基础日粮中添加 300 mg/kg 维生素 C 可显著降低血清磷酸肌酸激酶活性，增加仔猪血清球蛋白和球/清比(赵君梅等，2002)。另一个有关维生素 C 的试验中，仔猪日粮中添加 200 mg/kg 维生素 C 可显著增加日增重，饲料转化率提高 10.49%，缓解夏季热应激导致的采食量减少、增重速度减慢(王云方等，2000)。

在断奶仔猪基础日粮中添加 2 200 IU/kg 的 25-(OH)-D_3(维生素 D_3的衍生物)能降低未攻毒和接种了 1×10^6 TCID 人轮状病毒的断奶仔猪的腹泻率，同时促进断奶仔猪肠道黏膜 T 细胞分化成熟，提高辅助 T 细胞介导的免疫反应、抑制细胞毒性 T 细胞参与的免疫应答，抑制 Thl 型辅助细胞参与的促炎症反应、促进 Th2 型辅助细胞参与的抗炎症反应，并抑制免疫应激仔猪促炎细胞因子 IL-6 和 TNF-α 的分泌，促进 IGF-1 分泌，缓解脂多糖诱导的免疫应激对仔猪的负面影响(谬波，2011)。

6.2.3.2 维生素与免疫

维生素与免疫密切相关，近 40 年国内外关于各种维生素与免疫功能的研究不少，试验对象广泛，但是用猪做试验对象进行的维生素功能及机理的研究较为有限。维生素 A 是维持细胞膜完整性的重要成分，对黏膜、体液和细胞免疫有重要作用，猪缺乏维生素 A 会导致黏膜免疫系统机能减弱、淋巴细胞反应减弱、自然杀伤细胞活性下降、抗体的生成量降低；维生素 D 参与淋巴细胞、单核细胞增殖分化及修饰的调节；维生素 E 增强猪的免疫机能，充当免疫佐剂，缺乏时抑制淋巴细胞的免疫功能；维生素 C 能提高应激状态下猪的免疫力、预防仔猪断奶后部分疾病的发生；维生素 B_{12} 和叶酸缺乏可引起体液反应下降、T 细胞核淋巴细胞产生减少；泛酸和核黄素缺乏可导致体液免疫反应下降(刘冬妍和鲁由长，2012)。

维生素 A 对早期断奶仔猪生长性能和免疫功能的影响的试验认为，基础日粮上添加维生素 A 11 000 IU/kg 可满足 4～9 kg 的早期断奶仔猪维持较好免疫功能的需要(林映才等，2003)。在基础日粮中添加 0～15 000 IU/kg 的维生素 A 有增加 22～50 kg 生长猪血清中 T 淋巴细胞中 CD_3^+、CD_8^+ 亚群比例的趋势，CD_4^+/CD_8^+ 的比值随维生素 A 的添加量增加而降低，添加 1 300 IU/ kg 可以满足生长猪的免疫需要(林映才等，2002)。

在基础日粮中添加 0、75 或 300 mg/kg 的维生素 C 可使断奶仔猪血浆中的 IgG 随维生素 C 浓度升高而线性增加(Zhao，2002)。

6.2.4 维生素在猪抗应激和提高免疫力中的应用

维生素作为猪生长发育过程中所需的重要微量成分，在抗应激和提高猪抗病能力、降低猪发病率等方面起着其他营养物质不可替代的作用。自维生素应用到猪饲料中以来，其在缓解猪应激中起着重要作用，其中应用最广泛的是维生素 C 和维生素 E。

6.2.4.1 维生素与仔猪应激

仔猪抗应激应首要确保日粮营养全面，故添加维生素必不可少。在仔猪转群之前仔猪日粮中添加 9 mg/kg 的维生素 E 和 2%的中草药合剂或 6 mg/kg 的维生素 E 配伍 1%的中草药合剂可显著提高仔猪的抗转群应激能力。在仔猪饲料中添加高达 100 g/kg 维生素 E 和 240 g/kg 维生素 C 可显著提高仔猪的抗应激能力，同时添加适量的 B 族维生素，还可有效提高仔猪的采食量和生长性能。

6.2.4.2 维生素与生长猪及母猪应激

猪生长发育对温度的要求随年龄的增加而下降，初生仔猪为 27～29℃，断奶仔猪为 21～24℃，生长育肥猪为 15～25℃，产仔和哺乳母猪为 16～18℃。在南方，较长的高温季节易引起育肥猪、产仔和哺乳母猪的热应激。长期的热应激造成猪生长缓慢甚至停滞，因此提高猪的抗热应激能力对于育肥猪、产仔和哺乳母猪尤为重要。维生素 C 可推迟热应激引起的热应激蛋白 70 的产生。当在饲料中添加 0.05%～0.15%等比例的 N-氨甲酰谷氨酸和维生素 C 时，可显著提高育肥猪和母猪的抗热应激能力。除添加等比例 N-氨甲酰谷氨酸和维生素 C 外，另加等量维生素 C、少量维生素 E、生物素和叶酸，除缓解热应激外还能提高母猪的繁殖能力。在育肥猪日粮中添加 1 g/kg 的维生素 C，有一定的抗热应激作用。在养猪业中，种猪异地销售情况较多，长时间的异地运输常引起运输应激，造成猪只不适应，引起腹泻、掉膘、甚至死亡，造成较大的经济损失。在运输期间饲料中添加适量氯化胆碱、包衣维生素 C 以及猪用维生素会显著降低运输应激。对已发生运输应激的猪只，如出现脱水和酸中毒现象，在酸中毒得到缓解后，用 5%糖盐水 250～500 mL 加维生素 0.5～1.1 g 一次静注，治疗 3 d 可治愈。

6.2.4.3 维生素在提高猪免疫力中的应用

维生素，尤其维生素 E 对提高动物免疫力方面有十分重要的作用。大量试验表明，在提高猪免疫力上，维生素 E 在猪饲料中的最佳添加量为：乳猪和小猪 60～100 mg/kg，怀孕和哺乳母猪 60～80 mg/kg。若饲料中的脂肪高于 3%，维生素 E 的添加量应在推荐量的基础上，按每增加 1%的脂肪增加 5 mg/kg 维生素 E 的比例增加。球虫主要侵害仔猪肠道，极易引起仔猪疾病，降低免疫力。当饲喂由浓度不低于 100 万 IU/g 的维生素 D_3 油剂、浓度不低于 100 万 IU/g 的维生素 A 乙酸酯油剂和浓度不低于 92.0%的维生素 E 等制成的液态维生素预混合饲料制剂，可起到提高抗球虫、营养小肠绒毛、维持肠道健康的功能，并提高仔猪的免疫力。在育肥猪饲料中添加 500 mg/kg 维生素 C、200 IU/kg 维生素 E 可显著提高育肥猪的免疫力。在猪群免疫接种前 2 周时，饲料中添加维生素E 150～300 IU/kg 可显著提高猪的免疫力。

6.3　维生素在提高猪生长性能中的应用

6.3.1　维生素在提高断奶仔猪生长性能中的应用

仔猪早期断奶通常伴随采食量降低、生长迟缓甚至负增长等问题，在断奶仔猪的饲料中添加适量的维生素能缓解断奶应激，提高断奶仔猪的生长性能。幼小动物缺乏维生素 A 表现为体重下降或体重增长缓慢。研究表明，视黄酸和甲状腺素共同作用可促进生长激素的分泌，从而促进机体的生长和组织的分化。彭秋媛和黄大鹏(2016)研究表明，在断奶仔猪日粮中添加不同剂量的维生素 A(0、3 000 及 6 000 IU/kg)和 ZnMet(0、300、400 mg/kg)，与对照组相比，单独添加维生素 A 或 ZnMet 均能提高仔猪 ADG($P<0.05$)，但对 F/G 无显著影响($P>0.05$)；维生素 A 或 ZnMet 对仔猪 ADG 有互作效应，联合添加可以显著提高仔猪 ADG($P<0.05$)，但二者对 F/G 无互作效应。林映才等(2003)研究发现，添加 2 200～44 000 IU/kg 的维生素 A 使仔猪的日增重显著提高($P<0.05$)，采食量和饲料转化率有提高的趋势；但添加 2 200 IU/kg 和 5 500 IU/kg 两组间生长性能较接近($P>0.05$)，添加量超过 5 500 IU/kg 时，日增重和采食量随维生素 A 添加量增加而趋于下降($P>0.05$)，添加 110 000 IU/kg 组生长性能显著降低($P<0.05$)。从生长性能综合看来，日粮添加维生素 A 2 200 IU/kg 可满足仔猪的需要。在基础日粮中添加维生素 A 可显著提高早期断奶仔猪的生长性能，添加 2 200 IU/kg 可满足其生长的需要，过多添加维生素 A(110 000 IU/kg)降低了生长性能(姜建阳，1999)。这与其他试验结果相似，即 NRC(1998)对维生素 A 的推荐量足以满足仔猪生长的需要，过量(20～100 倍 NRC 推荐量)添加反而对生长不利。陈冠军(2012)研究却发现，日粮中添加不同水平的维生素 A 和维生素 E 以及不同来源的维生素 E 不影响断奶仔猪的生产性能。通常情况下，由于维生素 A 在肝脏中大量贮存，不存在缺乏维生素 A 的现象。以生产性能反映维生素 A 的营养状况并不敏感。

维生素 D 的主要生物学功能是调节钙磷的代谢、促进骨骼的生长发育及调节免疫系统，对生长性能的影响较小。李德发等(2001)研究显示，在断奶仔猪日粮中每日添加 0～1.5×10^4 IU 维生素 D_3 对断奶仔猪生长性能无显著影响($P>0.05$)。

维生素 E 在猪体内不能合成，必须从饲料中获取以满足猪的生理需要。Wang 等(2016)研究发现，在母猪日粮中补充 250 IU/kg 维生素 E 改善了仔猪的平均日增重(ADG)和断奶仔猪重($P<0.05$)。石宝明等(2016)研究也发现，添加高水平的维生素 E(250 IU/kg)显著提高了仔猪断奶重和平均日增重($P<0.05$)，因此在母猪妊娠后期和哺乳期添加亚麻籽油和维生素 E 能够提高仔猪生长性能。

B 族维生素主要作为辅酶，催化碳水化合物、脂肪和蛋白质代谢中的各种反应。在多数情况下，缺乏症无特异性，食欲下降和生长受阻是其共同的症状，而且难以与其生化功能直接相联系。宋克军(2002)研究表明，随着维生素 B_6 添加量的增加，断奶仔猪平均增重和平均日采食量有增加趋势，但对料肉比的影响不明显，并且发现 0～14 日龄断奶仔猪添加 3.3 mg/kg 的维生素 B_6 可以获得最佳的生长性能。维生素 C 由于其本身的还原性，且动物机体可合成维生素 C，因此对畜禽来说一般是能满足其需要的。研究表明，健康动物在正常情况下对补充维生素

C没有反应。安英凤和弓瑞珠(2001)研究发现,高稳维生素C提高断奶仔猪生长性能受季节等因素影响很大。

6.3.2 维生素在提高保育仔猪生长性能中的应用

保育期内仔猪的增重和健康状况,对其后期的发育产生极其重要的影响。林映才等(2002)研究表明,添加维生素A 1 300~10 000 IU/kg提高了保育猪日增重($P>0.05$),极显著地降低了料重比($P<0.01$),但添加15 000 IU/kg对生产性能无影响;在添加维生素A 1 300~10 000 IU/kg范围内,随维生素A添加量增加,保育猪日增重无显著差异($P>0.05$),料重比显著提高($P<0.05$),采食量也极显著提高($P<0.01$)。其中,添加维生素A 10 000 IU/kg组采食量极显著高于1 300 IU/kg组($P<0.01$),添加维生素A 2 600 IU/kg和15 000 IU/kg组显著高于1 300 IU/kg组($P<0.05$),其他各组间差异不显著($P>0.05$);料重比方面,添加维生素A 1 300 IU/kg组极显著低于0和15 000 IU/kg组($P<0.01$)、显著低于2 600和10 000 IU/kg组($P<0.05$),维生素A 5 000 IU/kg组显著低于0和15 000 IU/kg组($P<0.05$),其他各组间差异不显著($P>0.05$);各组间日增重差异均不显著($P>0.05$)。从生产性能综合看来,以添加维生素A 1 300 IU/kg为佳。

6.3.3 维生素在提高生长育肥猪生长性能中的应用

饲料中添加维生素可以改善生长育肥猪的生长性能。郭建凤等(2009)研究表明,饲料中添加维生素B和维生素E后,日增重以维生素B组最高,其次是维生素E组,对照组最低,其中维生素B组比对照组和维生素E组分别提高43.7 g($P<0.05$)和13.9 g($P>0.05$);维生素E组比对照组提高29.8 g($P<0.05$)。维生素B组饲料报酬最高,对照组饲料报酬最低,维生素B组比对照组和维生素E组分别提高5.42%和1.50%;维生素E组比对照组提高3.97%。赵元等(2016)研究表明,日粮中添加不同水平维生素A对育肥猪生长性能无显著影响($P>0.05$)。

总之,猪缺乏维生素会发生代谢障碍,引发特有的疾病。在猪饲料中添加维生素,不仅是为了预防疾病,更是为了促进猪的生长繁殖,增强免疫力及抗应激能力,提高猪肉产量和质量,增加经济效益。

6.4 维生素对种猪繁殖力的影响研究

6.4.1 脂溶性维生素对种猪繁殖性能的影响

6.4.1.1 维生素A

维生素A对母猪繁殖性能具有重要作用,它以子宫和孕体产生的维生素A结合蛋白为载体调节母猪繁殖性能。母猪缺乏维生素A时,内分泌腺萎缩,结构受损,内分泌功能紊乱,激素分泌不足、分泌减少或完全停止。生殖器官上皮受影响最为严重，性周期发生障碍，无节律性。产后发情延迟，性欲减弱或缺乏。维生素 A 对种公猪的繁殖性能有很大的影响，当日粮中维生素 A 缺乏时，种公猪的性欲降低，精液质量下降，繁殖性能下降；生长发育缓慢，身体衰弱，步态蹒跚且动作不协调；呼吸道、消化道、生殖道和泌尿道等的上皮组织出现角质化，对外来细菌等病原微生物抵抗力下降，从而引起各种疾病。

莫延新(2007)研究发现，在母猪断奶当日和配种后第 7 天，给每头母猪肌肉注射 12 500 IU 维生素 A 后，提高了经产母猪产仔数和成活率，这和唐斌(1998)得到的结果相同。孟庆利等(2017)研究表明，在断奶前 3 d 对试验组种猪肌肉注射维生素 AD 液 5 mL(含维生素 A 250 000 IU，维生素 D 250 000 IU)，能够极显著缩短母猪断奶到再发情间隔。维生素 A 和其他维生素混合使用，能促进母猪排卵和孕酮的分泌，并能改善子宫内环境以及产后乳汁的分泌，从而提高母猪的产仔性能。在母猪断奶当天深部肌肉注射维生素 A 25 000 IU、维生素 D 2 500 IU 注射液 0.5 mL 和维生素 E 500 mg-亚硒酸钠 10 mg 注射液 5 mL，在母猪产前 1 周和产后 1 周再次注射，可促进母猪发情，显著提高情期受胎率；显著提高窝平均产仔数、窝平均产活仔数和 35 d 断奶时窝平均头数(胡忠泽和杨元敬，1999)。妊娠母猪饲料添加维生素 A(250 万 IU)、维生素 D_3(50 万 IU)、维生素 E(0.5 万 IU)及微量元素 Se(400 mg)，可显著提高母猪平均产仔数和平均产活仔数，对提高母猪的产仔性能具有明显的效果(赵江和张春霞，2000)。王炳清(2013)认为，在妊娠母猪日粮中添加 0.15%复方维生素制剂(主要成分含量为维生素 A 250 万 IU/kg、维生素 E 1 500 mg/kg、维生素 D_3 50 万 IU/kg、板蓝根 332 g/kg、鱼腥草 332 g/kg、黄芩 332 g/kg 等)，可显著提高母猪产仔数、产活仔数和出生窝重；提高母猪血清中白细胞和红细胞的数量及免疫球蛋白 IgG、IgM、IgA 和 C3、C4 的水平；提高母猪繁殖性能，改善母猪免疫功能，提高抗病能力。

母猪饲料中补充 β-胡萝卜素可以提高窝产仔数，并可以矫正母猪安静发情和排卵延迟，提高胚胎的成活率。研究发现，饲料中添加 10%含量的 β-胡萝卜素，与对照组相比，窝产活仔数显著提高了 38.9%，仔猪断奶窝重提高了 36.6%；此外，还提高了平均出生窝重、平均断奶头数、仔猪平均断奶个体重(葛金山等，2001)。怀孕母猪饲料中添加 β-胡萝卜素有利于提高母猪类固醇激素水平。母猪基础饲料中添加含 β-胡萝卜素 160 mg/kg 微囊制剂，在妊娠 110 d 时，可显著提高母猪血清中雌二醇和孕酮含量(刘锐钢等，2013)。冯俊等(2009)在妊娠后期母猪日粮中分别添加不同剂量的 β-胡萝卜素微囊，结果显著提高了仔猪的初生重，提高了妊娠母猪的总抗氧化能力以及血清和初乳中的免疫球蛋白水平，并且添加 160 mg/kg 时效果最好。余燕玲(2008)研究 β-胡萝卜素(40、100、160 mg/kg)对怀孕后期母猪繁殖性能、免疫性能、激素水平的影响时发现，微囊制剂化处理可以提高 β-胡萝卜素的溶出度，妊娠后期母猪的日粮中添加 β-胡萝卜素微囊制剂能提高仔猪的初生重，提高妊娠母猪血清和初乳中维生素 A 和 β-胡萝卜素含量，增强妊娠母猪的免疫功能和抗氧化功能，高剂量的 β-胡萝卜素(160 mg/kg)微囊制剂能提高妊娠母猪血清雌二醇和孕酮水平。

6.4.1.2　维生素 E

维生素 E 与繁殖机能密切相关(王殿飞，2011)，能促进促甲状腺素(TH)和促肾上腺皮质激素(ACTH)以及促性腺激素的产生，增强卵巢机能，使卵泡增加黄体细胞(任善茂等，2001)。母猪饲料中补充维生素 E，不仅能提高受胎率，减少胎儿死亡，增加窝产仔数，而且能增强仔猪的抗应激能力，减少断奶前仔猪死亡，缩短母猪断奶至发情间隔，提高公猪精液质量。研究表明，在公猪饲料中添加35 IU/kg的维生素E可显著提高公猪精子活率，降低精子畸形率，且精浆中的卵泡刺激素(FSH)、黄体生成激素(LH)、睾酮(T)的浓度和精子活率的变化有一定的趋势，即在一定的日粮维生素E含量范围(10.0～35.0 IU/kg)内，它们随日粮维生素E水平的增加而升高，当维生素E的水平超过该范围后，它们均维持在较高水平(梁明振，2003)。NRC(1998)将妊娠母猪和泌乳母猪日粮中维生素E的需要量增加至44 IU/kg，也是考虑了最大窝产仔数的需要。维生素E和硒有协同作用，在玉米-大豆型后备母猪日粮中添加维生素E 45 IU/kg、硒0.2 mg/kg和锌85 mg/kg，后备母猪的初次发情时间最早，提高了血清雌激素和孕激素浓度、血清白蛋白含量及血清抗氧化能力(程林等，2018)。在初产母猪饲料中添加维生素E 45 IU/kg、硒0.40 mg/kg、锌125 mg/kg，经产母猪日粮中添加维生素E 45 IU/kg、硒0.40 mg/kg和锌85 mg/kg，均可显著提高窝产活仔数，缩短母猪发情间隔，提高血清雌激素浓度，孕激素在妊娠前期维持相对高水平，后期维持相对低水平，其繁殖性能表现较好(梁明振，2003)。有研究表明，在母猪妊娠期和哺乳期饲料中添加不同硒源(0.30 mg/kg)和维生素E水平(30和90 IU/kg)影响初生仔猪和断奶仔猪内脏器官的发育，酵母硒和维生素E可通过互作效应促进断奶仔猪血清中T4向T3转化(周建川等，2010)。但有些试验的结果并不一致，有研究指出，不同硒源(0.30 mg/kg)和不同水平维生素E(22和44 IU/kg)组合对母猪产活仔数、仔猪初生窝重和个体重的影响不显著(程林等，2018)。分析其原因可能是饲料中维生素E含量不同所致。黄少文等(2015)研究指出，在饲料中添加绿原酸(300 mg/kg)和维生素E(120 IU/kg)可显著提高仔猪初生重，但对窝产活仔数、21日龄仔猪窝增重和哺乳期母猪背膘损失无显著影响；绿原酸＋维生素E显著提高母猪分娩时仔猪脐带血清和泌乳母猪血清抗氧化能力。在妊娠母猪预产前40 d和20 d注射5 mL亚硒酸钠维生素E(内含亚硒酸钠10 mg，维生素E 2 500 IU)也可显著提高妊娠母猪的平均活仔窝重和活仔平均初生重(李飞和张建宏，1998)。汪裕良(2001)研究发现，在经产乏情母猪饲料中添加维生素E，可提高母猪发情率和受胎率。

6.4.2 水溶性维生素对种猪繁殖性能的影响

6.4.2.1 叶酸

叶酸对胚胎发育、幼畜快速生长和种畜的繁殖有重要影响。在妊娠早期母猪饲料中添加叶酸，可以提高窝产仔数和窝产活仔数，尤其是经产母猪。国内部分研究表明，在母猪日粮中添加叶酸对母猪产仔数或哺育能力有较好的效果。唐邵成(2014)用32头经产第3胎次的东山母猪研究活性叶酸对母猪产仔数的影响，该试验将母猪分成对照组和试验组(添加0.8 mg/kg的活性叶酸)。结果表明试验组比对照组每窝多产0.94头，产仔数差异显著。曾中华(2002)将长×大二元杂交断奶母猪36头分成对照组与试验组，试验组在饲料中添加叶酸5 mg/kg。结果表明试验组比对照组每窝多产2.05头，差异显著。赵月萍等(1999)将20头二胎临产母猪分为试验组和对照组，试验组在基础饲料中添加0.08%活性叶酸和肽聚糖。结果试验组仔猪的20日龄平均窝重、28日龄平均窝重、20 d内窝增重、28 d内窝增重均增加，但差异不显著。

虽然在母猪饲料中添加叶酸对母猪的繁殖性能有积极影响，但添加不同形式的叶酸产生的效果不同，叶酸可分为氧化态的叶酸(维生素B_{11})和活性叶酸。活性叶酸具有活性，能直接参与生理代谢反应，对提高母猪产仔数具有重要意义。而维生素 B_{11} 无活性，需在体内叶酸还原酶作用下转化成具有活性的四氢叶酸才能参与生理代谢。但是受各种因素的影响，转化成活性叶酸的概率不高。周学光和夏玉红(2000)在妊娠母猪日粮中添加维生素 B_{11}(1.56 mg/kg)和维生素 B_{11}＋活性叶酸(1.56 mg/kg 维生素 B_{11}＋6 mg/kg 活性叶酸)的对比试验，该试验将 66 头长×大或大×长经产 3 胎次母猪分为试验组和对照组。结果表明，添加活性叶酸显著提高了窝产仔数、窝产活仔数和仔猪的个体初生重。

大量试验研究了叶酸的不同添加水平对母猪繁殖性能的影响。葛百权和李升华(1994)将 40 头经产母猪分为 4 组，对照组饲喂基础饲料，试验 1、2、3 组分别添加 1、2、3 mg/kg 叶酸。结果表明添加叶酸对提高产仔数有显著效果，尤以 2 mg/kg 添加量最佳，试验组的产活仔数亦高于对照组，各组间的平均初生重无显著差异。闻爱友等(2002)将 2～3 胎经产母猪 80 头分为 A、B、C、D 组，各组分别在基础日粮中添加 0、5、10、15 g/t 的饲料级活性叶酸。结果妊娠母猪日粮中添加叶酸可使产仔总数和产活仔数显著提高，D 组的初生窝重比 A 组显著提高，各组之间的初生个体重差异不显著；B、C、D 组的平均窝增重和断奶窝重与 A 组相比显著提高，而平均个体增重和断奶个体重与 A 组之间差异不显著，另外，试验组母猪的体损失高于对照组。兰旅涛等(1997)将 27 头乐平花猪经产母猪分为 3 组，即在妊娠和哺乳期基础日粮中分别添加叶酸 0、2 和 6 mg/kg，结果表明添加叶酸明显提高了总窝产仔数和窝产活仔数，仔猪 40 日龄断奶育成数也有所提高，各组仔猪的平均初生体重和 40 日龄断奶体重没有明显的差异，但第 3 组的平均初生窝重和 40 日龄断奶窝重比第 1 组显著增加随着叶酸补充量的增加，母猪哺乳期的掉膘也增多。哺乳期母猪的掉膘是由于母猪分解体组织以满足乳汁形成时一系列新陈代谢活动的需要。该研究观察到母猪在妊娠期获得的增重越多，其哺乳期掉膘亦越多。这可能是母猪哺育的仔猪越多，需要分解更多的体组织来满足仔猪的营养供给，导致母猪体重下降越多。高振华等(2010)将 120 头长×大经产母猪分为 1、2、3、4 组，试验饲料补加叶酸水平分别为 1、1.5、2、2.5 mg/kg。结果表明发情率和受胎率均有所提高，发情间隔时间也有缩短的趋势，各组间的初产窝重、平均初生个体重、断奶平均窝重无显著差异，在维生素 A、维生素 E 满足需要的前提下，添加 2 mg/kg 的叶酸可显著提高窝产仔数和窝产活仔数。钱瑛(2007)将 20 头长×大二元母猪分为 4 个组，在基础日粮中分别添加叶酸 0、12.5、50、100 mg/kg，结果表明，哺乳日粮中额外添加叶酸提高了整个泌乳期的泌乳量，降低了料乳比，提高了仔猪断奶窝重、断奶个体重和平均个体日增重。刘安之和王成(1997)的研究表明，添加叶酸可提高母猪繁殖性能，以 2 mg/kg 效果最好。

对初产母猪的试验表明添加叶酸对其繁殖性能影响不大，这可能与母猪本身的排卵数、子宫容积等因素有关。添加叶酸并不能够增加母猪的排卵数，只是有利于更多受精卵在子宫内的成活，减少胚胎的早期死亡率，而初产母猪排卵数较少，子宫容积较小，使添加叶酸的作用不明显。刘静波等(2010)将 24 头初产母猪分为对照组(1.3 mg/kg 叶酸)和试验组(30.0 mg/kg 叶酸)。结果表明添加 30.0 mg/kg 叶酸使初产母猪平均窝产仔数、平均窝产活仔数、仔猪平均出生体重和 21 日龄平均断奶体重有所增加，但无显著影响。闻爱友等(2004)在妊娠母猪的日粮中添加 5 g/t 的活性叶酸，结果表明添加叶酸对初产母猪的繁殖性能作用并不明显，但 2 胎以上母猪的产仔总数和产活仔数明显提高，且随胎次的增加母猪的产仔数改善的效果也有增加的趋势。日粮添加叶酸对初产母猪的哺乳性能及其仔猪的影响不大，但增加了经产哺乳母猪的体重损失，提高了仔猪的断奶窝重，但对仔猪的个体增重无明显影响。

随着胚胎生物技术的迅速发展,改善哺乳动物卵母细胞的体外成熟系统被许多学者关注,近期有研究报道了添加叶酸对猪卵母细胞体外成熟的影响。王彩玲等(2015)将体外收集的猪卵母细胞随机分成对照组和试验组(0、1、10、50 ng/mL 叶酸)。结果表明叶酸能提高猪卵母细胞体外成熟后纺锤体微管、染色体和微丝正常分布率,以添加 10 ng/mL 叶酸效果最明显。张华智等(2016)将体外收集的猪卵母细胞随机分成对照组和试验组(0、1、10、50 μg/L 叶酸),研究叶酸对猪卵母细胞破裂(germinal vesicle breakdown,GVBD)、成熟率和孤雌激活发育潜能的影响。结果表明,10 μg/L 叶酸能有效地促进 GVBD 发生、成熟率和激活胚的发育能力,与对照组相比具有上升趋势,成熟率显著提高。

6.4.2.2 生物素

生物素可提高母猪排卵率和受胎率,在妊娠中期到后期增大子宫空间、促进胎盘发育、促进胎儿生长发育、减少胎儿死亡、促进泌乳、缩短母猪断奶至发情间隔。补充生物素可以使母猪子宫角长度和胎盘表面积增加,从而增加胎儿在子宫中所占空间,更好地为胎儿提供营养,促进胎儿的充分发育。生物素还参与猪只体内能量的代谢,刺激雌激素分泌,降低不发情率。生物素的作用机制与前列腺素与子宫肌肉纤维伸长有关,这种激素是以必需脂肪酸为原料在体内合成,合成过程中不可缺少的一步是羧化反应,而生物素正是在这一反应中发挥重要作用。补充生物素还可减少繁殖母猪肢蹄病的发病率,使蹄部的硬度、致密度及承压强度得到改善,蹄裂与脚垫损伤减少。彭国良等(1994)将 60 头约克夏与长白杂交一代经产母猪分为 4 组,其中试验 1、2、3 组母猪饲料中分别添加 0.15、0.20、0.25 mg/kg 生物素,结果表明 4 个组的初生个体重很接近,对照组因产仔数最少而略高,这符合初生个体重随产仔数的升高而降低的规律。试验 1、2、3 组窝产仔数和窝产活仔数比对照组提高的幅度较大,以添加 0.20 mg/kg 效果最好。

6.4.2.3 维生素 C

维生素 C 有助于缓解应激,从而改善母猪繁殖性能,在夏季高温或母猪分娩前后经受环境或生理应激时,维生素 C 的作用更为明显。郭勇(2013)将 198 头大白母猪分为 6 组,即对照组、A 组(妊娠开始到断奶饲喂 0.5 kg/t NCG)、B 组(产前一个月到断奶饲喂 0.5 kg/t NCG)、C 组(分娩到断奶饲喂 0.5 kg/t NCG)、D 组(产前一个月到断奶饲喂 0.5 kg/t 维生素 C)、E 组(产前一个月到断奶饲喂 0.5 kg/t NCG+0.5 kg/t 维生素 C)。结果表明,试验组的母猪产仔数、产活仔数、初生窝重、初生个体重、21 日龄窝重、21 日龄个体均重以及 21 日龄成活率都高于对照组,由此可见,在母猪饲料中添加 NCG、NCG 与维生素 C 复合物以及维生素 C,其繁殖性能有所提高,其中以 NCG 与维生素 C 复合物添加效果最为明显。但在刘安之和王成(1997)的研究中,日粮中添加维生素 C 对母猪的产仔数及产活仔数的影响不大。

6.5 维生素对猪肉品质的影响研究

近年来,人们对猪肉的消费已从数量要求转变为质量的提升,如何提高猪肉品质已成为当前养猪界关注的热点之一。改善猪肉品质主要通过改良猪的品种及饲料营养调控,维生素作为营养调控剂,尤其是维生素 E,由于其特殊的生理功能,在改善猪肉品质中发挥着重要作用。

6.5.1　维生素单独添加对肉品质指标的影响

肉品质是一个综合性状，包括感官性状、营养价值、卫生安全等，具体评价指标主要包括肉色、pH、系水力、滴水损失、嫩度及风味等。

6.5.1.1　肉色

肉品的颜色与其本身的食用品质（嫩度、风味和多汁性等）并无直接关系，但它是肌肉本身的生理学、生物化学和微生物学复杂变化的一种易于识别的外部表现，因此，肉品的颜色是肉品品质和肉品卫生检验的一项重要指标。肌肉颜色主要由 3 种色素组成（表 6-8）。脱氧肌红蛋白在鲜肉中呈紫红色，暴露于空气中几分钟后，它与氧反应生成氧合肌红蛋白，是明亮的樱桃红色，通常这种现象被称为"增艳现象"，几个小时后一分子水替代了氧合肌红蛋白中的一分子氧，而形成偏肌红蛋白，变成褐色。脱氧肌红蛋白和氧合肌红蛋白中铁是亚铁离子，而偏肌红蛋白中所含的是正铁离子，这种亚铁离子和正铁离子的转变是氧化的结果。有时由于细菌的作用，肌肉会产生硫化氢（H_2S），H_2S 和空气中的氧气再与肌红蛋白结合形成硫化肌红蛋白（Fe^{2+}）而呈现绿色。

表 6-8　肌肉中肌红蛋白的形成和肌肉颜色的变化

色素	形成途径	铁的价态	最终颜色
还原肌红蛋白	高铁肌红蛋白还原	Fe^{2+}	紫红色
氧合肌红蛋白	脱氧肌红蛋白氧合	Fe^{2+}	樱桃红色
偏肌红蛋白	脱氧肌红蛋白氧化	Fe^{3+}	褐色
硫化肌红蛋白	H_2S、O_2 与肌红蛋白的作用	Fe^{2+}	绿色

肌肉中含有的维生素 E 能抑制氧合肌红蛋白复合物氧化，提高氧合肌红蛋白的稳定性，从而防止脱氧肌红蛋白的形成，畜禽肉品的颜色与所含肌红蛋白的数量有关。肌肉中肌红蛋白含量越多，肉的颜色越深。李绍华和刘大建（2002）报道，在 60 kg 左右生长猪日粮中添加不同比例的维生素 E（100、200、300 mg/kg），持续饲喂 35 d，结果表明，随着维生素 E 添加量的增加，肉色有变好的趋势。刘丽霞等（2007）研究表明，80 kg 育肥猪日粮中分别添加 100、200、300 mg/kg 的维生素 E，饲喂 20 d，可以不同程度地改善肉色，最适添加量为 200 mg/kg。苟兴能等（2012）的试验结果表明，在育肥猪屠宰前 60 d 的日粮中添加 0.5 mg/kg 的生物素（维生素 H），也具有提高肉色评分的趋势，改善猪肉品质。

6.5.1.2　pH

猪肉 pH 反映了屠宰后猪机体糖原降解速率，能够衡量肉品质的优劣。该过程属于无氧代谢，酵解的最终产物为乳酸。猪屠宰后酵解产生的乳酸不断累积及肌肉中 ATP 不断水解释放出的 H^+ 会导致肌肉的 pH 下降。通常在猪屠宰后 45 min 内测定，正常猪肉 pH 一般为 6.1～6.4。屠宰后 40～60 min 测量的 pH 是公认的区分生理正常和异常肉质（PSE 肉、DFD 肉）的重要指标。李绍华和刘大建（2002）报道，60 kg 左右的杜×长×大杂交猪日粮中添加不同比例的维生素 E（100、200、300 mg/kg），持续饲喂 35 d，结果表明，添加维生素 E 对猪肉的 pH 无显著影响。石新辉等（2005）研究表明，育肥猪日粮中添加 200 mg/kg 维生素 E 饲喂

20 d,对于肉的 pH 也没有改善作用。

6.5.1.3 系水力和滴水损失

猪肉系水力又叫保水率,是指肌肉受到外力作用时(如加压、切碎、加热、冷冻、融冻、贮存、加工等)肌肉保持其原有水分的能力。滴水损失也是衡量肌肉系水力的一个指标,是指不施加任何外力,只在重力作用下,蛋白质系统的液体损失量。肌肉中的水分以 3 种状态存在:结合水、不易流动水和自由水,其中以不易流动水为主,占总水分的 80%,存在于纤丝、肌原纤丝和细胞膜之间,它能溶解盐类及其他物质。通常测定肌肉系水力的变化主要由这部分水决定,而这部分水的可保持性主要取决于肌原纤维蛋白质的网状结构及蛋白质所带静电荷的多少。维生素 E 能防止肉品储存期间的膜磷脂氧化,保持细胞膜的完整性,抑制胞浆液穿过细胞膜流失。肉品脂质氧化会降低膜的流动性,增强膜的通透性,胞液外流,再加上脂质氧化产物也会使蛋白质变性,进而降低肉品的保水性能,大量的液体流失,肉及肉制品变得干硬无味。

陈代文等(2002)研究表明,日粮中添加 200 mg/kg 维生素 E 可降低冷存肉第 3 天和第 6 天的滴水损失。李绍华和刘大建(2002)报道,在 60 kg 左右的杜×长×大杂交猪日粮中添加不同比例的维生素 E(100、200、300 mg/kg),持续饲喂 35 d。结果表明,添加维生素 E 300 mg/kg 组系水力最好,极显著高于对照组。李青萍等(2003)在生长育肥猪日粮中添加维生素 E,宰后进行肉质测定后发现,试验组猪的组织中维生素 E 的含量显著高于对照组,猪肉系水力显著提高。武英等(2005)在商品猪日粮中以 NRC 标准(1998)B 族维生素添加量为对照组,在此基础上分别添加高于对照组 2 倍和 3 倍的添加量为试验组,研究其对肉品质的影响。结果表明,日粮添加 3 倍于 NRC 的试验组可以显著降低猪肉系水率。赵元等(2016)研究发现,在育肥猪低蛋白质日粮中添加 0.1% N-氨甲酰谷氨酸和 3 000 IU/kg 维生素 A,可显著提高背最长肌中精氨酸含量、多不饱和脂肪酸含量,同时滴水损失显著下降。

6.5.1.4 嫩度

嫩度是影响消费者口感惬意程度的重要指标,受品质、年龄、肌肉部位、肌肉纤维直径、肌肉化学成分(肌肉脂肪含量)和屠宰过程等多种因素的影响。其主要决定于肌肉组织各组分及肌肉内部的生物化学变化程度,肌原纤维的状态(收缩、舒张与分解)对肉的嫩度具有决定性作用,而肌肉中结缔组织含量与结缔组织中胶原蛋白的种类和交联程度是影响肉嫩度的重要因素。李士平等(2010)研究表明,相比在日粮中额外添加维生素 E(500 IU/kg,42 d)或镁(1 000 mg/kg,7 d),额外添加维生素 D(175 000 IU/kg,14 d)改善肉的嫩度效果更好。Wang 等(2012)的试验显示,日粮中补充 210 IU/kg 维生素 E,可以显著降低猪肉的剪切力,从而改善嫩度。

6.5.1.5 风味

风味是肉品质的一个重要特征,脂肪氧化是产生肉质腐败气味的主要原因(孙黎等,2000)。已证实肌肉系统中,脂肪是发生氧化酸败的中心位点。肌肉和脂肪中过氧化起始于细胞膜和亚细胞器的膜水平,线粒体和微粒体膜上有富含极易氧化的磷脂,磷脂具有高度不饱和特性,双键易断裂,产生各种氧化产物如醛、酮、醇等复杂混合物,这些产物是产生酸败气味的主要原因。维生素 E 可以对磷脂酶 A_2 产生抑制作用,减少异味的产生。Wang 等(2012)研究表明,在高剂量 DDGS 型日粮中补充 210 IU/kg 维生素 E,增加了血浆、肝脏、肌肉和脂肪组织中生育酚的浓度,肌肉中高浓度的 α-生育酚可提高猪肉新鲜度和抗氧化性能。Li 等(2015)研究报道,猪日粮中补充 400 mg/kg 的维生素 E 后,可使肌肉中丙二醛(MDA)含量降低,谷胱甘肽过氧化物酶活性升高,进而增强肌肉的抗氧化能力,改善肉质。

6.5.2 维生素与其他营养调控物质联合使用对肉品质的影响

目前，除维生素外，改善猪肉品质的营养调控物质种类很多，如微量元素酵母硒、氨基酸螯合铜、植物提取物茶多酚、坚木单宁及功能性物质天冬氨酸镁、异亮氨酸等(陈代文等，2006；罗燕红等，2017；宋之波等，2017)，这些营养性添加剂和维生素联合使用可以更好地发挥效果。

陈代文等(2002)试验发现，日粮中额外添加 250 mg/kg 铜，对于冷存第 3 天和第 6 天的肉色评分有改善趋势，同时添加 200 mg/kg 维生素 E 时，可极显著提高第 3 天和第 6 天的肉色评分。蔡海莹(2006)研究表明，在猪肉货架期，一定浓度的茶多酚能提高猪肉维生素 E 的含量；茶多酚和维生素 E 有稳定猪肉色、提高猪肉系水力和抗氧化的协同作用，且以日粮中 200 mg/kg 维生素 E 搭配 300 mg/kg 茶多酚效果最优。陈禹等(2011)试验结果表明，60 mg/kg 茶多酚与 200 mg/kg 维生素 E 协同使用，可改善猪肌肉保水性能，但对肉色和肉 pH 影响不大。唐仁勇等(2008)试验发现，在育肥猪屠宰前 9 d 的日粮中添加 1 000 mg/kg 天冬氨酸镁，具有提高肌肉 pH 和降低滴水损失的趋势；而联合添加 50 000 IU/kg 维生素 D_3，除对剪切力略有改善而外，对其他肉质指标并没有进一步改善。周明等(2012)研究显示，生长育肥猪日粮中同时添加 3 mg/kg 酵母硒和 50 mg/kg 维生素 E 时，猪的营养生化代谢和健康状况得以改善，背最长肌中蛋白质和硒含量增加，酸价降低，猪肉的营养保健价值提高。徐昊翔(2013)研究表明，日粮中联合添加 400 mg/kg 维生素 E 和 150 mg/kg 肌肽，可显著提高红度(a^*)值，且两者存在互作效应，但对背肌滴水损失、脂肪含量及嫩度等肉质指标无显著影响。

关于维生素改善猪肉品质的研究很多，但多集中在 2000 年之后，且主要集中于对维生素 E 的研究。维生素 E 作为细胞内的一种抗氧化剂，无论在改善肉色、系水力，还是在提高肉品质稳定性、缓解应激反应和延长保存期上都具有良好效果，以配合饲料中添加 200 mg/kg 效果最佳，而且当其与一些营养性添加剂联合使用时，效果更佳。

参考文献

[1] Olson J A. In：Handbook of Vitamins. Machlin L J，ed. New York：MarcelDekker，Inc.

[2] Jensen SK，Engberg RM，Hedemann MS. All-rac-alpha-tocopherol acetate is a better vitamin E source than all-rac-alpha-tocopherol succinate for broilers. [J]. Journal of Nutrition，1999，129(7)：1355.

[3] Kallner A，Hartmann D，Hornig D. On the absorption of ascorbic acid in man[J]. International Journal for Vitamin and Nutrition Research. 1977，47(4)：383-388.

[4] Cunha T J. Swine feeding and nutrition[M]. New York：Academic Press，1977.

[5] Cunha T J，Lindley D C，Ensminger M E. Biotin deficiency syndrome in pigs fed desicated egg white[J]. Journal of Animal Science，1946，5(2)：219-225.

[6] 中华人民共和国农业部. NY/T 65—1987 瘦肉型猪饲养标准，1987.

[7] 中华人民共和国农业部. NY/T 65—2004 猪饲养标准，2004.

[8] NRC. Nutrient requirements of swine, 10th ed. Washington, D C:National Academy Press, 1998.

[9] NRC. Nutrient requirements of swine, 11th ed. Washington, D C:National Academy Press, 2012.

[10] PIC 育种公司营养推荐量

[11] Topigs 育种公司营养推荐量

[12] 中国维生素产业发展,博亚和讯

[13] Kelley. K W. Stress and immune function: a bibliographic review[J], Ann Rech Vet,1980,11: 445-478.

[14] Zou Y, Hu X M,Zhang T, et al. Effects of dietary oregano essential oil and vitamin E supplementation on meat quality, stress response and intestinal morphology in pigs following transport stress[J]. Journal of Veterinary Medical Science,2016,79: 328-335.

[15] 王胜林,方智. 维生素 C 和维生素 E 对热应激育肥猪生产性能的影响[J]. 饲料博览,2004,(02):1-3.

[16] 赵洪进,郭定宗. 硒和维生素 E 在热应激猪自由基代谢中的作用[J]. 中国兽医学报,2005,25: 78-80.

[17] 赵君梅,李德发,朴香淑,等. 维生素 C 抗断奶应激及对仔猪免疫机能的影响[J]. 中国畜牧杂志,2002,38: 19-21.

[18] 王云方,廖凯雄,赵道雄. 日粮中添加维生素 C 对夏季断奶仔猪生产性能的影响[J]. 饲料研究,2000,(08):33-35.

[19] 廖波,25-OH-D_3 对免疫应激断奶仔猪的生产性能、肠道免疫功能和机体免疫应答的影响[D]. 雅安:四川农业大学,2011.

[20] 刘冬妍,鲁由长. 营养免疫在猪生产中的应用[J]. 科技创业月刊,2012,25,(10): 191-192.

[21] 林映才,蒋宗勇,刘炎和,等. 维生素 A 水平对早期断奶仔猪生长性能和免疫功能的影响[J]. 中国畜牧杂志,2003,39: 14-16.

[22] 林映才,蒋宗勇,杨晓建,等. 维生素 A 水平对生长猪生产性能、肝脏维生素 A 含量和血清免疫参数的影响[J]. 动物营养学报,2002,14: 45-50.

[23] Zhao J, Li D, Piao X, et al. Effects of vitamin C supplementation on performance, iron status and immune function of weaned piglets[J]. Arch Tierernahr,2002,56: 33-40.

[24] 冀文秀,范伟. 维生素缺乏对猪生产性能的影响[J]. 畜禽业,2007(10):66.

[25] 纪永军. 充分认识维生素在猪生长发育中所起的作用[J]. 畜牧兽医科技信息,2007(04):58.

[26] 宋焕. 猪维生素营养研究与应用进展[J]. 国外畜牧学(猪与禽),2015,35(05): 43-47.

[27] 彭秋媛,黄大鹏. 维生素 A 及蛋氨酸锌水平对断奶仔猪生长性能及部分血清抗氧化指标的影响[J]. 中国畜牧兽医,2016,43(6):1500-1505.

[28] 姜建阳. 维生素 A 对断奶仔猪免疫功能及相关生理机能的影响[D]. 北京:中国农业大学,1999.

［29］陈冠军. 日粮中添加维生素 A 和维生素 E 对断奶仔猪抗氧化性能的影响［J］. 中国饲料添加剂，2012，1:37-42.

［30］李德发，刘焕龙，席鹏彬，等. 维生素 D_3 对断奶仔猪生长性能和免疫机能的影响［J］. 中国农业大学学报，2001，6(5)：87-94.

［31］Wang L. Xu X，Su G，et al. High concentration of vitamin E supplementation in sow diet during the last week of gestation and lactation affects the immunological variables and antioxidative parameters in piglets［J］. Journal of Dairy Research，2016，84(1)：8-13.

［32］石宝明，田美丽，陈孝龙，等. 母猪日粮中添加维生素 E 和不同脂肪类型对仔猪生长性能和脂肪酸组成的影响［J］. 饲料工业，2016，37(9):24-28.

［33］宋克军. 维生素 B_6 对断奶仔猪生长的研究进展［J］. 饲料博览，2002，10:35-36.

［34］安英凤，弓瑞珠. 断奶仔猪日粮中添加高稳维生素 C 的效果［J］. 当代畜牧，2001(6):38.

［35］林映才，蒋宗勇，杨晓建，等. 维生素 A 水平对生长猪生产性能、肝脏维生素 A 含量和血清免疫参数的影响［J］. 动物营养学报，2002，(03):45-50.

［36］郭建凤，武英，王诚，等. 维生素 E 和 B 族维生素对商品猪生长性能及胴体肉品质的影响［J］. 浙江农业科学，2009，(01):197-199.

［37］赵元，何立荣，李金林，等. 低蛋白质日粮添加 N-氨甲酰谷氨酸、维生素 A 对育肥猪肉品质的影响［J］. 中国饲料，2016，(21):12-17.

［38］刘敏，杨思维. 维生素在仔猪生长中的重要作用［J］. 中国动物保健，2012，14(08):73-74.

［39］莫延新. 注射维生素 A 改善母猪产仔性能试验［J］. 养殖技术顾问，2007，(12):103.

［40］唐斌. 利用维生素 A 提高母猪产仔性能的试验研究［J］. 广西畜牧兽医，1998，(3):27-28.

［41］孟庆利，葛富涛，侯佳星. 断奶前 3 d 给母猪肌肉注射维生素 AD 注射液对母猪繁殖性能的影响［J］. 养猪，2017，(3):32-32.

［42］胡忠泽，杨元敬. 应用激素，维生素 A，D，E 和硒提高母猪繁殖力的试验［J］. 中国畜牧杂志，1999，35(4):41-41.

［43］赵江，张春霞. 饲料添加维生素 A，D_3，E 及微量元素 Se 对母猪繁殖性能的影响［J］. 浙江农业科学，2000，1(5):257-258.

［44］王炳清. 复方维生素制剂对母猪生产性能及免疫功能的影响［D］. 福州：福建农林大学，2013.

［45］葛金山，朱元招，戴四发，等. β-胡萝卜素对母猪繁殖性能的影响［J］. 山东畜牧兽医，2011，32(7):12-14.

［46］刘锐钢，肖英平，余燕玲，等. 微囊化 β-胡萝卜素生产工艺的研究及其对怀孕母猪类固醇激素的影响［J］. 中国畜牧杂志，2013，49(17):48-52.

［47］冯俊，邓斐月，余燕玲，等. 微囊化 β-胡萝卜素对妊娠母猪繁殖、免疫和抗氧化功能的影响［J］. 浙江大学学报：农业与生命科学版，2009，35(6):665-669.

［48］余燕玲. 微囊化 β-胡萝卜素对怀孕后期母猪繁殖性能和免疫功能的影响研究［D］. 杭州：浙江大学，2008.

[49] 王殿飞. 影响母猪繁殖力的几种维生素及其应用[J]. 养殖技术顾问，2011,(9):55-55.

[50] 任善茂，陶勇，张牧. 维生素对母畜繁殖力的影响[J]. 饲料博览，2001,(3):12-15.

[51] 梁明振. 微量养分锌、硒和维生素 E 对种猪生长发育和繁殖性能影响的研究[D]. 南宁:广西大学，2003.

[52] 程林，谌俊，韩景河，等. 母猪妊娠和哺乳日粮中硒源和维生素 E 水平对后代仔猪器官指数和血清激素水平的影响[J]. 动物营养学报，2018，30(03):918-928.

[53] 周建川，何健，范明东，等. 有机硒和维生素 E 对母猪生产性能的影响[J]. 饲料工业，2010，31(24):45-47.

[54] 黄少文，魏金涛，赵娜，等. 绿原酸和维生素 E 对母猪繁殖和抗氧化性能的影响[J]. 中国畜牧杂志，2015，51(24):79-83.

[55] 李飞，张建宏. 亚硒酸钠 VE 对母猪产仔性能的影响[J]. 四川畜牧兽医，1998(2):21-22.

[56] 汪裕良. 应用氯前列烯醇结合亚硒酸钠维生素 E 处理乏情母猪试验[J]. 养猪，2001,(1):18.

[57] 唐昭成. 活性叶酸对母猪产仔数的影响[J]. 当代畜牧，2014,(10):24-24.

[58] 曾中华. 叶酸对母猪产仔数的影响[J]. 中国兽医杂志，2002，38(3):24-24.

[59] 赵月萍，张鹤亮，靳建虎. 活性叶酸、肽聚糖对哺乳期母猪哺育能力的影响[J]. 河北北方学院学报(自然科学版)，1999,(1):28-29.

[60] 周学光，夏玉红. 活性叶酸在妊娠母猪上的应用效果研究[J]. 中国动物保健，2000，21(3):21-22.

[61] 葛百权，李升华. 母猪添加叶酸饲喂试验[J]. 甘肃畜牧兽医，1994,(2):48.

[62] 闻爱友，胡忠泽，庞训胜，等. 母猪日粮添加不同水平叶酸的饲喂效果试验[J]. 粮食与饲料工业，2002,(12):27-28.

[63] 兰旅涛，徐清华，张华，等. 日粮中添加叶酸对乐平母猪繁殖性能的影响[J]. 江西农业学报，1997(1):16-21.

[64] 高振华，张军，孟艳，等. 叶酸水平对母猪繁殖性能的影响[J]. 饲料研究，2010(12):18-20.

[65] 钱瑛. 不同叶酸水平对母猪泌乳性能影响的研究[D]. 雅安:四川农业大学，2007.

[66] 刘安之，王成. 补饲叶酸增加母猪产(活)仔数的试验研究[J]. 宁夏农林科技，1997,(2):33-36.

[67]刘静波，姚英，余冰，等. 叶酸对初产母猪繁殖性能和宫内发育迟缓仔猪肾脏功能基因表达的影响[J]. 动物营养学报，2010，22(2):278-284.

[68]闻爱友，何邦国，庞训胜，等. 叶酸对不同胎次母猪生产性能的影响[J]. 安徽科技学院学报，2004，18(1):11-14.

[69] 王彩玲，张华智，谢龙，等. 叶酸对猪卵母细胞体外成熟后微管和微丝分布的影响[J]. 基因组学与应用生物学，2015，34(3):506-511.

[70] 张华智，王彩玲，李孟琪，等. 叶酸对猪卵母细胞体外成熟的影响[J]. 中国兽医学报，2016，36(4):684-686.

[71] 彭国良，潘穗华，杨景培，等. 添加生物素对母猪繁殖效果试验[J]. 饲料工业，1994,(5):20-21.

[72] 郭勇. NCG 及组合物、益生菌制剂对母猪生产性能影响的研究[D]. 兰州：甘肃农业大学，2013.

[73] 李绍华，刘人建. 肥育猪饲粮中添加维生素 E 对猪肉品质的影响[J]. 养猪，2002，(03)：18-19.

[74] 刘丽霞，董惠娜，刘显军. 不同添加水平的维生素 E 对育肥猪肉质的影响[J]. 饲料工业，2007，(18)：34-36.

[75] 苟兴能，吴照民，王熙，等. 生物素对猪生长性能和肉品质的影响[J]. 饲料工业，2012,33(12)：4-6.

[76] 石新辉，边连全，王娜. 肥育后期添加维生素 E、吡啶羧酸铬对育肥猪肉品品质的影响[J]. 畜牧兽医杂志，2005,24(6)：3-6.

[77]陈代文，李永义，张克英，等. 日粮添加高铜和维生素 E 对猪生长性能和猪肉品质的影响[J]. 四川农业大学学报，2002(01)：23-28.

[78]李青萍，乔秀红，王向东. 日粮中添加维生素 E 对猪肉质的影响[J]. 中国畜牧杂志 2003,(05)：34-35.

[79] 武英，王成立，郭建凤，等. 日粮中添加 VB 对商品肉猪生产性能及肉品质影响[J]. 中国饲料添加剂，2005，(2)：15-16.

[80] 赵元，何立荣，李金林，等. 低蛋白质日粮添加 N-氨甲酰谷氨酸、维生素 A 对育肥猪肉品质的影响[J]. 中国饲料，2016，(21)：12-17.

[81] 李士平，范成浩，任延铭，等. 维生素 D，维生素 E，镁对猪肉品质的影响[J]. 东北农业大学学报，2010，41：84-88.

[82] Wang H, Wang L S, Shi B M, et al. Effects of dietary corn dried distillers grains with solubles and vitamin E on growth performance, meat quality, fatty acid profiles, and pork shelf life of finishing pigs[J]. Livestock Science, 2012, 149: 155-166.

[83] 孙黎，房晶，佟向阳，等. 饲料中添加维生素 E 的生物学意义[J]. 饲料工业，2000，(06)：29-30.

[84] Li Y J, Li L Y, Li J L, et al. Effects of dietary supplementation with ferulic acid or vitamin E individually or in combination on meat quality and antioxidant capacity of finishing Pigs[J]. Asian-Australasian Journal of Animal Sciences, 2015, 28: 374-381.

[85] 陈代文，李绍钦，张克英，等. 饲粮短期高剂量添加天冬氨酸镁对猪肉品质的影响. 动物营养学报，2006，(04)：272-277.

[86] 罗燕红，张鑫，覃春富，等. 饲粮异亮氨酸水平对育肥猪生长性能、胴体性状和肉品质的影响[J]. 动物营养学报，2017,29(06)：1884-1894.

[87]宋之波，苏成文，徐相亭，等. 坚木单宁对育肥猪生产性能及胴体性状的影响[J]. 黑龙江畜牧兽医，2017，(11)：120-122.

[88] 蔡海莹. 茶多酚和维生素 E 对育肥猪生产性能及其肉品质的影响[D]. 合肥：安徽农业大学，2006.

[89] 陈禹，黎伟，王昊，等. 饲喂茶多酚与维生素 E 对猪肉品质的影响[J]. 现代畜牧兽

医,2011,(07):42-44.

[90] 唐仁勇,陈代文,张克英,等. 宰前短期添加天冬氨酸镁和维生素 D_3 对育肥猪肉品质及 μ-Calpain 与 Calpastatin 基因表达的影响[J]. 中国畜牧杂志,2008,(05):28-32.

[91] 周明,叶良宏,李晓东,等. 酵母硒配合维生素 E 在生长育肥猪中应用效果的研究[J]. 养猪,2012,(01):53-56.

[92] 徐昊翔. 日粮中添加肌肽和维生素 E 对育肥猪抗氧化性能和肉品质的影响[D]. 南京:南京农业大学,2013.

第7章

猪的矿物质营养研究进展

本章内容提要

矿物质在动物营养中起着非常重要的作用。本章综述常用微量矿物质的主要功能、缺乏症状、相互关系及毒性、猪微量矿物质需要量的研究进展(包括不同来源微量矿物质对猪生产性能及需要量的影响)。微量矿物元素在机体内的吸收利用存在复杂的互作和拮抗关系,为避免饲料中不同微量矿物元素之间的拮抗作用,需要根据研究结果总结不同种类微量矿物元素之间的最佳添加量及比例关系,建立“理想微量元素模型”。本章还着重综述有机螯合微量元素在养猪生产上的应用及发展,使用有机微量元素更符合环保农业的要求。

7.1 常量矿物质营养

7.1.1 矿物元素特点及作用机制

7.1.1.1 矿物元素概述

自然界有60多种元素存在于动物组织器官中,其中已确认有45种参与动物体的组成。动物体内的元素可分为两大类:一类是有机元素,如碳、氢、氧、氮元素,主要构成水、糖类、脂类、蛋白质和其他有机化合物,占动物体重的95%以上;另一类是无机元素,主要以盐形式构成骨骼、牙齿,或以离子状态参与体内的代谢过程,或与有机物结合组成一些活性物质。动物营养学把这类无机元素叫作矿物元素也称矿物质,在畜禽等动物体内占总质量的4%左右。

矿物元素在动物饲料中含量虽少,却直接或间接地参与机体几乎所有的生理和生化过程,是维持动物机体健康、保证其正常生长和繁殖不可缺少的营养物质，与动物生长和健康密切相关（杨凤，2001）。在动物体内，矿物元素虽然含量少，但具有极其重要的生理功能，涉及生长发育、新陈代谢、神经活动、免疫功能、酶活性及内分泌等几乎所有的生命活动过程。一旦相应的矿物元素摄入不足，或在体内过量聚积，或矿物元素间比例失调，都将引起严重后果，如在动物的日粮中硒含量超过 5～6 mg/kg 会导致动物中毒，缺铁可导致动物贫血，缺钙可引起佝偻病或者产后抽搐。

体内存在的矿物元素，有一些是动物生理过程和体内代谢必不可少的，这一部分就是营养学上常说的必需矿物元素，在体内的分布和数量由其生理功能决定。这类元素在体内具有重要的营养生理功能：有的参与机体组织的结构组成，如钙、磷、镁以其相应盐的形式存在，是骨骼和牙齿的主要组成部分；有的作为酶（参与辅酶或辅基的组成）的组成成分（如锌、锰、铜、硒等）或激活剂（如镁、氯等）参与体内物质代谢；有的作为激素组成（如碘）参与体内的代谢调节等；还有的元素以离子的形式维持体内电解质平衡和酸碱平衡，如 Na^+、K^+、Cl^- 等。必需矿物元素必须由外界供给，当外界供给不足时，不仅会影响动物的生长或生产性能，还会导致体内代谢异常、生化指标变化及出现缺乏症，如在缺乏某种矿物元素的日粮中补充该元素，相应的缺乏症会减轻或消失。

7.1.1.2 矿物元素的分类

根据矿物元素在动物体内含量或需要不同，分成常量矿物元素和微量矿物元素两大类。常量矿物元素一般指在动物体内含量高于 0.01％的元素，主要包括钙、磷、钠、钾、氯、镁、硫 7 种。微量元素一般指含量占动物体总质量的 0.01％以下，每日需要量在 100 mg/kg 体重以下的元素，目前查明必需的微量元素有铁、锌、铜、锰、碘、硒、钴、钼、氟、铬、硼 12 种，它们在维持动物体及人体正常生命活动中不可缺少。铝、钒、镍、锡、砷、铅、锂、溴 8 种元素在动物体内的含量非常低，在实际生产中几乎不出现缺乏症，但它们可能是动物必需的微量元素。此外，硼、镉、硅、钒、镍、锡、铅、锂、溴等元素在实际生产中基本上不出现缺乏症，需要量极低，或生理功能可被其他元素替代。铝、镉、砷、铅、锂、镍、钒、锡、溴、铯、汞、铍、锑、钡、铊、钇等矿物元素确切的生理作用还不确定，其中部分元素在动物体内有毒性，部分是惰性元素。不过值得指出的是，有毒有害元素是个相对概念，如硒在 1970 年以前一直被认为是有毒有害元素。几乎所有必需矿物元素过量都会出现中毒，因此，有毒有害的关键在于“量”的多少。动物体需要的矿物元素在元素周期表上的分布见表 7-1。

表 7-1 动物体需要的矿物元素在元素周期表上的分布

z	IA	IIA	IIIB	IVB	VB	VIB	VIIB	VIIIB			IB	IIB	IIIA	IVA	VA	VIA	VIIA	0
1	氢		7种常量矿物元素					9种可能必需微量矿物元素										氦
2	锂	铍	7种必需微量矿物元素										硼	碳	氮	氧	氟	氖
3	钠	镁	4种条件性必需微量元素										铝	硅	磷	硫	氯	氩
4	钾	钙	钪	钛	钒	铬	锰	铁	钴	镍	铜	锌	镓	锗	砷	硒	溴	氪
5	铷	锶	钇	锆	铌	钼	锝	钌	铑	钯	银	镉	铟	锡	锑	碲	碘	氙
6	铯	钡	镧系	铪	钽	钨	铼	锇	铱	铂	金	汞	铊	铅	铋	钋	砹	氡
7	钫	镭	锕系	𬬻	Db	Sg	Bh	Hs	Mt	Uun	Uuu	Uub						

7.1.1.3 必需矿物元素的特点

①必需矿物元素普遍存在于动物体的各个组织；②每个动物体存在的浓度大致相同；③一种元素对各物种动物的基本生理功能是一致的；④当元素缺乏时，机体会出现异常，日粮中补充该元素后，异常现象消失；⑤必需矿物元素存在两面性(营养作用、毒害作用)，缺乏时出现临床症状，且供给量有一个生理平衡区，超过一定限度会导致动物中毒。动物体内矿物元素含量及畜禽对日粮矿物质的最大耐受水平分别见表 7-2 和表 7-3。

表 7-2 不同动物体内矿物质元素含量

动物种类	常量元素/%						微量元素/(mg/kg)							
	钙	磷	钠	钾	氯	硫	镁	铁	锌	铜	锰	碘	硒	钴
猪	1.11	0.71	0.16	0.25	—	0.15	0.04	90	25	25	—	—	0.20	—
鸡	1.50	0.80	0.12	0.11	0.06	0.15	0.03	40	35	1.3	—	0.40	0.25	—
牛	1.20	0.70	0.14	0.10	0.17	0.15	0.05	50	20	5.0	0.30	0.43	—	<0.04
绵羊	2.00	1.10	0.13	0.17	0.11	0.10	0.06	78	26	5.3	0.40	0.20	—	0.01
人	1.80	1.00	0.15	0.35	0.15	0.25	0.05	74	28	1.7	0.30	0.40	0.3	—

注：引自《动物营养学》(杨凤，2001)。

表 7-3 畜禽对日粮矿物质的最大耐受水平

元素名称	牛	绵羊	猪	禽	马	兔
Ca/%	2	2	1	2	2	2
P/%	1	0.6	1.5	1	1	1
Mg/%	0.5	0.5	0.3	0.3	0.3	0.3
K/%	3	3	2	2	3	3
S/%	0.4	0.4	—	—	—	—
Cu/mg	100	25	250	300	800	200
Fe/mg	1 000	500	3 000	1 000	500	500
Zn/mg	500	300	1 000	1 000	500	500
Mn/mg	1 000	1 000	400	300	5	—
Co/mg	10	10	10	10	10	10
Se/mg	2	2	2	2	2	2
Mo/mg	10	10	20	100	5	500
I/mg	50	50	400	300	5	—

注：引自《饲料添加剂大全》(张乔生，1994)。

7.1.1.4 矿物元素的主要作用及利用特点

1. 矿物元素的主要作用

畜禽生命活动所需的矿物质主要来自饲料和饮水，畜禽体内物质代谢过程越强，生产效率越高，机体对微量元素的需求量就越大。矿物元素的主要作用包括以下 3 点。

(1)保障动物健康。微量元素的缺乏将导致畜禽体内矿物质及有机物代谢障碍，轻则影响动物生产性能和饲料利用效率，重则导致动物生命力下降，对疾病抵抗力降低，生殖系统机能紊乱，表现出不育、少胎、胚胎成活率低等现象。科学使用矿物元素添加剂，可防止因动物体内矿物质缺乏而造成的各种疾病，增进畜禽的健康。

(2)提高动物生产性能。适当使用矿物元素添加剂，可直接补充动物机体所需的必需矿物元素，弥补饲料中的不足，保证日粮营养的全价性，降低饲料消耗，提高畜禽生产性能。研究表明，科学地应用矿物元素添加剂，动物的生产性能可提高5%～10%。

(3)提高畜产品品质。补充畜禽日粮中所缺乏的矿物元素，可提高畜禽体内微量元素的水平，使机体已紊乱的物质代谢在一定范围内正常化，这不但可提高畜禽生产效率，而且也可使肉、乳、蛋、毛和其他畜产品质量明显提高。

常见矿物元素在畜禽体内的功能及其缺乏症见表7-4。

表7-4　畜禽常见矿物元素的功能及其缺乏症状

种类	功能	矿物元素缺乏症状
钙	参与骨骼和牙齿的形成，调节神经递质，细胞膜信号转导	生长受阻，骨生长发育异常，佝偻病，产后瘫痪
镁	参与骨骼和牙齿的形成，作为酶的活化剂，调节肌肉神经	厌食，痉挛，肌肉抽搐，采食量下降，蛋壳变薄
钠	维持电解质渗透压，调节体液平衡，传导神经冲动	异食癖，厌食，被毛粗糙，相互咬尾，体重减轻
钾	作为酶的活化剂参与体内重要的代谢	低钾血症，如心悸，软瘫，腱反射迟钝，呼吸困难
磷	细胞质和细胞核的组成成分	佝偻病，骨疏松症，骨软化病
铁	氧在血红蛋白中的运输	贫血，缺血
铜	合成和维持胶原蛋白，维持酶的功能，血红细胞的成熟，生殖免疫反应	骨关节病和免疫反应，肌腱和韧带问题，毛色暗淡，胚胎损失
锌	蛋白合成，维生素A的利用，上皮组织的完整性，免疫系统，繁殖	皮肤和足异常，骨和关节问题，伤口愈合不良，生育问题
锰	骨和软骨的合成，酶系统，繁殖，免疫反应	骨和软骨发育不良，软骨的形成和愈合能力不佳，皮肤、毛发和足异常，再生育困难
钴	反刍动物瘤胃细菌合成维生素B_{12}，细菌的纤维发酵	维生素B_{12}水平低，生长不佳，体重较轻
碘	甲状腺激素的合成，体温调节	甲状腺肿大，甲状腺肿，皮毛粗糙
硒	谷光氨肽过氧化物酶的组分，甲状腺激素代谢，免疫反应	肌肉抽筋，胁迫耐受性变弱，免疫力受损，生产性能差

2.动物对矿物元素的需要和利用特点

(1)铁。铁是血红蛋白、肌红蛋白、细胞色素酶等多种氧化酶的成分，与造血机能、氧的运输以及细胞内生物氧化过程有密切的关系。成年健康畜禽需铁量少，一般不易发生缺铁现象。由于动物胎盘供给胎儿的铁较少，因此在胎儿的肝脏、脾脏中储备的铁非常有限。胎儿出生后由于母乳中含铁量低，所以幼畜缺铁是普遍现象。在各种畜禽中，仔猪缺铁最为突出，因为仔猪体内铁储备少，生长速度快，每天需铁大约 7 mg，所以需另行补给。此外，妊娠动物和产后出血时需补充铁。

(2)铜。动物机体中的铜与铁的关系密切，在血红素的合成和红细胞的成熟过程中起重要作用，血浆中 90%的铜是以铜蓝蛋白(ceruloplasmin，CP)存在。铁氧化酶(hephaestin)是 CP 的同系物，是一种多铜铁氧化酶，能将二价铁氧化成三价铁，是铁转运蛋白将铁从小肠细胞转运到血液的关键辅助蛋白。因而缺铜会引起贫血，症状与缺铁相似。铜在动物体内的营养生理功能十分广泛，主要通过铜蓝蛋白、酪氨酸酶、氨酰氧化酶、细胞色素氧化酶和超氧化物歧化酶等各种含铜酶形式，参与动物机体造血、新陈代谢、生长繁殖、维持生产性能、增强机体抵抗力等生物氧化还原过程。

20 世纪 50 年代，有研究表明高剂量的铜对猪、鸡等其他畜禽有促生长的效果，一度将铜作为一种促生长剂添加到饲料中，铜在饲料中的用量一般为 125～250 mg/kg。由于高剂量铜在体内具有累积作用，长期使用会导致动物肝脏铜含量升高，超过一定水平时则会使大量的铜释放入血液，引起溶血、黄疸甚至死亡；另外，未被吸收的铜排出体外，可能引起土壤水质等环境污染问题。因此，高剂量铜作为动物促生长剂的使用逐渐受到限制。家畜中猪、牛对高剂量铜有较强的耐受性，羊对饲料中铜的含量最敏感。以玉米、谷物等为基础日粮原料时，需适当补充铜。

(3)锌。锌是动物体内 200 多种含锌酶的组分，有 300 多种酶的活性与锌有关。除鱼粉外，其他饲料原料中锌含量均不能满足动物对锌的需要量，故在畜禽日粮中需注意锌的添加。

(4)锰。动物体内含锰的酶仅有 3 种(精氨酸激酶、锰超氧化歧化酶、丙酮酸羧化酶)，锰是糖基转移酶、磷酸烯醇丙酮酸羧激酶等很多酶的激活剂，锰通过这些酶的作用参与碳水化合物、脂肪和蛋白质代谢。锰和动物的生长、繁殖、骨骼形成和蛋壳质量有关。一般来说，畜禽从植物性饲料中即可获得足量的锰，但高产期的畜禽需要补充锰。

(5)硒。硒是谷胱甘肽过氧化物酶的组成成分。硒、维生素 E 及含硫氨基酸在动物体内关系密切，它们共同参与动物体内的抗氧化过程并维持细胞膜的完整性，维持胰腺、心肌和肝脏的正常功能。植物中硒含量在地区间的差异很大，土壤 pH 是影响植物中硒含量的主要因素，其间接地影响畜禽健康。碱性土壤中硒为水溶性化合物，易被植物吸收，采食该地区植物的畜禽易发生硒中毒。酸性土壤中硒含量虽高，由于硒和铁、铜等元素形成不易被植物吸收的化合物，这类地区的植物含硒量一般较低，动物易患缺硒症，家禽对缺硒反应比家畜敏感。

(6)碘。碘在动物体内的主要生物学功能是参与合成甲状腺激素。种母鸡对碘缺乏较为敏感。鸡蛋中碘含量显著地受日粮中碘水平的影响，而且与鸡蛋中胆固醇含量呈负相关。

(7)钴。钴是维生素 B_{12} 的组成成分，通过维生素 B_{12} 参与机体造血和营养物质的消化、代谢等过程，影响动物健康及生长发育，钴对反刍动物效果最为明显，钴缺乏会引起动物生产性能的下降。

7.1.2 矿物元素添加剂在饲料中的应用及发展

7.1.2.1 矿物元素添加剂在饲料中的应用

在正常状态下，动物通过直接和间接地采食植物而获得各种矿物元素。植物生活的土壤中各种矿物元素的含量决定了该地区植物体中的含量，植物体中元素的含量又决定了动物能够获得的数量。在现代人工养殖条件下，根据饲料原料所含矿物元素的情况和动物的需要量，在动物特定阶段添加机体缺乏的矿物元素能够满足动物需要，并且使其表现出良好的状态和生产性能。畜禽日粮中微量元素的添加量应根据日粮微量元素的含量和畜禽不同生理阶段、不同品种、不同生产目的和生产水平、不同环境等对微量元素的需要量确定。同时，必须考虑各种微量元素的相互关系以及微量元素添加剂原料的质量。

目前在饲料、预混料中普遍使用的矿物元素添加剂主要是硫酸盐、氧化物等无机盐，以硫酸盐和氧化物的形式提供的高水平的微量矿物质不仅价格低廉，而且是防止畜禽矿物质缺乏综合征较为快速的手段，因此工业级硫酸盐和氧化物可作为微量元素的介质简单地添加到饲料中。目前使用的无机微量元素添加剂大多是含不同数量结晶水的硫酸盐。它们有很多缺陷，例如，在动物营养上由于消化过程中化学反应复杂，易受饲料中磷酸盐、植酸等成分的影响而形成不溶性沉淀，降低生物学效价，影响机体的吸收利用；在饲料加工中无机盐一般带结晶水，易吸潮结块。无机盐对维生素 A 和维生素 C 的破坏作用较强。有些饲料厂采用高铜高锌饲料，使用效果甚微，且严重污染环境。微量元素添加剂可以加入饲料和饮水中，预混料中的微量成分亚硒酸钠、碘化钾、氯化钴等在配合饲料中的使用量极微，通常是采用球磨机微粉碎的方法，或是以溶液喷雾的方法制成预混料，然后用于配合饲料中。

传统无机微量元素价格低，但生物学利用率不高。饲料厂家在生产过程中为了节约成本，放弃添加有机微量元素，但为了满足一些养殖户对“皮红毛亮”“黑粪”等外观效果的需求，在饲料中盲目添加高铜、高锌等，甚至接近了中毒剂量，不仅影响了其他微量元素的吸收，还影响动物健康和畜产品的质量。但某些微量元素添加剂可以在一定时间内超量使用，以发挥其特殊的功能。如在仔猪日粮中按 125～250 mg/kg 的剂量添加硫酸铜可以促进仔猪生长，短期内添加 2 000～3 000 mg/kg 的氧化锌可以预防仔猪腹泻；在肉猪日粮中添加 200 mg/t 的有机铬可以提高胴体瘦肉率。无机微量元素的生物学效价低，且随着畜禽养殖业集约化的发展，大量的微量元素随畜禽粪便排入环境中。按年产 1 亿 t 猪饲料计算，每年要消耗 33 万 t 硫酸铜，其中约 32 万 t 排放到环境中，既浪费了资源，又造成环境中矿物元素过量，破坏土壤和微生态结构，污染水源，进而影响农作物产量和品质，而且直接影响到动物健康和畜产品的安全。据资料表明：长期施用高铜猪粪，在 4～12 年间土壤的含铜量可能超过国家土壤环境质量的二级标准。因此，畜禽排泄物中极高的铜和锌含量是严重的环境污染源。

常规微量元素大多为冶金化工工业的副产物，未按饲料要求进行提纯，因此杂质多且有毒有害重金属超标，加上广大养殖农户文化水平低，科学养殖意识不强，只知道使用效果好、效益高，就盲目大量使用，却不知饲料中过量添加的微量元素，可聚积在动物体内，通过其产品沉积在人体内，最终影响人类的健康。近年来，随着国家对食品安全的重视、饲料工业发展和技术进步，人们逐步意识到传统无机微量元素的诸多不足，为此，饲料行业迫切需要升级换代产品来取代传统的微量元素。所以，改变矿物元素的添加形式、提高生物组织的吸收效率、减少重金属对环境的污染是饲料科学亟需解决的问题。

7.1.2.2 微量元素螯合物饲料添加剂的发展历程

螯合物在自然界存在比较广泛，并且对生命具有特殊的生理功能。当金属元素与活性有机配体反应形成配合物后，其配合物往往具有一些新的独特的生理生化功能，或有些生物物质必须与微量金属元素结合后，才能正常发挥其生化功能。在生物体内的金属离子绝大部分是以螯合物的形式存在的，如血红素(红色)、叶绿素(绿色)、维生素 B_{12}(粉红色)，它们分别是铁、镁、钴的螯合物。螯合物的化学性质很稳定，这种结构和性质在生物体内的作用极为重要。例如，血红素就是一种含铁的螯合物，它在人体内起着送氧的作用。维生素 B_{12} 是含钴的螯合物，对恶性贫血有防治作用。胰岛素是含锌的螯合物，对调节体内的物质代谢(尤其是糖类代谢)有重要作用。此外，生物体在新陈代谢过程中，几乎所有的化学反应都是在酶的作用下进行的。若失去金属离子，酶的活性下降甚至丧失；若重新获得金属离子，酶的活性可以恢复。

因为有些螯合剂能和有毒金属离子形成稳定的螯合物，可用作重金属(Pb^{2+}，Pt^{2+}，Cd^{2+}，Hg^{2+})中毒的解毒剂。水溶性螯合物可以从肾脏排出，如二巯基丙醇或 EDTA 二钠盐等可治疗金属中毒。有些药物本身就是螯合物，例如，用于治疗疾病的某些金属离子，因其具有毒性、刺激性、难吸收性等不足而不适合临床应用，将它们变成螯合物后就可以降低其毒性和刺激性，帮助吸收。

微量元素氨基酸螯合物既是机体吸收金属离子的主要形式，又是动物体内合成蛋白质的中间物质，具有吸收快、简化生化过程和节约体内能量等优点，具有较高的生物学效价，表现出不同于第一代无机盐和第二代简单有机盐的独特的营养特点。在 20 世纪初，许多研究者就发现，非天然螯合剂有许多的重要作用，主要表现在：金属的螯合作用破坏细菌机体，因而有明显的杀菌作用；可从活体中去掉有害金属；金属通过与酶形成螯合物使其酶活化。另外螯合物可作为可逆性载氧体(即能够可逆地结合和放出分子氧的化合物)，它们对生命过程，特别是呼吸极其重要，最早发现的是组氨酸螯合钴对分子氧有亲和力，至今已发展到蛋氨酸与铜、锌、铁、锰、钛等的螯合物。

1977 年，美国 Ashmead 博士首次报道了利用铁螯合物可以预防仔猪缺铁性贫血(Ashmead，1975)，首先将与动物营养有关的微量元素与动物必需营养来源氨基酸结合起来，制成新一代微量元素-氨基酸营养性添加剂。这种产品克服了无机盐和简单有机酸盐微量元素的缺点，同时可以补给动物必需的高效微量元素和限制性氨基酸，因而被认为是一种较理想的添加剂，因此引起了动物营养学工作者的普遍关注和重视。与无机矿物盐相比，微量元素氨基酸螯合物不仅具有稳定性好、生物效价高、易消化吸收、适口性好、高效等特点，而且可以提高畜禽生长速度、改善免疫能力、提高胴体品质、绿色环保等优点(周桂莲，2000)，迅速成为动物营养学研究的热点。特别是 20 世纪 90 年代以来，在动物饲料中添加高剂量的某些微量元素(Cu、Zn)(以无机盐的形式添加)可以提高生产性能，但是同时也引发了一系列环境污染问题。而在实践应用中，微量元素氨基酸螯合物可减轻排泄物中由于金属元素过量而导致的环境污染。在畜牧业发达的国家，微量元素氨基酸螯合物已在各种动物生产中得到广泛推广应用。20 世纪 80 年代，微量元素氨基酸螯合物引入我国以后，科研工作者开展了微量元素氨基酸螯合物的研制与研究应用工作，取得了一定进展。

因此，在动物营养学中，可以将微量元素添加剂的发展大致分为 3 个阶段：无机盐、简单的有机物和氨基酸微量元素螯合物。氨基酸微量元素螯合物的研究与应用属于新兴的边缘学科——生物无机化学的研究范畴，作为药物或营养性添加剂的应用则始于 20 世纪 80 年代。美国等发达国家以蛋氨酸、赖氨酸等单体氨基酸为原料合成氨基酸微量元素配合物，或以大豆蛋白为主要原料制备矿物元素蛋白盐，目前已在食品、医药、饲料和肥料等多领域应用。我国对氨基酸微量元素配合物的研究始于饲料行业，作为饲料添加剂的研制列入国家“八五”“九五”攻关项目。利用食品，发酵行业的废弃物或副产物，如羽毛、饼粕、啤酒废酵母、鱼粉加工厂废水等生产氨基酸或小肽，进而合成微量元素螯合物，既有效地开发利用了蛋白质资源，改善了环境，又降低了产品生产成本，为产业化创造了条件。

7.2 微量矿物质营养

7.2.1 微量矿物质营养概述

矿物质是构成人体组织和维持正常生理功能必需的各种元素的总称，是人体必需的七大营养素之一。含量高于0.01%的元素称为宏量元素，含量低于0.01%的元素称为微量元素。已被确认与人体健康和生命有关的必需微量元素已达16种，主要包括铁、铜、锰、碘、锌、硒、铬、钼、钴等。它们的存在方式可以是有机物，如糖、脂肪、核酸、蛋白质等；可以是无机物，如水、无机盐等。矿物质在体内发挥各种生物学功能，包括结构组织的维护（钙、磷、锰）、作为酶催化剂（铜、锰、锌、铁）、辅助氧的运输（铁）、膜转运和电解质平衡的调节（钠、钾、氯）、氧化损伤的阻止（硒、铜）、激素和免疫系统的（铁、铜、锌、铬）组成部分。不同的矿物元素间有许多相互作用，值得注意的有铁、铜和锌以及微量元素与钙的结合。

有关微量矿物质在动物营养中重要性的研究已经进行了100多年，微量矿物质是动物体所必需的营养物质，直接或间接地参与机体几乎所有的生理和生化过程，对畜禽维持正常生长、繁殖、免疫和生产性能有极其重要的作用。猪常用的微量元素有：铜（Cu）、锌（Zn）、铁（Fe）、锰（Mn）、硒（Se）、碘（I）、铬（Cr）等。表7-5列出了4种常用微量矿物质的主要功能、缺乏症状以及存在的相互关系与毒性，以下逐一进行阐述。

表7-5 常用微量矿物质的主要功能、缺乏症状以及存在的相互关系与毒性

名称	主要功能	缺乏症状	相互关系与毒性
铁	血红蛋白的组成成分，具有转运氧的功能；细胞氧化；参与骨骼，脾，肝脏代谢；细胞结合；免疫功能（主动和被动）	缺铁性贫血；延缓生长；毛色生长不良、紊乱；机体对外界感染抵抗力下降；采食量、生长速度和饲料吸收率下降；9～15 d卵、胚胎死亡率上升；黏液组织发白	促进血红蛋白功能；铁的正常代谢需要铜；铁过量比铁缺乏更危险；过量的铁影响磷的吸收；铁要溶于水；高水平的氧化铁影响物质吸收
锰	提高繁殖力；骨骼生长和发育必需的物质；促进体内磷脂酶功能，氨基酸代谢；大脑发挥正常功能必需的物质；促进饲料消化吸收	延缓生长；雄性动物睾丸退化；雌性动物卵巢退化；降低受孕率；蹄叶炎，短腿和弯腿；关节肿大；雏鸡锰缺乏症；禽孵化能力下降；蛋壳易碎、厚度；提高脂肪沉积和背部脂肪	过量钙、磷影响锰的吸收；过量锰轻度降低铜的吸收，大大降低铁的吸收

续表 7-5

名称	主要功能	缺乏症状	相互关系与毒性
铜	血红蛋白形成所需要的物质；酶的组成成分，促酶剂；对机体免疫系统和红细胞成熟过程中发挥着重要的作用；毛色良好；促生长；骨骼生长；形成结缔组织；繁殖；蛋壳质量；提高饲料采食量	贫血；提高胎衣滞留发病率；降低繁殖率；胚胎早期死亡；血管脆弱；降低生长速度和食欲；降低饲料消化吸收率；绵羊神经综合征（神经失调症）；毛色稀薄；肢蹄病；骨折现象严重；心脏和血液循环系统失调；蛋壳变形，且易碎	过量铜引起动物某些营养素（如维生素 A、维生素 D、维生素 E、核黄素等）缺乏
锌	细胞生长；200 多种酶的组成成分；DNA/RNA/蛋白质合成和代谢所必需的物质；免疫应答；促进生长繁殖；皮肤和伤口愈合	食欲下降；降低受胎率；延缓生长；皮肤粗糙/增厚；关节肿大；腱滑；降低精液产量；蹄肢无力；腿骨短而粗；产蛋率和孵化能力下降；后代毛发发育不良；高体细胞数	过量钙降低锌的吸收和利用；过量锌阻碍铜的代谢，并可能导致贫血症；高水平锌对猪有抑菌作用

7.2.1.1　铜

铜是动物机体必需的微量矿物质之一，参与造血过程，促进铁在小肠的吸收，促进血红蛋白的合成和红细胞的生成；可使无机铁变为有机铁、由三价变为二价。铜作为动物体内一系列酶的辅基（如超氧化物歧化酶、细胞色素 C 氧化酶和血浆铜蓝蛋白），对于这些酶的生物活性有着重要的调控作用。铜通过由它构成的酶组成机体防御系统，增加细胞抗炎症和抗氧化能力，增强机体免疫机能。此外铜还有促进磷脂合成的功能，保证大脑和脊髓的神经鞘发育正常。机体缺铜时多种酶活性降低，引起共济失调，骨质疏松，被毛褪色，繁殖机能障碍以及心力衰竭等。自 20 世纪 50 年代发现日粮中添加高剂量铜对猪的生长具有明显促进作用以来，铜就作为养猪生产中一种廉价的生长促进剂在世界范围内广泛使用。但是铜过量亦可引起动物慢性中毒和某些营养素（如维生素 A、维生素 D、维生素 E，核黄素等）缺乏。当饲料中铜含量高达 250 mg/kg 时，对猪肉品质有显著不良影响，并对动物内脏食品安全有潜在危害。且过量铜排出体外必然会造成土壤、水源、植被严重污染，从而阻碍环保型农业的实施。

7.2.1.2　锌

锌是迄今已经确认的畜禽营养必需的微量矿物质之一。自从 1934 年 Todd 首次证明锌是高等动物必需营养元素以来，世界各国学者对锌的营养作用做了大量的研究工作，论证了锌在动物营养中的重要地位，对锌的生理功能、营养作用、生化代谢等方面的深入研究表明锌是动物体内功能最多的微量元素之一。目前认为锌与 160 多种酶有关，尤其对金属酶具有催化性、结构性和调节性功能，这些酶类主要包括氧化还原酶（超氧化物歧化酶）、转移酶（RNA 聚合酶）、水解酶（碱性磷酸酶）、裂解酶（碳酸酐酶）及连接酶（tRNA 合成酶）。上述酶主要与机体的代谢，特别是蛋白质和核酸的代谢密切相关。因此，当锌缺乏时，机体的生长、繁殖、糖代谢、被毛系统、免疫系统、胃肠系统、视力和行为等都受到影响。严重者甚至会引起营养代谢性疾病。在我国新疆、内蒙古、山西等地区，经测定发现有大面积的天然缺锌区，长期在此放牧或喂养的畜禽便很容易发病，如猪缺锌时的明显症状是生长缓慢、繁殖机能障碍、骨骼发育异常、皮肤角化不全和皲裂等。除了参与和影响体内蛋白质、碳水化合物、脂类和维生素的代谢过程外，锌还与胰岛素、前列腺素、促肾上腺素等激素的分泌活动有关，具有促进舌黏膜味蕾细胞迅速增生、调节食欲、抑制肠道某些有害细菌、延长食物在消化道中的停留时间、提高消化系统分泌机能及组织细胞中酶的活性等作用。

7.2.1.3 锰

锰是畜禽必需的微量矿物质之一，锰作为与碳水化合物、脂类和蛋白质代谢相关的多种酶的组成成分发挥作用。锰是线粒体超氧化物歧化酶(SOD)的必需组分之一，并且是硫酸软骨素合成所必需，后者是骨有机质多糖的组成成分，所以一旦缺锰便会引起骨骼异常。锰主要是通过参与多种酶的生物学功能，在猪的正常生长、免疫、营养物质代谢等方面发挥重要作用。此外，锰还参与造血功能。锰缺乏可导致幼猪生长迟缓、骨质疏松、运动失调以及母猪繁殖机能下降。但锰过量亦会增加机体的代谢负担，而且锰的排出量增加会造成环境污染。

7.2.1.4 铁

铁是动物机体最重要的微量矿物质之一，是红细胞血红蛋白、肌肉肌红蛋白的组分，还是机体中许多代谢酶的成分。铁元素参与猪只生长发育中免疫、造血、繁殖等多个环节。在母猪日粮中添加铁制剂可显著提高母猪生产性能，降低母猪和仔猪贫血性疾病的发病率。在断奶仔猪日粮中添加铁制剂可提高仔猪的生长率，同时还可改善仔猪皮毛外观。另外，机体内许多自由基代谢过程需要铁的参与，缺铁可导致巨噬细胞和抑制因子减少、吞噬细胞活性受损、外周淋巴细胞对抗原的反应下降。仔猪缺铁可导致机体免疫功能和抗氧化能力下降，引起缺铁性贫血，甚至导致仔猪死亡。

但铁补充过量也不利于动物生长。机体内摄入过量的铁会导致机体的氧自由基增多，引起机体内与铁相关的代谢活动发生紊乱，抑制 DNA 合成，造成免疫器官损伤；过量的铁还会抑制 Ca、P、Zn、Cu、Mn 等矿物元素的吸收，促进体内病原微生物的生长，增强其致病性。一般情况下，猪对铁的吸收利用率只有 5%～8%，过多的铁通过肠道粪便排出还会污染环境，造成农作物中铁的富集，从而危害人畜健康。

7.2.1.5 硒

1957 年，Schwarz 和 Foltz 首次发现微量的硒可以预防大鼠的营养性肝坏死，并认为硒是一种必需的营养物质，才真正开启了硒的营养学研究。硒的生物学功能是多方面的，其中最重要的是它的抗氧化功能。1973 年 Rotruck 等发现硒是谷胱甘肽过氧化物酶(GSH-Px)的重要成分。近年来又发现硒参与碘化甲状腺素-5-脱碘酶而影响甲状腺功能。硒在抗氧化、甲状腺代谢、氧化还原的调控等方面起着重要作用。

硒对免疫系统的作用涉及体液免疫和细胞免疫两方面(Sheffy，1979)。缺硒能使淋巴器官变得结构疏松，吞噬细胞和淋巴细胞数目减少，网状细胞增生，导致不同程度的免疫抑制或衰退，且缺硒时，白细胞谷胱甘肽过氧化物酶活性降低，杀死微生物能力降低，从而降低人和动物对传染病的抵抗力。另有研究证明，硒能提高动物的繁殖性能。Mahan 等(1990)报道，精液中的硒是通过谷胱甘肽过氧化物酶的抗氧化作用来保护精子原生质膜免受氧化损害。硒多肽随精子的成熟而增加，公畜精子内的硒主要存在于线粒体膜中，缺硒导致精细胞受损，释放出谷草转氨酶(GOT)降低精子活力，从而影响受精能力和胚胎发育(Hansen 等，1996)；对于母畜，补硒可以防止流产、胚胎死亡、降低不孕症和提高繁殖力。缺硒使得一些依赖于硒的代谢途径受到损害，可能导致免疫应答减少。硒缺乏会导致动物运动障碍、消化机能紊乱、心脏衰弱、呼吸困难等。猪日粮中硒含量超过 7～13 mg/kg 会出现硒中毒，表现为精神抑郁、消瘦、皮肤粗糙、脱毛、蹄损伤及腐肉脱落、关节损伤、心脏萎缩、肝硬化和贫血等症状。

硒与维生素 E 具有协同作用，硒可加强维生素 E 的抗氧化作用，对维生素 E 在体内的生物化学作用，起着复杂的补偿和协调作用。据报道，一个硒原子预防肝坏死的作用相当于 700～1 000 个维生素 E 分子(石军等，2003)。硒能拮抗和降低某些有毒元素及物质的毒性，如硒能降低镉、铅、汞的毒性作用。使用时应尽量选用有机硒源，因为在动物对无机硒的吸收利用过程中，无机硒必须先进入肝脏转化成生物硒后才可以吸收，因而毒性大，易引起中毒。与无机硒比较，有机硒具有毒性小、易被动物吸收、环境污染小等优点，具有较高的实用价值。目前，欧美许多国家已大力提倡使用有机硒。瑞典要求乳猪料中必须使用有机硒；日本已规定饲料中禁止使用无机硒。

7.2.1.6　碘

碘是猪营养必不可缺的最重要的微量矿物质之一，其生物学价值在于碘是合成甲状腺素的必需成分。碘可促进机体的物质代谢，维持动物正常的生长发育，增强母猪的生殖机能，提高受胎率和产仔率，并维持中枢神经系统的正常结构。猪缺碘会引起甲状腺肿大，新陈代谢紊乱，生长发育不良，酶和蛋白质合成以及泌乳和繁殖机能等许多重要的生理生化代谢过程受阻。但碘过量同样会引起甲状腺肿大等不良反应，如日粮碘过高会降低生长猪的生长速度、血红蛋白水平和肝中铁浓度。另外微量元素碘、硒之间还存在一定的互作，缺硒会加重碘的缺乏，引起甲状腺机能低下。铜、锌的缺乏亦会降低血浆甲状腺素的含量。

7.2.1.7　铬

铬是动物所必需的微量矿物质之一，是葡萄糖耐受因子(GTF)不可缺少的成分，通过 GTF 对胰岛素产生促进作用，进而影响糖类、脂肪、蛋白质和核酸代谢。铬具有调控动物食欲、维持正常血糖水平和蛋白质摄入作用，亦可促进畜禽的生长、繁殖及免疫，提高胴体品质，缓解动物机体的应激反应。母猪日粮中添加有机铬可增加窝产仔数，改善仔猪生长性能，提高仔猪成活率。生长育肥猪日粮中添加有机铬有提高眼肌面积和肉色评分的趋势。

7.2.2　微量矿物质需要量研究进展

微量矿物质的含量及其生物有效性问题对于饲料配方师是一个棘手的问题。一方面，微量矿物质是动物体必需的营养物质，对动物的健康和生长至关重要；另一方面，若微量矿物质补充过多则会有中毒的风险。《猪营养需要》(NRC，2012)中给出了猪各阶段铜、锌、锰、铁、硒、碘的基础需要量(表 7-6)，但并未涉及最佳生产性能、最佳免疫性能、最佳肉质等要求下的微量矿物质需要量，而且不同来源微量矿物质对生产性能和需要量的影响亦未提及。以下将重点阐述猪对微量矿物质需要量的研究进展。

表 7-6　猪各阶段微量元素需要量(NRC,2012)　mg/kg

项目	怀孕	哺乳	种公猪	5～7 kg	7～11 kg	11～25 kg	25～50 kg	50～75 kg	75～100 kg	100～135 kg
铜	10	20	5	6	6	5	4	3.5	3	3
铁	80	80	80	100	100	100	60	50	40	40
锌	100	100	50	100	100	80	60	50	50	50
锰	25	25	20	4	4	3	2	2	2	2
碘	0.14	0.14	0.14	0.14	0.14	0.14	0.14	0.14	0.14	0.14
硒	0.15	0.15	0.3	0.3	0.3	0.25	0.2	0.15	0.15	0.15

7.2.2.1　铜

通常情况下，猪的铜推荐量各国有所差异，但大多数在 5～8 mg/kg，仔猪略高于生长猪及成年猪。仔猪日粮中铜为 6 mg/kg，育肥猪日粮中铜为 3 mg/kg 就能满足营养需要（NRC，2012）。高铜作为促生长剂是 1945 年由英国人 Braude 博士提出的，是指在饲料中添加 125～250 mg/kg 的铜，对仔猪可以产生铜离子的额外添加剂效应。采食高铜日粮也影响母猪的生产性能及生长育肥猪的胴体品质，所以，在畜禽养殖业中高铜被大量使用（刘晓波等，1997）。但研究表明，铜对生长猪的促生长作用有明显的阶段性差异，生长发育早期较后期的效果好。当猪体重超过 60 kg 时，铜的促生长作用减弱，甚至消失。

猪饲料中常用的铜源是硫酸铜，但硫酸铜氧化能力强，吸收利用率较低，对饲料中营养成分（如维生素 A、维生素 D、维生素 E、核黄素等）存在破坏作用，还可增加锌和铁的排出量，加重环境的重金属污染。因此，美国不允许在饲料中使用高铜制剂，欧盟、日本也都各自规定了饲料中铜的最大添加量。中国自 2009 年开始严格限制高铜的使用阶段及剂量。我国肉类食品中铜限量卫生标准（GB 15199—94）规定，铜含量不超过 10 mg/kg。高铜日粮可导致猪肝中铜含量增加 10～15 倍，人食入含铜高的畜产品后可造成铜在肝、脑及肾等组织中累积，增加机体内自由基的水平，改变脂类代谢，导致动脉粥样硬化并加速细胞的老化和死亡。同时，畜产品的食品安全与卫生也会限制我国畜产品出口，制约我国本来就不发达的畜牧业前进的步伐。

日粮中添加使用有机铜，可大大降低铜的添加量，从而显著降低粪铜的排泄量。有研究表明，与添加高铜（无机 $CuSO_4$，157.9 mg/kg）作为生长促进剂相比，日粮中添加小肽螯合铜（24.3 mg/kg），仔猪粪便中铜含量显著下降，下降幅度达到 81.85%，且仔猪日增重和饲料报酬有提高的趋势。由此可见，有机铜的吸收效率显著高于无机铜。提示集约化养猪粪便中重金属元素的减排需从提高微量元素的生物效价，降低添加量入手。

7.2.2.2　锌

根据美国 NRC(2012)猪的营养需要，猪对锌的需要量随年龄增长而减少，体重 5～11 kg 的猪锌需要量为 100 mg/kg 日粮；体重 11～25 kg 为 80 mg/kg 日粮，体重 25～50 kg 为 60 mg/kg日粮，体重 50～135 kg 为 50 mg/kg 日粮。与旧版（NRC，1998）相比，母猪锌需要量大幅提高（从 50 mg/kg 增加到 100 mg/kg）。虽然高剂量的氧化锌（2 000～3 000 mg/kg）对控制仔猪下痢、抗菌抑菌、提高仔猪采食量等有较好的作用，但后来的研究也表明氧化锌随着使用时间的延长，可出现生长抑制、采食量下降、皮肤苍白、被毛粗乱、贫血等现象，一旦停止使用高锌饲料，仔猪腹泻现象又会发生；而且过量的锌打破了原有各种元素的平衡，造成仔猪对铜、铁的吸收不利，导致铁、铜继发性缺乏，出现贫血；同时由于其吸收率较低，过量的锌经畜体排泄后，污染表土层和地下水，从而对周围环境产生不利影响，造成了巨大的资源浪费。而且已有研究表明高锌可使细菌对锌和抗生素同时产生抗性，高锌使用引起的耐药性细菌通过畜禽养殖和畜禽产品转移到人体，将严重威胁人类健康。

目前作为添加剂的锌来源主要是氧化锌、硫酸锌，另外还有氨基酸螯合锌和小肽螯合锌等有机锌。影响动物机体对锌吸收利用的因素很多，也很复杂。不同的锌源在动物体内的吸收利用率不同，从而对动物生产性能的影响也不同。陈洪亮(2000)研究认为，在仔猪日粮中添加有机锌能显著提高仔猪日增重、日采食量，而且提出了以日粮总锌量为100 mg/kg，有机锌含量占总锌40%为最佳。张伟等(2002)报道有机锌在动物体内的运转快，生物利用率高，它不但能防止与日粮中其他营养成分发生拮抗而影响吸收，而且饲喂仔猪的日增重明显高于无机盐类锌。另外，Hahn和Baker(1993)对猪的研究表明，饲喂硫酸锌或有机锌的猪血浆中锌的浓度明显高于饲喂氧化锌。因此，有机锌在动物体内的吸收利用比无机锌高。另有试验表明，在仔猪日粮中添加小肽螯合锌(35 mg/kg)与无机组(硫酸锌，100 mg/kg)相比，可显著提高仔猪日增重和采食量。因此每一种类型的有机微量元素由于其利用率不同，在实际生产中不能按照NRC标准直接使用。纳米氧化锌由于其粒径小(1～100 nm)，比表面积大，具有普通氧化锌无法比拟的性能优势。龙丽娜等(2016)研究表明，日粮中添加500 mg/kg纳米氧化锌可以显著提高断奶仔猪的生长性能，降低仔猪腹泻，并且与3 000 mg/kg氧化锌对断奶仔猪的促生长效果及前期的抗腹泻效果相当。

7.2.2.3　锰

生长育肥猪对锰的需要量各国有所差异，美国NRC(2012)为2～4 mg/kg；法国(1994)和苏联(1983)相同，均为40 mg/kg，中国(1984)为2.18～4.5 mg/kg。与旧版(NRC，1998)相比，新版将母猪锰需要量从20 mg/kg增加到25 mg/kg。有数据调查分析表明，《*Journal of Animal Science*》上发表的其中108组生长猪的饲料配方和43组母猪的饲料配方中，生长猪各阶段及母猪饲料配方中微量元素添加量均超出NRC需要量。其中在仔猪和生长育肥猪料中，Mn的添加量几乎是NRC需要量的10倍以上。这可能是由于日粮中添加较高剂量的Cu、Fe和Zn时，为防止吸收抑制导致Mn的缺乏，故添加相对较多的锰。研究表明，有机锰的生物学利用率显著高于无机硫酸锰。

7.2.2.4　铁

仔猪出生时体内铁的总储量为40～50 mg，哺乳仔猪正常生长发育体重每增长1 kg，所增加的血液量需铁为35 mg，每日需铁为7～16 mg，生长到3周龄开始吃料前共需铁200 mg。然而，在母乳中铁含量很少，每100 g乳中含铁0.2 mg，仔猪每天仅能从母乳中摄取1 mg铁，远远不能满足仔猪生长发育对铁的需要量，在仔猪出生后3～4日龄就会将体内铁储量消耗完，因此仔猪一般在出生3～10 d就需要补铁(铁针剂：含铁150 mg/mL)。断奶仔猪铁需要量，Rincker等(2005)、Lee等(2008)的研究结果高达200 mg/kg，远高于以前(Pickett等，1960)80 mg/kg的研究结果。根据美国NRC(2012)猪的营养需要，猪对铁的需要量亦随年龄增长而减少。体重5～25 kg的猪铁需要量为100 mg/kg日粮；体重25～50 kg为60 mg/kg，体重50～75 kg为50 mg/kg，体重75～135 kg为40 mg/kg。与旧版(NRC，1998)相比，保育猪铁需要量从80 mg/kg增加到100 mg/kg。

此外，不同来源铁的生物利用率存在较大差异。目前可被用作饲料添加剂的铁产品有：碳酸亚铁、硫酸亚铁、蛋白铁、EDTA 螯合铁、氯化铁、柠檬酸铁等。与硫酸亚铁相比，碳酸亚铁中铁的生物利用率低且变异较大，EDTA 螯合铁效果更差，而氯化铁基本无效。关于有机铁的生物利用率，不同报道差异较大。一般情况下有机铁的生物学效价要高于无机铁，蛋白铁的生物学效价为硫酸亚铁的 1.25 倍。

7.2.2.5 硒

猪对硒的需要量较少，且对硒的耐受量弱。国内对生长猪日粮中硒的推荐量为 0.3 mg/kg，育肥猪为 0.15 mg/kg，最高限量标准为 0.5 mg/kg。美国 NRC(2012)定为 0.15～0.3 mg/kg。目前对硒的利用主要是以亚硒酸钠为主，但其毒性较大，混合均匀度差。与无机硒相比，有机硒活性高、安全低毒。有机硒的研究主要集中于酵母硒，纳米蛋白硒为新一代有机硒，其半数致死量比酵母硒约低 3 倍(112∶37)，因此吸收率及在机体中的沉积量优于酵母硒。

7.2.2.6 碘

根据我国 1998 年猪饲养标准，体重小于 5 kg 瘦肉型仔猪碘日需要量为 0.04 mg；5～10 kg 的仔猪为 0.07 mg；10～20 kg 的仔猪需要 0.14 mg；20～60 kg 的猪需要 0.26 mg；60～90 kg 的猪需要 0.36 mg；20～60 kg 后备母猪需要 0.18～0.25 mg；妊娠母猪前期需要 0.16～0.22 mg；中期需要 0.22～0.58 mg；后期需要 0.58～0.64 mg；种公猪需要 0.17～0.28 mg。由此看来，妊娠母猪是补碘量较大的时期。美国 NRC 定义各阶段均为 0.14 mg/kg。

7.2.3 理想微量元素模型的建立及有机微量元素的应用及发展

微量元素在机体内的吸收利用之间存在复杂的互作和拮抗关系，单一提高某种或一些必需微量元素在动物日粮中的配比，会导致饲料利用率下降、成本上升、环境污染等问题。因此，需要根据饲料原料特性、养殖条件和生产方式、机体对 Fe、Cu、Zn 和 Mn 吸收的相互作用机理等方面合理添加必需微量元素，做到高效节约。

7.2.3.1 影响微量元素吸收的主要因素

无机微量元素被摄入时，矿物元素离子化或解离而带正电荷，其会首先吸附在亲和力强的化合物上，如果遇到亲和力更强的物质就会更换伙伴，最终化合物的生物利用率影响微量元素的吸收利用效率；并且，微量元素之间存在互作效应，元素之间竞争吸收位点，影响吸收率。一般而言，有机微量元素毒性低，生物利用率高，可以避开无机微量元素的竞争吸收通道，更高效地被动物体利用。因此，只需要添加少量的有机微量元素即可达到高剂量无机微量元素的效果，从而减少微量元素的使用量和排放量，减少环境污染。但并不是所有的有机微量元素都比无机微量元素好。例如，丙酸盐的生物学利用率与硫酸盐并无区别。小肽螯合微量元素以小肽作为配位体，利用小肽吸收快、耗能低，且与游离氨基酸的吸收无竞争等特点促进微量元素的吸收。此外，螯合物是动物机体吸收和转运金属离子的主要形式，又是动物体合成蛋白质过程的中间物质，不仅吸收快，而且可以减少许多生化过程，减少耗能。小肽螯合微量元素化学性质稳定，分子内电荷趋于中性，不易发生解离、拮抗等不良反应，大大提高了微量元素的吸收利用率。

由于矿物元素之间广泛的互作，其自身存在形式及量的失衡均会造成生物利用率的下降。沸石粉、膨润土及其他可能来源于黏土的材料会大量结合微量元素。霉菌毒素尤其是黄曲霉毒素会直接影响与微量元素吸收利用有关的酶的活性，影响微量元素的吸收利用效果。纤维素、植酸盐、草酸盐可以直接跟微量元素结合，降低其利用率。图 7-1 显示有机微量元素在一般情况下利用率比硫酸锌略高，但在应激情况下硫酸锌的利用率会下降，而有机微量元素利用率会保持原有水平，所以二者相对利用率有巨大差别，这是高质量的有机微量元素具有抗应激能力的主要原因。

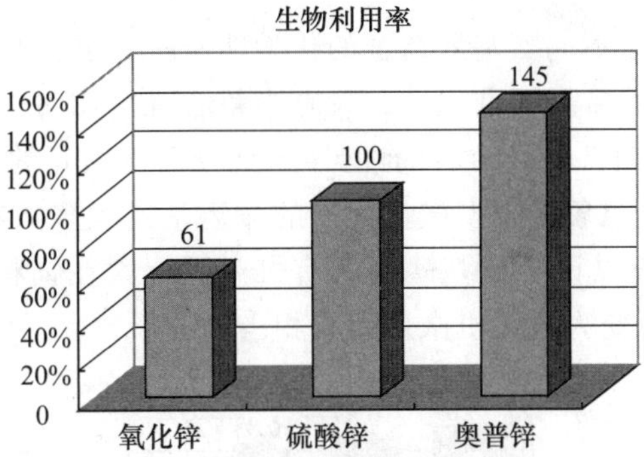

图 7-1　不同种微量元素的生物利用率

7.2.3.2　有机微量元素的分类

有机微量元素的功能取决于有机结合的程度是否能保护微量元素免于不期望的反应。根据美国饲料控制委员会（AFFCO）的分类原则，有机微量元素可根据微量元素与有机配位体之间结合键的强弱，分为螯合型、络合型、复合型 3 种。饲料（包括添加的矿物质）中大多数的必需金属元素在消化道中要么形成水解-水合产物，要么形成络合物。在水溶液阶段，金属主要以离子形式、简单的络合物或者螯合形式存在。简单的络合物对于金属元素利用的影响存在很大的不确定性，其特征是金属与有机配位体之间只有一个结合点，这种简单的结合键很容易断裂，产生一个易与其他伴侣分子发生反应的自由锌离子。目前全世界符合螯合型微量元素要求的较少，奥普明是其中研究较多的一种微量元素，有机配位体将微量元素紧紧控制，使得有机微量元素更稳定（图 7-2）；而络合型（如蛋氨酸锌）只有一个结合位点，结合得不够稳定；复合型微量元素（如无机盐）就如同失控脱手的球一样非常活跃，如将硫酸锌与蛋氨酸简单混合。

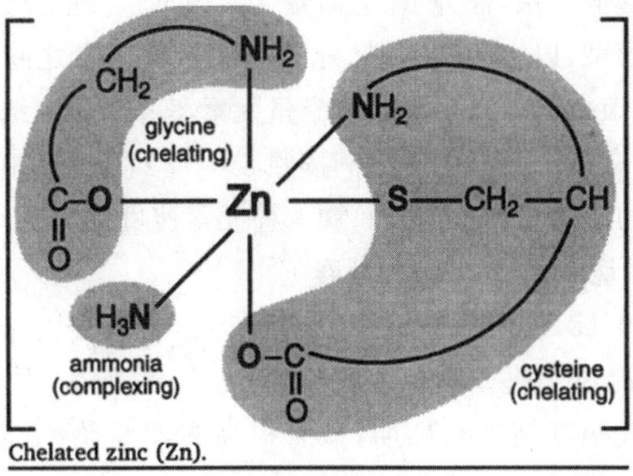

图 7-2　螯合型（奥普锌）的电子云示意图

德克萨斯技术大学的研究成果显示不同来源的锌产品的螯合强度存在差别，奥普锌的螯合强度比硫酸锌、丙酸锌、蛋氨酸锌高100倍以上，比其他来源的复合氨基酸锌高50倍以上。按照国际标准螯合强度在10以下属于极弱螯合，10～100属于中度螯合，100～1 000属于强度螯合，1 000以上则属于超强螯合。强度螯合是比较理想的螯合，超强螯合则不易吸收，而极弱螯合则在胃肠道中不稳定，容易解离，导致在饲料中呈有机态，而到胃中多数解离成游离金属离子。

螯合强度由金属元素与不同氨基酸结合的化学性质所决定。在胃肠道中的抗解离能力是判定有机微量元素有效性的重要标准之一。只有当螯合强度超过100时，有机微量元素才能在胃肠道中少被解离。由图7-3可见，目前世界上螯合强度领先的奥普锌在仔猪的胃肠道中还有如此多的被解离，可以想象络合型微量元素的命运是绝大多数在到达小肠吸收部位前被解离，导致利用率下降。所以许多氨基酸型的有机微量元素在饲料中是有机的，在胃溶液中90%以上部分被解离，从而变为与无机微量元素相当的结果。

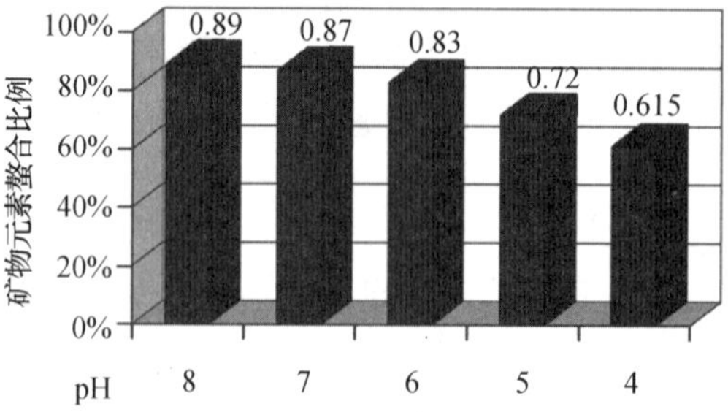

图7-3 pH对奥普锌稳定性的影响

7.2.3.3 理想微量元素模型(ideal trace element model,ITEM)

不同动物在不同的阶段对不同种微量元素有不同的需求，而且每一种类型的有机微量元素其利用率也不同，在实际生产中不能以NRC配方原理直接使用微量元素，只可以根据其在每种动物上的具体使用结果来指导我们在生产上正确使用微量元素的剂量及比例，否则会造成饲料配方中不同成分的拮抗作用。

为避免饲料配方中不同微量元素之间的拮抗作用，需要根据研究结果总结不同种类有机微量元素之间的最佳剂量及比例关系，称为“理想微量元素模型”。理想微量元素模型是对NRC理论的深化。理想微量元素模型，以实践为基础，充分考虑矿物元素之间的互作效应，充分发挥微量元素功效，减少不必要的浪费。如以小肽螯合微量元素奥普明研究结果为例，在母猪后备阶段及怀孕阶段，锌、锰、铜3种有机微量元素的比例按照8∶4∶2，比较有利于繁殖性能的发挥，而在哺乳阶段需要增加有机铁的使用量，锌、锰、铜、铁4种元素比例则为8∶4∶2∶5。

7.2.3.4 有机螯合微量元素的应用及发展

螯合物更有利于动物生长，这已经在许多动物上得到验证。大量的研究资料证实螯合型有机微量元素对动物都具有显著提升其免疫机能的功效。对奶牛，使用期45 d后可以降低乳体细胞数达30%～50%，大幅度缩短空怀期，显著提高头期受胎率；对母猪可以减少死胎、木乃伊，显著提高胎产活仔数(图7-4)，后备母猪及经产母猪淘汰率大幅度下降，首次配种受胎率显著提高，种公猪需要量大幅度下降；对仔猪及生长猪，生长速度显著提高，毛色光亮，皮肤红润，饲料转化率显著上升，平均出栏提前 1 周以上，减少耳尖坏死、咬耳、咬尾症状；对家禽，可以减少啄毛、争斗现象，减少皮肤损伤，减少胸部囊肿、尾脂腺发炎、结痂导致胴体不合格率上升，减少种禽死亡率，提高种蛋孵化率，降低种公禽比例，提高骨骼强度、蛋壳强度及饲料报酬率。

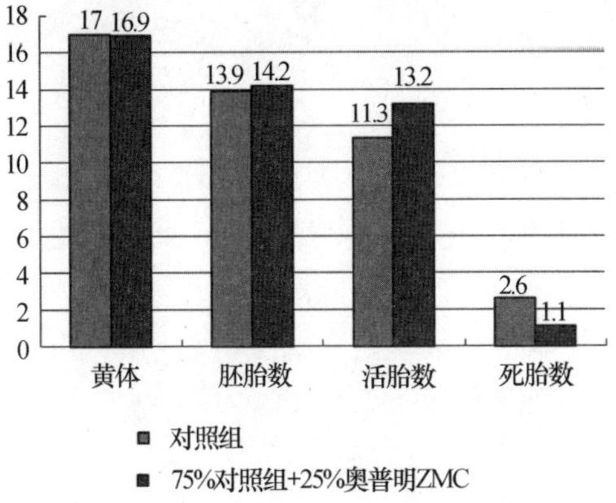

图 7-4　奥普明 ZMC 对母猪繁殖性能的影响

(Mirando M A et al.，华盛顿州立大学，1993)

在 PIC 公司所做的研究中(表 7-7)，饲料中的 3%～10%锌、4%～12%锰和 6%～18%铜元素被有机螯合物所替代，试验结果提高了窝产仔数，减少了母猪断奶和接下来的配种间隔时间，从而减少了母猪平均非生产天数。由于母猪在配种后仍然超过 2 次发情，从而导致母猪淘汰率也相应减少。

表 7-7　螯合金属元素对母猪繁殖性能的影响

指标	对照组	螯合矿物元素组
母猪头数/头	538	360
平均胎次/胎	3.4	3.4
配种次数/次	2.8	2.8
怀孕母猪数/%	72	75
断奶到配种时间/d	5.45	5.40
平均非生产天数/d	68	64
淘汰率/%	14.0	8.0
每窝产活仔数/头	9.8	9.6
死亡率/%	8.8	8.6
断奶仔猪数/头	8.8	8.9
平均断奶时间/d	18.0	18.0
每头母猪年产数奶仔猪数/头	20.3	20.5

注：饲料中的 3%～10%锌、4%～12%锰和 6%～18%铜元素被螯合物所替代。

资料来源：Boyd，PIC 1996 年的研究。

我国矿产资源储备本来就相对缺乏，无论从保护生态环境和畜牧业可持续发展的角度出发，还是从饲养成本方面考虑，都应该重视提高饲料中微量元素的利用效率。我国大多数的养殖场没有设置完善的粪便处理及资源再利用系统，不能通过优化畜禽排泄物管理措施来改善矿物元素的污染及浪费。在饲料工业中选用适宜的有机螯合微量元素，在提高微量元素利用效率的同时可减少因饲料中大量使用无机微量元素而造成的环境污染。使用有机微量元素更符合低碳农业的要求。

第 8 章

猪饲料添加剂研究进展

本章内容提要

饲料添加剂虽然添加量少，但效果显著。通过化学法或发酵法生产非淀粉多糖酶、植酸酶等酶制剂，将其添加于猪饲料中，能帮助猪消化那些它们本不能消化的养分，提高饲料利用率。也可以在饲料中直接添加微生物如乳酸杆菌、芽孢杆菌、双歧杆菌或其发酵产物。微生物发酵产物不仅能提高饲料消化率，还能改善猪的抗氧化能力，调节其免疫功能。通过微生物发酵，提高饲料品质，有效缓解饲料原料紧缺的局面，这是未来的发展方向之一。非常规饲料中的某些成分导致的适口性较差的问题，能通过添加调味剂如香味剂、甜味剂、鲜味剂而解决。本章综述了酶制剂、微生物、调味剂、植物提取物等添加剂在猪饲料中的研究成果及应用情况。

8.1 酶制剂

酶是一类具有生物催化活性的蛋白质。酶制剂是指酶经过提纯、加工后的具有催化功能的生物制品，主要用于催化生产过程中的各种化学反应，具有催化效率高、高度专一性、作用条件温和、降低能耗、减少化学污染等特点。酶制剂来源于生物，一般来说较为安全。

8.1.1 酶制剂的分类

8.1.1.1 非淀粉多糖酶

非淀粉多糖，是指淀粉以外的多糖，主要有纤维素、半纤维素、果胶等，是膳食纤维的主要组成成分。非淀粉多糖酶就是用来水解非淀粉多糖的一类酶。包括木聚糖酶、β-葡聚糖酶、β-

甘露聚糖酶、纤维素酶、α-半乳糖苷酶、果胶酶。

1. 木聚糖酶

木聚糖(xylan)是一种存在于植物细胞壁中的异质多糖,占植物细胞干重的15%~35%,是植物半纤维素(hemicellose)的主要成分。木聚糖酶是一组酶,而非一种酶,可降解自然界中大量存在的木聚糖类半纤维素。木聚糖酶在自然界分布广泛,可从动物、植物和微生物中获得。目前,木聚糖酶主要利用真菌和细菌等微生物进行发酵生产。其中,细菌可以产生碱性和酸性木聚糖酶,而真菌只可产生碱性木聚糖酶。真菌中以丝状真菌分泌的胞外酶最高。

2. β-葡聚糖酶

催化水解β-葡聚糖的多种酶的总称。根据其作用方式不同,可分为内切型和外切型。前者存在于谷物种子、某些真菌和某些细菌中,能催化水解谷物细胞壁中的β-葡聚糖,其中包括内切型β-1,4-葡聚糖酶、内切型β-1,3-葡聚糖酶。后者存在于谷物种子中,其中又包括外切型β-1,4-葡聚糖酶、外切型β-1,3-葡聚糖酶。

3. β-甘露聚糖酶

β-甘露聚糖酶为一种多功能的促生长剂,可以促进类胰岛素生长因子IGF-Ⅰ的分泌,促进蛋白质的合成,提高瘦肉率,促进生长,促进能量、纤维素的消化和吸收。

4. 纤维素酶

纤维素酶(β-1,4-葡聚糖-4-葡聚糖水解酶)是降解纤维素生成葡萄糖的一组酶的总称,它不是单体酶,而是起协同作用的多组分酶系,是一种复合酶,主要由外切β-葡聚糖酶、内切β-葡聚糖酶和β-葡萄糖苷酶等组成,还有很高活力的木聚糖酶。作用于纤维素以及从纤维素衍生出来的产物。

5. α-半乳糖苷酶

α-半乳糖苷酶催化α-半乳糖苷键的水解,可将饲料及豆制食品中的抗营养因子α-半乳糖苷类转化分解,改善其营养成分。此外,该酶在制药、增稠剂处理和造纸工业也有一定应用。

6. 果胶酶

果胶酶是指分解植物主要成分——果胶质的酶类。果胶酶广泛分布于高等植物和微生物中,根据其作用底物的不同,又可分为3类。其中两类(果胶酯酶和聚半乳糖醛酸酶)存在于高等植物和微生物中,还有一类(果胶裂解酶)存在于微生物,特别是某些感染植物的致病微生物中。

8.1.1.2 植酸酶

植酸酶(phytases)能将磷酸残基从植酸上水解下来,因此破坏了植酸对矿物元素强烈的亲和力,所以说植酸酶能增加矿物元素的营养效价,而且释放出的Ca^{2+}可参与动物机体代谢。植酸酶是一种胞外酶,广泛存在于自然界中,在动物、植物、微生物中均有发现。在植物组织如谷物、豆类、蔬菜,特别是萌发的种子和花粉中都发现了植酸酶。此外,自然界中产植酸酶的微生物种类繁多,如细菌、霉菌、真菌等。

8.1.1.3 内源消化酶

内源消化酶是指细胞内具有的将聚合的高分子降解为它们的构建单元的酶类,以促进它们被身体吸收。消化酶类可在动物及人的消化管内找到,在那里帮助消化食物,它们也存在于细胞中,特别是在其溶酶体中发挥作用,以维护细胞中的残留物。可分为蛋白酶、脂肪酶、淀粉酶等。

1.蛋白酶

蛋白酶是水解蛋白质肽键的一类酶的总称。按其水解多肽的方式，可以将其分为内肽酶和外肽酶两类。内肽酶将蛋白质分子内部切断，形成分子量较小的朊和胨。外肽酶从蛋白质分子的游离氨基或羧基的末端逐个将肽键水解，而游离出氨基酸，前者为氨基肽酶，后者为羧基肽酶。按其活性中心和最适 pH，又可将蛋白酶分为丝氨酸蛋白酶、巯基蛋白酶、金属蛋白酶和天冬氨酸蛋白酶。按其反应的最适 pH，分为酸性蛋白酶、中性蛋白酶和碱性蛋白酶。工业生产上应用的蛋白酶主要是内肽酶。蛋白酶广泛存在于动物内脏、植物茎叶、果实和微生物中。微生物蛋白酶主要由霉菌、细菌产生，其次由酵母、放线菌生产。

2.脂肪酶

脂肪酶(lipase，甘油酯水解酶)是一类具有多种催化能力的酶，可以催化三酰甘油酯及其他一些水不溶性酯类的水解、醇解、酯化、转酯化及酯类的逆向合成反应，除此之外还表现出其他一些酶的活性，如磷脂酶、溶血磷脂酶、胆固醇酯酶、酰肽水解酶活性等。脂肪酶不同活性的发挥依赖于反应体系的特点，如在油水界面促进酯水解，而在有机相中可以酶促合成和酯交换。脂肪酶存在于含有脂肪的动、植物和微生物(如霉菌、细菌等)组织中。包括磷酸酯酶、固醇酶和羧酸酯酶。

3.淀粉酶

淀粉酶是水解淀粉和糖原的酶类总称。

8.1.2　酶制剂的生产

酶制剂生产方法可以分为酶解法、发酵法、化学合成法。

8.1.2.1　酶解法

酶解法就是用酶类使该种酶的作用对象分解。酶解法其实就是利用活性酶来水解特定的某种物质。这种方法可用于一般的生物实验中。

8.1.2.2　化学合成法

化学合成法成本较高，目前只能合成那些已知化学结构的酶，目前仍停留在实验室内合成阶段。

8.1.2.3　发酵法

发酵法是利用微生物细胞的生命活动合成所需酶的方法。酶的发酵生产是现在酶生产的主要方法。淀粉酶、蛋白酶、脂肪酶、木聚糖酶、纤维素酶、植酸酶都能通过微生物发酵进行生产。例如，利用桔青霉发酵可得到核酸酶。芽孢杆菌(*B. macorous* WSH02-06)能生产 γ-环糊精葡萄糖基转移酶。芽孢杆菌 WSHB04-02 产碱性果胶酶的最适温度为 60℃，最适 pH 为 9.4。吸水链霉菌(*Streptomyces hygroscopicus* WSH03-13)发酵产谷氨酰氨转胺酶过程中能形成副产物蛋白酶。黑曲霉 B0201 可利用五倍子生料固体发酵产单宁酶。

8.1.3　酶制剂在养猪生产中的应用

8.1.3.1　非淀粉多糖酶的应用

非淀粉多糖酶可破坏植物细胞壁，暴露营养物质，提高这些营养物质的消化率；降低肠道食糜黏度，促进营养物质的消化和吸收；减少肠道有害微生物；提高内源酶活性；改善外周血液激素水平，提高动物机体免疫力。

1.非淀粉多糖酶在仔猪上的应用

仔猪的胃肠道微生物处于发育和繁殖时期，难以消化吸收非淀粉多糖，在仔猪植物性原料含量较高的日粮中添加非淀粉多糖酶能有效地帮助仔猪消化吸收非淀粉多糖，改善养分消化率，提高采食量和日增重，促进仔猪生长发育和机体健康。在仔猪玉米-豆粕型日粮中分别添加0%、0.01%、0.02%、0.03%和0.04%非淀粉多糖酶能有效提高干物质、粗蛋白质、粗纤维、粗灰分、能量、粗脂肪和无氮浸出物的表观消化率，以0.02%的添加剂量对仔猪生长性能、养分消化率的改进效果最明显(陈清华等，2006)。与玉米日粮相比，在仔猪高次粉日粮中添加0.15%的非淀粉多糖酶，日增重和采食量分别提高了6.76%和2.22%，料重比下降4.26%(陈清华等，2006)。但梁海英等(2011)在不同类型日粮中添加非淀粉多糖酶对仔猪采食量影响不显著，但有改善平均日增重和饲料利用率的趋势。

2.非淀粉多糖酶在生长猪上的应用

非淀粉多糖酶的添加能影响养分的消化吸收率，有效改善生长猪的生长性能及肠道健康。在生长猪稻谷型日粮中添加非淀粉多糖(NSP)酶能显著改善生长猪消化道结构和功能，提高饲料养分的消化吸收，促进其生长。在玉米-豆粕型日粮中添加0.06%复合非淀粉多糖酶能显著提高生长猪对饲料干物质、粗蛋白质和能量的表观消化率(王连生等，2010)。在3种不同谷物组成的日粮中添加非淀粉多糖复合酶，均能降低直肠pH、大肠杆菌数和沙门氏菌数而提高双歧杆菌数和乳酸杆菌数，有利于改善生长猪直肠的微生物菌群(余有贵和贺建华，2005)。

8.1.3.2 植酸酶的应用

植酸酶能提高猪对植酸磷的利用率，还能降低粪便中磷的排放，减少磷污染。不仅如此，饲料中添加植酸酶，可显著提高钙、镁、锌、锰等矿物元素的生物利用率，且促进动物矿物质营养的平衡，进而保持动物组织结构的完整性，促进软骨和骨细胞的有序化。植酸酶还能够促使与植酸相结合的氨基酸和蛋白质释放出来，增加消化酶量和底物蛋白质浓度，从而提高蛋白质和氨基酸的利用率。植酸酶用作猪饲料添加剂能够显著提高猪的饲料利用率和采食量，从而提高日增重，提高生产性能。

在仔猪断奶和生长阶段，在其玉米-豆粕日粮中添加植酸酶可代替部分磷酸氢钙，在不影响生长性能和骨骼发育的同时，还降低了粪磷排出。与低磷日粮(总磷0.38%)的负对照组相比，超高水平植酸酶(20 000 FTU/kg)的添加提高了日粮干物质、能量、粗蛋白质和部分氨基酸在生长猪中的回肠末端表观消化率，改善了钠、钾、锰和锌消化率及锰和锌存留率，但粗纤维和中性洗涤纤维(neutral detergent fiber, NDF)的消化率及后肠发酵被抑制(曾志凯，2015)。在有效磷降低的同时添加植酸酶可改善生长猪的平均日增重，降低增重成本。

8.1.3.3 消化酶的应用

1.蛋白酶的应用

外源蛋白酶可降解饼粕类等蛋白质原料中的特异性多肽，补充仔猪消化道内源蛋白酶分泌的不足，刺激内源酶的分泌，分解日粮中的大分子物质，减轻饲料中抗营养因子的作用，不仅可以提高蛋白质、氨基酸等养分的消化利用率，也可提高饲料中其他养分的消化率，促进生长性能的提高。以羽毛粉(5%)等氮替代豆粕后会导致生长猪平均日增重(ADG)显著降低，大部分必需氨基酸表观消化率均显著下降。但角蛋白酶基因工程菌(PK)的添加能缓解 ADG 的降低,随着 PK 添加量的增加,氨基酸表观消化率也随之增加,干物质、能量、磷和有机物的表观消化率得以显著改善,肠道有害微生物大肠杆菌相对丰度显著降低(高洁,2014)。

2.脂肪酶的应用

日粮减少 1%脂肪粉并添加 0.03%脂肪酶显著提高妊娠母猪背膘增厚,降低哺乳期母猪背膘损失,母猪初乳和常乳中乳脂含量均显著高于对照组(吴先华等,2013)。在哺乳母猪料中添加 200 g/t 或 300 g/t 脂肪酶均可显著提高仔猪断奶重,缩短断奶发情间隔,但脂肪酶的添加对哺乳期母猪采食量没有显著影响(时本利等,2012)。

在生产中,一般会进行酶的复配,以帮助饲料中多种养分的消化吸收。又因为酶对高温耐受性低,因此,多用后喷涂工艺将酶喷洒于饲料上。

8.2 微生物

8.2.1 能直接在饲料中添加的微生物

目前可直接添加到饲料中的微生物有乳酸菌、芽孢杆菌、酿酒酵母。其中以乳酸菌在猪生产中应用较多。乳酸菌耐酸,它能产生特殊抗生素——酸菌素(acidoline),有效抑制大肠杆菌和沙门氏菌的生长。

8.2.2 微生物发酵产物在猪生产上的应用

8.2.2.1 微生物发酵对饲料品质的改善

微生物发酵后,不仅能增加饲料中的有益因子,而且能降低其抗营养因子的含量,改善动物居住环境,促进动物生长。

1.增加有益因子

饲料通过发酵可产生很多有益的因子,如微量元素、维生素、活性肽、酶以及生长激素等。发酵过的混合饲料,可产生大量乳酸,使饲料含有酸香气味,具有良好的诱食效果,提高仔猪采食量。饲料发酵 4 d 以后,pH 由 7.0 下降至 5.0 以下成为酸化饲料,有利于保持胃肠道内酸性环境,促进仔猪对养分的消化吸收(李维炯等,2003)。发酵饲料中含有更多的芽孢杆菌、酵母菌等益生菌,它们不仅能抑制致病菌附着到肠细胞上,还与有害病原菌竞争,抑制其在肠道中的数量。用益生菌发酵豆粕饲喂猪,可降低仔猪腹泻发病率,同时,增加粪便中有益微生物菌群丰度。

2.降解有害因子

发酵能降解饲料中一些抗营养因子和有毒的物质,改善饲料的营养价值。例如,枯草牙孢杆菌发酵后的菜粕残渣中硫苷和芥子碱含量分别由发酵前的 13.94 μmol/g 和 5 882.6 μg/g 降到发酵后的 0.48 μmol/g 和 96.6 μg/g,发酵后噁唑烷硫酮含量由 0.84 mg/g 降至 0.12 mg/g(李坤朋等,2014)。混合菌(枯草芽孢杆菌∶蜡质芽孢杆菌∶干酪乳杆菌=3∶2∶1)在

30℃，料水比1∶0.8时发酵菜粕48 h之后，菜粕的单宁降解率达31.16%，硫苷降解了70.28%，同时菜粕中小肽(+403.12%)和粗蛋白质(+40.91%)含量增加(孙宏，2009)。粪肠球菌厌氧发酵棉籽粕可降解67.85%的游离棉酚(马珍，2013)。发酵还可有效分解动物粪便，降解硫化氨、氨基氧化酶及吲哚类物质，改善动物的饲养环境。

8.2.2.2 发酵饲料在猪生产中的应用

1. 微生物发酵饲料对猪肉质的影响

饲喂发酵饲料，可明显提升猪肉的品质，改善肉色，增加肌肉脂肪含量，降低肉的嫩度，增加肉的风味。酸败是造成肉类变色及腐烂的主要因素，因此，肌肉的pH是测定肉品质的重要指标。乳酸菌发酵饲料的使用可促进猪肉排酸。肌内脂肪含量和分布状况是影响嫩度的重要因素。育肥猪日粮添加发酵饲料能显著提高其畜产品肌内脂肪含量，降低总多不饱和脂肪酸和亚油酸的含量，增加α-亚麻酸和总单不饱和脂肪酸的含量。肌内脂肪增加后，肌肉剪切力降低，肉质嫩度得以改善。饲喂益生菌复合饲料的猪，其肉色更鲜艳，系水力增强，肌肉滴水损失降低。其原因可能是乳酸杆菌可抑制细胞膜脂质过氧化反应，延缓肌肉中的肌红蛋白被氧化成高铁血红蛋白，从而减慢肉色变暗的速度，提高肉色亮度。用发酵好的饲料喂食的动物，其肉质中风味物质更多，适口性也更好。采食无抗发酵饲料后，鲜猪肉中的风味物质(102种)比普通饲料组(80种)更丰富(王春林等，2006)。

2. 微生物发酵饲料对动物免疫功能的影响

发酵饲料中的有益微生物能刺激免疫复合物如细胞激素等的产生，提高机体的免疫力。饲料发酵过程中产生大量的B族维生素、抗菌肽、有机酸等生物活性物质能提高猪的非特异性免疫功能，增强动物的抗病能力。食用发酵食品，能通过有益微生物在肠道内的定植，抑制致病菌的生长，增强吞噬作用，保护消化道和淋巴系统的免疫活动。给28日龄的断奶仔猪饲喂含米曲霉发酵的豆粕饲料后，T淋巴细胞增殖反应显著降低，肠系膜淋巴细胞指数增加，表明微生物发酵豆粕促进仔猪的免疫器官发育(刘欣和刘树全，2007)。哺乳动物血清免疫球蛋白IgA、IgG和IgM有抗菌、抗病毒的作用，在体液免疫中最为重要。给杜×长×大断奶仔猪添加2%的以酵母菌、芽孢杆菌和乳酸菌为主的微生物发酵饲料21 d后，其血清中IgA、IgG、IgM含量分别比对照组提高了8.44%、49.41%、12.47%，并且试验组猪瘟抗体阻断率高于对照组(王娟娟等，2011)。

3. 微生物发酵饲料对动物抗氧化性能的影响

发酵饲料对单胃动物的抗氧化功能有积极作用。仔猪或育肥猪采食乳酸菌发酵的豆粕后，其血清抗氧化能力显著提高。在夏季生长育肥猪日粮中添加酵母培养物有利于提高机体抗氧化酶的活性，有效缓解高温高湿引起的甲状腺功能的衰退(田文生，2011)。

8.2.3 小结

发酵能降解饲料中的有害因子，增加有益因子含量。给单胃动物饲喂发酵饲料可促进养分消化吸收，改善肉质，提高免疫功能和抗氧化能力。但将发酵饲料大规模地应用于实际生产中仍有许多的技术难题需要我们攻克，如发酵菌种及工艺的确定，发酵产品的标准化等。未来有待努力开发复合型发酵饲料，在产品效果稳定后，投入生产，以争取更多的经济效益。

8.3 调味剂

8.3.1 香味剂及其在猪生产中的应用

8.3.1.1 香味剂的分类

香精的香气组成根据挥发度不同可分为头香、体香和尾香层。头香是首先能嗅到的香气，一般由挥发度高、扩散力好的香料构成。体香是头香过后立即能嗅到的香气，体香香料具有中等挥发性。尾香香料的沸点高，挥发性低，香气保留时间长，可较长时间掩蔽饲料的不良气味。这三者之间的合理平衡，使香精在整个挥发过程中各层次的香气能循序挥发，前后具有连续性，达到香气协调、持久的效果。

香味剂根据动物对香气的偏好有奶香型、玉米香型、饼干香型、血腥香型等品种。猪饲料中常用的香味剂有乳香味、果香味、香草味、巧克力味等。商品香味剂有油状和粉末状两类。油状香味剂用喷雾方法喷洒在颗粒饲料中，香气能较好地挥发出来，但不能持久，使用方法也较为繁琐；粉末状香味剂主要有吸附型和微胶囊型两种。吸附型香味剂是使液体的香味剂吸附在阿拉伯树胶、纤维素等载体上，然后制成方便使用的粉末状。胶囊型香味剂是将香味剂进行微胶囊包装，使香味剂的香气可缓慢释放并可耐受加工过程的高温，是一种较理想的香味剂。胶囊型香味剂粒径一般为 50～500 μm。微胶囊香味剂有多种形态，如固态、液态及气态微胶囊香精、复合单体多味微胶囊香精、慢释放微胶囊香精、热敏性微胶囊香精、喷涂型和搅拌型微胶囊香味剂、彩色微胶囊调味料、过胃肠溶微胶囊添加剂及药物等。微胶囊香味剂能保持香味在饲料加工储存中缓慢释放，增强香味的持久性，动物在采食微胶囊香味剂后，在口腔唾液的作用下，由胶囊包被的香味释放出来，刺激动物的食欲，增进动物采食。

8.3.1.2 香味剂的组成

构成饲料香味剂的核心物质主要有以下三部分：一是香精。它是由天然香料和人造香料经过调配，达到一定香型或香韵的混合体。香味剂的香气、香味的好坏主要取决于这一部分。常见的饲用香味添加剂原料有乳酸丁酯、柠檬油酪酸、乳酸乙酯、香兰素等。香精是饲料香味剂的核心和“灵魂”，它能发出动物喜好的香气，刺激动物的嗅觉，产生诱食作用。二是抗氧化剂。香精中含有一些易氧化物质如醛类、烯类等，添加抗氧化剂可以延缓其氧化变质，一般使用丁羟基甲苯、维生素 E 等。三是载体或溶剂。液体香精一般使用乙醇、丙二醇做溶剂，固体香精需选择合适的载体。辅助制剂主要是用于保持香味剂中香料成分的化学稳定性和挥发平衡稳定性，保持香味剂的溶解性和分散性，更好地发挥其整体功能。其常用成分有抗氧化剂、有机溶剂、表面活性剂、载体和抗结块剂等，它们虽不是香味剂的有效成分，但对香味剂的效力、外观和使用特性起着十分重要的作用。

8.3.1.3 香味剂的功效

猪饲料中使用香味剂的目的主要有：一是助消化作用，香味剂的某些成分能刺激胃肠道增加消化液及消化酶的分泌；二是诱食作用，通过添加香味剂，增加饲料的采食量；三是改善饲料品质作用，香味剂可以掩盖饲料原料主要是非常规原料中某些特殊气味或不良的异味；四是商业作用，通过添加香味剂有助于改善饲料的商品外观，满足客户的特殊要求。

1.助消化作用

动物的采食量与其生长性能有直接的关系，而日粮的适口性是影响动物采食量的主要因素，已经成为评定饲料好坏的重要指标。哺乳幼畜对日粮的适口性要求较高，所以在其饲料中添加香味剂对于促进幼畜尽早开食、大量采食以及断奶后的生长发育都有着重要的意义。

2.诱食作用

畜禽在不同生长阶段需要经历转舍、混群以及饲料来源和类型的变动，适应新的环境和营养条件是一个应激的过程。尤其是仔畜断奶时，容易出现生长缓慢甚至停滞的状况，严重时会引起腹泻等反应。实践证明，从断奶到77日龄阶段仔猪的生长状况是肉猪生产的关键时期，对猪的体重和肉品质有极大的影响。在刚断奶仔猪日粮中添加香味剂，香味剂的独特香气会促进仔猪尽早适应保育饲料，同时提高抗应激能力，促进仔猪生长发育。饲料总营养价值虽然不变或变化微小，但由于每种原料的适口性各有特色，猪对饲料风味具有很强的印迹性，饲料气味的改变必然影响采食量，使用香味剂可使不同阶段的饲料具有相同的香味，诱使仔猪采食，顺利适应新饲料的口味，提高其采食量。

3.改善饲料品质作用

香味剂成分有防霉、抗氧化作用，这样就可以延长饲料的保存期。例如，天然调味剂中的丁香、肉桂既具有防霉作用，又可防止饲料中不饱和脂肪酸被氧化，起抗氧化剂作用。饲料中的药物及某些原料中的不适味道会引起畜禽拒食或采食量降低，加入饲料香味剂能掩盖或减缓适口性较差的饲料组分和抗营养因子(如某些蛋白质、抗生素等)的不良异味，从而扩大饲料资源，提高适口性差的原料或代用品的应用。有研究表明，用饲料香味剂处理籽粒苋，猪的采食量比对照组提高9.9%～13.1%，日增重比对照组提高10.6%～13.6%。

4.商业作用

商品饲料中添加香味剂在保证产品的适口性的同时，能有效地保证商品饲料特定的商品风味和香型，提高产品的质量档次。改善饲料的商品性状有2种情况：一是给产品添加购买者喜欢的风味；二是把产品中的不良气味覆盖。随着饲料市场竞争越来越激烈，用户对饲料质量的要求也越来越高，饲料厂家不仅在营养成分含量上竞争，而且还在饲料外观和风味上竞争。而一般猪场和农户很少有正规化验室，饲料运到后，用户无法立即测定其中养分含量，只能凭饲料外观及气味来判定。饲料具有特定芳香气味或某些特征气味，确实能增加适口性提高采食量，增加饲料企业的市场竞争力，给厂家和用户带来显著的经济利益。

8.3.1.4 香味剂的应用

1.香味剂在仔猪生产中的应用

猪是一种嗅觉极度发达的哺乳动物，相比于其他动物能够判别更多不同的气味，对气味的识别能力比犬高1倍，甚至高于人的7～8倍，仔猪出生几小时内就能很好地鉴别不同气味。猪的嗅觉系统特别复杂，作用也十分重要。猪依赖嗅觉来定位、觅食、识别有害物质、避开危险，进行种间识别、数量和性别辨别、择偶和占据领域等。断奶仔猪饲养是养猪生产中的重要环节，仔猪常会对母乳到干饲料的转换感到不适而导致采食量下降，采食量下降易引起肠道绒毛萎缩而导致消化道疾病。因此，提高断奶仔猪的采食量对提高养猪经济效益极其重要。仔猪个体对气味接触会导致独特的采食偏好，持续接触一种特殊的气味可以提高与这种气味的亲密度，随着时间推移会逐渐喜欢这种气味。因此，香味和甜味是衡量仔猪饲料适口性最为重要的 2 个指标。

利用猪自身嗅觉方面的优势，在日粮中添加一些非营养性有香味的添加物，包括诱食剂和其与植物提取物等的复合剂引导猪只采食，对减轻猪只应激及腹泻、提高饲料转化率和生长性能等可产生持续性的有益效果。饲料香味剂刺激嗅觉器官，再由大脑发出指令，促使消化液的分泌和胃肠蠕动，从而产生食欲，启动采食行为。在教槽料中添加香味剂有助于仔猪肠道形态的发育，从而促进其生长。对于初生仔猪来说，没有采食固体饲料的经验，它们的采食经验主要从采食母乳获得，它们喜欢的味道通常与母乳的风味相似，所以对仔猪来说，天性偏好母乳的甜奶气味，因此在仔猪日粮中首选具有奶香味和甜味的饲料香味剂。研究表明，添加香味剂的日粮与未添加香味剂的日粮相比，能显著缩短猪只的采食时间（万锐等，2013）。仔猪对不同香型偏好不一，在同样试验条件下，对奶酪味的偏食指数为 1.50～1.60、香草味为 1.40～1.50、红水果味为 1.20～1.38、青水果味为 1.11～1.20、茴香味为 1.2（陈学斌，1999；邓洁明等，2016）。添加猪母乳香型香味剂具有显著提高断奶仔猪 24 h 采食次数和采食持续时间的作用（吕继蓉，2011）。但某些香味剂只在一段时间内能起到诱食效果，如 1.0‰的奶味香精仅在仔猪断奶前有明显诱食效果（刘爽，2007）。而牟永斌（2008）研究试验中，仔猪对添加香味剂的饲料有拒食的趋势。

2. 香味剂在母猪生产中的应用

“印迹效应”是指哺乳动物产仔前和哺乳期日粮中添加特殊的香味剂，使后代与这种香味剂与母乳相联系，在哺乳期和断奶后日粮中添加相同的香味剂，可以促进它们的采食量，哺乳动物后代形成印迹效应的过程叫作印迹训练。这种印迹训练是仔猪从母猪采食日粮的嗅觉信号间接学习形成的，动物在出生前就能感应化学信号，尤其是母亲采食的日粮到达胎儿所在羊水或胎盘血液中的气味信号，出生后通过母乳也可以传递气味信号。这种印迹训练不只是在猪上，在人类、大鼠、羊等动物上都有报道。印迹训练产生效应的原因可能有：产前营养的气味通过化学信号传递给后代，胎儿通过吞咽和消化羊水感觉到气味印迹；此外，母亲采食的香味物质可以经过胎盘屏障进入胎儿的血液循环，作用于胎儿与嗅觉相关的毛细血管。

3. 香味剂在生长育肥猪中的应用

与仔猪相比，生长育肥猪消化道的发育、消化酶的分泌及生理功能已比较完善，适应力较强，特别喜食具柑橘香味的物质。应用在生长育肥猪的饲料香味剂主要有甜乳香型、水果香型、甘草香型和谷实香型等。生长育肥猪喜欢有风味的饲料，可以刺激食欲，促进胃肠蠕动，激发消化腺的分泌，提高采食量，促进消化道功能，提高饲料消化率和饲料转化率。另外，为降低饲料成本和促进生长育肥猪生长，生产中常在成年猪饲料中加入适量非常规饲料和药物促生长剂，这些原料带有动物不喜欢的味道，适口性差。在生长育肥猪饲料中使用香味剂，可以弥补饲料中缺乏天然风味，中和掩盖配合饲料中棉籽粕、菜籽粕、血粉、矿物质、药物添加剂等带来的不良气味。消除各种因素对猪引起的应激反应，使动物较顺利地适应和接受饲料配方的改变，有利于开发利用各种新的饲料资源。

在育肥猪粉状饲料中添加调味剂可显著提高育肥猪的生长速度、日采食量以及饲料转化率。香味剂桂皮香 300 g/t 具有提高育肥猪采食次数、采食时间和采食速度的作用（刘张育等，2013）。香味剂可显著降低饲料过氧化值，提高育肥猪采食量和日增重，有提高背最长肌中脂肪酸和肌苷酸含量的趋势，并且不影响氨基酸和鸟苷酸的含量（商杨等，2013）。育肥阶段在饲料中添加香味剂的同时，在屠宰场撒上相同香味的香味剂引诱猪，发现猪比较配合，减少了屠宰过程中对猪使用暴力，对动物福利和肉质的改善非常有利。所以饲料中添加香味剂可以通过缓解宰前应激，减小 PSE 和 DFD 肉出现的概率，达到改善肉质的效果。

香辛料可以作为一种香味剂添加到饲料中。我国香辛料有 80 余种，常用的有大蒜、辣椒、生姜、桂皮、胡椒、茴香、豆蔻、丁香、花椒等。在 60～90 kg 猪的日粮中添加去籽辣椒粕，可显著提高屠宰率，在正常范围内显著提高肌肉屠宰后 45 min 和 24 h 的 pH，显著提高肉色评分，显著降低肌肉失水率，增强肌肉的多汁性，显著提高猪肉 4 种鲜味氨基酸（天冬氨酸、谷氨酸、甘氨酸、丙氨酸）的含量，使猪肉香味变浓，改善猪肉的质量（田宗祥等，2012）。大蒜素油的主要成分是二烯丙基二硫醚和二烯丙基三硫醚，在猪饲料中添加大蒜素能改善猪肉的香味和品质，使香味变浓，肉质变好（赵蕾，2010）。在饲料中添加从柑橘类果实、洋葱、芹菜、大蒜、胡椒、辣椒、亚麻子、薄荷、藏茴香等植物中提取的芳香类化合物后，从宰后 45 min 到 24 h，对照组猪肉的 pH 下降速率比试验组快，说明它可能有抑制肌糖原酵解的作用，并且这些芳香类化合物能降低屠宰后 96 h 猪肉的 L^* 和 b^* 值（朱碧泉等，2011）。

8.3.1.5 使用饲料香味剂应注意的问题

饲料香味剂仅仅是一种用来改变或增强天然风味，促进采食、生长及生产的非营养性添加剂，如果没有其他条件如饲料原料、营养水平、氨基酸平衡等的支撑配合是不可能取得良好效果的。其次，饲料香味剂是根据动物嗅觉、味觉的生理原理和嗜好，为刺激和增加动物食欲而设计的，诱食是其根本目的，因此在应用饲料香味剂的过程中，应注意以下几个问题。

1. 稳定性

饲料香味剂既要有一定的挥发性来诱食，又要有一定的稳定性。在加工、制粒及以后的正常贮存中不至逸失走味，保持其功效。在香味剂的产品开发及应用中，其挥发性或者说香气的稳定性是人们极为关注的问题。首先香味剂在物理学上有一定的稳定性。香味剂既要散发“香气”，具一定挥发性，又要有一定的货价寿命（一般为 1 年），要求与饲料混合后也有一定的保存期，产品质量要稳定，热稳定性好，能经受制粒、热压膨化等程序处理而不明显地“走味”，化学稳定性好。饲料香味剂中含有能散发香气的挥发性物质，防止其香味物质的逸失是非常必要的。一般要求添加香味剂的饲料储存期不超过 3 个月。市售的饲料香味剂，由于其辅助制剂不同，稳定性差异较大，质量好的饲料香味剂其稳定性受加工、运输、储存期的影响较小。

2. 合理配伍

饲料香味剂通常是由具有一定挥发性的有香气的天然物质如植物的根、茎、花、果的浓缩物和化学合成物如酮、醇、酯、醚等加工制取的。饲料中有些物质，如铜、钾、氯化胆碱、鱼粉、抗生素类药物等均能降低饲料香味剂的功能，防霉剂、化学保存剂影响饲料香味，因而应避免香味剂与这些物质直接接触，最好是用植物性原料进行预混合，以保护香味剂的香气在饲料中发挥作用。而有些物质如脂肪、盐、葡萄糖、核苷酸等对饲料香味剂有增效作用，并能使其更稳定。

3. 勿将饲料适口性完全寄托于饲料香味剂上

目前多数饲料厂家在制定饲料配方时，只考虑饲料营养与价格，而把饲料适口性完全寄希望于饲料香味剂上。而事实上有些饲料原料“缺陷”是香味剂不能弥补的。一些含有较高有害有毒成分的原料，如含胰蛋白酶抑制因子和脲酶等的大豆饼粕、含抗硫胺素因子的生鱼粉等，这些原料常常伴有苦、涩、麻、辣等不良口味，如果制定配方时不加选择、处理和限制，势必影响整个饲料的适口性。

4. 不要盲目加大用量

有些饲料厂家为了迎合顾客的心理，盲目加大用量，以用户能否闻到为准。已有研究证明，人与动物味蕾数目及分布是不相同的，所以二者感觉也有差异。香气过浓会造成动物的感官疲劳，不仅提高饲养成本，使用效果也不好。应根据所喂动物的种类、年龄和所用原料来选择合适的香味剂。添加香味剂要充分混合均匀，以免局部浓度过高，刺激动物鼻、咽黏膜，影响采食。

5. 千万不要试图用香味剂掩盖腐败霉变的饲料

有些饲料厂试图用香味剂掩盖腐败变质和污染霉变的饲料，这样做危害极大，饲料中有毒有害因素并未因添加香味剂而减少。另外香味剂不仅不起掩盖作用，还会因香气挥发而放大那些不好的气味和味道。有的饲料厂反映加了香味剂后饲料有油脂腐败味就属于这种情况，即饲料中腐败油脂味在香味剂的作用下极易挥发放大。

8.3.1.6 **小结**

随着营养学研究的不断深入，猪的配合饲料将日臻完善，香味剂的发展也将进一步深入。在我国，饲料香味剂的研究开发起步不久，必将有很大市场潜力和发展前景。应加强饲料工业与香料业之间的联系，利用各种有利条件，开发研制多品种、系列化，适合各种动物所需的饲料香味剂新产品，以满足日益增长的市场要求。但是必须强调，无论香味剂多么先进，若单纯依靠香味剂是不可能使猪的干物质采食量达到最佳水平。必须饲料营养、采食量、消化吸收三管齐下，才能充分保证动物的健康生长和高效生产。

8.3.2 甜味剂及其在猪生产中的应用

受常规饲料缺乏和价格上涨的影响，养殖产业越来越多地使用棉粕、菜籽饼、农副产品、食品行业的下脚料等作为饲料原料，但这也导致了饲料的适口性严重下降，影响猪的采食量和生产性能。为了改善饲料的适口性，在家畜饲料中添加甜味剂越来越普遍。在猪的生产中使用的甜味剂种类很多，包括单独组分和配合组分，前提是它们必须在饲料添加剂品种目录中，都具有味觉促进剂、高甜度物质、增效剂等作用。根据甜味剂的来源可分为合成甜味剂和天然甜味剂，合成甜味剂主要有三氯蔗糖、安赛蜜、糖精、甜蜜素、新橙皮苷二氢查尔酮等，天然甜味剂包括果糖、葡萄糖、甘露糖、半乳糖、蔗糖、乳糖、麦芽糖等。由于天然甜味剂成本较高，目前猪生产中使用较多的是合成甜味剂。

甜味剂对仔猪有促采食作用。摄食行为是动物最重要的生理行为，而味觉对于摄食行为中的辨味与促进食欲起着十分重要的作用。生理学认为味觉的适宜刺激是由溶解在唾液中的呈味物质决定的，味觉强弱取决于呈味物质的浓度、作用时间和作用面积。味蕾是动物的味觉感受器官，食物中的呈味物质(tastan)溶解在唾液里，并通过味蕾的味孔与味细胞接触，通过神经反射，使神经中枢对信号进行处理，最终导致适应性反应。因此甜味剂的使用对猪生产过程十分重要。

甜味剂的分子结构与猪的味觉感受器上的化学受体产生化学键结合，才使猪感受到甜味。蔗糖是最早的猪用甜味剂，在教槽料中添加3.0%以上才有较明显的诱食效果。甜味剂的特殊气味可以掩盖饲料因霉变、污染等因素产生的气味，改善饲料的适口性。在饲料中添加甜味剂能够增加或延长饲料风味，还可以提高胃液、肠液、胰液、胆汁、蛋白酶、淀粉酶、脂肪酶的分泌量，提高仔猪饲料的消化率。在断奶仔猪日粮中添加甜味剂可显著提高第1周的粗蛋白质(CP)和粗灰分(ASH)的消化率，断奶后第3周和第4周的干物质(DM)、CP、有机物(OM)、粗脂肪(EE)和ASH的消化率得以提高(牟永斌，2008)。适口性的改善及养分消化率的提高，势必会提高仔猪采食量，增加日增重，降低料肉比，提高仔猪的生长性能。

国外的研究表明，给断奶仔猪饲喂加甜味物质的饮水对仔猪有一定影响。仔猪对蔗糖的喜好程度较高，加10.3 g/L的蔗糖时，仔猪的饮水量比对照组高6倍，葡萄糖的浓度大于18 g/L时，仔猪也较喜欢葡萄糖水，但当葡萄糖水的浓度为21.6 g/L时，仔猪的饮水量降低。如果饲料中原料品质越好，添加同等数量的甜味剂的效果呈下降趋势。越接近甜味剂的最佳添加量，动物的采食量越高，添加过量会影响动物采食量。此外，仔猪对甜味剂也有一个逐渐适应习惯的过程。

甜味剂在我国养猪业研究、使用都较晚。但由于价格较低，性价比高，可以降低养猪业的养殖成本，近年来甜味剂在仔猪饲料中的应用逐渐受到关注。甜味剂的添加可以改善饲料适口性，提高仔猪采食量、生长性能、饲料消化率，必将成为仔猪饲料新型的添加剂。

8.3.3 鲜味剂及其在猪生产中的应用

鲜味剂又叫风味增强剂，它是一类可以增强食品鲜味的化合物。根据化学成分的不同，可将食品鲜味剂分为氨基酸类、核苷酸类、有机酸类、复合鲜味剂等。鲜味剂对蔬菜、肉、禽、乳类、水产类乃至酒类都起着良好的增味作用。适量的鲜味剂可被动物感知，提高动物食欲，而少量的鲜味剂则可增强其他4种味觉，故为风味增强剂。养猪生产中常用的鲜味剂为谷氨酸钠。谷氨酸钠是味精的主要成分，参与生物体内的多种代谢活动。除了谷氨酸钠外，生产中应用的鲜味剂还有肌苷酸二钠与鸟苷酸二钠等。

适量的鲜味剂可增强猪的食欲，提高猪的采食量，改善其生产性能。鲜味剂提高断奶仔猪采食量的主要途径是通过刺激其味觉，促进断奶仔猪的食欲，以达到增加饲料采食的效果。日粮中添加鲜味剂可提高哺乳母猪平均日采食量、泌乳量，降低背膘损失和仔猪死亡率，调节代谢、免疫、激素指标和与采食量相关的肠肽指标，改善乳成分和微生物菌群。

8.4 植物提取物

植物提取物是以物理、化学或生物学手段分离、提纯天然植物性原料(根、茎、花、叶、种子等)中的有效成分，以生物小分子形式存在的基团或高分子为主要成分的植物性产品。植物提取物主要活性成分有挥发油、生物碱、多糖、黄酮、皂苷和植物单宁等，其次级代谢产物主要包括生物碱类、黄酮类、甾体类、糖苷类、苯丙素类、醌类、萜类、鞣质类、脂质类、挥发油类等多种类型。植物提取物作为饲料添加剂具有抗氧化、抗菌、改善动物肠道健康、调节代谢及增强免疫力等多种生物学特性，且无药物残留和耐药性等特点，是理想的饲用抗生素替代品。

8.4.1 植物提取物对猪免疫性能的影响

植物提取物通过其抗菌、抗氧化等性质，在肠道中发挥抑制病原微生物生长的作用，促进微生物生态平衡，保证肠道健康，降低发病概率；另一方面提取物的活性成分在肠道中发挥免疫促进剂的作用，促进抗体产生和补体合成，增强机体免疫反应。大量研究表明，中草药添加剂具有天然性、多功能性、无毒副作用和无抗药性的特点，是替代抗生素类和激素类药物的理想饲料添加剂。卢福庄等(2011)试验表明，中草药组猪瘟抗体阳性率显著高于对照组，试验期间，中草药组猪的死亡率比对照组下降 66.7%和 75.0%，淘汰率降低 33.3%，使用中草药饲料添加剂比对照组增加经济效益 40.96%。马鞭草、马齿苋、忍冬藤、蒲公英 4 种植物提取液对大肠杆菌体外和体内抗菌均有较好的效果，马鞭草效果最好(金兰梅等，2012)。植物提取物的饲喂，能维护大肠杆菌攻毒时仔猪的肠道形态(李凯年，2014)。植物性多糖(如黄芪多糖、香菇多糖、牛膝多糖)具有很强的生物活性，能够促胸腺体液反应，刺激网状内皮系统，提高动物的免疫力，同时又是细胞膜的重要组分，可调控细胞分裂和分化，强化正常细胞，抵抗病原微生物的侵蚀，提高机体抗病的能力。在仔猪日粮中添加适量的植物性多糖，对其免疫反应和生长性能都有不同程度的促进作用。其中黄芪属植物提取物(如黄芪多糖)能有效缓解应激、提高食欲、降低动物的腹泻发生率，促进动物体内的能量代谢、组织再生和免疫性能的提高。党参属植物提取物具有免疫调节、抗氧化、清除自由基、治疗溃疡等功能。将皂树皂苷添加到仔猪日粮后发现仔猪血清中免疫球蛋白含量提高，抗逆性增强。其作用机理可能是通过提高细胞因子(如白细胞介素、干扰素)在血清中的含量来促进免疫反应，或是通过影响膜的通透性，使更多的抗原能与提取物中的活性成分结合进入胞液，刺激机体免疫反应。

8.4.2　植物提取物对猪肉品质的影响

植物提取物的添加可改善猪肉品质。日粮中添加植物提取物能显著提高肉色 a^* 45 min 值，降低 L 96 h 值，在 4℃下储存 0、3 和 7 d 后，与对照组相比，植物组肉样中丙二醛(MDA)的含量显著降低，超氧化物歧化酶(SOD)活性显著提高(朱碧泉等，2011)。与对照基础日粮组相比，生姜、大蒜复合植物提取物的饲喂能改善育肥猪屠宰 24 h 时 pH，随着时间的增加，植物组的 L 值、a 值、b 值优于其他组的趋势越来越明显(李金乐和金英海，2016)。母猪日粮添加植物提取物(止痢草精油，OE)可显著改善宰后猪肉的肉色，并提高冷冻存储猪肉的抗氧化能力，延长猪肉的货架时间(纪少丽等，2013)。

8.4.3　小结

综上所述，植物提取物影响猪免疫性能和猪肉品质主要有以下几点：降低猪的氧化损伤，提高猪的胰岛素敏感性，提高猪食欲和泌乳力；具有抗氧化、抗菌作用，维持肠道微生物稳态，调节抗氧化能力及免疫功能。植物提取物多种功能对猪性能都有不同的影响机制，这些机制相互联系，相互作用。但关于植物提取物协调作用机制，添加比例等相关研究还非常缺乏，需要继续深入探讨。

参考文献

[1] 陈清华，曹满湖，李召平，等. 非淀粉多糖酶在仔猪高次粉饲粮中的应用研究[J]. 饲料研究，2006(10):36-40.

[2] 梁海英，周安国，王之盛，等. 不同饲粮类型添加非淀粉多糖酶对断奶仔猪生产性能的影响[J]. 黑龙江畜牧兽医，2011(13):78-79.

[3] 王连生，石宝明，单安山，等. 非淀粉多糖酶对生长猪玉米-豆粕型饲粮养分表观消化率的影响[J]. 中国饲料，2010(13):29-31.

[4] 余有贵，贺建华. 日粮中谷物组成和复合酶添加对生长猪生产性能和养分消化率的影响[J]. 动物营养学报，2005，17(1):25-29.

[5] 曾志凯. 猪日粮中 Buttiauxella 植酸酶额外磷释放效应影响因素的研究[D]. 北京:中国农业大学，2015.

[6] 高洁. 毕赤酵母角蛋白酶基因工程菌产酶培养基适宜碳源选择及重组酶在生长猪上的应用研究[D]. 雅安:四川农业大学，2014.

[7] 吴先华，何若钢，刘巧婷，等. 降低日粮脂肪水平并添加脂肪酶对母猪体况及乳成分的影响[J]. 中国饲料，2013(14):23-25.

[8] 时本利，谢英明，朱维叶，等. 饲料用脂肪酶对哺乳母猪的繁殖性能及仔猪生产性能的影响[J]. 饲料与畜牧，2012(3):19-21.

[9] 李维炯，倪永珍，黄宏坤，等. 微生态制剂在生态畜牧业中应用效果[J]. 中国农业大学学报，2003，8(S1): 85-92.

[10] 李坤朋，张欣然，金虎，等. 菜粕生物转化合成伊枯草菌素及菜粕残渣饲用可行性分析[C]. 中国饲料营养学术研讨会，2014.

[11] 孙宏. 微生物发酵法对菜粕脱毒及蛋白品质改良的研究[D]. 武汉:华中农业大学,2009.

[12] 马珍. 固态厌氧发酵生棉粕降低游离棉酚含量的研究[D]. 合肥:安徽农业大学,2013.

[13] 王春林，朴香淑，陆文清. 发酵饲料对猪生产性能及肉中风味物质的影响[C]. 全国饲料营养学术研讨会，2006.

[14] 刘欣，刘树全，微生物发酵豆粕对仔猪生长性能及免疫功能的影响[J]. 粮食与饲料工业，2007(4): 39-40.

[15] 王娟娟，王顺喜，陆文清，等，无抗生素微生物发酵饲料对仔猪免疫及抗氧化功能的影响[J]. 中国饲料，2011(16): 25-27.

[16] 田文生，酵母培养物对夏季生长育肥猪生产性能、抗氧化及内分泌相关指标和胴体品质的影响[D]. 南京:南京农业大学,2011.

[17] 万锐，刘峰，雷燕，等. 不同香味剂对仔猪采食行为的影响[J]. 饲料博览，2013(03): 40-42.

[18] 陈学斌. 动物选择采食行为与调味剂在饲料中的应用[J]. 国外畜牧科技，1999，26

(6):12-14.

[19] 邓洁明,朱宇旌,李方方,等. 几种香味剂的偏食性及其对断奶仔猪生长性能的影响[J]. 饲料工业,2016,37(10):8-12.

[20] 吕继蓉. 饲料风味剂对猪采食量和采食行为的影响及机理研究[D]. 雅安:四川农业大学,2011.

[21] 刘爽. 几种甜味剂、香味剂和饲料颜色对仔猪增重效果的影响研究[D]. 杨凌:西北农林科技大学,2007.

[22] 牟永斌. 色氨酸和诱食剂对仔猪营养生理效应的影响研究[D]. 重庆:西南大学,2008.

[23] 刘张育,刘峰,万锐. 香味剂桂皮香对育肥猪采食量及采食行为的影响[J]. 饲料博览,2013(11):40-42.

[24] 商杨,边连全,刘显军,等. 饲料香味剂对饲料抗氧化性、育肥猪生长性能和肉质的影响[J]. 饲料工业,2013,34(02):22-27.

[25] 田宗祥, 张玲清, 关红民, 等. 饲料用去籽辣椒粕对育肥猪胴体品质及风味的影响[J]. 国外畜牧学:猪与禽,2012,32(2):63-64.

[26] 赵蕾. 饲料中添加大蒜素可改善肉质[J]. 中国畜牧兽医报,2010-04-04.

[27] 朱碧泉, 曹璐,车炼强, 等. 植物提取物对育肥猪生长性能、胴体性状、猪肉品质及抗氧化能力的影响 [J]. 中国饲料,2011(14):15-18.

[28] 卢福庄,王志刚,付媛,等. 中草药添加剂对猪生产性能和猪瘟疫苗免疫效果的影响[J]. 浙江农业学报,2011,23(01):56-61.

[29] 金兰梅,伍清林,马玉,等. 四种植物提取物对大肠杆菌的抑菌效果研究[J]. 家畜生态学报,2012,33(06):72-77.

[30] 李凯年. 猪日粮中添加植物提取物可以防治 PRRS 和大肠杆菌[J]. 中国动物保健,2014,16(05):78-79.

[31] 李乐,金英海. 复合植物提取物对育肥猪生长性能及肉质的影响[J]. 饲料广角,2016,(21):36-39.

[32] 纪少丽,李爱花,姜洁凌,等. 饲料中添加植物提取物对断奶-育肥猪生长性能及胴体品质的影响[J]. 中国畜牧杂志,2013,49(08):61-67.

第 9 章
猪肠道健康调控研究进展

本章内容提要

养猪生产中由病毒、细菌、寄生虫等引起的猪肠道相关疾病发病率很高，直接导致猪大量死亡，给养猪业造成了巨大的经济损失。猪的肠道是饲料营养物质消化吸收的主要场所，同时也是机体重要的免疫器官。保持猪的肠道健康才能保证猪的正常生长。肠道健康包括肠道屏障、肠道微生物的健康。本章综述了猪肠道物理屏障调控（包括猪肠道物理屏障的组成与功能、引起猪肠道物理屏障损伤的因素、调节猪肠道物理屏障功能的措施）、猪肠道微生物区系调控（包括猪肠道微生物定植规律、猪肠道微生物功能、影响猪肠道微生物菌群的因素、肠道微生物与仔猪肠道健康）、肠道黏膜免疫调控（包括猪肠道黏膜组织、肠道黏膜免疫系统的组成、肠道黏膜免疫、影响肠道黏膜免疫的因素）取得的研究进展和成果。

9.1　肠道物理屏障调控的研究进展

随着我国养猪业的发展，猪肠道相关疾病发病率极高。因此，人们更加意识到肠道健康对于保证动物健康和养猪业可持续发展的重要性。包括猪在内的各种动物的肠道具有双重功能，不仅可以作为机体营养物质消化吸收的主要场所，同时也是机体重要的免疫器官。完整、健康的肠道在消化吸收各种小分子营养物质（如葡萄糖、氨基酸和电解质等）的同时，还可以作为一种屏障来阻止病原菌和一些大分子物质（如内毒素等）穿过肠壁，通过血液循环进入机体。动物的肠道屏障是机体与外部环境之间最大的接触面，由物理屏障、化学屏障、微生物屏障和免疫屏障组成。这 4 种屏障通过一定的有机结合，共同发挥着屏障功能，从而保证肠道的健康。

9.1.1　肠道物理屏障的组成与功能

肠道物理屏障可防止细菌黏附并调节其通过细胞旁路对宿主组织的扩散。从内层到外层，肠道物理屏障由肠道固有菌群，即与病原菌竞争生存空间和能量来源，对保证黏膜完整性所需分子进行加工及调节深层屏障[该屏障可区分共生菌和病原菌，对共生菌免疫耐受而对病原菌产生免疫反应(Bjarnason 等，1995)的免疫活性]，黏液[将管腔内容物与内层分离开且含有抗菌肽和分泌型免疫球蛋白(secretory immunoglobulin A，sIgA)]，上皮细胞(形成物理和免疫屏障)和先天及适应性免疫细胞形成的肠道相关淋巴组织(呈递抗原，产生免疫反应)等组成(Natividad 和 Verdu，2013)。

9.1.1.1　肠道菌群

肠道菌群平衡对维持肠道内环境稳态，保障动物肠道健康十分重要。肠道微生物具有多种功能，如促进营养物质代谢、抗菌保护作用、免疫调节、维护胃肠道结构和肠道屏障的完整性等。肠道菌群结构的变化也将引起肠道屏障功能产生变化。

9.1.1.2　黏液

黏液是细菌在肠道中遇到的第一道屏障，它能保护上皮细胞免受微生物和有害抗原的伤害，同时充当肠道蠕动的润滑剂。其为 2 层：①内部分层且紧密附着在上皮细胞表面的黏液层，厚约 50 mm，致密且不允许细菌穿透，从而使上皮细胞表面不受细菌的影响；②外部未附着层，厚约 100 mm，是肠道菌群的“栖息地”(Ouwerkerk 等，2013)。这种划分对于维持被微生物高度定植的肠道的内环境稳态至关重要。事实上，这两种黏液层呈一个巨大且动态的网状结构，且其中的蛋白质组成是相似的，均主要由杯状细胞分泌的高度糖基化的黏蛋白(mucin，MUC2)组成(Hansson，2012)。黏液屏障的重要性在 $MUC2^{-/-}$ 小鼠模型中得到进一步证实：在这个模型中，由于黏液层缺失，细菌靠近上皮细胞，随后导致肠渗透性增加，从而引发炎症反应，并促进结肠癌的发展(Kawashima，2012；Velcich 等 2002；Van der Sluis 等，2006)。MUC2 黏蛋白上的大量 O-聚糖不仅可以作为细菌的营养物质，也可以作为细菌黏附位点，因此，这可能有助于选择物种特异性的结肠菌群(Kawashima，2012)。

9.1.1.3　上皮细胞

肠道上皮组织呈单层细胞状，厚度仅 20 mm，由 5 种不同的细胞类型组成，包括肠细胞、内分泌细胞、M 细胞、杯状细胞和潘氏细胞。肠上皮细胞是肠道中最丰富的细胞类型，可以作为一道阻止肠腔内容物转移到内部组织中的物理屏障。肠内分泌细胞产生和分泌参与调节多种生理功能(包括能量摄入、肠蠕动和免疫等)的激素。M 细胞存在于派伊尔结滤泡相关上皮(follicle-associated epithelium，FAE)中，并能感受抗原，随后通过免疫细胞将其传递给亚上皮细胞。杯状细胞产生和分泌糖基化的黏蛋白，然后形成一层厚厚的黏液层，覆盖在细胞表面上，从而阻止肠内容物与细胞表面直接接触(Kim 和 Ho，2010)。最近的研究也表明，杯状细胞可能直接感受并呈递肠腔内抗原(McDole 等，2012)。潘氏细胞仅在小肠中发现，能够产生和分泌各种抗菌肽，如 α- 和 β- 防御素、溶菌酶和磷脂酶 A2，它们有助于限制共生菌和致病微生物的侵入和生长(Clevers 和 Bevins，2013)。

相邻上皮细胞之间是细胞间的连接复合体(包括紧密连接、黏合连接和细胞桥粒),这些连接复合物可供液体、电解质等小分子物质通过,而阻止大分子物质通过。其中,紧密连接位于连接复合体的最顶端,普遍存在于肠上皮细胞靠近管腔端的相邻细胞膜间,是肠上皮细胞连接的主要形式。黏合连接主要由通过连环蛋白家族连接到肌动蛋白细胞骨架的钙黏蛋白形成,而紧密连接主要由闭锁蛋白 occludin、咬合蛋白 claudins、连接黏附因子 α-catenin 及连接紧密连接复合体(junctional adhesion molecule-A, JAM-A)与细胞骨架的闭合小环蛋白(zonulin, ZO-1, ZO-2)构成(Yuan 和 Rigor,2010)。实际上,通过肌球蛋白的磷酸化和肌动蛋白复合物的收缩可调节这些连接的稳定性,从而调控上皮屏障的通透性(Naydenov 和 Ivanov,2010)。肠道通透性受损会导致腔内大分子通过而使肠上皮细胞发生移位,激活适应性免疫反应并引起炎症反应。

9.1.1.4 肠道免疫系统

由先天及适应性免疫细胞与肠道相关淋巴组织等构成的深层屏障可保护肠道免受外部损伤。肠道免疫系统的稳定与肠道物理屏障的完整性密切相关,因而,该结构系统对于维持肠道通透性,保障肠道健康意义十分重大。

9.1.2 引起猪肠道物理屏障损伤的因素

多种因素会引起猪肠道物理屏障损伤,如日粮营养、致病菌、应激等。猪肠道物理屏障长时间受损,轻则可引起猪腹泻,导致肠上皮细胞脱水、破损,肠道通透性增加,细菌及内毒素进入机体,使肠道免疫系统紊乱,引起炎症反应;重则直接导致猪群大量死亡,给养猪业带来巨大的经济损失。

9.1.2.1 日粮营养因素对肠道物理屏障的影响

小肠是营养物质消化与吸收的主要场所。肠内营养不足(如氨基酸、维生素、微量元素缺乏等)会破坏肠黏膜细胞的结构完整性,迫使营养物质正常交换受阻,导致细菌移位,内毒素吸收增加,进而减弱猪肠道物理屏障功能,诱发疾病(Boza 等,1999)。仔猪在早期断奶时,由于自身肠道功能发育不全,日粮营养成分和外部环境等的改变极易刺激未生长发育成熟的肠道黏膜,致使仔猪发生断奶应激综合征,导致腹泻甚至死亡。

9.1.2.2 致病菌/内毒素对肠道物理屏障的影响

肠内众多致病菌及其毒素会破坏肠上皮细胞间的紧密连接,然后通过细胞旁路途径损害肠道物理屏障,从而穿过上皮细胞,进入机体内。如新生大鼠感染轮状病毒后,其肠道 occludin-1 表达上调,上皮屏障完整性受损,导致上皮细胞间的通透性增高;艰难梭状芽孢杆菌毒素 A 通过激活蛋白激酶 C-α-β(protein kinase C, PKC),使紧密连接蛋白 ZO-1 重新分布;实际上,内毒素可直接导致猪肠黏膜和黏膜下水肿,表现为肠蠕动异常、肠上皮细胞移位、紧密连接复合体受损,从而导致猪腹泻(Ding 等,2004)。

9.1.2.3 应激对肠道物理屏障的影响

许多应激都会影响肠道物理屏障的完整性。仔猪发生断奶应激期间,其肠道上皮细胞发生过氧化,激活 PKC,破坏紧密连接(相关蛋白表达缺失或 ZO-1 重新分布),使上皮细胞通透性增加,从而导致肠道物理屏障受损,引起仔猪腹泻。此外,长时间运动也会导致肠道血流量降低，上皮细胞膜的完整性因此受损(Sawka 等，1985)；束缚应激可使血浆中糖皮质激素水平上升，降低结肠上皮紧密连接的完整性(Matsuo 等，2009；Mazzon 等，2002)；限制运动可引起紧密连接蛋白结构发生变化及重新分布，从而使回肠末端紧密连接的通透性增加(Mazzon 等，2002；Lambert 等，2002)；热应激(高温)致使肠道上皮细胞受损甚至坏死、上皮层脱落，最终引起肠道物理屏障通透性增加(Lambert 等，2002)。

9.1.2.4　其他因素对肠道物理屏障的影响

除上述影响因素之外，同样地，炎性物质及抗生素也会对肠道物理屏障造成影响。如肿瘤坏死因子-α(tumor necrosis factor，TNF-α)能够改变紧密连接的结构和功能，进而影响肠道上皮细胞的通透性，但其中机制尚未完全探讨清楚；动物生产中长期、大量使用抗生素会导致肠道微生物区系紊乱，肠道固有菌群减少，而外源菌群在肠道内开始快速定植、生长，产生大量有害代谢物或毒素，从而破坏肠道黏膜组织的完整性。

9.1.3　调节猪肠道物理屏障功能的措施

随着对肠道物理屏障结构和功能研究的深入，研究者发现多种物质可参与对猪肠道物理屏障的调控，对维持肠道健康均有一定的效果。

9.1.3.1　氨基酸、维生素及矿物质对猪肠道物理屏障的调控

1. 谷氨酰胺

谷氨酰胺是一种具有多种功能的非必需氨基酸。例如，它是肠道组织和免疫细胞主要的能量来源，是肠道合成谷胱甘肽的重要前体(Weitzel 和 Wischmeyer，2010)，对维持肠道表面的完整性十分重要(Mondello 等，2010；Li 等，2010)。实际上，谷氨酰胺可通过氧化给肠道提供大量的三磷酸腺苷(adenosine triphosphate，ATP)，尤其在猪应激条件下，谷氨酰胺有利于肠黏膜的快速生长、分化。最近的研究已经表明，谷氨酰胺预处理能保持肠黏膜的完整性以阻止肠道通透性增加及细菌易位(Santos 等，2014；MacFie 和 McNaught，2002)。

2. 精氨酸

精氨酸是一种条件性必需氨基酸，在代谢应激、器官发育与成熟期间，其营养需要量均会提高(Wu 和 Morris，1998)。该种氨基酸可从日粮蛋白质中获得，能被肠细胞消化代谢，参与调控应激或炎症反应条件下的肠道不同生理功能(Quirino 等，2013)。一氧化氮(nitric oxide，NO)及多胺是精氨酸主要的代谢产物，其中 NO 对维持肠道屏障功能极其重要(Koppelmann 等，2012)，多胺则可促进肠黏膜生长和修复(Wu 和 Morris，1998；Quirino 等，2013)。

有研究表明，精氨酸能促进上皮细胞迁移，增加绒毛高度和隐窝深度，减少细胞凋亡(Koppelmann 等，2012；Coburn 等，2012)。同样地，精氨酸能促进肠道分泌 sIgA，减少炎症反应，提高肠道免疫功能(Fan 等，2010)。在断奶仔猪日粮中添加适量的精氨酸能够增强仔猪肠上皮细胞的分化、更新，增加小肠绒毛数量，促进肠蠕动，并且可以缓解细菌脂多糖(lipopolysaccharide，LPS)导致的肠黏膜损伤，减少细菌易位，维护肠道屏障功能(姜海龙等，2015)。

3. 维生素

维生素 A 同样可以修复肠道黏膜损伤，维持上皮细胞更新，保证肠道屏障的完整性(作用效果类似于谷氨酰胺)。且其与机体的免疫能力相关，即能提高血清 IgA 含量，从而抵御肠道

病原菌的入侵。研究表明，维生素A缺乏会破坏肠道物理屏障结构，使肠黏膜通透性增加，极易导致细菌进入机体，引起腹泻等疾病。

维生素C具有抗氧化性，通常可作为一种细胞还原剂。维生素C可提高细胞抗氧化功能，清除肠道过多的自由基，从而抵御猪群氧化应激状态。同时能够改善肠道黏膜通透性，维护肠道物理屏障结构和功能的稳定。

4. *矿物质*

矿物质通常间接地在调控猪肠道物理屏障功能方面发挥作用。如仔猪发生断奶应激时，其肠道微生物区系发生紊乱，在日粮中添加适宜的纳米氧化锌能有效调节肠道微生物组成，抑制有害菌(如大肠杆菌)的入侵，从而维持肠道正常通透性，减轻肠道损伤，缓解断奶仔猪腹泻症状。此外，氧化锌可抵御机体炎症反应，具体表现为降低LPS刺激的猪肠上皮细胞分泌TNF-α，提高白细胞介素-10(interleukin，IL-10)水平，从而阻止肠道上皮细胞通透性的增加，维持肠道物理屏障的完整。

9.1.3.2 脂肪酸对猪肠道物理屏障的调控

短链脂肪酸(如乙酸、丙酸、丁酸)及多不饱和脂肪酸(如ω-3类和亚麻油酸)等可在一定程度上调控肠道物理屏障功能。丁酸可以促进紧密连接相关蛋白的表达，改善紧密连接的完整性，修复受损的肠黏膜，缓解氧化应激，降低肠道通透性，从而保护肠道物理屏障(Ferreira等，2012；Leonel等，2013；Hou等，2014)。同样地，ω-3脂肪酸和亚麻油酸均能通过其抗炎活性(下调促炎因子表达，而上调抗炎因子表达)来促进肠上皮细胞增殖、降低凋亡，间接地修复肠黏膜损伤，恢复肠道屏障功能(Koppelmann等，2013；Hokari等，2013；Borniquel等，2012)。

9.1.3.3 益生菌/益生元对猪肠道物理屏障的调控

乳酸杆菌和双歧杆菌等微生态制剂是宿主肠道的有益微生物，可以调节肠道菌群平衡，形成微生物屏障，抵御病原菌等有害微生物的黏附和入侵。实际上，这些益生菌还参与调控肠道物理屏障功能。如乳酸杆菌能够促进肠道上皮细胞分泌黏液，提高肠道蠕动功能，降低病原菌定植；还可调控紧密连接蛋白的表达，改善细胞间的通透性。此外，双歧杆菌可以维护细胞骨架，促进claudins和ZO-1蛋白的表达，从而维持肠道屏障功能的完整。

一些益生元也可以调节肠道屏障功能，如日粮中添加适量的β-葡聚糖可以提高肉鸡空肠occludin-1和claudins的mRNA表达量；增强断奶仔猪免疫功能，促进大肠杆菌与肠细胞的结合，从而加快大肠杆菌在肠道内经肠动力系统的清除。然而大剂量使用β-葡聚糖则会导致断奶仔猪后肠通透性增加，降低肠道屏障功能。

9.1.3.4 其他物质对猪肠道物理屏障的调控

除上述物质有益于维护肠道物理屏障功能外，植物提取物(如小檗碱、槲皮素、姜黄素等)和中药同样能有效调控肠道物理屏障完整。其中，小檗碱可改善肠道形态结构，提高肠黏膜免疫功能；槲皮素能促进紧密连接蛋白(如occludin-4等)的表达，从而提高肠道物理屏障功能；姜黄素则可缓解氧化应激造成的肠道损伤。中药可以保护肠黏膜完整，促进杯状细胞增殖，抑制凋亡，提高肠蠕动功能，抑制细菌易位，从而对肠道物理屏障结构和功能进行保护与修复(周艳霞等，2009；刘克玄等，2004；黄旻和吴小翎，2006)。

9.1.4 展望

肠道物理屏障是肠道的第一道防线，物理屏障结构和功能的完整和稳定在很大程度上决定了动物肠道的健康,而健康的肠道则是猪健康生长的基本保障。多种因素(如营养缺乏、应激、病原菌等)会损伤肠黏膜,破坏肠道物理屏障功能,导致猪群患病。随着对肠道物理屏障研究的深入,研究者们也发现了一些相应的调控措施(如谷氨酰胺、精氨酸、维生素、矿物质、益生菌、植物提取物、中药等),从而维护肠黏膜结构完整,保护肠道物理屏障功能,降低猪群患病风险,推动养猪业的发展。同时,这些措施也给今后治疗肠道相关疾病(如黏膜炎、结肠炎等)提供了新的思路。

9.2　肠道微生物区系调控的研究进展

动物的肠道不仅作为机体营养物质消化吸收的主要场所,还是大量微生物的“栖息地”(Moore 等,1978;Backhed 等,2005;Louis 和 Flint,2009;Savage,1977)。众所周知,猪的肠道生理功能与其肠道微生物的组成、结构及功能密切相关(Cummings 和 Macfarlane,1997;Roberfroid 等,1995)。平衡稳定的肠道微生物区系不仅能促进猪对营养物质的消化代谢,维持其肠道屏障的完整性,还可调控机体免疫应答,抑制病原菌等有害菌对机体的感染等。实际上,猪自出生至生长的整个阶段,其肠道内微生物区系(分布与组成)会发生巨大的改变;不同品种、生长阶段、日粮成分变化、使用抗生素等均能对其造成影响。本节主要论述肠道微生物在猪肠道内的定植规律、功能、影响肠道微生物区系的因素、肠道微生物与猪肠道屏障、肠道过敏反应以及肠道异常发酵的关系等方面,旨在为健康养殖和肠道营养调控研究提供参考。

9.2.1　猪肠道微生物定植规律

通常认为,胚胎期仔猪肠道处于无菌状态。实际上,在此期间,仔猪肠道在母猪体内已经通过自身吞饮羊水而定植了一定的微生物,如大肠杆菌、微球菌、葡萄球菌、变形菌、消化链球菌和乳酸菌等(宋连喜等,2007)。仔猪从分娩开始,会受到外界环境和母体产道、粪便等途径中的各种微生物的影响(Collins 和 Bercik,2009),使需氧菌、兼性厌氧菌和专性厌氧菌在肠道内依次定植(张柏林等,2009)。原因在于仔猪胃肠道起初充满氧气,随着需氧菌和兼性厌氧菌(如肠杆菌、肠球菌、葡萄球菌等)的定植,氧气被逐渐消耗,仔猪的胃肠道继而变成一个厌氧环境,从而降低仔猪胃肠道的 pH 及氧化还原电位,为专性厌氧菌在胃肠道内定植和生长创造了有利条件。哺乳仔猪胃和小肠内乳酸杆菌和链球菌占主导地位(Swords 等,1993),主要原因在于哺乳期仔猪胃肠道发育不成熟并且功能未完全,胃内 pH 过高(分泌盐酸不足),而乳酸杆菌能通过发酵产生大量乳酸降低胃内 pH,有利于耐酸菌在前肠定植;此外,这两种细菌能更有效利用母乳中的营养成分。断奶后,由于多种因素变化(9.2.3 节会详细描述),仔猪胃肠道微生物区系会发生巨大改变。有研究表明,断奶仔猪肠道内乳酸杆菌的数量呈线性下降趋势(较哺乳仔猪降低 14.3%),而大肠杆菌数量则增加(较哺乳仔猪增加 5.4%)(Mathew 等,1997),主要原因在于断奶仔猪胃内 pH 较高,乳酸杆菌数量逐渐减少,有利于大肠杆菌大量增殖,而大肠杆菌的增殖则会限制乳酸杆菌的生长。此外,哺乳仔猪胃内 pH 较低,能抑制经口腔进入机体的病原菌在胃肠道中的定植(赵桂英等,2003)。Konstantinov 等(Konstantinov 等,2003;Konstantinov 等,2006;Luyer 等,2004)指出,仔猪在断奶后,胃内 pH 显著升高,对病原菌的抑制作用消失。实际上，仔猪断奶后的2周，其肠道的生理功能及微环境均会发生巨大的改变(Boudry 等，2004；Inoue 等，2005)。因此，其回肠中的乳酸杆菌数量较断奶前显著下降，而大肠杆菌数量显著增加。

仔猪胃肠道不同部位的肠道微生物区系有所差异，如胃和十二指肠、回肠内优势菌群主要是双歧杆菌、乳酸杆菌、肠杆菌和肠球菌等；而后肠部位(盲肠、结肠和直肠)的优势菌群主要为双歧杆菌和小梭菌等(Ley 等，2006)。

9.2.2 猪肠道微生物功能

猪肠道微生物一方面对宿主健康有益，如消化和发酵碳水化合物、合成维生素、维持肠道屏障完整、调控免疫应答以及抑制病原菌感染等；另一方面却通过肠道微生物代谢产物或潜在致病性影响宿主的健康(Blaser 和 Kirschner，2007)。因此，肠道微生物的分布组成、多样性及代谢产物的总体状态对维护肠道健康极其重要(图 9-1)。

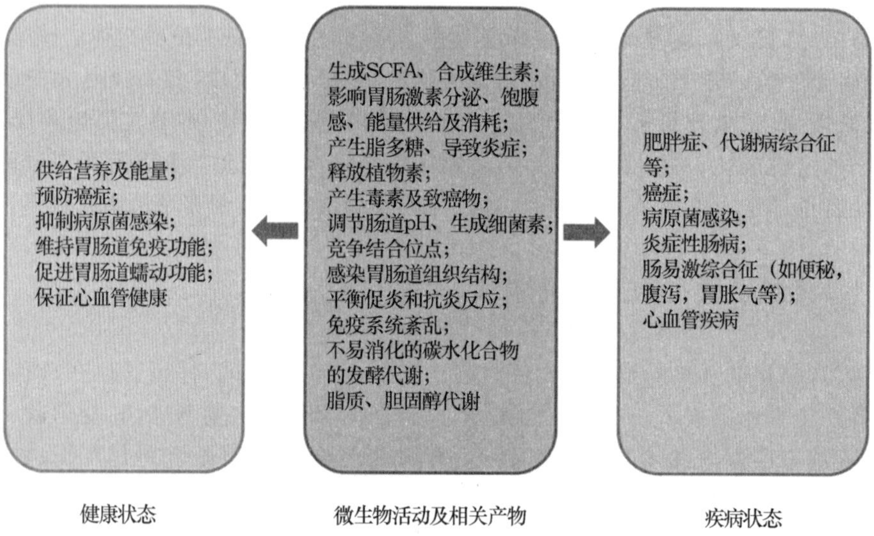

图 9-1 肠道微生物与宿主健康

(Flin 等，2012；夏耀耀等，2017)

9.2.2.1 促进营养物质消化与代谢

肠道微生物可以降解宿主不易消化的食物，并且可通过消化代谢碳水化合物来获得营养。未经近端小肠消化的碳水化合物及结肠内微生物(如拟杆菌属、普氏菌属、双歧杆菌属、粪球菌和肠杆菌等)不易消化的寡糖通过发酵产生乙酸(乙酸盐)、丙酸(丙酸盐)、丁酸(丁酸盐)等短链脂肪酸，进而被宿主利用，促进宿主对能量的吸收和贮存(Macfarlane 和 Macfarlane，2003；Sartor，2009)。实际上，拟杆菌属细菌可通过表达合成多种酶，如糖基转移酶、糖苷水解酶和多糖酶等参与碳水化合物代谢。由碳水化合物发酵和细菌代谢而在肠内合成的草酸易被食草酸杆菌、乳酸杆菌和双歧杆菌等微生物消耗，因此降低了肾中形成结石的风险(Sidhu 等，1998；Magwira，等，2012)。肠道微生物同样能够间接激活脂肪酶来影响脂质代谢。此外，多形拟杆菌可以上调辅脂酶(协同胰脂肪酶参与脂质消耗)的表达，有利于提高脂质的水解效率，进而提高能量利用率(Hooper 等,2001)。

肠道微生物与蛋白质代谢相关,具体机制是通过微生物蛋白酶与肽酶和宿主蛋白酶产生协同作用。肠道微生物的一些基因产物可将氨基酸转化成小信号分子和抗菌肽(细菌素)。如通过细菌 hdcA 基因编码的组胺脱羧酶可将 *L*-组氨酸转化成组胺(Thomas 等,2012),通过细菌 gadB 基因编码的谷氨酸脱羧酶则可将谷氨酸转化为 γ-氨基丁酸(De Biase 和 Pennacchietti,2012),进而影响肠道紧密连接和通透性,有助于维持机体正常的生理机能。

肠道微生物具备合成维生素 K 和部分维生素 B 的能力,从而可以在一定程度上满足机体对特定维生素的需要。研究表明,拟杆菌还能合成具有抗糖尿病、抗动脉粥样硬化、抗肥胖、降血脂、免疫调节特性的共轭亚油酸(Baddini 等,2009; Devillard 等,2007; Devillard 等,2009);结肠中的脆弱拟杆菌和大肠杆菌可促进原始胆汁酸发生早期脱离或脱水,将其转化为脱氧胆酸和石胆酸(Fukiya 等,2009)。此外,健康的肠道微生物区系还能提高三羧酸循环中间产物,如丙酮酸、柠檬酸、延胡索酸和苹果酸等的浓度,从而促进机体代谢(Velagapudi 等,2010)。

9.2.2.2　抑制病原菌感染

肠道微生物具有对病原菌的定植产生抑制和清除功能,因此可以抑制病原菌对肠道的感染(Endt 等,2010; Seekatz 和 Young,2014)。实际生产中长期、大量使用抗生素,不仅会破坏肠道固有菌群的组成,还会导致肠道微生物对艰难梭菌的定植抑制功能部分受损甚至完全丧失,造成肠道艰难梭菌感染(Seekatz 和 Young,2014; Britton 和 Young,2014; Theriot 等,2014)。肠道微生物还可通过调控宿主免疫系统功能来抵御病原菌对肠道的感染(Khosravi 等,2014; Mittrucker 等,2014)。无菌小鼠由于其吞噬细胞活化能力及积聚到感染部位的功能受损,导致其对李斯特菌感染异常敏感(Mittrucker, 等,2014)。此外,仔猪肠道感染肠产毒素性大肠杆菌,会导致肠道 *L. lactis* subsp. *Lactis* 数量增加,产生过量 γ-氨基丁酸,从而通过激活 mTORC1-S6K1-EGR-2-GFI-1 信号通路来促进肠道内 IL-17 的表达(Ren 等,2016)。然而,对于某些肠道病原菌感染,肠道微生物在感染期间不仅不会抑制其感染反而增强其感染性(Cantacessi 等,2014; Uchiyama 等,2014)。因此,肠道微生物在肠道感染中所起的作用复杂多样,可能不仅与病原菌的感染模式密切相关,还取决于入侵的病原菌种类。

9.2.2.3　调控免疫应答

肠道微生物会影响机体免疫系统(天然免疫和获得性免疫)的发育(Littman 和 Pamer,2011)。研究表明,无菌小鼠较正常小鼠体内 Th1 和 Th17 细胞和淋巴组织数量更低,sIgA 和抗体等水平也较低,而先天免疫反应的细胞更活跃且体内溶菌酶活性更强(Xu 等,2013; Morland 和 Midtvedt,1984)。肠道微生物能够刺激肠道黏膜相关淋巴组织(如派伊尔结和肠系膜淋巴结等)的发育,并且其代谢产物也会影响肠道黏膜相关淋巴组织免疫功能(Round 和 Mazmanian,2009; Renz 等,2011; Maynard, 等,2012)。此外,脆弱拟杆菌等革兰氏阴性菌可通过激活肠道树突状细胞途径来诱导肠道黏膜浆细胞产生并分泌 sIgA(He 等,2007)。无菌仔猪体内由于黏膜浆细胞发育不成熟,因而血清中 IgA 水平极低;但在其肠道内定植 ASF(altered Schaedler flora)后,血清 IgA 水平可得以恢复(Butler 等,2009; Laycock 等,2012)。研究发现,谷氨酰胺可促进正常小鼠分泌 sIgA,然而在抗生素清除肠道微生物的小鼠模型下,添加谷氨酰胺则无此效应(Wu 等,2016)。

同样,肠道微生物可直接或间接地参与调控先天淋巴细胞反应。如吲哚-3-甲醛(一种细菌代谢物)可通过芳烃受体直接刺激先天淋巴细胞诱导合成 IL-22(Zelante 等,2013),而间接调控则主要通过招募肠巨噬细胞 CX_3CR1^+ 来实现(Manta,等,2013)。

9.2.2.4 维持肠道屏障完整性

目前已有足够的证据证明肠道微生物能够维持胃肠功能和结构的完整性。例如,多形拟杆菌可维持上皮绒毛中细胞桥粒的正常生长(Lutgendorff 等,2008);微生物细胞壁肽聚糖可刺激 TLR2 和维持紧密连接(Cario 等,2007);鼠李糖乳杆菌 GG 菌株则可避免肠上皮细胞发生凋亡(Yan 等,2011)。此外,革兰氏阴性菌 *Akkermansia muciniphilia* 则能抑制血氧毒素的代谢,提高内源性大麻素的水平,从而参与调控肠道屏障功能(Cani 等,2009)。肠道微生物还可通过诱导与肠道微血管系统发育相关的转录因子血管生成素-3 的生成来促进肠黏膜结构的发育(Stappenbeck 等,2002; Gordon 和 Bruckner-Kardoss,1961; Banasaz 等,2002; Alam 等,1994; Husebye 等,1994)。肠道干细胞能够分化成潘氏细胞、杯状细胞及肠内分泌细胞等不同种类的肠道细胞,这些细胞与其分泌的细胞因子共同形成一道屏障,进而抵御有害菌的侵入(Kaiko 等,2014)。研究表明,肠道微生物区系也很有可能调控肠道干细胞的增殖,进而影响肠道屏障功能(Lee 等,2013; Jones 等,2013)。

9.2.3 影响猪肠道微生物菌群的因素

人们常说,好的开始是成功的一半。从养猪业的角度来看,这就相当于仔猪从出生的第 1 天开始,保持仔猪健康对于养猪的显著重要性。肠道健康是仔猪健康生长的保障,而肠道健康始终离不开其肠道微生物正常功能及稳定。实际上,在仔猪整个动态持续的生命周期中,许多因素会对其肠道微生物菌群的形成和组成造成影响。因此,本部分将着重从仔猪不同品种、生长阶段、日粮营养成分、抗生素及微生态制剂等方面阐述影响仔猪肠道微生物菌群的因素。

9.2.3.1 不同品种

猪的品种不同,常常伴随着肠道一些特定菌群数量的差异(杨柳等,2011; Su 等,2014)。例如,外来品种大白猪、约克夏和杜洛克猪的肠道微生物高度相似,而中国地方品种巴马猪、二花脸和小梅山猪则较为相似,并且巴马猪肠道存在一些特殊的微生物(Yang 等,2014)。藏猪和商品瘦肉型猪肠道微生物组成更为相似,但多样性存在差异,即藏猪肠道内存在更稳定的菌群结构和丰度更高的核心菌群(杨伟平,2015)。此外,肥胖型猪肠道内含有更高丰度的厚壁菌门,而拟杆菌门丰度则较低(Guo 等,2008)。

9.2.3.2 不同生长阶段

猪肠道微生物区系是一个非常复杂的、动态且多样的生态系统,其组成成分会随时间推移及胃肠道不同肠段的变化而发生转变(Isaacson 和 Kim,2012)。微生物在仔猪肠道定植后消耗母乳,为乳酸菌群提供营养优势,从而构建乳汁依赖型微生物菌群(Frese 等,2015)。而大肠杆菌和链球菌属细菌则能在肠道内建立一个有利于部分专性厌氧细菌(如拟杆菌属、乳杆菌属、双歧杆菌属和梭菌属等)定植的厌氧环境(Petri 等,2010)。研究表明,肠道菌群的发展、形成与母乳喂养和宿主遗传学的转变密切相关(Bian 等,2016)。因此,哺乳期阶段在改变肠道微生物菌群的结构与组成方面至关重要。

9.2.3.3 日粮成分变化

仔猪在断奶阶段开始采食粗纤维和粗蛋白质含量相对较高的日粮。不同来源和水平的蛋白质或纤维均会影响断奶仔猪肠道微生物的相对丰度(Rist 等,2013; Piepe 等,2015)。例如,断奶仔猪采食富含果胶和豆粕的日粮，其结肠内乳酸杆菌的相对丰度降低，而普氏菌属相对丰度增加(Tian 等,2017)；采食富含鱼粉的日粮，则导致埃希氏菌和志贺氏杆菌的含量大幅增加(Cao 等,2016)。此外，日粮中不同来源成分的脂肪同样会改变哺乳动物肠道微生物的数量。如刘忠臣(2011)发现在日粮中添加椰子油、鱼油和猪油均可扰乱肠道菌群平衡，具体表现为盲肠内容物中大肠杆菌数量降低，乳酸杆菌、双歧杆菌数量以及乳酸杆菌/大肠杆菌、双歧杆菌/大肠杆菌比值增加。此外日粮中精氨酸或谷氨酰胺的比例改变也可显著影响肠道微生物数量(Ren 等,2014; Ren 等,2014)。同样地，在断奶仔猪日粮中添加高铜能够抑制其肠道有害菌的正常生长，添加氧化锌则可以维持其肠道正常的微环境；而在断奶仔猪日粮中添加高锌，仔猪胃肠道前段及回肠中乳酸杆菌数量显著降低，大肠杆菌和肠球菌数量则显著提高(Hojberg 等,2005)。

9.2.3.4　**抗生素、微生态制剂及其他物质**

饲用抗生素具有广谱抗菌性，并能抑制病原菌甚至有益菌的生长，可引起断奶仔猪肠道微生物区系发生变化(Frese,2015; Looft 等,2012; Levesque 等,2014)，并且多样性可能会进一步下降(Looft 等,2012; Zhang 等,2016)。长期使用亚治疗剂量的抗生素会破坏肠道组织结构完整性，极易导致病原菌定植于肠道并引发疾病(Schokker 等,2014)。

Murphy 等(2013)研究表明，日粮中添加 β-葡聚糖可促进乳酸杆菌等有益菌在猪肠道内生长繁殖，而抑制大肠杆菌等有害菌的定植生长。Noh 等(2014)研究指出，在日粮中逐渐添加不同剂量的枯草芽孢杆菌，可降低猪盲肠中梭状芽孢杆菌和大肠杆菌群的数量。Xiao 等(2016)发现日粮中添加壳寡糖也显著影响肠道的微生物。胡远亮(2014)研究表明，益生菌能增加断奶仔猪肠道微生物的多样性。Mair 等(2010)通过给断奶仔猪饲喂肠球菌、乳酸杆菌、双歧杆菌和菊粉得出，上述有益菌和菊粉二者组成的合生元制剂在一定程度上降低胃、空肠和回肠中的 pH，影响其肠道菌群的生长和组成。Ren 等(2018)发现褪黑素可提高肠道乳酸杆菌的比例及代谢能力，同时减少肠产毒素大肠杆菌在肠道内的定植。除上述影响因素外，其他物质，如酶、植物提取物、酸化剂、中草药等通常在调控仔猪肠道微生物的组成和功能中同样举重若轻(Yi 等,2014; Ahmed,2014;吴超等,2010)。

9.2.4　肠道微生物与仔猪肠道健康

仔猪腹泻一直是制约养猪业发展的首要问题。日粮、断奶应激、病原菌感染等多种因素都可造成仔猪腹泻，其中日粮因素影响很大，与仔猪胃肠道健康直接相关(朱伟云,2014)。仔猪肠道微生物与其肠道屏障功能、肠道过敏反应以及肠道异常发酵均有密切关系。

9.2.4.1　**肠道微生物与肠道屏障功能**

肠道屏障由肠道上皮屏障、化学屏障、免疫屏障及生物屏障这 4 种屏障构成，且它们可通过相关信号通路有机地结合在一起，共同发挥维持肠道和宿主健康的功能(Newberry 和 Lorenz,2005)。其中肠道微生物与肠道生物屏障关系最为密切。肠道生物屏障由在肠道内定植的专性厌氧菌(如乳酸杆菌、双歧杆菌)等正常微生物菌群构成。定植在肠道内的一些厌氧菌可分泌挥发性脂肪酸(乙酸、丙酸和丁酸)和乳酸等物质，致使肠道内的 pH 下降，抑制有害菌在肠道内生长繁殖(朱伟云等,2014)。有研究表明，肠道上皮屏障、营养物质和微生物这三者之间可以进行复杂的互作，在给肠道上皮组织供能的基础上，通过改善肠道上皮的转运功能，提高营养物质的吸收利用率，可以提高受损肠道上皮的自我修复能力，从而增强肠道屏障功能（林刚等，2012）。

断奶仔猪肠道中的定型微生物区系主要为乳酸杆菌、双歧杆菌、大肠杆菌（Barnes，1986）。断奶应激会破坏肠道的生物屏障功能，增加大肠杆菌的数量，降低有益菌数量，使肠道微生物多样性降低（Tao 等，2015；Etheridge 等，1984）。有研究报道，进行 17 日龄早期断奶的仔猪比进行 24 日龄断奶的仔猪肠道中双歧杆菌的下降幅度更显著（Franklin 等，2002）。仔猪断奶后由于肠道中乳酸杆菌、双歧杆菌等有益菌数量下降，大肠杆菌等有害菌数量上升，会导致肠道生物屏障功能受损；同时，有些细菌还会产生毒素，如仔猪断奶出现的肠产毒性大肠杆菌，进一步损伤肠道屏障功能，造成仔猪腹泻（徐子伟，2014；Gresse 等，2017）。因此，需要调节断奶仔猪肠道微生物组成才能维护其肠道屏障功能，微生物与肠道屏障二者之间存在着双向作用，这对肠道的健康至关重要。

9.2.4.2 肠道微生物与肠道过敏反应

仔猪断奶前，主要吮食母乳，其所含的蛋白质结构相对简单，容易被仔猪肠道消化吸收。断奶后，仔猪开始采食基础日粮，而日粮中的蛋白质主要是大豆蛋白，其结构相对复杂，并且含有许多抗营养因子（如大豆抗原蛋白等），易造成仔猪肠道过敏，影响仔猪肠道的健康（Feng 等，2007）。研究表明，大豆中的抗原蛋白可引起仔猪发生过敏性反应，造成仔猪肠道功能障碍，导致过敏性腹泻（Peng 等，1984）。可能原因是仔猪机体的免疫系统会将进入肠道内的日粮大豆抗原蛋白当作异物，刺激对抗原蛋白极其敏感的肠道免疫系统产生相应的抗体，从而激发局部体液免疫，损伤肠黏膜，引起过敏反应，使仔猪整个消化吸收过程受阻，导致消化不良、过敏性腹泻和生长缓慢（Miller 等，1984）。

当发生过敏性反应时，仔猪肠道中大肠杆菌数量提高，而乳酸杆菌数量降低（Kalliomaki 和 Isolauri，2003）。有研究报道，在实际生产中，采用微生物发酵处理豆粕，利用微生物的降解作用以减少抗原蛋白的数量，可以避免肠道产生过敏反应。可能原因是经微生物发酵处理的豆粕能够生成部分抗菌肽，可以促进动物机体免疫系统的发育，提高免疫力并可为肠道菌群的正常生长和代谢创造有利条件（邵伟等，2005）。一般来说，肠道菌群可以粗略分为有益菌（优势菌群）、有害菌（非优势菌群）以及条件致病菌（过路菌）这 3 类，它们均会对肠道健康产生相应的影响（Vaughan 等，2005；Gedek 等，1993；Guarner 和 Malagelada，2003）。研究表明，只要肠道中有益细菌和有害细菌的数量和组成都在正常范围内，且定植于肠道正常结构部位，它们就不会导致疾病（王彦，2009）。动物肠道内的正常菌群是防止致病菌入侵肠道的第一道屏障，它能够与机体免疫系统同时发挥着肠道的防御功能，从而抵抗肠道过敏性反应（Backhed 等，2005）。

9.2.4.3 肠道微生物与肠道异常发酵

断奶仔猪由于机体自身消化系统发育不完全，当其胃肠道接受较多高蛋白质、高淀粉饲料时，难以完全消化，造成大量未经胃肠道完全消化吸收的营养成分在胃肠道内被微生物异常发酵产生有害物质，破坏肠道内特定的微环境，导致致病的溶血性大肠杆菌侵入肠道内迅速生长，并释放大量的毒素，从而导致仔猪腹泻（Zhou 等，2014）。有研究表明，由于食物在肠道内发生异常发酵引起的腹泻，可以通过乳酸杆菌对肠道病原菌生长繁殖的抑制作用得到相应的缓解（沈书成，2004）。

9.2.5　展望

猪的肠道微生物在猪生长发育过程中不断相互竞争，建立了一个平衡且稳定的微生态环境，维持着机体的健康和正常的生理功能。微生物平衡的破坏可影响肠道的健康进而导致宿主发生疾病，通过维持肠道微生物的稳定可以保障肠道的健康，减少仔猪腹泻，从而促进养猪业的健康稳定发展。实际上，肠道微生物介导机体健康的具体机制并未形成系统性的概念，并衍生了一系列新的问题，如机体表面（除肠道外）存在的微生物是否会影响宿主健康以及与肠道微生物间是否存在互作等。因此，探究肠道微生物区系调控机体健康的具体机制，不但可为维护仔猪健康提供重要参考，还能为我们预防人类相关疾病提供新思路。

9.3　肠道黏膜免疫调控的研究进展

肠道是机体最大的消化器官，也是最大的免疫器官，分为小肠和大肠。小肠分为十二指肠、空肠和回肠，大肠分为盲肠、结肠和直肠。小肠最主要的功能是消化、吸收营养物质，大肠主要是浓缩食物残渣、形成粪便并排出体外。肠道中有大量微生物与宿主共生，这些共生菌具有分解和转化物质的作用，是宿主蛋白质与维生素等营养物质的重要来源（郑世军，2015）。同时，肠道黏膜直接接触外界，是免疫系统的第一道防线，承担着复杂的免疫任务，既要对有益微生物及食物产生免疫耐受，又要对病原微生物入侵产生免疫应答（郑世军，2015）。肠道黏膜免疫是宿主在长期进化中不断地与病原做斗争形成的保护机制。

9.3.1　肠道黏膜组织

9.3.1.1　肠上皮细胞分化

肠道上皮细胞覆盖着一层黏液保护层，它由多种细胞构成。根据肠上皮细胞的功能，可以分为三大类：一是肠细胞（enterocyte）；二是分泌细胞，包括杯形细胞（goblet）、潘氏细胞（Paneth）、肠内分泌细胞（enteroendocrine cell）和束状细胞（tuft cell）；三是 M 细胞和杯体细胞（cup cell）（郑世军，2015）。紧密连接蛋白将肠上皮细胞相互连接在一起构成肠道的天然免疫屏障，该屏障由绒毛与隐窝构成。各类肠上皮细胞具有不同的功能。例如，杯形细胞分泌大量的糖基化黏蛋白，保护肠黏膜（郑世军，2015）。潘氏细胞只存在于小肠绒毛隐窝的底部，分泌大量的抗菌肽，如防御素与 C-型凝集素（C-type lectin）RegⅢγ（CLRⅢγ），CLRⅢγ 对革兰氏阳性菌有较强的直接杀伤作用（郑世军，2015）。M 细胞能特异性地结合肠道大分子物质及微生物，并将其摄取、转运至抗原递呈细胞（APC）进行识别、处理，并激活 T、B 淋巴细胞，继而激发肠道黏膜免疫应答。

9.3.1.2　免疫细胞

肠黏膜除上述肠上皮细胞外，固有层中散布着免疫细胞，免疫细胞聚集多的地方形成集合淋巴结（Peyer's patch，PP）。根据功能，肠免疫系统重要的免疫细胞分为 8 类，包括初始 T 细胞、调节性 T 细胞（Treg）、Th1 T 细胞、Th2 T 细胞、Th17 T 细胞、Th3 T 细胞、$CD103^+$ 树突状细胞(DC)和 $CXCR1^+$ 巨噬细胞(郑世军,2015)。初始 T 细胞是尚未遇到特异性病原、未被活化的 T 细胞,可在 TGF-β 和其他细胞因子诱导下分化为不同类型的 T 细胞(郑世军,2015)。Treg 主要抑制免疫应答,保护机体组织不受损伤(郑世军,2015)。Th1、Th2、Th17 和 Th3 T 细胞分别是辅助性 T 细胞的一个亚群,其中 Th1 T 细胞分泌 IL-2、IFN-γ,可活化巨噬细胞,促进细胞免疫应答,清除胞内病原;Th2 T 细胞分泌 IL-4、IL-5、IL-10 及 IL-13,促进体液免疫应答,清除胞外病原;Th17 T 细胞分泌 IL-17 和 IL-22,促进炎症反应,清除真菌感染;Th3 T 细胞主要分泌 TGF-β。$CD103^+$ DC 存在于肠道及黏膜相关淋巴组织中,诱导 Treg 的形成(郑世军,2015)。$CXCR1^+$ 巨噬细胞可促进 Treg 的增殖,有助于发挥 Treg 的免疫抑制作用(郑世军,2015)。

9.3.2 肠道黏膜免疫系统的组成

肠道黏膜含有丰富的淋巴组织,即肠道相关性淋巴组织(gut associated lymph tissue, GALT),这些淋巴组织集合成淋巴滤泡或淋巴小结,以回肠等处最为丰富。根据淋巴组织的分布、形态与功能,可将其分为两大部分:即黏膜集合淋巴结(Peyer's patch,PP)和弥散黏膜淋巴组织,后者广泛分布于黏膜固有层中。抗原通过黏膜滤泡进入淋巴区,激发肠道黏膜免疫系统产生免疫应答(郑世军,2015)。在弥散淋巴组织的抗原,刺激免疫细胞分化,产生分泌型抗体或形成特异性 T 细胞(郑世军,2015)。

黏膜集合淋巴结含有大量的 M 细胞、巨噬细胞、DC、B 细胞和 T 细胞等免疫细胞,是黏膜免疫应答的主要场所(郑世军,2015)。其中,M 细胞能够与抗原结合,然后抗原经胞饮被摄入细胞,再由吞饮泡转送至细胞内进一步降解,但是 M 细胞不表达 MHC Ⅱ类分子,故不参与抗原递呈。巨噬细胞、DC 和 B 细胞则表达丰富的 MHC Ⅱ类分子,参与抗原递呈。T 细胞接受抗原刺激后,可增生分化,分泌细胞因子,形成效应细胞,发挥细胞免疫的作用(郑世军,2015)。B 细胞接受抗原刺激后发生免疫应答,产生抗体,发挥体液免疫的作用(郑世军,2015)。

弥散黏膜淋巴组织是由肠上皮内淋巴细胞(intraepithelial lymphocytes,IEL)和固有层淋巴细胞(lamina propria lymphocytes,LPL)组成(杨汉春,2015)。IEL 是位于基底膜和上皮细胞间的一群淋巴细胞,数量比 LPL 少,但在炎症时会增加。IEL 为异质性细胞群,主要是 $CD3^+$、$CD2^+$ 和 $CD8^+$ T 细胞,具有 NK 活性、特异细胞毒性、分泌 IFN-α 使上皮细胞的 MHC Ⅱ类抗原表达增加、以及表达 γδTCR 等(杨汉春,2015)。LPL 是位于上皮层下固有层内的一群淋巴细胞,包括 $CD4^+$ T 细胞(初始 $CD4^+$ T、Th1、Th2 和 Th17 等细胞)、Treg(nTreg、iTreg、Tr1 Treg、Th3 和 $CD8^+LAP^+$ Treg)、$CD8^+$ T 细胞、B 细胞、巨噬细胞、DC、NK 细胞、γδT 细胞和肥大细胞等免疫细胞(郑世军,2015)。与 IEL 群不同,LPL 中的 B 细胞数量和 T 细胞数量几乎相等。B 细胞中主要是分泌 IgA 型 B 细胞,但也有 IgM、IgG 和 IgE 型 B 细胞(数量依次递减)。当发生溃疡性结肠炎等黏膜炎症时,各种类型的 B 细胞均增加,其中以分泌 IgG 的 B 细胞增加最为明显(杨汉春,2015)。

9.3.3 肠道黏膜免疫

肠道黏膜免疫分为先天性免疫与适应性免疫。先天性免疫主要由先天性免疫细胞执行。

适应性免疫主要通过肠道免疫细胞聚集区，即黏膜集合淋巴结三级淋巴组织执行（郑世军，2015）。

9.3.3.1 肠道黏膜先天性免疫

肠道黏膜先天性免疫主要由先天性免疫细胞执行，这些细胞主要包括肠道黏膜上皮细胞、单核吞噬细胞、DC、NK 细胞、NKT 细胞、γδT 淋巴细胞、粒细胞和先天性淋巴细胞等。

1. 肠道黏膜上皮细胞(mucosal epithelial cells)

肠道黏膜上皮细胞除了构成天然机械屏障外，还通过模式识别受体（pattern recognition receptor，PRRs）识别病原及其分泌的毒素产生先天性免疫应答，加强对病原的杀伤和清除作用。Toll 样受体（toll-like receptors，TLR）与 NOD 样受体[nucleotide-binding oligomerization domain(NOD)-like receptors，NLRs]是两类重要的模式识别受体，在黏膜上皮细胞免疫应答中起重要作用（郑世军，2015）。

TLRs 是一大类 PRRs，该家族成员属于膜结合蛋白，分布于细胞表面和内涵体（endosome）膜上，能广泛识别病原，包括细菌、病毒、真菌和原虫等。TLRs 家族成员众多，目前发现猪 TLR 家族有 10 个成员，包括 TLR1～10。TLR 在结构上分为胞外区、跨膜区和胞内区，胞外区含有亮氨酸富集重复区（leucine-rich repeats，LRR），是识别病原相关分子模式（pathogen associated molecular patterns，PAMPs）的部位；胞内区含有 TIR 功能区，是 TLR 活化后招募接头蛋白向下传递信号的功能性区域（郑世军，2015）。TLRs 识别病原分子后，通过胞内区招募接头分子，都要通过 NF-κB、AP-1 或 IRF 等转录调控因子启动免疫相关基因的转录和表达，启动先天性免疫应答，包括分泌大量的抗菌肽和促炎性细胞因子（TNF-α、IL-1、IL-6 和 IL-12 等），产生炎症反应（郑世军，2015）。由于肠道内有大量的微生物及其产生的毒素，为避免不必要的过度反应，TLRs 在肠道表面呈不均匀分布，如 TLR2、TLR4 与 TLR5 主要分布于肠绒毛隐窝，而绒毛顶部细胞表达量极少或不表达（郑世军，2015）。

NLRs 是存在于细胞浆中一类 PRRs，负责识别进入胞浆内的病原菌。NLR 的基本结构有 3 个功能区域（郑世军，2015），即 LRR、NBS 和 CARD。NLR 与 TLR 相似，依靠 LRR 区域识别 PAMPs；NBS 是 NLR 单体相互聚合形成三聚体的结合区域，当 NLR 结合 PAMPs 时，NLR 结构发生改变，形成三聚体，向下传导信号；CARD（caspase activation and recruitment domain）是 NLR 活化后招募接头蛋白向下传递信号的区域。NLRs 家族成员繁多，最典型的是 NOD1 和 NOD2，主要识别病原菌的肽聚糖（peptidoglycan，PGN）成分，引起炎症反应。试验证实 NOD2 与 IL-10 的产生有关，在潘氏细胞产生防御素中也发挥重要作用（郑世军，2015）。

2. 单核吞噬细胞(mononuclear phagocyte)

单核吞噬细胞是单核细胞和巨噬细胞的统称。这类细胞体积较大，其特征性表面标志是细胞膜表面含有 CD11b 分子。单核吞噬细胞活化后表现为 $CD11b^{+}/F4/80^{+}$ 双阳性标志，除了具有吞噬作用外，还产生大量的细胞因子（TNF、IL-1、IL-6 和 IL-12 等）（郑世军，2015）。TNF 和 IL-12 共同作用活化 NK 和 NKT 细胞，活化的 NK 和 NKT 细胞通过产生 Th1 和 Th2 细胞因子，调节适应性免疫应答。巨噬细胞表面具有所有的 PRRs，能识别各类病原特异成分，根据模式分子的类型启动相应的免疫应答。巨噬细胞还是职业抗原递呈细胞，通过 MHC 分子将特异抗原表位递呈给 CD4 和/或 CD8 T 淋巴细胞，激活适应性免疫应答（郑世军，2015）。

3. 树突状细胞(dendritic cell,DC)

DC属于职业抗原递呈细胞,在黏膜组织中分布广泛。DC有长长的纤突,有利于捕获抗原并快速迁移至附近淋巴结,将抗原递呈给淋巴细胞,产生免疫应答。肠黏膜中的DC以表达整合素(intergrin)CD103为特定标志(郑世军,2015)。$CD103^+$ DC在黏膜中不断捕获由杯状细胞转运的抗原,分泌IL-10与TGF-β,并迁移至肠系膜集合淋巴结(MLN),活化MLN的初始T细胞,使其成为Treg,因此$CD103^+$ DC在免疫抑制中起至关重要的作用(郑世军,2015)。在黏膜中还有一类$CD11b^+CD103^-$ DC,能分泌多种细胞因子,进行免疫调控(郑世军,2015)。

4. NK细胞(natural killer cell)

NK细胞体积较大,内含颗粒,细胞膜没有典型的T、B细胞的表面标志。NK细胞不需要抗原刺激即可杀伤靶细胞,因而称自然杀伤细胞。NK细胞杀伤靶细胞有2种方式(郑世军,2015):一是释放穿孔素(perforin)和颗粒酶(granzyme);二是通过膜结合受体,以及通过NK细胞膜上的FasL和TRAIL配体与靶细胞膜上的Fas和细胞凋亡受体(DRs)结合诱导靶细胞凋亡。NK细胞除了可杀伤靶细胞外,还具有免疫调节作用。NK细胞活化后分泌IFN-γ、TNF-α、GM-CSF等细胞因子,以及CCL3、CCL4和CCL5等化学因子(chemokine),这些物质在免疫应答中起着重要的调节作用。目前的研究结果表明,NK细胞是否发挥杀伤作用主要与活化受体(activating receptor)和抑制性受体(inhibitory receptor)介导的信号传递有关(郑世军,2015)。这些受体包括NKG2家族受体、杀伤细胞免疫球蛋白样受体(KIRs)、自然杀伤细胞毒受体(NKp30、NKp44、NKp46)、细胞因子受体、TLRs以及黏附分子等,这些受体共同作用,调控NK细胞的杀伤功能(郑世军,2015)。

5. NKT细胞(natural killer T cell)

NKT细胞是近年来发现的一种新的细胞类型。NKT细胞的特征是细胞含有CD161(CD161c又称为NK1.1)和NKR-P1表面标志,并具有T细胞受体(TCR)(郑世军,2015)。NKT细胞最主要的特征是能识别CD1分子递呈的脂类抗原,与常规T细胞TCR相比,NKT细胞TCR可变区的多样性程度较低。NKT细胞在接触抗原后迅速产生Th1(IFN-γ)与Th2(IL-4、IL-13)细胞因子,这2类细胞因子有时同时产生,有时有所偏重。NKT细胞通过分泌这些细胞因子调控先天性免疫和适应性免疫应答的方向。

6. γδT淋巴细胞(γδT lymphocyte)

γδT细胞是T淋巴细胞的一种,其TCR复合体是由γ、δ二条链和CD3分子组成。该类细胞主要聚集于皮肤和黏膜上皮,如消化道等组织。与NKT细胞类似,γδT细胞识别CD1分子递呈的糖脂类抗原,除了通过TCR被活化外,还可以被非TCR结合途径(如与PAMPs、TNF、超抗原等结合)活化。由于γδT细胞在皮肤和黏膜中聚集,活化后分泌IFN-γ和TNF-α,调节单核巨噬细胞的免疫反应,另外该类细胞还通过分泌穿孔素和颗粒酶杀伤病原感染细胞,因此γδT细胞是早期抗感染免疫的主要细胞(郑世军,2015)。

7. 粒细胞(granulocyte)

粒细胞是一类胞浆内含有大量颗粒样物质的吞噬细胞,包括中性粒细胞、嗜碱性粒细胞和嗜酸性粒细胞,具有强大的吞噬和清除外来病原的能力,在抗病原菌感染中起着十分重要的作用。中性粒细胞是粒细胞中的主要细胞,在血液中的数量最多。正常情况下,中性粒细胞在血液中维持恒定数量,一旦上皮细胞损伤和被微生物激活,嗜中性粒细胞就向上皮细胞移动且最终跨过紧密连接之间的上皮单层细胞,快速地把微生物和毒素吞噬掉而对宿主有益,但是由于嗜中性粒细胞在吞噬毒素的同时可能释放出反应性氧化代谢产物介质引起机体过度反应，以及在迁移穿过黏膜过程中造成上皮细胞损伤，也可能对宿主有害（杨汉春，2015）。肠道黏膜区富含肥大细胞前体（即嗜碱性粒细胞），受适当刺激后能迅速分化为成熟的肥大细胞。肥大细胞通过释放介质包括组胺、前列腺素和 5-羟色胺（5HT）等，促进炎症细胞快速进入黏膜组织，并参与宿主的局部防御功能（杨汉春，2015）。肠道黏膜组织也定居有嗜酸性粒细胞，该细胞能产生多种促炎性介质及免疫调节分子。嗜酸性粒细胞是一种促炎症细胞，主要参与宿主抗寄生虫感染的保护性免疫应答及过敏性疾病的免疫病理过程，还可维持针对微生物的先天性及适应性免疫应答的平衡（杨汉春，2015）。

8. 先天性淋巴细胞（innate lymphoid cells，ILC）

ILC 是近年来发现的一类新的淋巴细胞群，也是由淋巴前体细胞分化形成的。ILC 分类与 CD4 T 细胞非常相似，分为 3 个亚群（郑世军，2015）：①ILC-Ⅰ表达 T-bet，主要分泌 IFN-γ 和 TNF-α；②ILC-Ⅱ表达 GATA3，主要分泌 IL-5 和 IL-13；③ILC-Ⅲ表达 RORγt，主要分泌 IL-17 与 IL-22。一些研究者把 ILC 比作是保护边界组织的步兵，这些细胞能够帮助肠道或肺等黏膜屏障抵御微生物的侵袭，在先天免疫抵抗病原体的过程中该类细胞具有核心性的作用。

9.3.3.2　肠道黏膜适应性免疫

肠道黏膜适应性免疫主要发生于消化道相关淋巴组织（gut-associated lymphoid tissue，GALT），是通过抗原递呈细胞（APC）将抗原传递给黏膜固有层中的淋巴细胞群来实现。GALT 是统称，由集合淋巴结（Peyer's patch，PP）、肠系膜淋巴结（MLN）以及分散在黏膜固有层和肠上皮中的大量淋巴细胞组成（杨汉春，2015）。

在病原微生物通过肠道黏膜感染的过程中，肠黏膜上皮细胞通过 PRRs 识别病原及其分泌物质，激活先天性免疫信号转导过程，通过 NF-κB 等信号通路启动促炎性反应细胞因子（TNF-α、IL-1、IL-6 和 IL-12 等）的表达，由于肠道微环境中多种细胞分泌 TGF-β，因此 TGF-β 与这些促炎性反应细胞因子共同作用，参与调控适应性免疫应答过程（郑世军，2015）。TGF-β 和 IL-6 的共同作用可以直接使初始 $CD4^+$ T 细胞分化为 Th17 细胞，而抑制初始 $CD4^+$ T 细胞向 Th1 或 Th2 细胞转化（郑世军，2015）。Th17 细胞分泌促炎性反应细胞因子 IL-17，但其他细胞也分泌 IL-17 家族分子，如 NK、NKT、γδT 细胞分泌 IL-17A、IL-17F、IL-22 等（郑世军，2015）。黏膜上皮细胞在 IL-17 和 IL-22 作用下产生促炎性反应细胞因子、趋化因子、一氧化氮和抗菌肽等抗感染物质，保护肠黏膜局部组织（郑世军，2015）。

肠道中的病原微生物抗原被 DC 捕获后，活化相应的 T 细胞。活化的 T 细胞迅速迁移至 MLN，并在细胞因子（如 IL-2）的作用下分化、增殖、分泌一系列细胞因子（IL-2、IL-4、IL-5、IL-6、IL-9 和 IFN-γ 等），从而发挥 Th 细胞的辅助效应（杨汉春，2015）。其中，一部分 T 细胞停留在分化中间阶段成为记忆性 T 细胞，一部分 T 细胞则继续往前分化，最终分化为效应性 T 细胞，发挥更强烈的细胞免疫效应（杨汉春，2015）。效应性 T 细胞分为 3 类，包括细胞毒性 T 细胞（CTL）、Th1 和 Th2。每种效应性 T 细胞可分泌不同类型的效应分子，这些效应分子可以是与膜结合的或是可溶性的。如 CTL 可分泌血细胞毒素——穿孔素（perforin）和粒酶（granzyme），产生细胞因子——TNF-β 和 IFN-γ。这些膜结合分子和分泌的分子在各种 T 细胞效应功能上起着很重要的作用。如 Fas 配体、穿孔素和粒酶可介导 CTL 对靶细胞的破坏；膜结合的 TNF-β 和可溶性的 IFN-γ、GM-CSF 可促进 Th1 细胞对巨噬细胞的活化；膜结合 CD40L 和可溶性的 IL-4、IL-5、IL-6 在 Th2 细胞对 B 细胞的活化中起着重要作用（杨汉春，2015）。

肠道中的病原微生物也可通过M细胞处理、转运至APC,然后被APC识别并呈递给B淋巴细胞,尤其是呈递到位于回肠肠系膜对缘黏膜下层的集合淋巴结处的B淋巴细胞,从而激活B细胞(杨汉春,2015)。活化的B细胞表面可依次表达IL-2、IL-4、IL-5、IL-6等细胞因子受体,分别与活化的T细胞所释放的IL-2、IL-4、IL-5、IL-6结合,然后开始增殖分化为成熟的浆细胞,合成并分泌抗体球蛋白,一部分B细胞在分化过程中变为记忆性B细胞,发挥体液免疫效应(杨汉春,2015)。GALT中的DC和$CD4^+$ T细胞分泌的大量TGF-β是诱导B细胞产生IgA的必要因子。在TGF-β作用下,活化的B细胞在分化为浆细胞的过程中抗体重链基因型转换类别(class-switching)为Cα,分泌的抗体类型为IgA(sIgA)(郑世军,2015)。sIgA通过黏膜上皮细胞膜上的poly-Ig受体转至肠道黏膜表面,是保护肠道黏膜的重要免疫球蛋白,高亲和力的sIgA可以直接中和毒素和病原,低亲和力的sIgA可以阻止或抑制病原微生物黏附黏膜(郑世军,2015)。

9.3.3.3 肠道黏膜免疫耐受

食物中的蛋白质在肠道中经各种消化酶的作用,分解为短肽或小分子物质。这些物质通过肠黏膜细胞主动转运进入体内,不结合PRRs,不引起免疫应答。食物过敏性免疫应答主要与iTreg的免疫调控有关。如果食物抗原消化成短肽后还保留着抗原表位,就会活化黏膜固有层中特异性淋巴细胞,如果iTreg不能抑制食物抗原引起的免疫应答,就会出现过敏反应(郑世军,2015)。

黏膜固有层中的$CD103^+$ DC分泌大量的TGF-β,TGF-β与视黄酸共同作用诱导初始$CD4^+$ T细胞分化为iTreg,而iTreg抑制特异性淋巴细胞对食物中的抗原表位产生免疫应答,达到对食物免疫耐受目的(郑世军,2015)。因此$CD103^+$ DC是免疫耐受的主导细胞。最近研究发现,肠黏膜中的Treg比例占淋巴细胞的5%左右,除了$CD4^+FoxP3^+$ T细胞(nTreg,iTreg)之外,还包括其他类型的调节性细胞发挥免疫抑制作用,如产生IL-10的Tr1 Treg,产生TGF-β的LAP^+ Th3,以及$CD8^+LAP^+$Treg。这些细胞都与黏膜免疫耐受有关(郑世军,2015)。

食物抗原免疫耐受除了在肠黏膜(包括集合淋巴结)外,肠系膜集合淋巴结(MLN)也有重要作用。$CD103^+$ DC捕获抗原肽后迁移至MLN,通过分泌TGF-β与视黄酸诱导初始$CD4^+$ T细胞分化为iTreg,而iTreg分泌大量的免疫抑制细胞因子,抑制特异性淋巴细胞对食物中的抗原产生免疫应答(郑世军,2015)。

9.3.4 影响肠道黏膜免疫的因素

在养猪生产过程中,有很多因素(肠道共生菌、饲料、应激和传染病等)能影响肠道黏膜免疫功能。

9.3.4.1 肠道共生菌

肠道共生菌对黏膜免疫有重要作用。无菌(GF)动物的肠上皮细胞结构、功能及更新速度都有明显缺陷,肠道淋巴细胞较少,抗体产生能力下降。肠道菌群可作为抗原刺激集合淋巴结和肠系膜淋巴结等发育成熟,并且其代谢产物及组成也会影响相关淋巴组织产生免疫反应(夏耀耀等,2017)。无菌仔猪体内分泌IgA的浆细胞发育不成熟,因此血清中IgA水平极低,但在ASF(altered Schaedler flora)定植其肠道后,血清IgA水平得到极大提升(郑世军,2015)。

肠道微生物可直接或间接地调控先天淋巴细胞，如细菌代谢物吲哚-3-甲醛可通过芳烃受体直接刺激先天淋巴细胞合成 IL-22，而间接调控则通过招募其他免疫细胞如肠巨噬细胞 $CX3CR1^{+}$ 来实现（夏耀耀等，2017）。固有层巨噬细胞的免疫调节作用是在稳定的状态下表达 IL-1β 前体，这有助于在病原体入侵过程中肠道免疫系统迅速产生成熟的 IL-1β（夏耀耀等，2017）。共生菌群可通过诱导激活 MyD88 依赖机制促进巨噬细胞产生成熟的 IL-1β，也可通过诱导激活 MyD88 的非依赖机制调节巨噬细胞产生 IL-10（夏耀耀等，2017）。

9.3.4.2 饲料

饲料原料和肠道营养素能通过不同的机制影响肠道黏膜免疫功能。给猪饲喂营养不全、质量低劣的饲料，不仅会造成机体营养缺乏，还会直接影响肠黏膜免疫系统的功能和胃肠道健康。肠黏膜免疫系统的发育和正常功能的发挥需要专门的营养支持，常用的营养素包括特殊的氨基酸及其衍生物、益生菌、短链脂肪酸及其他物质等。

有的猪场长期饲喂发霉变质的饲料，造成猪只发生霉菌毒素中毒，破坏猪肠道黏膜系统与胃肠道的消化吸收机能。饲料中常见的霉菌毒素有：脱氧雪腐镰刀菌烯醇（deoxynivalenol，DON）、伏马菌素 B1（fumonisin B1，FB1）、黄曲霉毒素（aflatoxins，AFT）、玉米赤霉烯酮（zearalmone）和 T-2 毒素等。DON 对免疫的影响与其剂量和作用时间有关。动物试验研究发现，DON 能诱导小肠黏膜集合淋巴的 T 细胞、B 细胞和 IgA^{+} 细胞发生凋亡并抑制其增殖，表现出明显的免疫抑制作用（Pestka 等，1994）；也可以超诱导辅助性 T 细胞产生细胞因子，激活巨噬细胞，表现出明显的免疫促进作用（熊霞等，2013）。DON 对肠道不仅具有直接的促炎作用，也可通过肠道屏障功能改变而间接引起肠道炎症（熊霞等，2013）。FB1 能够增加 IFN-γ 和 CXCL9 的表达，而不会改变其他炎性因子（如 IL-12、IL-18、IL-23 和 TNF-α）的表达（Stockmann-Juvala 等，2008）。4 μg/mL 的 AFT 处理 Caco-2、HEK、HEP-G2 和 SK-N-SH 细胞能够抑制这些细胞生长，增强免疫信号调节激酶（ERK1/2）和 c-Jun N 端激酶（JNK）的水平（Zheng 等，2018）。高浓度脱氧雪腐镰刀菌烯醇和玉米赤霉烯酮可降低猪体重、平均日采食量、饲料转化率和血清免疫球蛋白（IgG 和 IgM）的水平（Reddy 等，2018）。通过长期低剂量饲喂方式接触 T-2 毒素 28 d 后，可显著降低回肠集合淋巴结中 $CD4^{+}/CD8^{+}$ T 细胞和 $CD21^{+}$ B 细胞的百分率，以及细胞因子 IL-10 的水平（Obremski 等，2013）。

日粮中添加不同水平的微量元素对断奶后仔猪肠道屏障功能会产生不同的影响。高铁（500 mg/kg）日粮能引起炎症反应，黏膜损伤和增加仔猪肠上皮细胞通透性（Moeser，2012）。日粮中适宜的锌水平可促进肠黏膜 sIgA 和 IL-2 的分泌，进而维持肠黏膜免疫屏障功能，同时对动物肠炎症类疾病防治具有较好效果。添加药理剂量（2 000～4 000 mg/kg）的氧化锌能有效增强机体免疫功能，降低腹泻率，促进仔猪生长，但氧化锌大部分随粪排出，造成锌源浪费和环境污染（徐子伟，2014）。硒作为谷胱甘肽过氧化物酶（GPx）的重要组成部分，可维持肠黏膜屏障的相对稳定。过量尤其是中毒剂量的 Zn、Se 水平严重影响胃肠黏膜结构完整性和上皮淋巴细胞数量与结构（徐子伟，2014）。

氨基酸及其衍生物调节肠道黏膜免疫。在小鼠模型中，补充谷氨酰胺可增加回肠黏膜中 sIgA 的丰度和 IgA^{+} 浆细胞数量，降低小鼠肠系膜淋巴结中的细菌数量，增加小鼠回肠中细胞因子 IL-5、IL-6、IL-13 和 TGF-β 等的表达，并且谷氨酰胺通过肠道微生物群和 IL-13 促进肠道 sIgA 分泌（Wu 等，2016）。*L*-精氨酸缺乏诱导 T 细胞功能障碍，并可以调节 NK 细胞的活性（Lamas 等，2012）。断奶仔猪补充 *L*-精氨酸（*L*-Arg）可增加肠道黏膜杯状细胞数量，提高肠道黏膜CD34及血管内皮生长因子表达(徐子伟,2014)。N-乙酰半胱氨酸(NAC)为*L*-半胱氨酸与还原型谷胱甘肽的前体物质。日粮中添加NAC可缓解LPS刺激导致的仔猪肠黏膜中IL-2、IL-6和前列腺素2(PGE2)水平升高及HSP70表达量增加,降低小肠黏膜caspase-3表达,增加claudin-1和occludin蛋白表达量,缓解肠道黏膜损(徐子伟,2014)。NAC还可通过调节仔猪肠道TLR4和EGF信号通路降低LPS刺激所有引起的肠道炎症反应,调节和保护肠道黏膜屏障功能(徐子伟,2014)。大豆肽能提高断奶仔猪空肠黏膜sIgA、IL-2、IL-6的水平,降低肠黏膜TNF-α水平和TLR4的mRNA表达,提高肠黏膜局部免疫力(左伟勇等,2013)。

益生菌调节肠道黏膜免疫。常用益生菌主要有乳酸杆菌、芽孢杆菌、双歧杆菌和酵母菌等,可以在肠腔内充分生长发育和附植,形成优势菌群。乳酸杆菌表面具有相关分子模式,包括肽聚糖、多糖、胞壁磷壁酸和脂磷壁酸等,被细胞表面的TLRs识别,进而影响肠道黏膜免疫反应(邱月琴等,2016)。乳酸杆菌可通过DC表面受体传导信号,介导$CD4^+$ T细胞向$CD4^+$-$FoxP3^+$ Treg分化,并产生TGF-β、IL-4和IL-10等抗炎性细胞因子,刺激机体产生口服耐受,同时促进Treg分泌TGF-β,进一步促进肠道sIgA的分泌,有助于肠道黏膜免疫功能的发挥(邱月琴等,2016)。嗜酸乳杆菌能增加肠黏膜中sIgA和防御素的含量,降低产肠毒素性大肠杆菌诱导的MLN中TLR2/TLR4的mRNA表达(Li等,2016)。复合乳杆菌可提高仔猪盲肠IL-4和IFN-γ的表达,降低仔猪结肠IL-8和TNF的表达,下调仔猪空肠、回肠和结肠TGF-β1的表达(王志林,2016)。鼠李糖乳杆菌可提高断奶仔猪血液中$CD4^+$ T淋巴细胞数量和IL-4含量,缓解轮状病毒攻毒导致的断奶仔猪血液CD4+T淋巴细胞数量和IL-4含量下降(刘宇等,2016)。用发酵培养的表达猪乳铁蛋白的重组乳酸乳球菌作为饲料添加剂饲喂断奶仔猪,能够提高仔猪血清中IL-1和IL-2含量、血清中IgG及肠黏液中sIgA含量,提高仔猪的主动免疫力(何佳等,2014)。蜡样芽孢杆菌可降低肠道上皮$CD8^+$ γδT细胞数量和比例,提高其感染鼠伤寒沙门氏菌的抵抗力(徐子伟,2014)。枯草芽孢杆菌能刺激猪免疫器官生长发育,激活树突状细胞、T淋巴细胞和B淋巴细胞,提高扁桃体中TLR2和TLR9的mRNA表达,提高黏膜免疫功能(Yang等,2018)。研究表明,该枯草芽孢杆菌促进新生仔猪十二指肠TLR-9和IL-6及回肠IL-1的mRNA表达,提高小肠IgA分泌细胞的数量(徐子伟,2014);与猪源乳酸杆菌联合灌服可促进小肠绒毛发育,提高机体拮抗大肠杆菌K88的能力(徐子伟,2014);与唾液乳杆菌联合灌服,可提高小肠β-防御素-2(pBD-2)的mRNA表达(徐子伟,2014)。双歧杆菌能够促进肠道内食物代谢和免疫系统的成熟,涉及调节先天性和适应性免疫过程的特定途径,包括外周血单核细胞和T细胞介导的免疫反应、效应性和调节性细胞反应,以及对树突状细胞表型的调节等(Ruiz等,2017)。布拉酵母菌可增加肠道上皮细胞中TLR2、TLR4和TLR15的mRNA表达水平,降低空肠和回肠中MyD88、TRAF6和NF-κB的mRNA水平,并且空肠中IL-6、TNF-α、IL-10和TGF-β表达水平升高(Raiput等,2017)。

短链脂肪酸(short-chain fatty acids,SCFAs)是由猪结肠中微生物发酵不消化糖类后产生,主要组分为乙酸、丙酸和丁酸等(徐子伟,2014)。丁酸参与调控中性粒细胞,并且经短链脂肪酸受体(GPR-41)识别后,通过MAPKs介导的信号途径增强调节宿主的免疫应答(邢媛媛等,2016)。日粮中添加丁酸钠可增加断奶仔猪小肠肥大细胞和杯状细胞的数量,提高小肠黏膜sIgA的分泌量(李丹丹等,2012)。SCFAs还可以激发白细胞产生细胞因子TNF-α、IL-2、IL-6、IL-10以及类花生酸及趋化因子-1(MCP-1)与中性粒细胞趋化因子-2(CINC-2),有利于白细胞向炎症病灶迁移以及消除病原微生物的能力(陈凌峰等,2017)。吴维达等(2017)综述饲料纤维影响肠道健康方面的研究进展中提到:日粮中添加小麦纤维和豌豆纤维显著提升回肠与结肠上皮细胞 TLR2 的 mRNA 表达;添加豌豆纤维提高结肠黏膜中黏蛋白与 sIgA 的含量,降低 IL-10 与肿瘤坏死因子配体超家族成员 13B(TNFSF13B)的 mRNA 表达;添加菊苣根与菊苣茎叶提高猪肠道黏膜热休克蛋白 27(HSP27)的表达量,该蛋白有助于保护高温应激下机体黏膜屏障功能。

此外,还有一些营养素调节肠道黏膜免疫。植物多糖可改善肠道黏膜屏障功能,黄芪多糖(APS)能增强 Th1 类细胞因子(IL-2、IFN-γ)的分泌量(徐子伟,2014);牛膝多糖(ABPS)能改变 LPS 应激仔猪促炎性细胞因子的释放,缓解 LPS 对仔猪肠道黏膜结构的损伤,增加小肠杯状细胞数量(徐子伟,2014);太子参茎叶多糖能提高断奶仔猪肠道黏膜上皮淋巴细胞数量,以及 IL-2、IL-4、IFN-γ 和 sIgA 含量(陈凌峰等,2017)。β-葡聚糖显著提高断奶仔猪空肠黏膜 TLR4 和防御素 β2 蛋白浓度,降低空肠黏膜 IL-8 和 TGF-β1 的 mRNA 水平(刘金艳等,2017)。

9.3.4.3　应激

在养猪生产过程中,最常见的应激是热应激和断奶应激。热应激(heat stress,HS)正成为养猪业中影响猪健康的重要应激因素之一。与常温环境相比,热应激发生时血液优先分布在远离肠道的区域以供应氧气到大脑,导致胃肠道屏障渗透性增加,脂多糖释放到血液循环中,进而出现脂多糖渗透刺激引起的急性期炎症反应(包括 IL-6 的释放),以响应内毒素增大的环境(Vargas 和 Marino,2016)。在小鼠模型中,热应激使小肠绒毛长度缩短,空肠黏膜严重受损,十二指肠和空肠上皮杯状细胞数量明显减少;电镜下可见肠黏膜紊乱,大量炎性纤维物质渗出,上皮细胞间紧密连接结构模糊,细胞间隙增大;肠黏膜免疫相关蛋白 TLR2、TLR4 和 IgA 均显著下降,肠系膜淋巴结中 $CD3^+$ T 细胞和 $CD3^+CD4^+CD8^-$ T 细胞数量明显减少,$CD3^+CD4^-CD8^+$ T 细胞数量显著增加(Liu 等,2012)。热应激的猪表现为空肠组织中 IL-2 含量在第 3 天显著下降,而 IL-10 含量表现为先下降然后再逐渐上升;空肠黏液 IgA 含量在第 10 天显著升高,Th1/Th2 免疫平衡出现紊乱和下降(王自力等,2007)。断奶应激最大的影响就是仔猪肠道损伤。研究表明,仔猪断奶后 4 d 空肠组织中有 98 个差异表达的 miRNAs,其中上调表达的 miR-146b 呈最大差异倍数。有研究证实 miR-146 家族(miR-146a 和 miR-146b)可通过作用于其靶基因白细胞介素-1 受体相关激酶 1 和转化生长因子-β(TGF-β)调控肠黏膜免疫系统和肠上皮细胞的增殖与分化(徐子伟,2014)。此外,断奶应激引起肠黏膜促肾上腺皮质激素释放因子数量的增加,该因子可引起肠肥大细胞脱颗粒,从而释放促炎性细胞因子和蛋白酶,改变紧密连接蛋白的形成和分布,增加肠道的渗透性和黏膜炎症,破坏肠道黏膜屏障功能(Wang 等,2015)。

9.3.4.4　传染病

目前养猪生产中危害猪胃肠道健康的主要疾病是流行性腹泻、传染性胃肠炎、轮状病毒病、伪狂犬病、圆环病毒病、博卡病毒感染、猪杯状病毒病、慢性猪瘟、高致病性大肠杆菌病、沙门氏菌病、魏氏梭菌中毒、猪痢疾、弓形体病和球虫病等。这些疾病常引发猪胃肠炎、腹泻性疾病及胃溃疡等,导致肠道黏膜免疫系统功能受损,消化吸收机能紊乱,威胁着猪只的胃肠道健康。例如,艰难梭菌毒素 A 和轮状病毒肠毒素 NSP4 依附在紧密连接蛋白上,降低其紧密性,导致肠道通透性增加,随后黏膜固有层炎症因子被激活(Moeser,2012);鼠伤寒沙门氏菌通过嗜中性粒细胞在肠道紧密连接处浸润和迁移引发特定的炎症反应破坏肠道屏障，从而引起动物腹泻（Moeser，2012）。

参考文献

[1] Bjarnason I，MacPherson A，Hollander D. Intestinal permeability：An overview. Gastroenterology，1995，108(5)：1566-1581.

[2] Natividad J M，Verdu E F. Modulation of intestinal barrier by intestinal microbiota：Pathological and therapeutic implications[J]. Pharmacol Res，2013，69(1)：42-51.

[3] Ouwerkerk J P，de Vos W M，Belzer C. Glycobiome：Bacteria and mucus at the epithelial interface. Best Pract Res Clin Gastroenterol，2013，27(1)：25-38.

[4] Hansson G C. Role of mucus layers in gut infection and inflammation. Curr Opin Microbiol，2012，15(1)：57-62.

[5] Velcich A，Yang W，Heyer J，et al. Colorectal cancer in mice genetically deficient in the mucin mUCc2. Science，2002，295(5560)：1726-1729.

[6] Van der Sluis M，De Koning B A，De Bruijn A C，et al. Muc2-deficient mice spontaneously develop colitis，indicating that MUC2 is critical for colonic protection. Gastroenterology，2006，131(1)：117-129.

[7] Kawashima H. Roles of the gel-forming MUC2 mucin and its O-glycosylation in the protection against colitis and colorectal cancer. Biol Pharm Bull，2012，35(10)：1637-1641.

[8] Kim Y S，Ho S B. Intestinal goblet cells and mucins in health and disease：Recent Insights and Progress. Curr Gastroenterol Rep，2010，12(5)：319-330.

[9] McDole J R，Wheeler L W，McDonald K G，et al. Goblet cells deliver luminal antigen to $CD103^+$ dendritic cells in the small intestine. Nature，2012，483(7389)：345-349.

[10] Clevers H C，Bevins C L. Paneth cells：Maestros of the small intestinal crypts. Annu Rev Physiol，2013，75：289-311.

[11] Yuan S Y，Rigor R R. Regulation of endothelial barrier function. San Rafael (CA)：Morgan & Claypool Life Sciences，2010.

[12] Naydenov N G，Ivanov A I. Adducins regulate remodeling of apical junctions in human epithelial cells. Mol Biol Cell，2010，21(20)：3506-3517.

[13] Boza J J，Moennoz D，Vuichoud J，et al. Food deprivation and refeeding influence growth，nutrient retention and functional recovery of rats. J Nutr，1999，129(7)：1340-1346.

[14] Ding L A，Li J S，Li Y S，et al. Intestinal barrier damage caused by trauma and lipopolysaccharide. World J Gastroenterol，2004，10(16)：2373-2378.

[15] Sawka M N，Young A J，Francesconi R P，et al. Thermoregulatory and blood responses during exercise at graded hypohydration levels. J Appl Physiol(1985)，1985，59(5)：1394-1401.

[16] Matsuo K, Zhang X, Ono Y, et al. Acute stress-induced colonic tissue HSP70 expression requires commensal bacterial components and intrinsic glucocorticoid. Brain Behav Immun, 2009, 23(1): 108-115.

[17] Mazzon E, Sturniolo G C, Puzzolo D, et al. Effect of stress on the paracellular barrier in the rat ileum. Gut, 2002, 51(4): 507-513.

[18] Lambert G P, Gisolfi C V, Berg D J, et al. Selected contribution: Hyperthermia-induced intestinal permeability and the role of oxidative and nitrosative stress. J Appl Physiol(1985), 2002, 92(4): 1750-1761, 1749.

[19] Weitzel L R, Wischmeyer P E. Glutamine in critical illness: The time has come, the time is now. Crit Care Clin, 2010, 26(3): 515-525.

[20] Mondello S, Galuppo M, Mazzon E, et al. Glutamine treatment attenuates the development of ischaemia/reperfusion injury of the gut. Eur J Pharmacol, 2010, 643(2-3): 304-315.

[21] Li Y, Chen Y, Zhang J, et al. Protective effect of glutamine-enriched early enteral nutrition on intestinal mucosal barrier injury after liver transplantation in rats. Am J Surg, 2010, 199(1): 35-42.

[22] Santos R G, Quirino I E, Viana M L, et al. Effects of nitric oxide synthase inhibition on glutamine action in a bacterial translocation model. Br J Nutr, 2014, 111(1): 93-100.

[23] MacFie J, McNaught C. Glutamine and gut barrier function. Nutrition, 2002, 18(5): 433-434.

[24] Wu G, Morris S J. Arginine metabolism: Nitric oxide and beyond. Biochem J, 1998, 336(Pt 1): 1-17.

[25] Quirino I E, Cardoso V N, Santos R, et al. The role of *L*-arginine and inducible nitric oxide synthase in intestinal permeability and bacterial translocation. JPEN J Parenter Enteral Nutr, 2013, 37(3): 392-400.

[26] Koppelmann T, Pollak Y, Mogilner J, et al. Dietary *L*-arginine supplementation reduces methotrexate-induced intestinal mucosal injury in rat. BMC Gastroenterol, 2012, 12: 41.

[27] Coburn L A, Gong X, Singh K, et al. *L*-arginine supplementation improves responses to injury and inflammation in dextran sulfate sodium colitis. PLoS One, 2012, 7(3): e33546.

[28] Fan J, Meng Q, Guo G, et al. Effects of early enteral nutrition supplemented with arginine on intestinal mucosal immunity in severely burned mice. Clin Nutr, 2010, 29(1): 124-130.

[29] 姜海龙，秦贵信，车东升，等. 精氨酸对仔猪肠道机械屏障的影响及相关机理. 吉林农业大学学报，2015(01):83-87.

[30] Ferreira T M, Leonel A J, Melo M A, et al. Oral supplementation of butyrate reduces mucositis and intestinal permeability associated with 5-fluorouracil administration.

Lipids，2012，47(7)：669-678.

[31] Leonel A J，Teixeira L G，Oliveira R P，et al. Antioxidative and immunomodulatory effects of tributyrin supplementation on experimental colitis. Br J Nutr，2013，109(8)：1396-1407.

[32] Hou Y，Wang L，Yi D，et al. Dietary supplementation with tributyrin alleviates intestinal injury in piglets challenged with intrarectal administration of acetic acid. Br J Nutr，2014，111(10)：1748-1758.

[33] Koppelmann T，Pollak Y，Mogilner J，et al. Reversal of severe methotrexate-induced intestinal damage using enteral N-3 fatty acids. Br J Nutr，2013，109(1)：89-98.

[34] Hokari R，Matsunaga H，Miura S. Effect of dietary fat on intestinal inflammatory diseases. J Gastroenterol Hepatol，2013，28 Suppl 4：33-36.

[35] Borniquel S，Jadert C，Lundberg J O. Dietary conjugated linoleic acid activates PPARgamma and the intestinal trefoil factor in SW480 cells and mice with dextran sulfate sodium-induced colitis. J Nutr，2012，142(12)：2135-2140.

[36] 周艳霞，黄秀深，孙改侠，等. 平胃散对湿困脾胃证大鼠肠黏膜机械屏障的调控作用. 甘肃中医，2009(08):64-65.

[37] 刘克玄，吴伟康，罗汉川，等. 四逆汤对大鼠肠缺血再灌注后小肠上皮细胞超微结构的影响. 中国病理生理杂志，2004(04):143-146.

[38] 黄旻，吴小翎. 细胞因子与重症急性胰腺炎. 中国煤炭工业医学杂志，2006(10)：1026-1027.

[39] Moore W E，Cato E P，Holdeman L V. Some current concepts in intestinal bacteriology. Am J Clin Nutr，1978，31(Suppl 10)：S33-S42.

[40] Backhed F，Ley R E，Sonnenburg J L，et al. Host-bacterial mutualism in the human intestine. Science，2005，307(5717)：1915-1920.

[41] Louis P，Flint H J. Diversity，metabolism and microbial ecology of butyrate-producing bacteria from the human large intestine. FEMS Microbiol Lett，2009，294(1)：1-8.

[42] Savage D C. Microbial ecology of the gastrointestinal tract. Annu Rev Microbiol，1977，31：107-133.

[43] Cummings J H，Macfarlane G T. Colonic microflora：Nutrition and health. Nutrition，1997，13(5)：476-478.

[44] Roberfroid M B，Bornet F，Bouley C，et al. Colonic microflora：Nutrition and health. Summary and Conclusions of an International Life Sciences Institute(ILSI)[Europe] Workshop Held in Barcelona，Spain. Nutr Rev，1995，53(5)：127-130.

[45]宋连喜，鄂禄祥，高明，等. 猪和兔胚胎胃肠道菌群的初步研究. 中国兽医杂志，2007(10):24-26.

[46] Collins S M，Bercik P. The relationship between intestinal microbiota and the central nervous system in normal gastrointestinal function and disease. Gastroenterology，2009，136(6)：2003-2014.

[47] 张柏林，秦贵信，孙泽威，等. 仔猪胃肠道微生物菌群定植规律及其功能的研究进

展. 中国畜牧杂志，2009(19):66-69.

［48］Swords W E，Wu C C，Champlin F R，et al. Postnatal changes in selected bacterial groups of the pig colonic microflora. Biol Neonate，1993，63(3)：191-200.

［49］Mathew A G，Robbins C M，Chattin S E，et al. Influence of galactosyl lactose on energy and protein digestibility，enteric microflora，and performance of weanling pigs. J Anim Sci，1997，75(4)：1009-1016.

［50］Konstantinov S R，Zhu W Y，Williams B A，et al. Effect of fermentable carbohydrates on piglet faecal bacterial communities as revealed by denaturing gradient gel electrophoresis analysis of 16S ribosomal DNA. FEMS Microbiol Ecol，2003，43(2)：225-235.

［51］Konstantinov S R，Poznanski E，Fuentes S，et al. *Lactobacillus sobrius* sp. Nov.，abundant in the intestine of weaning piglets. Int J Syst Evol Microbiol，2006，56(Pt 1)：29-32.

［52］Luyer M D，Buurman W A，Hadfoune M，et al. Pretreatment with high-fat enteral nutrition reduces endotoxin and tumor necrosis factor-alpha and preserves gut barrier function early after hemorrhagic shock. Shock，2004，21(1)：65-71.

［53］Boudry G，Peron V，Le Huerou-Luron I，et al. Weaning induces both transient and long-lasting modifications of absorptive，secretory，and barrier properties of piglet intestine. J Nutr，2004，134(9)：2256-2262.

［54］Inoue R，Tsukahara T，Nakanishi N，et al. Development of the intestinal microbiota in the piglet. J Gen Appl Microbiol，2005，51(4)：257-265.

［55］Ley R E，Peterson D A，Gordon J I. Ecological and evolutionary forces shaping microbial diversity in the human intestine. Cell，2006，124(4)：837-848.

［56］Buffie C G，Pamer E G. Microbiota-mediated colonization resistance against intestinal pathogens. Nat Rev Immunol，2013，13(11)：790-801.

［57］Kamada N，Seo S U，Chen G Y，et al. Role of the gut microbiota in immunity and inflammatory disease. Nat Rev Immunol，2013，13(5)：321-335.

［58］Blaser M J，Kirschner D. The equilibria that allow bacterial persistence in human hosts. Nature，2007，449(7164)：843-849.

［59］Flint H J，Scott K P，Louis P，et al. The role of the gut microbiota in nutrition and health. 2012，9(10)：577.

［60］夏耀耀，任文凯，黄瑞林，等. 仔猪肠道微生物研究进展. 中国实验动物学报，2017(06):681-688

［61］Macfarlane S，Macfarlane G T. Regulation of short-chain fatty acid production. Proc Nutr Soc，2003，62(1)：67-72.

［62］Sartor R B. Microbial-host interactions in inflammatory bowel diseases and experimental colitis. Nestle Nutr Workshop Ser Pediatr Program，2009，64：121-132，132-137，251-257.

［63］Sidhu H，Hoppe B，Hesse A，et al. Absence of oxalobacter formigenes in cystic fibrosis patients：A risk factor for hyperoxaluria. Lancet，1998，352(9133)：1026-1029.

[64] Magwira C A, Kullin B, Lewandowski S, et al. Diversity of faecal oxalate-degrading bacteria in black and white South African study groups: Insights into understanding the rarity of urolithiasis in the black group. J Appl Microbiol, 2012, 113(2): 418-428.

[65] Hooper L V, Wong M H, Thelin A, et al. Molecular analysis of commensal host-microbial relationships in the intestine. Science, 2001, 291(5505): 881-884.

[66] Thomas C M, Hong T, van Pijkeren J P, et al. Histamine derived from probiotic *lactobacillus reuteri* suppresses TNF via modulation of PKA and ERK signaling. PLoS One, 2012, 7(2): e31951.

[67] De Biase D, Pennacchietti E. Glutamate decarboxylase-dependent acid resistance in orally acquired bacteria: Function, distribution and biomedical implications of the gadBC operon. Mol Microbiol, 2012, 86(4): 770-786.

[68] Baddini F A, Fernandes P A, Ferreira D C N, et al. Conjugated linoleic acid (CLA): Effect modulation of body composition and lipid profile. Nutr Hosp, 2009, 24(4): 422-428.

[69] Devillard E, McIntosh F M, Duncan S H, et al. Metabolism of linoleic acid by human gut bacteria: Different routes for biosynthesis of conjugated linoleic acid. J Bacteriol, 2007, 189(6): 2566-2570.

[70] Devillard E, McIntosh F M, Paillard D, et al. Differences between human subjects in the composition of the faecal bacterial community and faecal metabolism of linoleic acid. Microbiology, 2009, 155(Pt 2): 513-520.

[71] Fukiya S, Arata M, Kawashima H, et al. Conversion of cholic acid and chenodeoxycholic acid into their 7-Oxo derivatives by bacteroides intestinalis AM-1 isolated from human feces. FEMS Microbiol Lett, 2009, 293(2): 263-270.

[72] Velagapudi V R, Hezaveh R, Reigstad C S, et al. The gut microbiota modulates host energy and lipid metabolism in mice. J Lipid Res, 2010, 51(5): 1101-1112.

[73] Endt K, Stecher B, Chaffron S, et al. The microbiota mediates pathogen clearance from the gut lumen after non-typhoidal *Salmonella* diarrhea. PLoS Pathog, 2010, 6(9): e1001097.

[74] Seekatz A M, Young V B. Clostridium difficile and the microbiota. J Clin Invest, 2014, 124(10): 4182-4189.

[75] Britton R A, Young V B. Role of the intestinal microbiota in resistance to colonization by *Clostridium difficile*. Gastroenterology, 2014, 146(6): 1547-1553.

[76] Theriot C M, Koenigsknecht M J, Carlson P J, et al. Antibiotic-induced shifts in the mouse gut microbiome and metabolome increase susceptibility to *Clostridium difficile* infection. Nat Commun, 2014, 5: 3114.

[77] Khosravi A, Yanez A, Price J G, et al. Gut microbiota promote hematopoiesis to control bacterial infection. Cell Host Microbe, 2014, 15(3): 374-381.

[78] Mittrucker H W, Seidel D, Bland P W, et al. Lack of microbiota reduces innate responses and enhances adaptive immunity against *Listeria monocytogenes* infection. Eur J

Immunol, 2014, 44(6): 1710-1715.

[79] Ren W, Yin J, Xiao H, et al. Intestinal microbiota-derived GABA mediates interleukin-17 expression during enterotoxigenic *Escherichia coli* infection. Front Immunol, 2016, 7: 685.

[80] Cantacessi C, Giacomin P, Croese J, et al. Impact of experimental hookworm infection on the human gut microbiota. J Infect Dis, 2014, 210(9): 1431-1434.

[81] Uchiyama R, Chassaing B, Zhang B, et al. Antibiotic treatment suppresses *rotavirus* infection and enhances specific humoral immunity. J Infect Dis, 2014, 210 (2): 171-182.

[82] Littman D R, Pamer E G. Role of the commensal microbiota in normal and pathogenic host immune responses. Cell Host Microbe, 2011, 10(4): 311-323.

[83] Ivanov I I, McKenzie B S, Zhou L, et al. The orphan nuclear receptor RORgammat directs the differentiation program of proinflammatory IL-17^{+} T helper cells. Cell, 2006, 126(6): 1121-1133.

[84] Ivanov I I, Frutos R L, Manel N, et al. Specific microbiota direct the differentiation of IL-17-producing T-helper cells in the mucosa of the small intestine. Cell Host Microbe, 2008, 4(4): 337-349.

[85] Xu X, Xu P, Ma C, et al. Gut microbiota, host health, and polysaccharides. Biotechnol Adv, 2013, 31(2): 318-337.

[86] Morland B, Midtvedt T. Phagocytosis, peritoneal influx, and enzyme activities in peritoneal macrophages from germfree, conventional, and ex-germfree mice. Infect Immun, 1984, 44(3): 750-752.

[87] Izcue A, Coombes J L, Powrie F. Regulatory lymphocytes and intestinal inflammation. Annu Rev Immunol, 2009, 27: 313-338.

[88] Feng T, Wang L, Schoeb T R, et al. Microbiota innate stimulation is a prerequisite for T cell spontaneous proliferation and induction of experimental colitis. J Exp Med, 2010, 207(6): 1321-1332.

[89] Round J L, Mazmanian S K. The gut microbiota shapes intestinal immune responses during health and disease. Nat Rev Immunol, 2009, 9(5): 313-323.

[90] Renz H, Brandtzaeg P, Hornef M. The impact of perinatal immune development on mucosal homeostasis and chronic inflammation. Nat Rev Immunol, 2011, 12(1): 9-23.

[91] Maynard C L, Elson C O, Hatton R D, et al. Reciprocal interactions of the intestinal microbiota and immune system. Nature, 2012, 489(7415): 231-241.

[92] He B, Xu W, Santini P A, et al. Intestinal bacteria trigger T cell-independent immunoglobulin A(2) Class switching by inducing epithelial-cell secretion of the cytokine APRIL. Immunity, 2007, 26(6): 812-826.

[93] Butler J E, Lager K M, Splichal I, et al. The piglet as a model for B cell and immune system development. Vet Immunol Immunopathol, 2009, 128(1-3): 147-170.

[94] Laycock G, Sait L, Inman C, et al. A defined intestinal colonization microbiota for

gnotobiotic pigs. Vet Immunol Immunopathol，2012，149(3-4)：216-224.

[95] Wu M，Xiao H，Liu G，et al. Glutamine promotes intestinal SIgA secretion through intestinal microbiota and IL-13. Mol Nutr Food Res，2016，60(7)：1637-1648.

[96] Spits H，Di Santo J P. The expanding family of innate lymphoid cells：Regulators and effectors of immunity and tissue remodeling. Nat Immunol，2011，12(1)：21-27.

[97] Zelante T，Iannitti R G，Cunha C，et al. Tryptophan catabolites from microbiota engage aryl hydrocarbon receptor and balance mucosal reactivity via interleukin-22. Immunity，2013，39(2)：372-385.

[98] Manta C，Heupel E，Radulovic K，et al. CX(3)CR1(+)macrophages support IL-22 production by innate lymphoid cells during infection with *Citrobacter rodentium*. Mucosal Immunol，2013，6(1)：177-188.

[99] Lutgendorff F，Akkermans L M，Soderholm J D. The role of microbiota and probiotics in stress-induced gastro-intestinal damage. Curr Mol Med，2008，8(4)：282-298.

[100] Cario E，Gerken G，Podolsky D K. Toll-like receptor 2 controls mucosal inflammation by regulating epithelial barrier function. Gastroenterology，2007，132(4)：1359-1374.

[101] Yan F，Cao H，Cover T L，et al. Colon-specific delivery of a probiotic-derived soluble protein ameliorates intestinal inflammation in mice through an EGFR-dependent mechanism. J Clin Invest，2011，121(6)：2242-2253.

[102] Cani P D，Possemiers S，Van de Wiele T，et al. Changes in gut microbiota control inflammation in obese mice through a mechanism involving GLP-2-driven improvement of gut permeability. Gut，2009，58(8)：1091-1103.

[103] Stappenbeck T S，Hooper L V，Gordon J I. Developmental regulation of intestinal angiogenesis by indigenous microbes via Paneth cells. Proc Natl Acad Sci U S A，2002，99(24)：15451-15455.

[104] Gordon H A，Bruckner-Kardoss E. Effect of normal microbial flora on intestinal surface area. Am J Physiol，1961，201：175-178.

[105] Banasaz M，Norin E，Holma R，et al. Increased enterocyte production in gnotobiotic rats mono-associated with *Lactobacillus rhamnosus* GG. Appl Environ Microbiol，2002，68(6)：3031-3034.

[106] Alam M，Midtvedt T，Uribe A. Differential cell kinetics in the ileum and colon of germfree rats. Scand J Gastroenterol，1994，29(5)：445-451.

[107] Husebye E，Hellstrom P M，Midtvedt T. Intestinal microflora stimulates myoelectric activity of rat small intestine by promoting cyclic initiation and aboral propagation of migrating myoelectric complex. Dig Dis Sci，1994，39(5)：946-956.

[108] Kaiko G E，Stappenbeck T S. Host-microbe interactions shaping the gastrointestinal environment. Trends Immunol，2014，35(11)：538-548.

[109] Lee S M，Donaldson G P，Mikulski Z，et al. Bacterial colonization factors control specificity and stability of the gut microbiota. Nature，2013，501(7467)：426-429.

[110] Jones R M, Luo L, Ardita C S, et al. Symbiotic lactobacilli stimulate gut epithelial proliferation via Nox-mediated generation of reactive oxygen species. EMBO J, 2013, 32(23): 3017-3028.

[111] 杨柳，张邑帆，郑华，等. 荣昌、长白、杜洛克猪肠道微生物 Eric-Pcr-Dgge 指纹图谱比较分析. 家畜生态学报，2011(05):21-25.

[112] Su Y, Smidt H, Zhu W. Comparison of fecal methanogenic archaeal community between Erhualian and Landrace pigs using denaturing gradient gel electrophoresis and real-time PCR analysis. Journal of Integrative Agriculture, 2014, 13(6): 1340-1348.

[113] Yang L, Bian G, Su Y, et al. Comparison of faecal microbial community of Lantang, Bama, Erhualian, Meishan, Xiaomeishan, Duroc, Landrace, and Yorkshire sows. Asian-Australas J Anim Sci, 2014, 27(6): 898-906.

[114] 杨伟平. 藏猪肠道细菌群落组成与纤维素分解菌的研究. 杨凌：西北农林科技大学，2015.

[115] Guo X, Xia X, Tang R, et al. Real-time PCR quantification of the predominant bacterial divisions in the distal gut of Meishan and Landrace pigs. Anaerobe, 2008, 14(4): 224-228.

[116] Isaacson R, Kim H B. The intestinal microbiome of the pig. Anim Health Res Rev, 2012, 13(1): 100-109.

[117] Frese S A, Parker K, Calvert C C, et al. Diet shapes the gut microbiome of pigs during nursing and weaning. Microbiome, 2015, 3: 28.

[118] Petri D, Hill J E, Van Kessel A G. Microbial succession in the gastrointestinal tract(GIT)of the preweaned pig. Livestock Science, 2010, 133(1-3): 107-109.

[119] Bian G, Ma S, Zhu Z, et al. Age, Introduction of solid feed and weaning are more important determinants of gut bacterial succession in piglets than breed and nursing mother as revealed by a reciprocal cross-fostering model. Environ Microbiol, 2016, 18(5): 1566-1577.

[120] Rist V T, Weiss E, Eklund M, et al. Impact of dietary protein on microbiota composition and activity in the gastrointestinal tract of piglets in relation to gut health: A review. Animal, 2013, 7(7): 1067-1078.

[121] Pieper R, Vahjen W, Zentek J. Dietary fibre and crude protein: Impact on gastrointestinal microbial fermentation characteristics and host response. Animal Production Science, 2015,55:1367-1375.

[122] Tian L, Bruggeman G, van den Berg M, et al. Effects of pectin on fermentation characteristics, carbohydrate utilization, and microbial community composition in the gastrointestinal tract of weaning pigs. Mol Nutr Food Res, 2017, 61(1):1600186.

[123] Cao K F, Zhang H H, Han H H, et al. Effect of dietary protein sources on the small intestine microbiome of weaned piglets based on high-throughput sequencing. Lett Appl Microbiol, 2016, 62(5): 392-398.

[124] 刘忠臣. 不同来源脂肪对仔猪的营养效应及对 *E. coli* 攻毒的保护作用研究. 雅安：

四川农业大学，2011.

[125] Ren W, Duan J, Yin J, et al. Dietary *L*-glutamine supplementation modulates microbial community and activates innate immunity in the mouse intestine. Amino Acids, 2014, 46(10): 2403-2413.

[126] Ren W, Chen S, Yin J, et al. Dietary arginine supplementation of mice alters the microbial population and activates intestinal innate immunity. J Nutr, 2014, 144(6): 988-995.

[127] Hojberg O, Canibe N, Poulsen H D, et al. Influence of dietary zinc oxide and copper sulfate on the gastrointestinal ecosystem in newly weaned piglets. Appl Environ Microbiol, 2005, 71(5): 2267-2277.

[128] Looft T, Johnson T A, Allen H K, et al. In-feed antibiotic effects on the swine intestinal microbiome. Proc Natl Acad Sci USA, 2012, 109(5): 1691-1696.

[129] Levesque C L, Hooda S, Swanson K S, et al. Alterations in ileal mucosa bacteria related to diet complexity and growth performance in young pigs. PLoS One, 2014, 9(9): e108472.

[130] Zhang D, Ji H, Liu H, et al. Changes in the diversity and composition of gut microbiota of weaned piglets after oral administration of *Lactobacillus* or an antibiotic. Appl Microbiol Biotechnol, 2016, 100(23): 10081-10093.

[131] Schokker D, Zhang J, Zhang L L, et al. Early-life environmental variation affects intestinal microbiota and immune development in new-born piglets. PLoS One, 2014, 9(6): e100040.

[132] Murphy P, Dal Bello F, O'Doherty J, et al. Analysis of bacterial community shifts in the gastrointestinal tract of pigs fed diets supplemented with beta-glucan from *Laminaria digitata*, *Laminaria hyperborea* and *Saccharomyces cerevisiae*. Animal, 2013, 7(7): 1079-1087.

[133] Noh H S, Ingale S L, Lee S H, et al. Effects of citrus pulp, fish by-product and *Bacillus subtilis* fermentation biomass on growth performance, nutrient digestibility, and fecal microflora of weanling pigs. J Anim Sci Technol, 2014, 56: 10.

[134] Xiao D, Ren W, Bin P, et al. Chitosan lowers body weight through intestinal microbiota and reduces IL-17 expression via mTOR signalling. Journal of Functional Foods, 2016, 22: 166-176.

[135] 胡远亮. 利用分子生物技术研究益生菌对断奶仔猪生长及粪便菌群的影响. 武汉：华中农业大学，2014.

[136] Mair C, Plitzner C, Domig K J, et al. Impact of inulin and a multispecies probiotic formulation on performance, microbial ecology and concomitant fermentation patterns in newly weaned piglets. J Anim Physiol Anim Nutr(Berl), 2010, 94(5): e164-e177.

[137] Ren W, Wang P, Yan J, et al. Melatonin alleviates weanling wtress in Mice: Involvement of intestinal microbiota. J Pineal Res, 2018, 64(2):e12448.

[138] Yi J Q, Piao X S, Li Z C, et al. The effects of enzyme complex on performance,

intestinal health and nutrient digestibility of weaned pigs. Asian-Australas J Anim Sci, 2013, 26(8): 1181-1188.

[139] Ahmed S T, Hwang J A, Hoon J, et al. Comparison of single and blend acidifiers as alternative to antibiotics on growth performance, fecal microflora, and humoral immunity in weaned piglets. Asian-Australas J Anim Sci, 2014, 27(1): 93-100.

[140] 吴超，张莉，吴跃明，等. 中草药添加剂对早期断奶仔猪生长性能和肠道菌群的影响. 中国畜牧杂志，2010(03):31-35.

[141] Farhadi A, Banan A, Fields J, et al. Intestinal barrier: An interface between health and disease. J Gastroenterol Hepatol, 2003, 18(5): 479-497.

[142] Newberry R D, Lorenz R G. Organizing a mucosal defense. Immunol Rev, 2005, 206: 6-21.

[143] 朱伟云,余凯凡,慕春龙,等. 猪的肠道微生物与宿主营养代谢. 动物营养学报，2014,26(10):3046-3051.

[144] 林刚，王薇薇，武振龙，等. 猪肠道屏障功能的营养调控. 动物营养学进展(2012 年版),2012，12.

[145] Barnes E M. Anaerobic bacteria of the normal intestinal microflora of animals. Soc Appl Bacteriol Symp Ser, 1986, 13: 225-238.

[146] Tao X, Xu Z, Wan J. Intestinal microbiota diversity and expression of pattern recognition receptors in newly weaned piglets. Anaerobe, 2015, 32: 51-56.

[147] Etheridge R D, Seerley R W, Wyatt R D. The effect of diet on performance, digestibility, blood composition and intestinal microflora of weaned pigs. J Anim Sci, 1984, 58(6): 1396-1402.

[148] Franklin M A, Mathew A G, Vickers J R, et al. Characterization of microbial populations and volatile fatty acid concentrations in the jejunum, ileum, and cecum of pigs weaned at 17 vs 24 days of age. J Anim Sci, 2002, 80(11): 2904-2910.

[149]徐子伟. 仔猪肠道损伤修复营养调控及其机制和应用. 动物营养学报，2014(10): 3033-3045.

[150] Gresse R, Chaucheyras-Durand F, Fleury M A, et al. Gut microbiota dysbiosis in postweaning piglets: Understanding the keys to health. Trends Microbiol, 2017,25(10): 851-873.

[151] Feng J, Liu X, Xu Z R, et al. Effect of fermented soybean meal on intestinal morphology and digestive enzyme activities in weaned piglets. Dig Dis Sci, 2007, 52(8): 1845-1850.

[152] Peng I C, Quass D W, Dayton W R, et al. The physicochemical and functional properties of soybean 11S globulin-A review[J]. Cereal Chemistry, 1984, 61(6):480-489.

[153] Miller B G, Newby T J, Stokes C R, et al. Influence of diet on postweaning malabsorption and diarrhoea in the pig. Res Vet Sci, 1984, 36(2): 187-193.

[154] Kalliomaki M, Isolauri E. Role of intestinal flora in the development of allergy. Curr Opin Allergy Clin Immunol, 2003, 3(1): 15-20.

[155]邵伟，熊泽，何晓文. 发酵大豆多肽及其功能研究. 中国酿造，2005(06):23-25.

[156] Vaughan E E, Heilig H G, Ben-Amor K, et al. Diversity, vitality and activities of intestinal lactic acid bacteria and bifidobacteria assessed by molecular approaches. FEMS Microbiol Rev, 2005, 29(3): 477-490.

[157] Gedek B, Kirchgessner M, Wiehler S, et al. The nutritive effect of *Bacillus cereus* as a probiotic in the raising of piglets. 2. Effect and microbial count, composition and resistance determination of gastrointestinal and fecal microflora. Arch Tierernahr, 1993, 44 (3): 215-226.

[158] Guarner F, Malagelada J R. Gut flora in health and disease. Lancet, 2003, 361 (9356): 512-519.

[159] 王彦. 微生态学知识② 学点微生态学 做个健康人. 中老年保健，2009(03):2.

[160] Backhed F, Ley R E, Sonnenburg J L, et al. Host-bacterial mutualism in the human intestine. Science, 2005, 307(5717): 1915-1920.

[161] Zhou X L, Kong X F, Lian G Q, et al. Dietary supplementation with soybean oligosaccharides increases short-chain fatty acids but decreases protein-derived catabolites in the intestinal luminal content of weaned Huanjiang mini-piglets. Nutr Res, 2014, 34(9): 780-788.

[162]沈书成. 秋泻莫服痢特灵. 中国医药报,2004.

[163] 郑世军. 动物分子免疫学. 北京:中国农业大学出版社,2015.

[164] 杨汉春. 动物免疫学(2版). 北京:中国农业大学出版社,2015.

[165] Pestka JJ,Yan D,King LE. Flow cytometric analysis of the effects of *in vitro* exposure to vomitoxin(deoxynivalenol)on apoptosis in murine T, B and IgA^{+} cells. Food and Chemical Toxicology,1994,32(12):1125-1136.

[166]熊霞,杨焕胜,印遇龙. 脱氧雪腐镰刀菌烯醇对肠道屏障的影响及其作用机制. 动物营养学报,2013,25(1):8-12.

[167] Stockmann-Juvala H, Alenius H, Savolainen K. Effects of fumonisin B(1)on the expression of cytokines and chemokines in human dendritic cells. Food and Chemical Toxicology,2008,46(5):1444-1451.

[168] Zheng N,Zhang H,Li S,et al. Lactoferrin inhibits aflatoxin B1- and aflatoxin M1-induced cytotoxicity and DNA damage in Caco-2, HEK, Hep-G2, and SK-N-SH cells. Toxicon,2018,150:77-85.

[169] Reddy KE,Song J,Lee HJ,et al. Effects of high levels of deoxynivalenol and zearalenone on growth performance, and hematological and immunological parameters in pigs. Toxins(Basel),2018,10(3):114.

[170] Obremski K,Podlasz P,Zmigrodzka M,et al. The effect of T-2 toxin on percentages of $CD4^{+}$, $CD8^{+}$, $CD4^{+}CD8^{+}$ and $CD21^{+}$ lymphocytes, and mRNA expression levels of selected cytokines in porcine ileal Peyer's patches. Polish Journal of Veterinary Sciences, 2013,16(2):341-349.

[171] Adam Moeser. 营养调控胃肠道屏障. 饲料工业,2012,33(4):57-60.

[172] Wu M, Xiao H, Liu G, et al. Glutamine promotes intestinal SIgA secretion through intestinal microbiota and IL-13. Molecular Nutrition & Food Research, 2016, 60(7): 1637-1648.

[173] Lamas B, Vergnaud-Gauduchon J, Goncalves-Mendes N, et al. Altered functions of natural killer cells in response to *L*-arginine availability. Cellular Immunology, 2012, 280(2): 182-190.

[174] Ruiz L, Delgado S, Ruas-Madiedo P, et al. Bifidobacteria and their molecular communication with the immune system. Frontiers in Microbiology, 2017, 8: 2345.

[175] Raiput IR, Ying H, Yajing S, et al. Saccharomyces boulardii and *Bacillus subtilis* B10 modulate TLRs and cytokines expression patterns in jejunum and ileum of broilers. PloS One, 2017, 12(3): e0173917.

[176]左伟勇，洪伟鸣，陈高，等. 低分子质量大豆肽对断奶仔猪肠道免疫功能的影响. 南京农业大学学报：2013，36(5)：108-112.

[177] 邱月琴，马现永，杨雪芬，等. 乳酸菌在猪饲料中的应用. 饲料研究：2016(3)：8-13.

[178] Yang Y, Jing Y, Yang J, et al. Effects of intranasal administration with *Bacillus subtilis* on immune cells in the nasal mucosa and tonsils of piglets. Experimental and Therapeutic Medicine: 2018, 15(6): 5189-5198.

[179] Li H, Zhang L, Chen L, et al. *Lactobacillus acidophilus* alleviates the inflammatory response to enterotoxigenic *Escherichia coli* K88 via inhibition of the NF-κB and p38 mitogen-activated protein kinase signaling pathways in piglets. BMC Microbiology, 2016, 16: 273-280.

[180] 王志林. 复合乳杆菌制剂对仔猪生产性能和免疫功能的影响. 广东饲料，国外科技，2016(5)：51-51.

[181] 刘宇，李阳，刘通，等. 乳酸菌益生特性及在猪生产中应用研究进展. 动物医学进展，2016，37(6)：87-90.

[182] 何佳，黄薇薇，孟庆森，等. 表达猪乳铁蛋白的重组乳酸乳球菌对断奶仔猪应用效果的研究. 动物营养学报，2014，26(6)：1579-1586.

[183] 邢媛媛，李大彪，塔娜，等. 丁酸对乳腺组织基因表达的调控作用及其机制. 动物营养学报，2016，28(10)：3064-3069.

[184] 李丹丹，冯国强，钮海华，等. 丁酸钠对断奶仔猪生长性能及免疫功能的影响. 动物营养学报，2012，24(2)：307-313.

[185] 吴维达，解竞静，朱丽媛，等. 饲粮纤维影响猪肠道健康的研究进展. 动物营养学报，2017，29(3)：739-748.

[186] 陈凌锋，蔡旭滨，檀新珠，等. 太子参茎叶多糖对断奶仔猪肠道免疫功能、肠黏膜形态结构及盲肠内容物菌群的影响. 动物营养学报，2017，29(3)：1012-1020.

[187] 刘金艳，王瑶，毛俊霞，等. 日粮添加 β-葡聚糖对仔猪生长性能、肠道发育与免疫功能的影响. 中国兽医学报，2017(11)：2197-2205.

[188] Vargas N, Marino F. Heat stress, gastrointestinal permeability and interleukin-6 signaling-implications for exercise performance and fatigue. Temperature (Austin, Tex),

2016,3(2):240-251.

[189] Liu X,Li H,Lu A,et al. Reduction of intestinal mucosal immune function in heat-stressed rats and bacterial translocation. International Journal of Hyperthermia,2012:28(8):756-765.

[190] 王自力,于同泉,朱晓宇,等. 中药复方对热应激下猪肠道组织 IL-2 IL-10 和黏液 IgA 含量影响. 中国兽医杂志,2007,43(9):83-85.

[191] Wang H,Zhang C,Wu C,et al. Glutamine enhances tight junction protein expression and modulates corticotropin-releasing factor signaling in the jejunum of weanling piglets. The Journal of Nutrition,2015,145(1):25-31.

第 10 章
猪饲料加工调制方法

本章内容提要

饲料质量与加工工艺密切相关，饲料经清理、粉碎、配料、混合、制粒和膨化等加工而成，此过程受机械、湿热和压力等的作用，会发生一系列物理、化学变化，从而影响饲料品质、养分利用率、动物采食与生产性能，甚至可能影响动物健康。随着饲料科学研究的深入，新的饲料加工技术和设备不断得到应用及普及，特别是微生物发酵等生物技术的应用，通过微生物发酵预消化饲料大分子养分、并部分消除饲料抗营养因子，提高了饲料加工的营养效应及动物生产性能。加工工艺对饲料品质的影响已越来越受重视，并已进行了大量研究，取得了许多成果。本章综述了猪饲料粉碎、混合（包括粉碎混合的影响因素、对颗粒饲料品质的影响、对猪生产性能和养分利用的影响、对猪健康的影响、猪饲料粉碎粒度的确定、混合对猪饲料质量的影响）、制粒（包括制粒及其影响因素、对饲料养分的影响、对猪生产性能的影响、提高饲料颗粒质量的措施）、膨化（包括膨化与膨化饲料性状、膨化与饲料养分变化、饲料料型对猪养分吸收和生产性能的影响）、发酵（包括发酵饲料简介、菌株选择和发酵方式与发酵饲料品质、发酵饲料与非常规饲料开发、发酵饲料与安全猪肉生产）方面的研究进展和取得的成果。

10.1　粉碎、混合

粉碎和混合是最先发展起来的饲料加工技术，在饲料生产中应用最为广泛。粉碎对猪饲料品质的影响研究早在 20 世纪 80 年代就已开展，最早主要集中于锤片式、对辊式等不同的粉碎方式及玉米、小麦等谷物的不同粉碎粒度对饲料品质的影响，测定的指标以粉碎效率及猪生产性能为主。近年来就粉碎对饲料的品质影响研究更为系统深入，包括豆粕等蛋白质原料粉碎粒度对饲料品质的影响、粉碎粒度对动物健康的影响等已有研究报道。就饲料混合质量对饲料品质及猪生产性能的影响所进行的研究相对较少，主要是因为现代混合设备已能充分保证生产出混合均匀的饲料产品。

10.1.1　粉碎、混合及其影响因素

10.1.1.1　粉碎

粉碎是利用机械力克服物料内部凝聚力来减小物料的尺寸或粒度的过程。即靠机械力将物料由大块破碎成小块，属于物理变化，几乎无化学变化。饲料原料经清理去除杂质后首先进行粉碎加工，粉碎目的是缩小饲料颗粒粒径，增大表面积，增加饲料与消化酶的接触机会，提高其消化吸收率，同时确保混合、制粒等后续加工工序的顺利进行，保证成品饲料质量。但过度粉碎则会增加能耗，降低粉碎产量，造成粉尘过多而引起畜禽呼吸道疾病，并影响动物胃肠道形态和微生物组成。饲料粉碎加工程度通常用粉碎粒度衡量，确定合理的粉碎粒度必须综合考虑动物生产性能、养分消化吸收率、动物健康、加工成本及产量等因素。

在饲料加工中，粉碎粒度测定主要采用筛分法。根据粒度大小可将粉碎加工分为：①粗粉碎，将饲料粉碎至粒度为 5～40 mm；②普通粉碎，将饲料粉碎至粒度为 0.4～10 mm；③微粉碎，将饲料粉碎至全部通过 0.42 mm 筛孔；④超微粉碎，将饲料粉碎至 95%以上通过0.25 mm 筛孔。根据饲料生产目的及要求，可将粉碎工艺分为：一次粉碎工艺、二次粉碎工艺和循环粉碎工艺。影响粉碎效果的因素主要有：物料强度、湿度等物理机械性能，粉碎机锤片结构、数目、排列方式、末端线速度、锤筛间隙、筛网孔径及厚度和粉碎室内的空气流动等工作参数与管理 3 个方面。

10.1.1.2　混合

混合就是在外力作用下，各种物料互相掺合，使之在任何容积里每种组分的微粒均匀分布。混合是确保饲料产品质量的重要工序。混合的作用原理主要有：①对流混合(体积混合、移动混合)：许多成团的物料颗粒从混合机的一处移向另一处做相对流动；②扩散混合：混合物料的颗粒向四周移动，类似气体、液体中的分子扩散过程，是一种无规则的运动；③剪切混合：在物料中彼此形成剪切面，使物料发生混合作用。另外还有：冲击混合和粉碎混合。按混合工作方式可分为：分批混合和连续混合。混合质量采用各组分物料在混合物中的分布均匀性来评价，目前的混合均匀度评价是采用统计学的变异系数(coefficient of variation，CV)来表示。影响混合质量的因素有：混合机机型、结构、转速、装满系数和混合组分的物理特性及操作等。

10.1.2　粉碎、混合与颗粒饲料品质

适宜的粉碎粒度和较高混合均匀度能提高颗粒饲料的质量，评价颗粒饲料加工质量的主要指标有：颗粒饲料的硬度、含粉率和耐久性。饲料制粒质量与原料粉碎粒度通常呈负相关，粉碎粒度越小则物料表面积越大，在调质过程中与蒸汽接触越充分，从而有利于热量和水分的传递，调质效果好，淀粉糊化度高，易制粒成形。饲料原料的粉碎粒度亦影响饲料混合均匀度，饲料混合均匀则颗粒质量高。粉碎粒度过大，制成的颗粒硬度较低，稳定度较差，易破碎(张亮等，2013)。当玉米粉碎粒度从 304 μm 增加到 388 μm 时，饲料颗粒耐久性呈下降趋势，由 93%降低至 91%，这主要是因为粉碎粒度过粗易导致颗粒表面产生裂纹所致(倪海球等，2016)。当豆粕的粉碎粒度从 450 μm 增加到 827 μm 时，饲料颗粒硬度显著降低，颗粒耐久性

以粒度 450 μm 时为最佳，但粒度大于 540 μm 后则无影响，豆粕粉碎粒度对饲料含粉率无影响（梁明等，2013）。饲料粉碎粒度在 400 μm 以上时粉碎粒度大小对制粒效果和制粒电耗没有显著影响（李忠平，2001）。

10.1.3 粉碎对猪生产性能和养分利用的影响

粉碎粒度对猪饲料品质存在影响，主要表现在影响猪的生产性能、养分利用率和胃肠道形态等。

10.1.3.1 粉碎对猪生产性能的影响

一般而言，谷物粉碎粒度越小，猪生产性能越高。玉米粉碎粒度减小时，断奶仔猪的生产性能明显改善。玉米粉碎粒度从 1 000 μm 减至 500 μm 时，仔猪 0～10 日龄的日增重和饲料转化率分别提高 15.6%和 3.5%，10～24 日龄分别提高 7.3%和 3.9%。玉米粉碎粒度从 900 μm 减小至 300 μm 时，0～14 日龄仔猪日增重和饲料转化率分别提高 26.8%和 16.9%，采食量亦有所增加，但对 14～35 日龄仔猪的生产性能影响不大；不同高粱粉碎粒度对仔猪生产的影响无规律可循（表 10-1）。与粉碎粒度为 750 μm 相比，豆粕超微粉碎至粒度为 30 μm 以内时，1～28 日龄仔猪日增重显著提高，料重比和腹泻率显著降低（任守国等，2012）。总体而言，随着玉米、小麦等饲料原料粉碎粒度的减小，仔猪生产性能均有提高，但当粉碎粒度减小至一定值后再进一步减小粒度则对仔猪生产性能无影响（表 10-2）。

表 10-1 饲料原料粉碎粒度对断奶仔猪生产性能的影响

项目	玉米/μm				硬质高粱/μm				软质高粱/μm			
	900	700	500	300	900	700	500	300	900	700	500	300
0～14 日龄												
日增重/(g/d)	276	290	332	350	304	281	300	322	303	271	286	305
采食量/(g/d)	346	357	354	375	371	346	350	363	363	331	326	359
增重/饲料/(g/kg)	798	812	938	933	819	812	857	887	835	819	877	850
14～35 日龄												
日增重/(g/d)	528	486	508	469	371	362	381	296	409	403	420	353
采食量/(g/d)	840	757	791	760	654	625	631	584	725	675	691	620
增重/饲料/(g/kg)	629	642	642	617	567	579	604	507	564	597	608	569
0～35 日龄												
日增重/(g/d)	427	408	438	421	344	329	349	306	367	350	367	334
采食量/(g/d)	642	597	616	606	540	513	518	496	580	537	545	515
增重/饲料/(g/kg)	665	683	711	695	637	641	674	617	633	652	673	649

注：引自 Healy 等(1994)。

表 10-2　饲料原料粉碎粒度对仔猪生产性能的影响

猪的类型	谷物	几何平均粒径/μm	平均日采食量/kg	平均日增重/g	增重/采食量/(g/kg)
断奶仔猪(21日龄)	小麦	1 430	0.55	410	750
		680	0.52	450	870
		450	0.51	430	840
仔猪(8～26 kg)	小麦	710	0.799	552	676
		530	0.814	566	676
		450	0.812	576	694
仔猪(8～26 kg)	大麦	830	0.729	474	653
		740	0.753	498	662
		550	0.742	501	671
		440	0.748	498	667
仔猪(8～26 kg)	玉米	840	0.805	518	641
		660	0.810	545	667
		430	0.776	534	685
仔猪(7～12周)	小麦-大麦	930	1.30	708	546
		860	1.33	771	581
		560	1.20	692	578
		490	1.27	753	595
		470	1.09	689	633
仔猪(8～30 kg)	小麦	粗	0.98	543	552
		细	0.99	561	568

注：引自 Flis 等(2014)。

粉碎粒度对生长育肥猪饲料品质存在一定影响(表10-3，表10-4)。随玉米粉碎粒度减小，猪日增重提高1%～8%，饲料转化率改善1%～9%，玉米粉碎粒度从1 000 μm降到400 μm时，每降低100 μm，生长育肥猪增重/饲料比值可改善1.2%～1.4%。但当粒度降低至一定值时，再进一步减小则无意义。饲料原料混合后分别用1.5、2.0、2.5和3.0 mm孔径的筛片进行粉碎，粉碎的饲料几何平均粒径分别为595、626、758和856 μm，饲喂2.0 mm粉碎饲料的生长猪平均日增重显著高于其他组，料重比亦显著低于其他组(表10-5)。

表 10-3　饲料原料粉碎粒度对生长育肥猪生产性能的影响

猪体重范围/kg	谷物	项目	粒度/μm		
			粗(>1 000)	中(700～900)	细(<600)
19～55	玉米	日增重/(kg/d)	0.71	0.79	0.74
		增重/饲料	0.337	0.329	0.341

续表 10-3

猪体重范围/kg	谷物	项目	粒度/μm		
			粗(>1 000)	中(700～900)	细(<600)
25～70	燕麦	日增重/(kg/d)	0.62	0.74	0.73
		增重/饲料	0.322	0.366	0.362
35～97	玉米	日增重/(kg/d)	0.68	—	0.73
		增重/饲料	0.266	—	0.288
32～91	玉米	日增重/(kg/d)	0.686	—	0.719
		增重/饲料	0.257	—	0.279
32～91	高粱	日增重/(kg/d)	0.696	—	0.699
		增重/饲料	0.259	—	0.272
54～120	高粱	日增重/(kg/d)	—	1.00	0.99
		增重/饲料	—	0.295	0.316
54～120	高粱	日增重/(kg/d)	—	1.02	1.04
		增重/饲料	—	0.290	0.307
55～115	玉米	日增重/(kg/d)	0.98	0.98	0.99
		增重/饲料	0.298	0.305	0.321
67～115	小麦	日增重/(kg/d)	0.88	—	0.91
		增重/饲料	0.285	—	0.322

注：引自 Hancock 等(2001)。

表 10-4　饲料原料粉碎粒度对生长育肥猪生产性能的影响

猪的类型	谷物	几何平均粒径/μm	平均日采食量/kg	平均日增重/g	增重/采食量/(g/kg)
育肥猪(55～114 kg)	玉米	1 017	3.25	960	295
		886	3.21	940	293
		705	3.26	950	291
		507	3.16	980	310
育肥猪(55～113 kg)	玉米	806	3.28	931	284
		558	3.13	964	308
育肥猪(67～114 kg)	小麦	1 250	3.11	880	280
		670	3.05	890	290
育肥猪(63～115 kg)	小麦	660	2.91	900	310
		440	2.84	910	320
育肥猪(48 kg+56 d)	混合日粮	900	2.55	920	357
		640	2.47	955	382

注：引自 Flis 等(2014)。

表 10-5　混合原料粉碎粒度对生长猪生长性能的影响

阶段	项目	筛片孔径/mm			
		1.5	2.0	2.5	3.0
1～4 周	初始体重/kg	27.76±2.84	27.43±1.85	28.07±1.95	28.52±1.19
	终末体重/kg	43.97±1.62	45.74±3.06	44.17±1.95	45.30±2.66
	平均日采食量/kg	1.30±0.04	1.34±0.13	1.38±0.07	1.36±0.08
	平均日增重/kg	0.57±0.04	0.66±0.07	0.58±0.04	0.58±0.06
	料重比	2.29±0.16	2.04±0.10	2.39±0.19	2.35±0.12
1～8 周	终末体重/kg	62.66±3.92	67.12±5.30	68.64±1.68	64.08±5.24
	平均日采食量/kg	1.69±0.12	1.78±0.11	1.83±0.05	1.79±0.15
	平均日增重/kg	0.68±0.07	0.76±0.07	0.76±0.03	0.69±0.08
	料重比	2.52±0.30	2.33±0.15	2.40±0.04	2.62±0.07

注:引自段海涛等 2015。

对繁殖母猪来说,玉米粉碎粒度减小虽对母猪繁殖性能影响不大,但可显著地提高所产仔猪的窝增重(表 10-6)。

表 10-6　玉米粉碎粒度对母猪和窝产仔猪的影响

项目	玉米/μm			
	1 200	900	600	400
采食量/kg	4.19	4.24	4.40	4.43
产仔数/头	9.7	10.1	10.1	10.1
仔猪出生窝重/kg	12.0	12.0	12.3	11.5
仔猪存活率/%	93.8	89.1	94.1	88.1
21 日龄窝重/kg	46.9	48.7	50.5	50.1
窝增重/kg	34.9	36.7	38.2	38.6

注:引自 Wondra 等(1995)。

采用不同类型粉碎机粉碎玉米对饲料品质有一定影响。与锤片式粉碎机相比,对辊式粉碎机可提高猪对饲料干物质的消化率,降低猪粪中的干物质排泄量,但对猪生产性能无影响。饲料生产更为重视的是通过降低粉碎粒度以提高饲料品质,获得更好的生产性能。锤片式粉碎机操作更为简单,因此,仍是饲料粉碎的首选机型。

10.1.3.2　粉碎对猪养分利用率的影响

粉碎粒度越小,饲料与消化酶的接触面积越大,饲料养分消化率越高。玉米粉碎粒度从 900 μm 减至 500 μm 时,仔猪对饲料中的氮、干物质和总能的表观消化率分别提高了 4.6%、1.6%和 2.0%,软高粱也得到了同样的结果,但硬高粱则无规律(表 10-7)。全价饲料的粉碎粒度从 1 000 μm 降至 600 μm 或 500 μm 时,饲料中氮的消化率提高了 7%～10%,赖氨酸、蛋氨酸和苏氨酸的消化率分别提高了 10%、4%和 7%～11%,粉碎粒度在 200～1 500 μm 范围内,粒度每降低 100 μm,粗蛋白质和能量的消化率分别提高 0.847%和 0.629%(Flis 等,

2014)。随粉碎粒度的降低,豆粕蛋白质消化率提高,但不影响仔猪生产性能(Lawrence 等,2003)。豆粕粉碎粒度低于 30 μm 时,可显著提高断奶仔猪日粮氮、必需氨基酸和磷的表观消化率,改善能量和有机物表观消化率(任守国等,2012)。

表 10-7　谷物不同粉碎粒度对断奶仔猪养分利用率的影响

表观消化率/%	玉米/μm				硬质高粱/μm				软质高粱/μm			
	900	700	500	300	900	700	500	300	900	700	500	300
氮	85.1	88.3	89.0	87.6	87.0	83.5	83.3	86.3	84.9	84.8	86.7	85.9
干物质	89.4	90.4	90.8	90.8	89.7	87.9	87.6	90.4	87.6	88.5	90.3	89.1
总能	89.2	90.6	91.0	91.1	89.7	87.7	87.6	90.8	87.8	88.8	90.2	89.7

注:引自 Wondra 等(1995)。

对生长育肥猪和母猪来说,随玉米粉碎粒度的减小,养分消化率提高。玉米粉碎粒度从 1 200 μm 减至 400 μm 时,母猪对氮、干物质和总能的表观消化率分别提高了 7.1%、4.9%和 6.9%。玉米粉碎粒度从 800 μm 减至 400 μm 时,生长育肥猪对氮、干物质和总能的表观消化率分别提高 11.1%、4.2%和 6.8%。同时,猪粪便中的氮和干物质排泄量亦降低,母猪分别下降 31.4% 和 21.3%,生长育肥猪分别下降 33.7%和 23.4%(表 10-8)。谷物粉碎粒度的减小可提高日粮消化能和代谢能水平(表 10-9)及氮和必需氨基酸回肠消化率(表 10-10)。总体而言,中等和较细粉碎粒度的猪饲料较粗粒度尤其是大于 800 μm 的饲料具有更高的氮和能量消化率。

表 10-8　玉米粉碎粒度对母猪和生长育肥猪养分利用率的影响

项目	母猪				生长育肥猪	
	1 200/μm	900/μm	600/μm	400/μm	800/μm	400/μm
表观消化率/%						
氮	83.2	85.3	86.9	89.1	72.5	80.1
干物质	84.2	85.1	86.4	88.3	82.5	86.0
总能	83.8	85.3	87.1	90.0	81.2	86.7
氮排泄量/(g/d)	19.1	16.9	15.6	13.1	18.4	12.6
干物质排泄量/(g/d)	594	569	538	467	517	396

注:锤片式粉碎机粉碎玉米。引自 Wondra 等(1995)。

表 10-9　饲料原料粉碎粒度对日粮能量水平的影响

猪的类型	谷物	几何平均粒径/μm	消化能/(MJ/kg)	代谢能/(MJ/kg)
母猪	玉米	907	15.33	14.9
		478	16.13	15.7
仔猪(13.5 kg)	玉米	840	15.36	
		430	15.91	
仔猪(13.5 kg)	大麦	830	14.69	
		440	14.89	

续表 10-9

猪的类型	谷物	几何平均粒径/μm	消化能/(MJ/kg)	代谢能/(MJ/kg)
生长猪(53 kg)	大麦	929		11.93
		610		12.43
育肥猪(78 kg)	大麦	929		12.24
		610		12.70
生长猪	大麦	900	11.99	
		650	12.10	
		400	12.50	

注:引自 Flis 等(2014)。

表 10-10 饲料或配合饲料粉碎粒度对生长猪氮和必需氨基酸回肠消化率的影响

猪的类型	原料/日粮	几何平均粒径/μm	回肠消化率/%				
			氮	赖氨酸	蛋氨酸	苏氨酸	总氨基酸
生长猪(35 kg)	大麦	1 600	74.6		72.6	69.6	
		700	81.1		77.6	78.5	
		600	86.0		83.6	84.5	
生长猪(35 kg)	小麦	1 000	84.9		87.8	77.4	
		600	85.7		87.5	78.9	
		500	90.3		87.8	83.8	
生长猪	大麦	4 000	63	62	72	49	69
		2 000	70	64	73	62	75
生长猪(38 kg)	小麦	904	75.9	60.7	78.9	63.9	79.2
		598	78.6	58.3	80.1	66.0	81.2
生长猪(47 kg)	羽扇豆	1 198	64.5	72.4	70.3	65.6	
		955	73.2	75.8	72.7	71.5	
		567	79.3	83.6	71.4	81.9	
生长猪(25 kg)	大麦型日粮	928	67.4				
		646	73.6				
生长猪(35 kg)	小麦-豌豆型日粮	500	76.6	75.7		76.6	
		200	85.3	87.3		85.7	
生长猪(38 kg)	小麦-葵仁粕型日粮	954	74.2	64.7	83.1	68.6	
		462	79.2	71.3	86.6	73.3	
生长猪	玉米-豆粕型日粮	1 000	63.3	63.7		58.4	
		500	69.5	69.8		65.0	

注:引自 Flis 等(2014)。

10.1.4 粉碎对猪健康的影响

饲料粉碎粒度过小会损伤猪消化器官，导致猪胃溃疡和胃肠角质化发生率增高，同时也影响胃肠道微生物、形态及功能。粗粉碎可提高微生物多样性，并促进乳酸菌增殖。虽然较小的粒度增加了胃内容物的流动性和胃蛋白酶浓度，并使其能更好地混合，但胃蛋白酶和胃酸会持续地与未经保护的胃食管部黏膜接触，导致胃溃疡和食管胃溃疡增加。同时，粉碎粒度亦影响肠道形态。玉米粉碎粒度从 1 000 μm 减至 400 μm 时，育肥猪胃溃疡和胃肠角质化程度逐渐加重（表 10-11）。

表 10-11 日粮粉碎粒度对猪胃形态评分的影响

猪的类型	谷物	几何平均粒径（μm）及料型	角质化	溃疡	平均评分
断奶仔猪	玉米	712，颗粒	1.0	1.0	
		418，颗粒	1.75	1.0	
育肥猪（55～114 kg）	玉米	1 017，粉料	1.4	1.1	
		1 017，颗粒	2.0	1.2	
		517，粉料	3.2	1.8	
		517，颗粒	3.4	1.9	
育肥猪（55～113 kg）	玉米	460，粉料	3.0	1.6	
		460，颗粒	2.8	2.3	
		491，粉料	2.0	1.2	
		491，颗粒	2.6	1.6	
生长育肥猪（25～97 kg）	大麦	860，粉料			0.8
		860，颗粒			1.3
		480，粉料			2.1
		480，颗粒			3.7
生长育肥猪（25～97 kg）	小麦	900，粉料			0.6
		900，颗粒			4.3
		510，粉料			3.5
		510，颗粒			4.9
生长育肥猪（26～94 kg）	小黑麦	1 300，粉料			0.8
		900，粉料			1.1
		550，粉料			1.5
生长育肥猪（31～87 kg）	大麦	1 105，粉料			0.25
		785，粉料			0.25
		434，粉料			1.87
生长育肥猪（9～110 kg）	大麦-小麦	890，粉料			0.70
		720，破碎料			2.81

注：指数由低→高表示：正常→严重。引自 Flis 等（2014）。

10.1.5 猪饲料粉碎粒度的确定

仔猪饲料中谷物原料的粉碎粒度以300～500 μm为最佳，其中，断奶仔猪在断奶后0～14 d以300 μm为宜。断奶后15 d以后以500 μm为宜；生长育肥猪饲料中谷物的适宜粉碎粒度在500～600 μm。母猪饲料中谷物的粉碎粒度以400～500 μm为佳。亦有推荐仔猪和育肥猪饲料的粉碎粒度为600 μm(500～700 μm)、母猪饲料为700 μm(Flis等，2014)。

10.1.6 混合对猪饲料质量的影响

混合是饲料生产过程中的关键工序之一。饲料混合均匀与否直接影响动物能否获得全面、充足的养分。就混合对饲料品质的影响研究相对较少，研究主要集中于饲料变异系数(CV)降低对饲料品质的影响。当饲料的CV值从106.5%下降至12.3%时，仔猪平均日增重提高32.5%，饲料转化率提高19.2%(表10-12)。育肥猪对饲料混合质量的敏感性低于仔猪，CV由53.8%下降至14.8%时，日增重仅提高30 g，对饲料转化率无显著影响(表10-13)。饲料混合均匀度随混合时间延长而提高，从混合开始至混合330 s时，0～14日龄及14～28日龄仔猪饲料的CV值从26%和56%分别下降至7%和12%，饲料中粗蛋白质含量的CV值从29.0%和15.2%下降至2.0%和3.3%；0～28日龄仔猪的日增重随混合时间延长线性提高，料重比线性下降，说明饲料充分混合对确保仔猪生产性能十分重要(Groesbeck等，2007)。

表10-12 饲料混合时间对混合均匀度和仔猪生产性能的影响

项目	混合时间/min			
	0	0.5	2	4
混合均匀度(CV，铬法)/%	106.5	28.4	16.1	12.3
日增重/(kg/d)	0.267	0.376	0.381	0.399
日采食量/(kg/d)	0.598	0.712	0.839	0.820
增重/饲料/(kg/kg)	2.24	1.89	1.85	1.81

注：引自Traylor等(1994)。

表10-13 饲料混合时间对混合均匀度和育肥猪生产性能的影响

项目	混合时间/min			
	0	0.5	2	4
混合均匀度(CV，铬法)/%	53.8	14.8	12.5	9.6
日增重/(kg/d)	0.776	0.807	0.793	0.784
日采食量/(kg/d)	2.94	2.90	2.88	2.88
增重/饲料/(kg/kg)	3.80	3.60	3.63	3.67

注：引自Traylor等(1994)。

10.2　制粒

颗粒饲料具有营养全面、提高利用率、避免动物挑食、缩短采食时间、改善适口性、减少粉尘、防止饲料分级、便于运输等显著优点，并兼有灭菌等作用。因此，颗粒饲料得到了广泛应用。在饲料制粒时，因调质、压制过程产生的湿热、高温及摩擦作用，将导致物料温度迅速升高，从而引起饲料的物理性状和养分化学特性发生变化。

10.2.1　制粒及其影响因素

制粒是采用某种机械压制的方法，对单个饲料组分或者饲料混合物进行挤压，并强制其通过压粒模孔，形成粒状饲料。在加工过程中，制粒利用加热、加湿和加压的原理将配比准确的粉料，有时可将不适口味或难于处理的饲料，加工压制成较大的颗粒。

10.2.2　制粒对饲料养分的影响

10.2.2.1　制粒过程中对饲料成分影响的因素

饲料在制粒过程中，需经调质、压辊及压模的挤压后才能成型。在调质过程中，一般采用 0.2～0.4 MPa 的蒸汽进行处理，蒸汽的温度可达 120～142℃，在蒸汽、压力和摩擦力的作用下，饲料温度升高至 80～93℃，水分至 16%～18%，从而导致饲料中的养分在高温高湿条件下发生变化。虽然膨胀调质器的作用时间短，但升温更迅速，可使物料在数秒钟内达到 100～200℃，对物料的作用更强。

常用的制粒机是靠压模与压辊将调质好的饲料挤出模孔而制成颗粒产品，这一过程中存在着模孔对物料的摩擦阻力，需要有较大的压力以克服阻力挤出模孔，使物料温度进一步升高，对养分产生影响。此外，巨大的压力对饲料成分也是有影响的。

10.2.2.2　饲料制粒过程中主要养分的变化

1.淀粉的变化

在水分和温度作用下，淀粉颗粒吸水膨胀，直至破裂，成为黏性很大的糊状物，这种现象称为淀粉糊化。淀粉糊化后有利于颗粒内部的相互黏接，改善了制粒加工质量，制粒后饲料中淀粉的糊化度为 20%～50%。水产饲料制粒前需经多级调质，加热时间延长，使淀粉糊化度达 45%～65%。制粒后熟化处理则可使淀粉糊化度达 50%～75%。一般来说，淀粉糊化度随热处理时间延长而提高。提高淀粉糊化度可改善动物对淀粉的消化利用率。

2.蛋白质变性

蛋白质受热时，分子会产生振荡，使氢键和其他次级键遭到破坏，引起蛋白质空间构象发生变化，使蛋白质变性。蛋白质的热变性与温度和时间成正比。

3.脂肪

饲料制粒过程对脂肪的影响研究甚少，一般认为，适度热处理可使饲料中存在的解脂酶和促氧化酶失活，从而提高脂肪稳定性。但过度的热处理易造成脂肪酸败，降低脂肪营养价值。

4.纤维素

制粒处理对纤维素的影响甚微，加热和摩擦作用可使饲料中的纤维素结构部分破坏而提高其利用率。

10.2.2.3 制粒对维生素的影响

部分维生素因热稳定性较差，在制粒过程中极易损失，增加调质时间和提高温度对维生素的存留是极为不利的(表10-14)，特别是维生素A、维生素E、盐酸硫胺素、维生素C等，随温度升高和时间延长，存留率显著下降。晶体维生素C、维生素K_3、维生素B_6和叶酸制粒后存留率分别为52%、51%、76%和64%，包膜后则分别为87%、87%、95%和94%(王红英和翟洪玲，2003)；因此，制粒饲料中应选择包膜等稳定化处理的维生素产品。

表10-14 制粒过程中维生素的稳定性(维生素存留率) %

维生素	制粒温度，℃/调质时间，min								
	60/3	66/3	71/3	77/3	82/3	88/3	93/3	99/3	104/3
	66/2	71/2	77/2	82/2	88/2	93/2	99/2	104/2	110/2
	71/1	77/1	82/1	88/1	93/1	99/1	104/1	110/1	—
	77/0.5	82/0.5	88/0.5	93/0.5	99/0.5	104/0.5	110/0.5	—	—
维生素A(包被胶囊)	95	94	93	92	90	88	85	82	79
维生素D_1(包被胶囊)	97	96	95	94	93	92	91	80	89
维生素D_3	95	95	92	91	88	86	82	80	77
维生素E醋酸酯	99	98	98	97	97	96	96	95	95
维生素E	75	70	65	60	54	49	43	30	23
MSBC	80	76	72	70	65	60	56	51	44
MPB	82	78	74	73	68	64	60	57	50
维生素B_1盐酸盐	93	91	89	86	82	78	74	68	63
维生素B_1硝酸盐	95	94	93	90	89	87	84	80	77
维生素B_2	95	94	93	91	89	87	84	80	78
维生素B_6	94	93	72	90	87	85	82	78	75
维生素B_{12}	99	98	97	97	96	96	95	95	94
泛酸钙	95	94	93	91	89	87	84	80	78
叶酸	95	94	93	90	89	87	84	80	77
生物素	95	94	93	90	89	87	84	80	77
烟酸	96	95	94	91	90	89	86	82	80
维生素C	75	70	65	60	55	50	45	40	35
胆碱	99	99	98	98	97	97	96	96	95

注：MSBC，亚硫酸钠甲萘醌复合物；MPB，亚硫酸二甲嘧啶甲萘醌。引自Coelho等(1991)。

10.2.2.4 制粒对饲料添加剂的影响

酶制剂、微生物添加剂以及大部分抗生素均属于生物制品，高温对其生物活性影响极大。

制粒过程为高温和压力的综合作用，对生物制剂活性影响较大。

1. 对饲用酶制剂的影响

在饲料中应用的酶主要有淀粉酶、蛋白酶、葡聚糖酶、纤维素酶和植酸酶等。当制粒温度低于 80℃时，纤维素酶、淀粉酶和木聚糖酶的活性损失不大；但当温度达 90℃时，则纤维素酶、真菌类淀粉酶和木聚糖酶活性损失率可达 90%以上，但细菌类淀粉酶仅损失 20%左右，即使制粒温度为 100℃，其损失率也只有 40%。当制粒温度超过 80℃，植酸酶活性有较大损失，损失率达 87.5%；调质温度分别为 75℃、85℃和 95℃及调质时间为 30 s 和 15 min 时，β-葡聚糖酶活性分别只有调质前的 66%、49%、56%和 31%、16%、11%，超过 110℃时则使 β-葡聚糖酶和纤维素酶活性全部丧失。此外，虽然 β-淀粉酶活性的存留率在 70℃制粒温度下仅为 10%，但与谷物载体结合后则可增至 50%。常规植酸酶的热稳定性较差，制粒温度低于 70℃时损失率即超过 50%（Svihus 和 Zimonja，2011）；摩擦力增加可使植酸酶损失率加大，压模孔径为 2 mm时制粒使植酸酶的损失率高于孔径为 4 mm 的压模；但热稳定性植酸酶即使在 93.3℃时仍可保持 70%以上的活性。由此可见，高温对酶制剂活性的影响极大，尤其是植酸酶。因此，解决酶制剂的热稳定性是其在颗粒饲料中推广应用的关键。

2. 对微生物制剂的影响

饲料中应用的微生物添加剂主要有乳酸杆菌、链球菌、芽孢杆菌和酵母，其中芽孢杆菌的热稳定性高，其他微生物对高温敏感。制粒温度为 66℃时乳酸杆菌即全部失活；当制粒温度达 85℃时，所有的微生物全部失活（表 10-15）。芽孢杆菌在制粒和贮存过程中均具有较高稳定性，存活率达 95%以上，而嗜酸乳杆菌、屎肠球菌、鸡肠球菌和嗜热链球菌则稳定性较差，制粒过程中损失极大，均在 90%以上。贮存过程对微生物制剂的活性亦有较大损失，贮存 2 个月后分别仅存活 0.54%、52.62%、18.33%和 22.23%（李鑫等，2011）。由于一些微生物添加剂的热稳定性差，限制了其在饲料中的推广应用，必须采取必要的技术措施提高微生物添加剂的热稳定性。

表 10-15　制粒对微生物存活的影响　　CFU/g，$\log_{10}$

温度/℃	酵母	芽孢杆菌	链球菌	乳酸杆菌
粉料	7.60	7.38	6.62	4.60
52	—	5.70	5.65	3.95
60	4.00	—	—	—
66	—	5.81	5.63	0
72	4.05	5.26	5.20	0
80	—	4.74	3.84	0
82	0	—	—	—
85	—	0	0	0

注：引自 Risiey 等（1992）。

3. 对抗生素的影响

有关制粒过程对抗生素影响的研究报道甚少，但总地来说，制粒过程对抗生素有较大影响。粉状杆菌肽锌制粒后损失约 30%，而颗粒状杆菌肽锌仅损失 14%。因此，许多药物添加剂生产厂均开始将饲用抗生素进行包膜处理，以减少在饲料制粒过程或其他热过程中的损失。

此外，在制粒过程中，赖氨酸等晶体氨基酸亦有一定损失（牛化欣等，2013）。

10.2.2.5 制粒对饲料中有害物质的影响

制粒可使饲料中的抗营养因子和有害微生物失活。经制粒处理后，大豆中的胰蛋白酶抑制因子由 27.36 mg/g 降至 14.30 mg/g，失活率达 47.7%。制粒过程的湿热作用可有效灭活各种有害菌。采用巴氏灭菌调质处理后制粒，使大肠杆菌、非乳酸发酵菌全部灭活，好氧微生物和真菌分别灭活 99.7%和 93.6%。选择恰当的调质工艺参数，能有效控制肉鸡饲料中的沙门氏菌（黄德仕等，2005）。

10.2.3 制粒对猪生产性能的影响

与粉料相比，颗粒饲料能有效改善猪生产性能（Vukmirovi 等，2017）。颗粒饲料可使猪的日增重提高 3%～15%，饲料转化率提高 3%～20%。但亦有部分试验表明，使用颗粒饲料导致了猪生产性能的下降，主要出现在仔猪阶段（表 10-16）。一般情况下，颗粒饲料对饲料转化率的改善程度大于生长速度，生长育肥猪生产性能的改善程度大于仔猪。

表 10-16 饲料料型对猪生产性能的影响

猪体重/kg	粉料			颗粒料		
	日增重/(kg/d)	日采食量/(kg/d)	增重/饲料/(kg/kg)	日增重/(kg/d)	日采食量/(kg/d)	增重/饲料/(kg/kg)
8.5～18	0.37	0.73	0.51	0.35	0.71	0.49
20～60	0.74	1.58	0.49	0.85	1.65	0.52
49～98	0.77	2.39	0.32	0.84	2.44	0.34
60～90	0.76	2.31	0.33	0.86	2.35	0.37

注：引自 Skoch 等(1983)和 Chae(1996)。

无论是仔猪还是生长育肥猪，饲料颗粒的大小并不影响猪的生长性能。此外，应用颗粒饲料可使氮、干物质和总能的消化率有所提高，平均提高为 3%～8%，并可减少粪中干物质及氮的排泄量。

10.2.4 提高饲料颗粒质量的措施

饲料颗粒质量受许多因素的影响，包括饲料配方、制粒前的粉碎和混合、制粒工序中的制粒和冷却。影响饲料颗粒质量各因素的比例为：饲料配方占 40%、粉碎粒度占 20%、调质占 20%、环模参数占 15%、冷却及干燥占 5%。可见，粉状饲料在进入调质器之前，饲料原料的组成和粒度已决定了颗粒饲料质量的 60%（曹康，2003）。配方中玉米和豆粕含量高时，特别是油脂含量大于 3%时，饲料制粒质量较差。配方中添加一定比例的小麦则可提高颗粒质量，另外也可适量添加黏结剂或黏土类矿物，以提高制粒质量。粉碎粒度越小且越均一，饲料颗粒质量高，若含有较大的粒子，则颗粒易破裂和断裂，导致颗粒耐久性下降。调质必须要充分，控制好调质温度、保温时间、蒸汽质量和含水量。饲料在调质器中滞留 40～60 s，调质温度尽可能控制在 85℃以上，以使淀粉充分糊化。环模要选用品质高的产品，易磨损的环模会降低颗粒品质和产量；环模压缩比要合理，较高压缩比的环模可能会产生硬且更脆的颗粒，颗粒耐久性未必高；更快的环模挤出速度可以增加产量；物料须均匀地穿过环模表面，否则会导致环模和压辊的损耗不均，导致颗粒外观变差，颗粒质量降低。

10.3　膨化

挤压膨化是一种高温、短时(HTST)加工过程；与制粒相比，具有时间短(15 s 左右)、温度高(120～170℃)、压力大(2.94～19.71 MPa)等显著特点。最初主要用于水产饲料和宠物饲料加工，后被大量用于处理大豆、羽毛粉等饲料原料。由于其在改善饲料品质和开发饲料资源方面突出作用和显著效果，挤压膨化技术已成为饲料工业中最具发展潜力的技术之一，其应用也越来越广泛。

10.3.1　膨化与膨化饲料性状

膨化是物料经预处理后，经过机械作用强制使其通过一个专门设计的孔口(模具)，以形成一定形状和组织状态的产品。膨化是一种通过螺旋挤压加工使物料在高温、高压和高剪切力作用下而成为一定形状产品的过程，并包括粉碎、搅拌、熟化、揉合、剪切、成形等一种或多种功能的综合作用。作为饲料成型的膨化技术，这些优点有助于提高饲料的消化率、延长饲料的货架期、提高饲料转化率。对仔猪饲料的生产，挤压技术不仅能使饲料具有良好的适口性和易消化性，而且可以减少仔猪腹泻的发生率。膨化加工技术有以下特点：①生产适应能力强，只需改变少数原料和挤压机操作条件，即可生产多种产品；②产品的特性广，可以生产其他加工方法难以制得的各种形状、质地和外观的产品；③生产能效高，膨化机是在较低水分下进行产品熟化，产品的干燥能耗低；④生产效率和自动化程度高，膨化机工作过程是一种高产量的连续工艺过程，可以实现全自动化控制；⑤产品质量高，可改善蛋白质和淀粉的消化率，同时也可破坏胰蛋白酶抑制因子、棉酚等抗营养因子和有害物，并可高效杀灭有害微生物。

膨胀器俗称环隙膨胀器，其和膨化机的主要差异是螺杆的技术参数和出料模头的结构不同，尤其是出料模头采用环隙出料，其产品为不规则片状或块状中等疏松物料。通常，用作原料预处理设备和强化调质器。饲料经膨胀调质后再制粒使谷物淀粉糊化度进一步提高，达 40%～60%，同时可更有效地使抗营养因子失活。与颗粒饲料相比，膨胀饲料使猪的生产性能略有下降，特别是用优质原料配制饲料时以颗粒饲料为佳，而高纤维或劣质原料经膨胀加工可获得较佳的效果。而膨胀加工程度越高，猪胃肠道损伤越严重。因此，膨胀对饲料品质的影响尚需进一步研究证实。

10.3.2　膨化与饲料养分变化

在膨化过程中的高温、高压、高剪切力和水分的协同作用下，饲料中的各种成分将产生一系列的理化变化。

10.3.2.1 蛋白质的变化

在膨化过程中，在高温、高压和高剪切力的作用下，蛋白质稳定的三级和四级结构被破坏。蛋白质分子伸展、重组，表面电荷重新分布，分子间氢键、二硫键等部分断裂，蛋白质发生变性；同时，使包藏的氨基酸残基暴露出来，能与糖类和其他成分发生反应，而疏水基团的暴露降低了蛋白质在水中的溶解性。这样，也有利于酶对蛋白质的作用，从而提高蛋白质的消化率。但膨化过程中蛋白质的变性常伴随着某些氨基酸的变化，如赖氨酸与糖类发生褐变反应而降低其利用率。此外，氨基酸之间也存在交联反应，如赖氨酸和谷氨酸之间的交联反应等，都将降低氨基酸的利用率。膨化温度越高，美拉德反应速度越快，这种影响可通过提高膨化物料的水分含量而得到抵消。

10.3.2.2 淀粉的变化

淀粉是饲料中的主要成分，谷物中一般约含70%的支链淀粉、30%的直链淀粉。直链淀粉是葡萄糖的线性多聚体，具有双螺旋晶体结构；支链淀粉是非晶形的交叉多聚结构。天然淀粉以颗粒状态存在，具有多种形状，内部氢键使它们结合在一起，因而吸水很少，但达到一定温度时，即糊化温度范围(55～85℃)，加水可破坏直链淀粉的晶体度及有序结构，使淀粉颗粒膨胀。随着加热和水分的提高，直链淀粉向颗粒外扩散；此时，淀粉不再是可逆的颗粒状态，颗粒已破裂、崩溃，使越来越多的水分吸着在淀粉链上已暴露的羟基上，形成一种胶态的凝胶体，这一过程即为淀粉糊化。膨化的高温、高压和高剪切力作用易使淀粉分子间的氢键断裂，使淀粉糊化；同时，可使淀粉大分子降解，生成小分子低聚糖。通过膨化，淀粉糊化度可达60%～80%。淀粉糊化后，增加了与消化酶接触的机会，从而可提高淀粉的消化率。

10.3.2.3 对纤维素的影响

膨化可使纤维素分子裂解，破坏纤维素的大颗粒结构，使水溶性纤维含量提高，从而提高纤维素的消化率。但操作条件不同，对纤维素的影响亦不同，温度低于120℃时则难以改善纤维素的利用率。高温、高水分膨化则有利于改善纤维素的利用率。

10.3.2.4 对脂肪的影响

在膨化过程中，随着温度(115～175℃)的升高，脂肪的稳定性下降。随膨化时间延长及水分增加，脂肪氧化程度升高。但在膨化过程中，脂肪能与淀粉和蛋白质形成复合物，脂肪复合物的形成使其氧化敏感性下降。在适宜的温度范围内，升高温度，复合物的生成量有所上升，而在高温条件下，则随温度升高，复合物生成量反而有明显下降。一般来说，谷物经膨化后，游离脂肪含量有所下降，使膨化产品发生氧化酸败的主要是游离脂肪酸。此外，膨化可使饲料中的脂肪酶类完全失活，有利于提高饲料贮存稳定性。

10.3.2.5 维生素的损失

维生素在膨化过程中所受的温度、压力、水分和摩擦等作用比制粒过程更高、更强，维生素损失量更大。维生素A、维生素K_3、维生素B_1和维生素C在149℃挤压0.5 min时，分别损失12%、50%、13%和43%；当膨化温度为200℃时，维生素A的损失率达62%，维生素E的损失高达90%。物料水分增加，亦会提高维生素的损失。因此，采用膨化加工时，必须采取有效的措施，减少维生素的损失。如微胶囊型维生素D、维生素E醋酸酯、维生素C磷酸酯则较稳定，损失较少，膨化后可存留85%。晶体维生素C、维生素K_3、维生素B_6和叶酸膨化后的存留率分别为20%、34%、70%和61%，包膜后则分别为53%、67%、91%和90%。此外，可采用膨化后喷涂等方法添加维生素。

10.3.2.6　对饲料添加剂的影响

膨化对赖氨酸等氨基酸有显著影响。温度超过 90℃时，晶体和微胶囊氨基酸损失显著增加，且晶体氨基酸损失明显高于微胶囊氨基酸(牛化欣等，2013)。膨化对抗生素、酶制剂等饲料添加剂的影响鲜见报道，由于其操作条件比制粒更为强烈，因此，对这类饲料添加剂的影响远大于制粒。目前，许多饲料添加剂都采用膨化后喷涂的方法添加。

10.3.2.7　饲料的物理性状变化

饲料经膨化后，除养分发生一系列的化学变化外，通过改变膨化机的成型模板可生产出各种形状和特性的产品，产品特性主要由密度、水分含量、强度、质地、色泽、大小和感官性状等构成，最主要的是密度、水分和质地。一般而言，饲料经膨化后由于膨胀失水作用，具有多孔结构，质地较为松脆。膨化效果通常用膨化率衡量，不同饲料配方及养分含量可产生不同的膨化率。膨化率采用最终产品直径大小衡量，即：

膨化率＝产品直径/模孔直径

10.3.2.8　有毒有害物质的消除

许多研究表明，膨化能有效消除饲料中的有毒有害物质和有害微生物。膨化能有效消除大豆中的各种抗营养因子和有害物。水分为 20%、149℃下挤压 1.25 min，可使 98%的大豆胰蛋白酶抑制因子失活。湿法膨化可使大豆中的抗营养因子活性大幅度下降，使抗原活性全部丧失(表 10-17)。采食膨化大豆粕日粮仔猪的血清抗球蛋白和 β-伴球蛋白 IgG 效价最低。膨化可使豆类中的血球凝集素活性全部被破坏，但导致胀气的低聚糖如棉籽糖、水苏糖用膨化机处理则不受影响。膨化能使尿素酶活性显著下降，还可脱除原料大豆中存在的不良风味成分。

表 10-17　膨化对大豆产品中抗营养因子及抗原的影响

项目	胰蛋白酶抑制因子/(mg/kg)	球蛋白/$\log_2$	β-伴球蛋白/$\log_2$
大豆片	26.9	10	9
膨化大豆片	0.4	0	0
大豆粉	31.6	10	10
膨化大豆粉	0.4	0	0
大豆浓缩蛋白	0.8	5	5
膨化大豆浓缩蛋白	0.4	0	0

注：引自 Friesen 等(1993)。

膨化能显著降低棉仁及棉仁粕中的游离棉酚含量，且随水分增加而下降更为明显。在 140℃膨化 90 s，游离棉酚含量从 5 417 mg/kg 降至 311 mg/kg；在水分为 15%时，对棉粕进行干法膨化，游离棉酚含量从 334 mg/kg 降至 165 mg/kg。菜籽通过膨化处理，可使其中的芥子酶失活，使芥子苷不易分解为有毒的噁唑烷硫酮和异硫氰酸酯。将蓖麻籽饼粕与化学试剂均匀混合后，再进行膨化处理，经高温、高剪切力作用，可使蓖麻中的毒蛋白和常规方法不易失活的变应原充分破坏。膨化处理后的蓖麻籽饼粕以 12%的比例加入饲料中，肉鸡死亡率、增重、饲料转化率等指标与加入 12%的大豆粕相比，结果无显著差异。

有关膨化加工对饲料中有害微生物的影响鲜见报道。一般认为，膨化可杀死全部有害微生物，如大肠杆菌、沙门氏菌和霉菌，饲料经 125℃的膨化处理即可完全杀灭各类有害菌。

10.3.3 饲料料型对猪养分吸收和生产性能的影响

长期以来，膨化主要应用于水产和宠物饲料的加工，但近年来在猪饲料中的应用日趋广泛，尤其是应用膨化技术处理全脂大豆、玉米及其他饲料原料已越来越普及，从而提高了饲料品质。

10.3.3.1 膨化对饲料养分消化率的影响

体外试验研究表明，通过膨化可改善小麦、玉米、高粱等几种谷物的蛋白质消化率。全脂大豆经膨化后，脂肪消化率由78.40%提高至84.66%。与颗粒饲料和粉状饲料相比，饲料膨化或膨化后再制粒，均可提高养分的利用率(表10-18)。鱼粉和羽毛粉经膨化处理后，蛋白质的消化率分别提高5%和23%。

表10-18 猪对不同加工方法饲料养分的利用率

消化率/%	制粒	膨化	膨化制粒
干物质	80.3	82.7	82.3
能量	75.9	80.4	80.2
粗蛋白质	80.7	83.2	83.3

注：引自Sauer等(1990)。

10.3.3.2 饲料膨化对猪生产性能的影响

膨化饲料与颗粒饲料相比，可提高早期断奶仔猪的日增重和饲料转化率(表10-19)，而膨化生长育肥猪饲料则未能改善猪的生产性能，反而略有下降。

表10-19 制粒和膨化饲料对猪生产性能的影响

猪体重/kg	指标	制粒	膨化	膨化制粒
5.6～18	日增重/kg	0.356	0.386	0.375
	饲料转化率/%	1.75	1.65	1.75
8～15	日增重/kg	0.404	0.348	
	饲料转化率/%	1.47	1.46	
20～60	日增重/kg	0.846		0.771
	饲料转化率/%	1.96		2.04
60～90	日增重/kg	0.859		0.839
	饲料转化率/%	2.74		2.76

注：引自Sauer等(1990)。

有关膨化全脂大豆对猪生产性能的影响已有大量报道，一致的结论是膨化全脂大豆改善了猪的生产性能，并降低了仔猪腹泻发生率。

10.4　发酵饲料

10.4.1　发酵饲料简介

发酵饲料用于动物生产的历史悠久，早期的发酵饲料主要是利用饲料表面的附着微生物在一定条件下的自然发酵，如自然青贮。现代发酵饲料是指在人工可控制条件下，通过一种或多种特定微生物在可发酵原料中的生长、繁殖和代谢，积累菌体蛋白质、酶和代谢产物所生产的对动物无害的饲料。微生物发酵部分降解了原料中的多糖、蛋白质等大分子物质，生成肽、寡糖、有机酸等小分子物质，部分或全部消除了原料中的抗营养因子，从而显著改善原料的营养特性，使动物更易消化（陆文清，2011）。因此，发酵饲料是一种集微生物酶、寡糖、肽、有机酸等功能于一身的微生物饲料，在动物养殖进入后抗生素时代的当下，正越来越受到养殖和饲料生产者的青睐。

根据发酵原料的特点，一般将发酵饲料区分为发酵蛋白质饲料、发酵能量饲料和发酵全价料。发酵蛋白质饲料和发酵能量饲料在发酵结束后一般经过干燥处理，根据不同动物的生理特点和养分需求加入配方。发酵全价料则以液态形式直接饲喂动物，结合液态饲料全自动饲喂系统可克服工作量大和饲料易变质的问题。

10.4.2　菌株选择和发酵方式与发酵饲料品质

发酵饲料的品质与特点决定于原料、微生物和发酵方式的选择。细菌和真菌是用于生产发酵饲料的两类主要的微生物。不同的微生物分泌的酶不同，分泌酶的能力也不同，因此微生物是发酵饲料品质的主要决定者。芽孢杆菌（*Bacillus*）、乳酸菌（lactic acid bacteria）和酵母（yeast）是研究最充分、应用最多的 3 类微生物。根据原料的特点常从这 3 类微生物中选择特定的菌种组合用于固态发酵以生产发酵饲料。芽孢杆菌和酵母都是可兼性生长的微生物，它们的生长繁殖在部分降解原料蛋白质、多糖、抗营养因子等的同时，可消耗发酵饲料生产环境中的残留氧气，为乳酸菌创造一个厌氧环境，使其快速产生乳酸、降低饲料的 pH。

原料是决定微生物选择的主要因素。能分泌高活性纤维素酶的真菌是发酵高纤维原料的首选。以溜曲霉发酵甜菜渣 3～4 d 所生产的发酵饲料，粗蛋白质水平可达 25%以上、氨基酸组成齐全、并含有丰富的维生素和矿物质。利用根霉菌（*Rhizopus*）固态发酵苹果渣 36 h，蛋白质含量可达 11 g/100 g。真菌的酶谱比细菌复杂，因此也是对饲料原料进行发酵脱毒的常用候选菌。采用根霉菌（*Rhizopus oligusporus*）固态发酵菜籽粕 24 h，约 58%的脂肪葡萄糖异硫氰酸盐（aliphatic glucosinolates）和 97%的吲哚葡萄糖异硫氰酸盐（indo glucosinolates）被降解。表 10-20 概括了一些常用微生物单独或混合发酵不同原料后其养分的变化情况。

表 10-20 常用微生物单独或混合发酵不同原料后其养分的变化

原料	选用微生物	发酵后原料成分变化
豆粕	*Bacillus siamensis*	提高 CP、小肽、赖氨酸、蛋氨酸和总磷水平；降低大豆抗原蛋白(glycinin 和 β-conglycinin)水平
	Bacillus subtilis	提高 CP、小分子蛋白质水平
	Lactobacillus plantarum *Saccharomyces cerevisiae*	降低大豆抗原蛋白(glycinin 和 β-conglycinin)、胰蛋白酶抑制因子、水苏糖和棉籽糖水平
	Lactobacillus plantarum Lp6	提高亮氨酸、异亮氨酸、缬氨酸、天冬氨酸和脯氨酸水平；降低胰蛋白酶抑制因子水平
菜籽粕	*Aspergillus niger*	提高 CP、小分子蛋白质和氨基酸水平；降低 NDF、硫代葡萄糖苷、异硫氰酸盐、oxazolidithione 和植酸水平
玉米豆粕混合日粮	*Bacillus subtilis* *Enterococcus faecium*	提高 CP、小分子蛋白质、矿物质、总 P、乳酸水平，益生菌数量和干物质与粗蛋白质的体外消化率；降低大豆抗原蛋白、NDF、半纤维素和植酸 P 水平
DDGS	*Bacillus coagulans*	提高 CP、总氨基酸和总酸水平；降低 CF、NDF、ADF 水平，肠杆菌和霉菌数
液态发酵饲料	*Saccharomyces cerevisiae*	提高 CP、AA 水平和活酵母数；降低 CF
	Lactobacillus plantarum	提高乳酸、乙酸、丙酸、丁酸、戊酸、总短链脂肪酸水平和活乳酸菌数；降低 pH 和肠杆菌数
	Lactobacillus plantarum *Streptococcus infantarius*	提高乳酸、乙酸、乙醇水平和活乳酸菌、酵母菌数；降低 pH 和肠杆菌数。

注：引自 Wang 等(2017)。

微生物发酵方法可分为两大类：液态发酵和固态发酵。发酵饲料生产中的发酵菌种扩繁多采用纯菌的液态发酵，而发酵饲料生产多采用固态发酵的方式。固态发酵是接近自然状态的一种发酵，发酵体系没有游离水存在，发酵原料不仅为微生物的生长提供养分，也提供了一个固定的生长位置。因此，原料的理化特性和碳氮比直接影响微生物的生长和产物形成效率。原料的物理特性(颗粒大小、形状、黏度、扩散率等)和化学特性(聚合度、疏水性、结晶度等)直接影响固态发酵过程中微生物的生长，其中颗粒大小和水分含量影响最大。颗粒越小，提供给微生物的生长表面积越大，可促进微生物对原料的降解；但颗粒太小，易造成积团和颗粒间空隙减小，阻碍微生物呼吸和生长。因此，在发酵饲料生产中寻求适宜的颗粒度非常重要。水是发酵的主要媒介，原料的含水量是固态发酵成败的关键。发酵原料的含水量应根据原料的性质(颗粒大小、持水性等)、微生物的特性(厌氧、兼性厌氧或需氧)、培养室条件(温度、湿度、通风)等决定。含水量过高，易受杂菌污染，含水量过低，则抑制微生物生长。因此，固态发酵应将含水量控制在发酵菌种能够生长而又低于杂菌生长的要求，一般将起始含水量控制在 30%～75%范围内，具体含水量可通过试验确定。原料的碳氮比不当，则会影响菌体吸收营养的平衡。氮源不足，菌体繁殖缓慢；氮源过多，菌体生长过于旺盛，不利于某些代谢产物的积累。碳源不足，菌体容易衰老和自溶。一般固态发酵的最适碳氮比在 1∶(10～100)范围内变化，通过试验确定最佳比例(吴振强,2006)。

10.4.3　发酵饲料与非常规饲料开发

发酵饲料是利用微生物在饲料原料中的生长、繁殖和代谢来生产加工和调制饲料。由于微生物的酶谱复杂多样,其可降解的物质也随之多样。因此,发酵饲料最突出的优点是可利用的原料广泛,如以提高消化率和改善动物健康为目的的发酵谷物等能量饲料和豆粕等蛋白质饲料,以消除原料中的抗营养因子和有毒物质为目的的发酵菜籽粕等杂粕、糟渣类等非常规饲料原料(生物饲料开发国家工程研究中心,2016)。

1.发酵薯渣

马铃薯、甘薯、木薯等经分离提取淀粉和蛋白质后的剩余物为薯渣,其纤维和水分含量高、蛋白质含量低、易被微生物污染腐败,如果直接饲喂动物消化率低,不能满足动物对养分的平衡需求。利用微生物发酵薯渣可降低粗纤维、通过生产微生物蛋白质而提高蛋白质含量,营养价值得到改善,可替代部分常规饲料原料应用于动物生产。利用降解纤维素能力强的曲霉等真菌结合酵母和芽孢杆菌或乳酸菌是最常用的发酵薯渣的微生物组合。

2.发酵果渣

果渣是柑橘类、苹果等水果经榨汁、加工罐头等过程后的副产物,包括果皮、种子和残余果肉。水分含量高,矿物质、糖类、维生素、色素、黄酮类化合物等含量丰富,蛋白质水平不高、以氨基酸为主。湿果渣可直接用作反刍动物的多汁粗饲料,但易腐败不能久存;烘干后的干果渣属于中等能量、低蛋白质粗饲料,但成本过高。因此选用适宜的微生物生产发酵果渣饲料是提高果渣营养价值和利用率的可行措施。发酵微生物多选用曲霉、木霉等与酵母组合,可显著改善果渣的养分组成与含量。以柑橘渣为例,微生物发酵可使柑橘渣中的粗蛋白质含量由 8%提高至 21%,粗纤维水平由 15%降低至 10%,总磷由 0.13%提高至 1.42%。另外黄酮类物质具有强抗氧化功能,但在鲜果渣中多与糖基结合,不被吸收而无生理学功能,微生物发酵可使其糖基解离,动物摄入后可直接吸收并发挥抗氧化作用。

3.发酵秸秆

在玉米、麦秸、稻草等秸秆青贮时加入选定的微生物,所生产的微贮秸秆是反刍动物粗饲料的重要来源。随着优质膳食纤维对单胃动物肠道健康意义认识的普及和固态发酵技术的发展,发酵秸秆的研究和生产逐渐引起业界的重视。通过曲霉、根霉等和酵母的组合固态发酵秸秆,可显著降解纤维素和半纤维素,木质素水平也显著下降,可替代 4%～8%的玉米。

4.发酵杂粕

菜籽粕、棉籽粕、花生粕等杂粕,粗蛋白质水平均不低,但由于其抗营养因子水平高、蛋白质消化率低、存在一些毒性物质,而不能在配合饲料中大量使用。选用特定的微生物固态发酵杂粕,可利用微生物酶部分或全部消除抗营养因子和毒性物质,提高蛋白质消化率,对改善我国优质饲料蛋白质资源短缺的现状具有重大意义。以菜籽粕为例,利用黑曲霉和植物乳杆菌组合固态发酵菜籽粕 48 h,粗蛋白质水平提高约 6%、其中小肽含量提高约 88%,粗纤维含量降低约 11%,异硫氰酸酯等抗营养因子水平降低超过 60%,大大提高了其饲喂动物的安全性和添加比例。

10.4.4 发酵饲料与安全猪肉生产

预防与治疗猪的细菌性疾病主要依赖于抗生素，同时我国目前仍允许少数种类抗生素的促生长使用。但是伴随着抗生素的广泛使用，目前主要的动物源致病菌大多存在严重的耐药问题。Zhu 等(2013)利用宏基因组学研究了北京、嘉兴、莆田三地 3 个万头猪场猪粪便细菌的耐药情况，检测到 149 种抗生素耐药基因，耐受抗生素的种类包括了氨基糖苷类、β-内酰胺、四环素、万古霉素，并且随着猪粪用于土壤施肥，土壤的耐药基因水平也随之上升。加之人类 60%以上的病原菌(尤其是食源性病原菌)来源于动物，使抗感染治疗重新成为一个棘手的问题。欧盟因此于 2006 年率先全面禁用抗生素促生长饲料添加剂，并对治疗用抗生素逐渐实行处方管理，同时禁止人类重要抗生素用于兽医临床。以丹麦为例，1998 年开始禁止红霉素(大环内脂类)的促生长使用，猪源肠球菌和空肠弯曲杆菌的红霉素耐药率随之显著下降；2010 年开始禁止头孢菌素用于兽医临床，随即观察到携带超广谱 β-内酰胺酶基因的大肠杆菌数量显著下降。我国于 1999 年批准氟苯尼考用于治疗牛、猪、鸡和鱼类的细菌感染，动物源大肠杆菌对氟苯尼考的敏感性逐年下降；2009 年后大肠杆菌对氟苯尼考的耐药率超过 50%，致使氟苯尼考的治疗效果下降而治疗用量不断提高。因此，最近几年我国规范动物用抗生素使用的各项法律法规迅速出台，严格限制促生长抗生素的种类和在动物生产中的使用阶段与时间，严格禁止人类重要抗生素用于兽医临床。在这样的时代背景下，各类能够促进动物对养分的消化吸收和自身免疫功能发挥的饲料和饲料添加剂引起了研究者和生产者的共同关注，发酵饲料因集合了微生物消化酶、有机酸、小肽、寡糖等，因而成为替代抗生素的经济而有效的选择。

10.4.4.1 液态发酵饲料

液态发酵饲料是将全价饲料与水按 1∶(1.5～4)的比例混合后发酵一定时间，以达到稳定状态的饲料。可以是利用饲料表面附着微生物的自然发酵，也可以是接种特定微生物(单一乳酸菌、乳酸菌组合、或酵母和乳酸菌的组合等)的控制性发酵。液态发酵饲料的发酵过程可区分为 3 个阶段(图 10-1)，最初的中性 pH 和有氧环境使得肠杆菌能够快速繁殖，之后随着酵

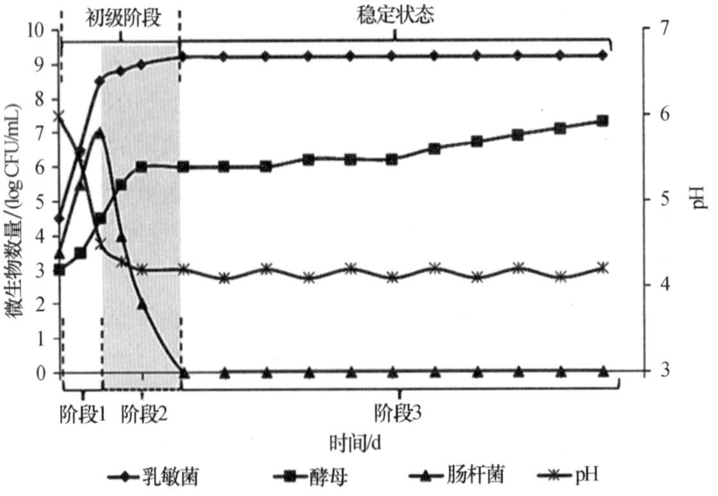

图 10-1 液态饲料发酵各阶段微生物和 pH 的变化

[引自 Missotten 等(2010)]

母和乳酸菌的快速繁殖、pH 下降，肠杆菌生长受抑制直至停止，饲料进入相对稳定的发酵状态。高品质的液态发酵饲料必须满足下列特征：①pH＜4.5；②乳酸菌数≥10^9/mL；③乳酸浓度≥150 mmol/L；④乙酸和乙醇含量分别低于 40 mmol/L 和 8 mmol/L。

断奶仔猪因饲料转变和混群而极易腹泻，因此也是防病、促生长抗生素主要的使用阶段。欧盟是研究和应用液态发酵饲料饲养断奶仔猪最多的地区（表 10-21）。相对于常规固态饲料，液态发酵饲料可将日增重平均提高 22.3%，显著缓解小肠绒毛的萎缩并提高小肠黏膜完整性，提高肠道内酵母和乳酸菌活菌数，并可能抑制 *E. coli* 和 *Salmonella* 与肠道上皮结合、从而显著降低其在肠道内的数量。母猪是液态发酵饲料应用的又一个主要养殖阶段，可以提高其高温季节的采食量和对饲料的消化率等。液态的食品加工等副产品可直接应用于液态发酵饲料的生产，同时液态发酵饲料集合了益生菌、有机酸、酶、酵母细胞壁等功能性添加剂的益生作用，因此液态发酵饲料的使用有助于降低饲料成本。

表 10-21　部分欧盟国家猪生产中液态饲料的应用

国家	猪饲养量/百万头	液态饲料使用百分数	
		所有阶段/%	母猪/%
丹麦	13.4	60	30
芬兰	1.4	60	20
荷兰	11.1	50	15
意大利	8.9	40	5～10
法国	15.3	30	5～10
德国	26.3	30	3～5
英国	4.8	20	10

注：引自 Stein 等(2002)。

液态发酵饲料的应用可能与一些肠道出血、胀气等症状的发生有关，但难于直接关联，这些症状发生的原因有很多。发酵过程如果控制得不好，可能导致一些必需养分的过多损失，尤其是蛋白质过度发酵产生的生物胺类，不利于肠道健康。这也是近年来更多应用单一乳酸杆菌或乳酸杆菌组合在可控制条件下进行液态饲料发酵的原因，同时加强了液态发酵饲料生产与全自动饲喂系统结合的相关设备研发，形成了智能化的液态发酵饲料饲喂系统。

10.4.4.2　固态发酵饲料

发酵豆粕、能量饲料酵母发酵物等发酵单一饲料原料的固态发酵饲料，因其易于在常规全价配合饲料中的添加，而在养猪生产中获得了广泛的应用。

大豆及豆粕是猪饲料的优质植物蛋白质来源，但大豆球蛋白和 β-伴大豆球蛋白被仔猪摄入后，可诱导免疫反应而具有致敏性，引起仔猪的过敏反应；表现为肠绒毛萎缩，血清中抗大豆球蛋白抗体滴度升高，食糜滞留时间缩短，养分吸收和转运紊乱，最终引起仔猪消化不良、腹泻和生长受阻。断乳仔猪对日粮大豆抗原蛋白的过敏反应是致其腹泻的主要原因之一。豆粕经微生物发酵可有效消除大豆球蛋白、β-伴大豆球蛋白、胰蛋白酶抑制因子等抗营养因子。目前，发酵豆粕已广泛用于仔猪教槽料和保育料，可显著提高断奶仔猪的肠道完整性、日增重和饲料转化效率，同时降低肠道大肠杆菌数量、增加乳酸菌数量，改善肠道菌群的平衡。

以一种或几种能量饲料混合物为发酵原料，以酵母、乳酸菌或两者的组合为发酵微生物，生产的发酵能量饲料是已在养猪生产中广泛应用的一种抗生素替代措施。其中酵母培养物的商品化程度最高，已经报道的研究与应用也相对较多。对于母猪，酵母培养物可显著提高母猪养分利用效率、产活仔数和哺乳期采食量，提高仔猪的初生窝重和断奶窝重，同时显著减少妊娠后期母猪和哺乳期母、仔猪的药物用量。对于哺乳期和保育期仔猪，酵母培养物可显著提高采食量、平均日增重和饲料转化效率，促进小肠发育和肠道完整性；替代抗生素促生长剂的添加后，可显著降低仔猪粪便中对 TET、AMP 和 CTX 耐受的肠杆菌数（郭蓉等，2016）。对于夏季高温环境下的生长育肥猪，酵母培养物可显著降低回肠乳酸杆菌数和乳酸浓度，提高结肠丁酸产生菌数和丁酸浓度，为肠道上皮细胞提供更多的能量（田书会等，2013）。

参考文献

[1] Chae B J. Ileal digestibility and growth performance of some feedstuffs as affected by the processing methods in swine. Seoul: Seoul National University, 1996.

[2] Coelho M B. Vitamin stability. Feed Management, 1991, 42(10): 24-33.

[3] Flis M, Sobotka W, Purwin C. Effect of feed structure on nutrient digestibility, growth performance, and gastrointestinal tract of pigs - a review. Annals of Animal Science, 2014, 14(4): 757-768.

[4] Friesen K G, Nelssen J L, Goodband R D, et al. The effect of moist extrusion of soy products on growth performance and nutrient utilization in the early-weaned pig. Journal of Animal Science, 1993, 71(8): 2099-2109.

[5] Groesbeck C N, Goodband R D, Tokach M D, et al. Diet mixing time affects nursery pig performance. Journal of Animal Science, 2007, 85(7): 1793-1798.

[6] Hancock J D, Behnke K C. Use of ingredient and diet processing technologies (grinding, mixing, pelleting, and extruding) to produce quality feeds for pigs. //Lewis A J, Southern L L(eds.). Swine Nutrition(2nd ed.). Florida: CRS Press, 2001.

[7] Healy B J, Hancock J D, Kennedy G A, et al. Optimum particle-size of corn and hard and soft sorghum for nursery pigs. Journal of Animal Science, 1994, 72 (9): 2227-2236.

[8] Lawrence K R, Hastad C W, Goodband R D, et al. Effects of soybean meal particle size on growth performance of nursery pigs. Journal of Animal Science, 2003 81 (9): 2118-2122.

[9] Missotten JAM, Michiels J, Ovyn A, et al. Fermented liquid feed for pigs. Archives of Animal Nutrition. 2010, 64(6):437-466.

[10] Risiey C. Pelleting direct fed microbial. Feed International, 1992, 13(8): 28-38.

[11] Sauer W C, Mosenthin R, Pierce A B. The utilization of pelleted, extruded, and extruded and repelleted diets by early weaned pigs. Animal Feed Science and Technology, 1990, 31(3): 269-275.

[12] Skoch E R, Binder S F, Deyoe C W, et al. Effects of pelleting conditions on performance of pigs fed a corn-soybean meal diet. Journal of Animal Science, 1983, 57(4): 922-928.

[13] Stein HH. Experience of feeding pigs without antibiotics: a European perspective. Animal Biotechnology, 2002. 13(1): 85-95.

[14] Svihus B, Zimonja O. Chemical alterations with nutritional consequences due to pelleting animal feeds: a review. Animal Production Science, 2011, 51(7): 590-596.

[15] Traylor S L, Hancock J D, Behnke K C, et al. Uniformity of mixed diets affects growth performance in nursery and finishing pigs. Journal of Animal Science, 1994, 72(Suppl. 2): 59.

[16] Vukmirovic D, Colovic, R, Rakita S, et al. Importance of feed structure(particle size)and feed form(mash vs. pellets)in pig nutrition-A review. Animal Feed Science and Technology, 2017, 233(6):133-144.

[17] Wang C, Shi CY, Zhang Y, et al. Microbiota in fermented feed and swine gut. Applied Microbiology and Biotechnology, 2018,102(7):2941-2948.

[18] Wondra K J, Hancock J D, Behnke K C, et al. Effects of particle size and pelleting on growth performance, nutrient digestibility, and stomach morphology in finishing pigs. Journal of Animal Science, 1995, 73(3): 757-763.

[19] Zhu Y G, Johnson T A, Su J Q, et al. Diverse and abundant antibiotic resistance genes in Chinese swine farms. PNAS, 2013, 110(9):3435-3440.

[20] 曹康. 现代饲料加工技术. 上海:上海科学技术文献出版社,2003.

[21] 段海涛,秦玉昌,于纪宾,等. 粉碎粒度对生长猪颗粒饲料加工质量及其生长性能的影响. 动物营养学报,2015,27(7):2038-2043.

[22] 郭蓉,张峰,郑卫江,等.撤除教槽料抗生素和无机铜对哺乳仔猪粪便大肠杆菌耐药性的影响.,南京农业大学学报,2016,39(3):448-454.

[23] 黄德仕,李德发,邢建军,等. 加工工艺参数对杀灭肉鸡饲料中沙门氏菌的影响. 中国饲料,2005,(24):9-12.

[24] 李忠平. 粉碎粒度对饲料加工生产性能的影响. 饲料工业,2001,22(4):5-7.

[25] 李鑫,李杰,张德晓,等. 饲料加工和贮存过程对益生菌活性的影响. 中国饲料,2011,(7):37-40.

[26] 梁明,杨在宾,杨维仁,等. 仔猪颗粒料中豆粕最适粉碎粒度的研究. 中国粮油学报,2013,28(10):60-65,79.

[27] 陆文清. 发酵饲料生产与应用技术. 北京:中国轻工业出版社,2011.

[28] 倪海球,李军国,于纪宾,等. 玉米粉碎粒度对育肥猪颗粒饲料加工质量及猪生长性能的影响. 动物营养学报,2016,28(9): 2724-2732.

[29] 牛化欣,过世东,谢中国. 膨化和制粒加工对饲料氨基酸稳定性的影响. 中国粮油学报,2013,28(12):86-90.

[30] 任守国,周安国,王之盛,等. 不同粉碎粒度的豆粕对断奶仔猪生长性能和养分消化

率的影响. 中国畜牧杂志,2012,48(13):60-65.

[31] 生物饲料开发国家工程研究中心编著. 中国生物饲料研究进展与发展趋势(2016). 北京:中国农业出版社,2016.

[32] 田书会,李根来,田文生,等. 酵母培养物对夏季生长育肥猪肠道菌群结构和发酵能力的影响. 南京农业大学学报,2013,36(4):91-98.

[33] 王红英,翟洪玲. 加工工艺对饲料中维生素影响的研究进展. 粮食与饲料工业,2003,(11):14-16.

[34] 吴振强主编. 固态发酵技术与应用. 化学工业出版社,2006.

[35] 张亮,杨在宾,杨维仁,等. 制粒温度和粉碎粒度对颗粒饲料品质的影响. 饲料工业,2013,34(23): 25-29.

第 11 章

猪营养与饲料科学大事记

(1978—2018)

本章内容提要

回顾猪营养与饲料科学领域技术进步，我们认为主要经历了：确定我国饲料成分与营养价值，培养人才、制定我国猪营养标准和技术规范，学习、消化、引进国外先进技术，大力推进我国猪营养研究，加速推动我国民族饲料工业发展的几大任务。

11.1 摸清家底，制定《中国饲料成分及营养价值表》

1978—1979 年，在中国农业科学院畜牧研究所张子仪先生主持下，在全国范围内开展我国饲料成分与营养价值的取样、调查研究。利用全国各地高等院校大学生放假期间，到家乡所属农村生产队、饲料厂、猪场取得尽可能多的原料，最后汇总到北京。

1979 年出版了《猪鸡饲料成分及营养价值表》。1978 年 8 月，经过在黑龙江召开的猪饲养标准学术讨论会议审议，由中国农科院养猪研究所汇集过去各地多年的研究成果，于 1979 年出版了《猪鸡饲料成分及营养价值表》(中国农科院养猪研究所，1979)。1990 年，进行补充修订，出版了《中国饲料成分及营养价值表》。1991 年、1992 年后又每年进行修订，以“中国饲料数据库”的形式公布(中国饲料成分及营养价值表，2003)。这样，使我国从事饲料工业的相关人员估算饲料营养成分有了一个统一的标准。

1987 年，在张子仪院士主持下，借鉴国际饲料分类编码方法，我国首次建立了中国饲料分类编码系统，为其后中国饲料数据库的建设奠定了基础。依据中国饲料分类法，将我国的饲料分为 8 大类和 17 个亚类。各种饲料冠以相应的中国饲料编码(Feeds Number of China,

CFN)，编码模式为0-00-0000。首位号为IFN分类号，第2、第3位为CFN亚类号，第4至第7位为具体饲料号。如4-07-0279一级玉米，4-07-0280二级玉米。

11.2 培养我国动物营养人才

1980年10月28日中国畜牧兽医学会动物营学分会成立，前身为“中国畜禽营养研究会”，许振英教授任首任会长。动物营养学会的创立与该门科学的飞速发展以及前期的工作积累密切相关，更与前辈们在艰苦条件下、呕心沥血开展的大量科研工作密不可分。从1977年开始，在许振英教授的带领下，全国十几家科研院所和高校的科研人员开始进行畜禽饲养标准的制定和饲料营养价值的评定工作，并开始制定我国的畜禽饲养标准。1978年提出猪饲养标准草案，1978—1980年拟订试行标准，1980—1982年开展大规模试验研究工作，1983年正式制定了我国《肉脂型猪的饲养标准》。在开展动物营养基础研究的同时，前辈们也加快人才培养步伐，从1979年8月开始，在哈尔滨开办了首期“全国家畜饲养讲习班”，以后又连续举办了6期。家畜饲养讲习班的创办，为我国动物营养学科的发展培养了一大批科研带头人。通过以上工作的开展为我国动物营养学会的成立储备了大批优秀人才，奠定了动物营养学会(即畜禽营养研究会)成立的工作基础与组织基础。经过几年艰难的筹备与酝酿，终于在1980年10月，在武汉召开了“全国饲养标准学术讨论会暨畜禽营养研究会成立大会”，参加该会的会员共有300余人。会上许振英教授被推选为动物营养研究会第一届会长。此后每隔2年召开一次全体大会，并在会中宣读研究论文并进行讨论。

通过中国畜牧兽医学会动物营养学分会的活动，结合各地区开展的科研活动，在高等院校、科研单位培养了大批动物营养研究人才。同时也在各高校和研究单位建立了相应科研机构。1982年东北农业大学，黑龙江省人民政府为许振英教授拨专款改善科研条件，批准建设我国高校第一个动物营养研究室并配备科研助手，陈雷省长亲自为营养楼工程破土奠基。

11.3 参照美国“NRC猪营养需要”制定了我国的“猪的饲养标准”

1988年第9版NRC猪营养标准问世，美国“NRC猪营养需要”是制定较早(1944年第1版)、引用或借鉴的国家较多、影响较大的一部工具书。在许振英教授指导下，东北农业大学动物营养教研室研制我国第1版“猪的饲养标准”时，也参考了NRC猪营养需要的表达模式。当时研制猪饲养标准协作组成员内蒙古牧医科学院卢德勋研究员和北京农业大学杨胜教授曾提供了一份有价值的参考资料《世界各国猪的饲养标准的浅析》。

11.4 我国饲料工业快速发展

1981年胡迪先、安树森和张子仪开发出LP模型优化饲料配方软件；陈绪生、韩友文、张子仪(1982)曾推广袖珍电脑配方技术;1987 年《中国饲料数据库》建成后,全国各种 LP 模型迅速普及,该方法对我国饲料工业的发展和进步具有积极的推动作用。我国动物营养学界于 20 世纪 90 年代初开始将 MCP 法应用于饲料配方制定中。许万根(1990)、林耀明等(1991)、熊本海与苗泽荣(1992)、许万根与苗泽荣(1992)曾在该方面做了大量工作,并编制了一些界面友好的商用软件,取得了较好的效果,该法较 LP 法具有更大的灵活性,配方无解率显著下降,并使配方设计者的意愿更好地得到体现。

1995 年 1 月,资源亿家集团创始人刘钧贻教授带领团队研发出中国版"饲料配方师"软件——formula,打破了高价进口饲料配方师软件在中国一统天下的局面,成为中国"饲料配方师"软件第一人。

1986 年泰国正大集团走进中国。正大集团是最早来中国投资的外商(包括港澳台商)企业之一。该集团在中国建设了多个饲料企业,培养了大批饲料技术人员和销售人员。在他们的带动和影响下,中国饲料界年轻人才陆续走出正大,开始建立自己的饲料厂、研发中心,中国饲料工业取得了快速发展。

11.5　猪营养及饲料科学硕果累累、人才辈出

1992 年商业部饲料工业技术开发中心、无锡轻工业学院、华中农业大学、武汉工业学院、商业部无锡粮食科研设计所等,朱耀山、刘当慧、庞声海、余传武、徐正等的成果"猪、鸡饲料预混合技术的研究"获得 1992 年度国家科技进步三等奖。

1996 年中国科学院长沙农业现代化研究所印遇龙、钟华宜、黄瑞林、陈朝明、潘亚非等的成果"猪饲料养分回肠消化率及有效氨基酸需要量的研究"获得 1996 年度国家科技进步三等奖。

1997 年中国农业科学院畜牧研究所、广东省农业科学院畜牧研究所、重庆市畜牧兽医研究所、中国科学院长沙农业现代化研究所、四川农业大学、浙江省农业科学院畜牧兽医研究所、东北农业大学动物科学系等单位,黄俊纯、侯水生、蒋宗勇、李绶章、印遇龙、王康宁,卢福庄、韩友文、王文杰等完成的"八五" 国家科技攻关成果"猪、鸡营养参数及配方新技术研究"获得 1997 年度国家科技进步二等奖。

2000 年中国农业大学动物科技学院李德发教授主持、广东省农业科学院畜牧研究所、中国农业科学院畜牧研究所、重庆养猪科学研究院、华南农业大学畜牧系、四川农业大学动物营养研究所、东北农业大学食品科学学院、湖南正虹饲料有限公司、湖南唐人神集团、山东六和集团、广东恒兴实业集团公司参加的"九五" 国家科技攻关专题"猪优质高效配合饲料产业化关键技术的研究"通过了农业部组织的专家组验收。

2002 年中国农业大学、广东省农业科学院畜牧研究所、湖南正虹科技发展股份有限公司、重庆市养猪科学研究院等单位,李德发、谯仕彦、蒋宗勇、刘作华、林映才、宋中山、杨坤明、马永喜、熊本海、张丽英等的成果"猪优质高效饲料产业化关键技术研究与推广"获得 2002 年度国家科技进步奖二等奖,编号:J203-2-04。

2003 年浙江大学、浙江省农业科学院,徐子伟、许梓荣、孙建义、钱玉英、李卫芬、邓波、钱利纯、刘敏华、余东游、李孝辉等的成果"用酶技术开发大麦及高麸型饲粮及其产业化研究"获

得2002年度国家科学技术进步奖二等奖。该项目针对南方非玉米产区能量饲料资源短缺问题，充分利用南方地区拥有丰富的小麦麸、次粉、米糠等糠麸饲料资源，冬闲和沿海滩涂种植饲用大麦，应用酶制剂克服了麦类饲料抗营养因子影响，大幅提高了大麦及麸类饲料的饲用价值，并迅速实现了产业化。

2008年中国科学院亚热带农业生态研究所、广东省农业科学院畜牧研究所、南昌大学、湖南省畜牧兽医研究所、湖南农业大学、长沙绿叶生物科技有限公司、广州天科科技有限公司等，印遇龙、黄瑞林、李铁军、李丽立、林映才、方热军、戴求仲、文利新、李爱科、谭支良等的成果“畜禽氮磷代谢调控及其安全型饲料配制关键技术研究与应用”获得2008年度国家科技进步二等奖，编号：J-203-2-03。

2009年，国家粮食科学研究院、武汉工业学院、北京中棉紫光生物科技有限公司、国家粮食储备局武汉科学研究设计院、江南大学、国家粮食局等，李爱科、金征宁、杨海鹏、王毓蓬、胡建华、周瑞宝、刁其玉、何武顺、黄庆德、刘多敏等的科研成果“蛋白质饲料资源开发技术及应用”获2009年度国家科技进步二等奖，编号：J-203-2-02。

2010年中国科学院亚热带农业生态研究所、北京伟嘉饲料集团、武汉工业学院、广东省农业科学院畜牧研究所、双胞胎(集团)股份有限公司、武汉新华扬生物股份有限公司、广东温氏食品集团有限公司、河南工业大学，印遇龙、侯永清、林映才、李铁军、黄瑞林、廖峰、邓近平、孔祥峰、卢向阳、谭支良等的科研成果“仔猪肠道健康调控关键技术及其在饲料产业化中的应用”获2010年度国家科技进步二等奖，编号：J-203-2-01。

2011年中国农业科学院北京畜牧兽医研究所、南京农业大学、北京大北农科技集团股份有限公司、武汉邦之德牧业科技有限公司、建德市维丰饲料有限公司、辽宁禾丰牧业股份有限公司等，张宏福、王恬、宋维平、顾宪红、卢庆萍、唐湘方、吴晓峰、洪作鹏、王振勇、丁洪涛等的科研成果“仔猪健康养殖营养饲料调控技术及应用”获2011年度国家科技进步二等奖，编号：J-203-2-03。

2014年中国农科院饲料研究所、青岛蔚蓝生物集团有限公司、广东溢多利生物科技股份有限公司、武汉新华扬生物股份有限公司、北京挑战生物技术有限公司、新希望集团有限公司、北京大北农科技集团有限公司，姚斌、罗会颖、黄火清、杨培龙、柏映国、于会民、李阳源、詹志春、刘鲁民、李学军等的科研成果“饲料用酶技术体系创新及重点产品创制”获2014年度国家科技进步二等奖，编号：J-204-01。

2015年中国农业大学、吉林农业大学、双胞胎(集团)股份有限公司、上海源耀生物股份有限公司、北京龙科方舟生物工程技术有限公司、江西农业大学、北京大北农科技集团有限公司等，谯仕彦、秦贵信、李德发、贺平丽、马曦、孙泽威、王勇飞、曹云鹤、方华、陆文清等的科研成果“畜禽饲料中大豆蛋白源抗营养因子研究与应用”获2015年度国家科技进步二等奖，编号：J-203-2-04。

2016年中国科学院亚热带农业生态研究所印遇龙、谭碧娥、吴信、孔祥峰、姚康等的科研成果“猪日粮功能性氨基酸代谢与生理功能调控机制研究”获2016年度国家自然科学二等奖，编号：Z-105-03。

2016年东北农业大学单安山教授及其团队完成的“功能性饲料关键技术研究与开发”成果获国家科技进步奖二等奖。

1997年张子仪当选中国工程院院士。1979年拨乱反正后，张子仪院士先后主持了“饲料营养价值评定”“畜禽营养代谢规律研究”等国家、农业部重点攻关项目，组织全国协作完成了

“猪饲料消化能离体测定方法”“鸡饲料代谢能标准测定方案”的制定。在此基础上完成了现代动物营养学指标配套的《中国饲料成分及营养价值表》,为制定发布中国瘦肉型猪饲养标准、鸡饲养标准、奶牛饲养标准及开发优化饲料配方软件提供了科学依据,该项工作在“七五”期间获国家科技进步二等奖。受国家技术监督部门聘任,组织专家先后完成了《中国饲料工业体系表》及有关饲料工业国家、专业、行业、地方等系列标准的起草、发布、宣传、贯彻等工作。

2013 年李德发当选中国工程院院士。李德发教授一直从事动物营养学与饲料科学的基础理论研究、技术集成和人才培养工作,紧密结合我国畜牧业特别是养猪业和饲料工业发展的需求,不断探索和解决问题的技术途径。主持 973 项目“畜禽肉品质性状形成的营养代谢与调控机理”和“猪肌肉发育与肌内脂肪沉积的机制与营养调控”等多项国家重大研究课题,发表论文 200 余篇,其中第一或通讯作者 SCI 论文 97 篇,他人引用 1 110 次,单篇他引最高 107 次,出版编著 6 部;2 次获国家科技进步二等奖,2009 年获吉林省科技进步一等奖,产生了明显的社会经济效益。2008 年获北京市师德标兵称号,当选世界畜产学会副主席;2010 年作为主编,创办我国畜牧领域首个英文刊物《*J Anim Sci Biotechnol*》。

2013 年印遇龙当选中国工程院院士。印遇龙教授长期从事猪蛋白质氨基酸营养研究,通过创新猪氮、磷等营养物质评价方法,创建了功能性氨基酸和碳水化合物调控及其安全型饲料配制关键技术体系,从源头上较好地解决了传统养猪模式所产生的饲料利用率低、氮和重金属过量排放、肉产品违禁物质和抗生素残留等养猪业中存在的关键技术难题;系统研究仔猪肠道发育及其营养调控的机理,创建了仔猪肠道健康调控技术体系,较好地解决了仔猪死亡率高、生长潜力不能充分发挥和抗生素滥用的仔猪饲养的关键技术难题。成果已推广到全国 29 个省市区的 200 多家企业,产生了十分显著的社会经济效益和生态环境效益,为猪饲料的高效利用和生猪健康养殖做出了重大贡献。先后获得省部级以上科技奖励 19 项,其中国家科技进步奖 4 项,国家自然科学奖 1 项,获发明专利 30 多项,主编中英文著作 4 部,发表 SCI 论文 300 多篇。